大智移云
改革会计教学

业财合一·流程管控系列
国家级精品课程配套教材
中央高校教育教学改革项目研究成果

FUNDAMENTAL ACCOUNTING PRINCIPLES

会计学原理

(第三版)

施先旺 龚 翔 主 编
张 宸 周 磊 副主编

附赠全书视频讲解!

东北财经大学出版社
Dongbei University of Finance & Economics Press
大连

图书在版编目（CIP）数据

会计学原理 / 施先旺，龚翔主编．—3版．—大连：东北财经大学出版社，2024.7（2024.12重印）．

（业财合一·流程管控系列）．

ISBN 978-7-5654-5305-2

Ⅰ．F230

中国国家版本馆CIP数据核字第202431QX14号

东北财经大学出版社出版

（大连市黑石礁尖山街217号　邮政编码　116025）

网　址：http://www.dufep.cn

读者信箱：dufep@dufe.edu.cn

大连日升彩色印刷有限公司印刷　东北财经大学出版社发行

幅面尺寸：185mm×260mm　字数：391千字　印张：16.75　插页：1

2024年7月第3版　2024年12月第2次印刷

责任编辑：李　栋　责任校对：何　莉

封面设计：原　皓　版式设计：原　皓

定价：49.00元

教学支持　售后服务　联系电话：（0411）84710309

如有印装质量问题，请联系营销部：（0411）84710711

序　　言

数字经济时代已经到来，以大数据、人工智能、移动互联网、云计算、区块链等为代表的信息技术正颠覆性地改变着会计学科的发展方向。移动互联网技术和人工智能技术下的移动支付、移动办公、云会计和财务共享中心可以使证、账、表自动生成；大数据的环境更易于实现业务与财务之间的对接，使得会计能更加实时、精准而全程地服务于业务；区块链技术的去中心化、分布式记账使得业务数据在各个节点自动相互验证，任何记录都无法被篡改。这些新技术的广泛使用，正在引领会计核算对象、成本核算方法、会计管理方式、会计报告要求、会计考核评价等发生颠覆性的变化。新技术在给会计实务带来冲击的同时，也深刻地影响了会计理论和会计实践教学，引发了会计教学内容和会计教材的创新。

如何应对信息技术的挑战，是我们每一位会计教育工作者必须交出的答卷。通过十多年的不懈努力，中南财经政法大学会计学院“财务会计学”课程组提出了“业财合一、流程管控”的会计教学改革新方法。该教学方法的特点主要体现在以下两个方面：

（1）业财合一

“业财合一”的核心思想就是“懂业务，懂资金运动，就自然懂会计。业务即会计，会计即业务”。在该思想的指导下，会计学习的重心发生了根本性的变革，即从对传统会计处理的学习全面转向对企业的经济业务及其所引发的资金运动的把控。

传统的会计教学主要围绕着“凭证—账簿—报表”展开，它关注的是会计本身的技术处理，关注的是会计自身的“一亩三分地”。这看起来好像无可非议，但问题是在这个“大智移云”的时代，会计这“一亩三分地”中的技术处理部分完全可以由人工智能完成。

在这种新的形势下，会计教与学的重心就转变为：企业发生了什么样的经济业务，这些经济业务会引发什么样的资金运动，资金为什么会发生这样的运动。换言之，新的教学方法将会计关注的重心引向业务，引向企业的资金运动。虽然传统的会计技术处理依然要学习，但它不是会计学习的重点，它只是一个水到渠成的顺带所得，是一个“营业外收入”而已。会计自始至终都在分析企业的经济业务及其所引发的资金运动。

如何实现业财合一，使会计学习的重心转向企业的经济业务？首先，我们提出了“会计沙盘模型”，并通过该模型来全程、实体地模拟企业经济业务所引发的资金运动。该模型的提出，使课程教学中抽象的企业资金运动全部变成有形的实体运动，使会计对象、会计要素全部变成看得见、摸得着的有形实体。其次，我们在可视化的资金运动与会计信息处理之间建立起一一对应的逻辑关系。该逻辑关系就是“资金运动，终点记借，起点记贷”的记账规则。这样，新的教学方法的逻辑思路就是：经济业务—资金运动—会计处理。由于这种逻辑关系的存在，只要弄清楚了企业发生的经济业务，只要弄清楚了该业务所引发的资金运动，我们自然而然就知道该如何进行会计处理了。因此，会计教学的重心就从传统的关注会计本身的技术处理转向关注对企业的经济业务及其所引发的资金运动的把控。这样，懂业务，懂资金运动，自然就懂会计，“业”“财”因此“合一”。

（2）流程管控

“流程管控”的核心思想就是按照业务流程来分析企业的资金运动，并进行相应的会计处理，而传统的会计核算都是按照会计报表项目展开的，尤其是教学体系和教材体系。

这种新的教学方法将企业经济活动过程引入对业务、对资金运动、对会计处理的分析之中。一般而言，企业的经济活动按流程可以分为筹资、供应、生产、销售和投资等五大环节。流程管控就是按这五大环节重构企业的业务流程，并在此基础上分析各环节的基本资金运动，从而形成企业整体基本资金流程框架，最终在此框架的基础上构建新的基于资金运动视角的会计核算理论体系、教学体系和教材体系。

按五大环节构建的基本资金运动流程为分析企业经济业务提供了一个基本的逻辑分析框架，企业所有的经济业务及其所引起的资金运动都可以在这个框架之下进行分析与推演。企业经济业务及其资金运动的分析过程实际上就是沙盘的推演过程。在这个分析过程中，我们将各种财务管理与控制思想、各种会计原则和会计假设等融入资金运动的分析与推演之中。通过这种分析与推演，读者不仅知道经济业务引发的资金是怎样运动的，还知道资金为什么要这样运动，从而能更好地提升自身的综合素质和对企业进行全面把控，提高分析问题和解决问题的能力。

正因为如此，本系列教材内容除了包括传统的会计技术处理外，还可以看到大量的资金运动流程及其分析。我们认为，在这个“大智移云”的时代，对这些资金运动流程的把握远比对会计的技术处理要重要得多。愿本系列教材能够助力广大师生在会计教学改革之路上奋力开拓，砥砺前行！

施先旺

中南财经政法大学

第三版前言

为推广"业财合一、流程管控"的会计教学新理念、新方法，中南财经政法大学会计学院"财务会计学"课程组联合国内部分高校会计专业老师一起出版了这套体现教学改革成果的系列教材。

本教材的主要特点有：

（1）在教学内容和教学方法上，全面体现"业财合一、流程管控"的新理念、新方法。让学员在懂业务、懂资金运动的基础上搞懂会计。这种新的教学方法主要涉及会计核算的教学内容，具体涉及本教材的第二章、第三章全章内容，还涉及第七章的部分内容。

（2）在第三章"企业主要经营环节资金运动分析与会计处理"的结构安排上，主要从企业供应、生产、销售、筹资与投资以及利润分配等环节展开。在本章第六节单独讲授了"增值税常规业务资金运动分析与会计处理"，老师可根据课时情况决定是否讲解本部分内容。

（3）全面体现课程思政理念，融入党的二十大精神。在结构安排上，本教材每一章都设置了"立德树人"栏目，方便老师和同学们对党的二十大精神及相关思政内容进行学习与探讨。

（4）本教材附赠全书视频讲解。视频覆盖全书所有内容，所有视频都配有字幕，扫码即可免费观看。

本教材由施先旺、龚翔（中南财经政法大学）任主编，张宸（兰州理工大学）和周磊（武汉学院）任副主编。

本教材共十章，各章编写情况如下：第一章由龚翔编写；第二章由何靖华、严俊梅（重庆交通大学）编写；第三章由施先旺编写；第四章由罗翠英（武汉学院）编写；第五章由张宸编写；第六章由罗殿英（武汉学院）编写；第七章由徐孝刚（长春工程学院）编写；第八章由周磊编写；第九章由丁琳（中南财经政法大学）编写；第十章由向俊（武汉学院）编写。

本教材是中南财经政法大学2018年中央高校教育教学改革项目"基于综合素质培养的会计课程体系建设与会计教育方法研究"的重要成果，是2015年湖北省高等学校省级教学研究项目"基于职业判断能力培养的会计课程体系建设与会计教育方法研究"（项目编号2015160）的重要成果。本教材所使用的"会计沙盘模型"名称及其模型已申请专利保护，未经"施会计"团队授权，不得用于营利性活动。

本教材在编写的过程中得到很多专家、学者的帮助，在此一并表示感谢。同时，还要感谢东北财经大学出版社的李栋编辑及其他编校人员为本教材的出版所做的工作。

由于编者水平所限，本教材的疏漏之处在所难免，敬请广大读者批评指正，以助其不断完善。您的任何需要与宝贵意见请告知课程组联系人（微信号：shixw2000）。

欢迎关注施会计微信视频号：

施会计微信视频号

欢迎关注“财大的施会计”个人空间：

财大的施会计

编　者

2024年6月

《会计学原理》立德树人与专业教育融合对照表

章序	案例名称	案例目标	立德树人											
		案例维度	情感			素养			意识			思维		
		案例元素	家国情怀	民族自信	自强不息	社会责任	求真务实	职业道德	法治意识	契约意识	诚信守正	开拓创新	辩证思维	全球视角
第一章	“会计”命名的起源			√										√
第二章	会计名人名言		√			√		√			√			
第三章	增减记账法			√								√	√	
第四章	会计师的职责						√	√		√	√			√
第五章	聚餐费的分配							√		√			√	
第六章	会计小张与企业诚信文化的践行					√	√	√	√		√			
第七章	红色账簿：全景展示中共革命史中的货币战争（1921—1927）		√	√	√	√						√		
第八章	会计报告与企业社会责任					√	√	√	√	√	√			
第九章	会计人员“常在河边走”					√		√	√		√			
第十章	总理的教诲：不做假账		√			√	√	√	√	√	√			

目　　录

第一章　会计概述

本章思维导图

学习目标

通过本章学习，读者可初步了解会计产生与发展的基本阶段与各阶段所取得的主要成就；认识会计在现代企业中的地位与作用；深入理解现代会计的本质；充分认识现代会计的目标；初步理解会计信息使用者的不同需求以及会计信息的质量特征；掌握现代财务会计的基本内容。

引导案例

初识会计

毕业实习时，小艾进入了南城一家中上等规模的会计师事务所。起初，她的主要任务就是打杂，比如按注册会计师的要求抽查凭证，抄写底稿，打印报告等。而在众多注册会计师中，有一位60多岁的老太太特别喜欢小艾，几乎每次出去都带上她。

这位资深注册会计师姓万，人们都叫她万老师。她大学毕业后就被分配到南城兵工厂做会计，一直做到总会计师。她经常骄傲地对晚辈们说："我那时担任兵工厂总会计师是国务院亲自提名任命的！"

那股自豪劲儿，让人热血沸腾！要知道，国有资产管理是一件多么光荣的事情，那是在为人民管家！为人民理财！为人民服务！

感慨之余，小艾不禁想到她之前看过的一本书。那本书讲的是人类历史上的第一份文字记录，它被刻在一块方形泥板上。这份文字记录记载的不是哲学巧思，不是诗歌传奇，不是法律条文，更不是历史事件，而是人类最早的财经文件——29 086单位大麦，37个月，库辛——一位叫库辛的会计留下的。

小艾心想，在5 000多年前，那样一个没有纸和笔的年代，记录一样东西非常困难，只有非常重要的事项才能被有幸记录下来。会计的重要性可见一斑。

小艾遂立志要好好工作，原来做好会计工作这么有意义！

【思考与讨论】

（1）什么是会计？为什么说经济越发展，会计越重要？

（2）什么是会计的职能？

（3）如何理解会计的目标？

（4）企业的会计信息使用者有哪些？为满足并协调其需求，会计信息应满足哪些质量要求？

资料来源：陈艳红．小艾上班记：真账实操教你学会计［M］．3版．大连：东北财经大学出版社，2020．有改动（改编者：王玲）。

第一节　会计的形成与发展

开篇：会计能做什么？

会计是社会经济发展到一定阶段的产物。由于会计是因生产管理的需要而产生的，生产水平不断地提高，会计技术方法也不断革新，随之会计学科也呈现出不断完善和多元化的趋势。因此，经济越发展，会计越重要。古人云："夫以铜为镜，可以正衣冠；以古为镜，可以知兴替；以人为镜，可以明得失。"[1]因此，梳理会计演进的历史，将有助于学习与理解今天的会计。

一、社会经济发展与会计

（一）会计产生于社会经济发展的需要

在人类经济活动中，用尽可能少的劳动消耗创造出尽可能丰富的劳动成果，这是公认的社会经济发展基本规律。人们要管理好各种经济活动，就必须掌握经济活动的信息。会计作为经济管理的一个重要组成部分，有着悠久的历史，会计的内容经过了漫长的历史发展和演进过程，其性质和作用也有不少变化。从最初的原始计量记录行为，发展到今天以电子计算机作为会计信息主要处理手段的会计电算化时代，其发展和演进的每一个阶段以及所取得的每一个技术上的进步，不仅与一定时期社会生产力发展水平具有直接联系，而且受到一定时期生产关系的制约。

（二）会计是社会经济发展到一定阶段的产物

尽管会计产生的动因是社会经济发展的需要，但并不是一有经济就有会计，会计是经济发展到一定阶段的产物。这是由于人类会计行为的发生，是以人类生产行为的发生、发展作为根本前提的，故没有人类生产行为的发生与发展，便不可能有处于萌芽状态的原始会计行为——计量记录行为的发生[2]。人类的会计行为形成需要拥有反映对象（剩余产品）和反映工具（语言、文字和数字），只有这两个条件同时具备时，会计行为才能体现出其最原始的反映职能要求，从而作为一项单独的职能由脱离生产的人来负责。A.C.利特尔顿早就提出，会计的出现需要书写艺术、算术、私有财产、货币、信用、商业和资本等七个条件[3]。

在社会生产活动的早期，由于其经济业务较为简单，故当时的会计只是"生产职能的附带部分"，可以凭借头脑记忆，但当生产活动变得复杂时，单凭头脑记忆不能满足生产管理的需要，因而需要记账。在《资本论》中，马克思曾经借用鲁滨逊的故事，说明了生产同会计的关系："他的账本记录着他所有的各种使用物品，生产这些物品所必需的各种活动，最后还记载着他创造这种一定量的产品平均消耗的劳动时间。"[4]

（三）"会计"二字的内涵

据有关资料记载，"会计"二字起源于西周时代，它的产生经历了一个漫长而又有趣的过程。

---

① 田晓娜．旧唐书·魏征传·四库全书精编（史部）［M］．北京：国际文化出版公司，1996：774．
② 郭道扬．会计史研究：历史·现时·未来（第一卷）［M］．北京：中国财政经济出版社，2004：26-33．
③ 里亚希-贝克奥伊．会计理论［M］．钱逢胜，等译．上海：上海财经大学出版社，2004：2．
④ 马克思．资本论（第1卷，上）［M］．中共中央编译局，译．北京：人民出版社，1975：93-94．

在西周以前所应用的文字中，尚未发现“开会”的“会”字，也无“会计”二字。当时人们表达“开会”“集会”“相会”之类的意思用的是“合”字；反映事物数量的增加或数字相加也用的是“合”字。由于“合”字的用处较多，在使用过程中人们越来越感到不方便，而且也越来越感到用“合”字来表达“会计”方面的意思很不确切、不妥当。这样，大约到西周中后期，人们便根据“开会”及“会计”这两个方面的含义逐步摸索创造新的字形，最后终于使这两方面的含义从“合”字中分离出来。这个被创造出来的新字形便是金文中的“会”字原形。

会计中的“计”字是由“十”和“言”这两个母体字组合而成的，“计”字的含义包含于“言”和“十”之中。相传在远古时代，人们通常把部落所在地称为中央，把部落的周围区别为四方（现在所讲的东、西、南、北四方），而中央与四方组合在一起，便构成了“十”字的形体。那时候，每逢出猎，部落里的首领便按照四方分派猎手，使其分四路出去，而后又按这四路返回部落。按照规定，各路出猎者归来必须如实报告捕获猎物的数目，最后由部落首领汇总计算，求得一个总数，以便考虑所获猎物在部落范围内的分配问题。这种零星计算四方收获猎物总数的举动，便构成了“计”字一方面的含义。此外，在远古时代，当文字和书写工具尚未被发明的时候，各路出猎者向部落首领报告猎物数目是用口头语言加以表达的。不同种类的猎物各是多少，总共是多少，都要求准确、真实地表达出来，不容许隐瞒和虚报。这种准确而无隐瞒的口头计算与报告便构成了“计”字的另一方面含义。这样，“言”与“十”合在一起便构成了“计”字的形体，而“言”与“十”这两方面的含义合一，便使“计”字具有正确进行计算的意思。

东汉时，我国古代著名的文字学家许慎在《说文解字》这部著作中对“会计”二字又从字义上做出详解，其中尤其强调“计”字中含有正确计算之意。清代的文字训诂学家段玉裁也在他的《说文解字注》一书中对“会”字的构成做了详细的说明。同时，清代数学家焦循针对西周时人们对于“会计”概念的认识指出：“零星算之为计，总合算之为会。”这是对西周时代“会计”概念的正确总结。

二、西方会计形成与发展概况

若从会计技术方法发展以及会计学科发展的角度来看，西方会计大致经过了以下几个主要的发展阶段，并形成了相应的会计里程碑式事件①。

会计的形成与发展1

（一）会计行为萌芽的源流

或许我们不知道具体何时人类开始出现会计思想的萌芽，但是公元前5000年之前，记录部落之间交易的符号已经出现。闪族（Sumeriam）文化发端于公元前3200年前后的美索不达米亚（Mesopotamia），人们在该时期的陶片上发现了会计记录的一些符号。在伊拉克著名的建筑物“齐克拉”（Ziggurat）中，考古学家发现了最早的文献——账单（又被称为“原始算板”），在该账单上有刻记下的记数符号。公元12世纪，印加帝国出现了世界典型的“结绳记事”。这些都隐含着原始的计量与记录思想，虽然按照现在具有独立意义的会计特征来衡量，它们算不上真正意义上的

① 葛家澍，吴水澎．会计学原理教程［M］．天津：天津人民出版社，1986：12-20.

会计，但却是现代会计的最初源流。

（二）单式记账方式的出现

伴随着原始社会公社制度的解体，人类社会的发展进化到了奴隶制度时期。这个时期占据社会经济生活主导地位的是自给自足的自然经济，经济结构以自给自足的小农业为主，工业处于手工业阶段，而商业处于简单的物资贩运阶段。顺应这种经济结构的变化，以“简单刻记”和“结绳记事”为特征的原始计量和记录行为逐渐消逝，取而代之的是为自然经济服务的单式记账方式的运用，并为适应社会经济的发展逐渐分化出国库会计、神殿会计、寺院会计、教会会计、庄园会计以及早期的商业会计，后来在封建制度时期分化出官厅会计、行会会计、商业会计，以及旧式银行会计——汇总会计、钱庄会计、票号会计和典当会计。

（三）复式簿记的诞生与传播

公元11—13世纪，意大利沿海城市成为东西方贸易的中心。航海业的发展对东西方经济交流有巨大的促进作用，商品交易范围不断扩大，东西方贸易额快速增长，有地中海交通之便的意大利北部沿岸城市因海上贸易而在此时出现了繁荣，商业贸易对资本的需求大大地推动了商品经济的发展。单式簿记已经难以适应复杂商品经济与交易的需要，复式簿记在这一背景下登上了历史舞台，其形成的标志是1494年11月10日，意大利数学家卢卡·帕乔利(Luca Pacioli，1445—1517）的名著——《算术、几何、比及比例概要》(Summa de Arithmetica，Geometria，Proportioni et Proportionalita，又译为《数学大全》）问世，它的问世成为会计理论发展上的里程碑式重大事件。该书由算术和代数、商业算术的运用、计算与记录详论、货币与兑换和纯粹的应用几何等五个部分组成，论述了复式簿记的是该书第三卷第九部第十一篇《计算与记录详论》(Tractatus Particularis de Computis et Scripturis，现通用简译为《簿记论》）。“该书不仅系统地介绍了威尼斯的复式记账方法，还从一定角度对其进行了理论阐述，因而其奠定了以复式簿记为基础的会计方法体系的基础。”①

15世纪末和16世纪初的地理大发现，对欧洲大陆的经济生活产生了重要影响。以世界市场扩大、经营方式改变和商路、贸易中心转移为特征的“商业革命”，使资本主义经济发展基地由地中海区域向大西洋沿岸转移，致使意大利北部城邦的贸易中心地位逐渐被欧洲新兴工业城市所代替。处于新生期的欧洲大陆资本主义经济，需要先进的经济管理方法和新式簿记方法来对经济活动进行确认、计量与记录，从而推动了借贷复式簿记理论在欧洲大陆的传播。首先是德国、荷兰、法国、葡萄牙和西班牙等国，然后是英国和美国，最后是日本和其他亚洲国家。借贷复式记账法在世界各国的传播，使得该方法得到不断发展和完善，并成为迄今为止世界上运用最广泛、最科学的一种复式记账法。

（四）簿记向会计的全面转化

进入19世纪，由于资产阶级工业革命的成功和生产技术的改进，工商业活动迅速发展，会计理论与方法也得到了长足的进步。以英国为代表的主要工业国家，为顺应工业的迅速发展，产生了许多会计新思想和新方法来反映和监督企业的经济活动，使得簿记成功地实现了向会计的转化。

---

① 郭道扬．会计发展史纲［M］．北京：中央广播电视大学出版社，1984：390-407.

1.折旧观念的产生

18世纪末和19世纪初的产业革命，给当时的资本主义国家特别是英国带来了巨大的生产力提升，由此引发了生产组织和经营形式的重大变革。股份公司的出现以及受托责任关系的确立，对会计实务和会计理论的发展产生了重要的影响。该时期会计发展的一个重要方面是折旧概念及其计算方法的形成。随着工厂制度的建立，企业成为持续性经营的主体，并且开始大量采用机器设备等非流动资产，非流动资产的日益增多使得非流动资产投资如何在生产过程中转化为成本费用成为当时迫切需要解决的问题，折旧观念在这时应运而生，丰富了会计的内容。

2.成本会计的形成

这一时期会计发展的另一个重要方面是成本会计的形成。由于工业的发展和生产规模的扩大，企业上升的制造费用成为生产总成本的重要组成部分。与此同时，企业的生产过程也日趋复杂，一个企业往往同时生产多种产品，制造程序、费用归集和分配流程越来越复杂，这些客观因素对各产品、各工序的成本精确计算提出了较高的要求。为了加强生产控制和提高效率，同时便于成本计算与财产账户相结合，成本会计制度遂逐渐形成并得以快速发展。

3.独立审计的形成

从19世纪下半叶开始，英国的公司法要求财务报表必须经过公司监事会审查，并向公司股东提交经审核的会计报告。由于公司监事一般不具备会计专业知识，所以他们一般委托亲信或相关人士审查公司的会计账簿，这种制度最终演变为独立的注册会计师制度。在经过政府和社会的认可后，注册会计师职业便应运而生。1853年，苏格兰的47名会计师集会于爱丁堡（Edinburgh）市，成立了世界上第一个会计师团体组织——爱丁堡会计师公会（Society of Accountants in Edinburgh）。1880年，英国的利物浦会计师协会、伦敦会计师协会、曼彻斯特会计师协会、谢菲尔德会计师协会和英国会计师协会（伦敦）等五大会计师协会联合成立了英国最大的会计师职业组织——英格兰及威尔士注册会计师协会（The Institute of Chartered Accountants in England and Wales，ICAEW），这不仅开创了现代独立审计发展的新时代，也使会计学科的一个新分支——现代审计得以形成。

4.财务会计的形成

随着整个世界经济中心从欧洲大陆向美洲的转移，美国成为会计理论与实务发展最先进的国家。美国在1933年通过的《证券法》（Securities Act）和1934年通过的《证券交易法》（Securities Exchange Act）对会计信息披露及会计执业行为规范提出了要求，规定所有的上市公司都必须提供统一的会计信息，并将制定统一会计规范的权力交给具有外部会计监管职能的美国证券交易委员会（Securities and Exchange Committee，SEC），可以说，这些事件促进了财务会计功能的进一步强化。这时的会计不再限于为企业业主服务以满足投资者的信息需求，还需考虑企业的其他相关利益集团的信息需求，使得主要向企业相关利益集团提供财务信息和其他经济信息的财务会计得以从传统的会计中逐渐分离出来，形成并发展为现代财务会计。财务会计的特点在于定期提供一套具有通用目的的财务报表，以便使用者根据有用的财务报表做出合理的经济决策。为了促使管理层提供真实和公允的财务报表，确保投资人、债权人和社会公众等企业相关利益集团的利益，财务会计的账务处理、财务报表的形式与编制方法以及信息的种类等，都要有一定的较严格的约束或指导规范和程序。

（五）会计管理体系形成

20世纪40年代以后至今即为现代会计的形成与发展阶段，其特点是会计管理体系全面形成。进入20世纪40年代以后，会计的面目为之一新，这主要体现在三个方面：一是电子计算技术被推广到会计领域，逐步引发了会计技术方法的彻底变革；二是传统会计逐渐形成了相对独立的两个分支——财务会计和管理会计，使会计信息的提供层次与对象产生了明显区分；三是在会计领域上，出现了人力资源会计、国际会计、通货膨胀会计、社会责任会计、无形资产会计、环境会计、资源会计、衍生金融工具会计和网络会计等许多新型的会计分支学科，从而进入了会计全面发展的新时期。

1.电子计算机技术的运用导致会计技术方法的根本性变革

世界上第一台电子计算机于1948年问世后，计算机技术自20世纪50年代以来便被迅速引进企业经营管理领域，其中最主要的应用之一是电算化会计，即利用电子计算机系统执行会计核算和报告程序。最初多是单项式的电算化会计处理，如工薪计算与发放、存货管理、往来款项处理、总账处理等，后来扩展到整个会计系统的电算化处理。至20世纪80年代末，西方国家的大部分企业已经实现整个会计系统的电算化。这一发展导致了会计技术方法的变革，引致传统手工记账模式向现代电子记账模式的转变，扩充了财务会计发展程序及其处理内容，提高了会计核算效率，降低了信息处理成本，增加了会计信息的种类和及时性，同时也显著地增进了会计信息的可信性和决策相关性。

2.管理会计的出现完善了现代会计的基本架构

管理者为了加强对经营活动的控制、预测，越来越需要与经营决策相关的会计信息，于是逐渐出现了主要为管理者内部经营决策提供信息的管理会计。特别是以“泰罗制”为标志的管理科学理论与方法的兴盛以及数学模型、电子计算机等技术的渗透，进一步丰富了会计的内容和方法，使得管理会计逐渐走向成熟。与财务会计提供的信息（企业为外界使用者提供的财务信息）相比，管理会计更侧重于提供满足管理者的计划、决策、预测和分析需要的信息，它在形式上更加灵活多样，在内容上更加广泛，在时间上更加及时。至此，传统会计逐渐产生了相对独立的两个分支——财务会计和管理会计，形成了现代会计学科的基本架构。

财务会计和管理会计的主要区别，体现于服务目的、提供信息的范围、处理原则、报告时间、数据的准确性、计量尺度、计量方法和理论发展等方面，其基本要点可归纳见表1-1。

三、中国会计产生和发展概况

会计的形成与发展2

中国的历史悠久，早在原始社会末期就出现了以简单计量记录方式为基本形式的会计萌芽行为。随着我国社会经济的不断发展，会计行为也在不断地发展。一般来说，我国会计产生和发展的历程可以大致划分为以下三个主要阶段：

（一）原始计量记录行为的出现

我国最早的原始会计计量行为发生在原始社会末期。据有关专家考证，当原始社会末期人类的生产能力达到一定水平时，单凭头脑记事已经不能达到正常地进行生产、分配和核算剩余物的储备的目的。因此，社会生产实践和生活实践迫使管理者在头脑之外寻找一种记事方法和计量记录方法，比如人们通过在洞壁上绘出简单的动物图形，

表 1-1　　财务会计和管理会计要点比较表

项目	财务会计	管理会计
服务目的	对外	对内
提供信息的范围	已经发生的业务事项	据过去、现在的业务事项预测企业未来的发展状况
处理原则	公认会计原则	无限制
报告时间	定期	随时
数据的准确性	准确、平衡	相对准确
计量尺度	货币量度	货币量度、实物量度、劳动量度
计量方法	算术方法	高等数学
理论发展	趋于成熟	正在发展

在骨片上或鹿角上雕刻条纹等以“简单刻记”的方法来记载劳动成果和耗费，又如人们通过用绳子打结即“结绳记事”的方式来计数，再如与“简单刻记”和“结绳记事”相比有质的飞跃的用于计量、记录经济事项的“书契”，它有三个特征，即必须是文字记载、以刻记为主要特征和有一定记录规则。故据《周易·系辞下传》记载：“上古结绳而治，后世圣人易之以书契。”《周易集解》称：“古者无文字。其有誓约之事，事大，大结其绳；事小，小结其绳。结之多少，随物众寡，各执以相考，亦足以相治也。”[①]这些方法都体现了中国古代会计行为的萌芽，但由于当时的生产还未曾社会化，会计还只是“生产职能的附带部分”，因而其并不是真正意义上的“会计”。

（二）中式会计的形成与演进

“会计”二字的真正出现始于西周。西周时代在朝廷中设立了掌管财务赋税的“司会”等专门官职，以全面考核周王朝财政收支的过程及其结果，并形成了“日成”“月要”“岁会”等报告文书以进行“月计岁会”。到了唐宋年代，以官厅会计为代表的会计记录技术有了较大发展，最终形成了“四柱结算法”（也称“四柱清册”）。所谓“四柱”是指“旧管”“新收”“开除”“实在”，其相互关系是：“旧管+新收＝开除+实在”。这一关系式相当于现代会计账户金额关系式：“期初余额+本期增加额＝本期减少额+期末余额”。“四柱结算法”在随后的封建朝代中得到了全面的普及和运用，并在实践中进一步发展，最终为中式复式簿记的产生奠定了基础。到了明末清初，以山西钱庄票号会计为代表，出现了一种更趋完善的会计记录技术——“龙门账”。“龙门账”把全部账目分为“进”（收入）、“缴”（支出）、“存”（资产）、“该”（负债）四大类，运用“进-缴=存-该”方程式计算盈亏数额，并分别编制“进缴表”和“存该表”，两表计算结果如果完全吻合，则称为“合龙门”。“龙门账”的出现标志着中国式复式簿记的基本形成。清末民初，以江浙一带民族工商业核算为代表，在会计记录技术上产生了“天地合账”，也称为“四脚账”，该方法将一切账项分为“来账”和“去账”在账簿上记录。账簿采用垂直书写，每行分上下两格，上格记收，称为“天”，下格记付，称为“地”，上下两格所记数额必须相等，称为“天地合”。“天地合账”即“四脚账”被誉为最具中式簿记特色的复式记账法，也是中国旧式簿记中发展得比较成熟的一种记账法。

① 王建忠. 会计发展史［M］. 大连：东北财经大学出版社，2007：29.

鸦片战争以后，中国逐渐沦为半殖民地半封建社会，西方的复式簿记也随之传入中国并得到运用。20世纪初，中国学者蔡锡勇编写了《连环账谱》，谢霖、孟森合编了《银行簿记学》，标志着正式将西方会计学的借贷记账法引入中国，从而拉开了学习引进西式簿记的序幕。

（三）中华人民共和国成立后的会计发展

1. 建立社会主义计划经济会计阶段（1949—1977年）

1949—1977年，我国主要借鉴苏联社会主义经济建设经验，从而形成了以生产资料公有制为基础的社会主义计划经济模式。在此期间，由于众所周知的原因，频繁的政治运动令经济活动近乎停顿，国家经济建设一度陷入混乱。作为经济管理重要组成部分的会计工作受到严重冲击，造成了我国会计工作的停滞。

2. 倡导具有中国特色的社会主义会计阶段（1978—1991年）

1978年，中国共产党第十一届中央委员会第三次全体会议通过了以改革开放为主旨的《中共中央关于经济体制改革的决定》，明确了社会主义经济是有计划的商品经济。在结合我国会计改革实践，继续学习和研究苏联社会主义会计的同时，引进和借鉴西方先进的会计理论与方法，科学地建设具有中国特色的会计理论与会计方法体系成为该时期会计研究的中心。

3. 推行社会主义市场经济会计阶段（1992—2001年）

1992—2001年，形成了以《中华人民共和国会计法》和《中华人民共和国注册会计师法》为核心，以《企业财务会计报告条例》、《企业会计准则》和《企业会计制度》等为主干的会计规范体系，确立了与市场经济相适应的新会计模式，成功实现了由计划经济体制下的统一会计制度向市场经济体制下的会计准则的过渡。

1992年11月30日，财政部正式出台《企业会计准则》和《企业财务通则》，并于1993年7月1日正式实施，同时发布并实施了八大行业十三个会计制度与财务制度，以全面替代此前的分行业、分所有制的会计制度管理体系。2000年6月21日，中华人民共和国国务院制定了《企业财务报告条例》。随后，财政部陆续颁布了《企业会计制度》、《金融企业会计制度》、《小企业会计制度》、《民间非营利组织会计制度》和《村集体经济组织会计制度》，并以此取代1993年开始实施的八大行业性会计制度，从而形成了会计准则与会计制度并行的具有中国特色的会计核算规范体系。

4. 推行会计准则的国际趋同阶段（2002年至今）

2006年2月15日，我国新的企业会计准则体系正式发布，并确定自2007年1月1日起开始在上市公司中施行，这是中华人民共和国成立后在会计规范体系建设上的又一个里程碑式事件，更是中国会计准则向国际会计准则体系全面趋同的战略性举措。而在此后的2014年和2017年，国家又分别有3项和1项新会计准则发布，并有若干项会计准则被修订。至此，由1项基本准则和42项具体准则以及相应应用指南所构建的我国企业会计准则体系，既实现了与国际财务报告准则的实质性趋同，又适应了我国市场经济发展的现实需要，凸显了我国会计信息系统作为国际通用商业语言的功能。

第二节　现代企业中的会计

现代企业的组织形式1

现代企业的组织形式2

一、现代企业与会计

（一）现代企业的组织形式

现代经济环境下的企业，是从事生产、流通和服务等经济活动的基本社会经济细胞，它是以生产或服务满足社会需要，实行自主经营、独立核算、依法设立的一种营利性的经济组织。企业具有独资、合伙和公司制三种主要的组织形式。

1.独资企业

独资企业，是指依法在中国境内设立，由一个自然人投资，财产为投资人所有，投资人以其个人财产对企业债务承担无限责任的经营实体。独资企业的基本特征为：企业的出资人是一个自然人，该自然人应当具有完全民事行为能力，并且不能是法律、行政法规禁止从事营利性活动的人；独资企业的财产归投资人个人所有。企业财产不仅包括企业成立时投资人投入的初始财产，而且包括企业存续期间积累的财产；投资人以其个人财产对企业债务承担无限责任，当投资人申报登记的出资不足以清偿个人独资企业经营所负的债务时，投资人必须以其个人财产甚至是家庭财产来清偿债务。尽管个人独资企业可以有名称，并可对外经营，但其只是自然人进行商业活动的一种特殊企业形态，属于自然人企业范畴，不具有法人资格。独资企业的最大优点是设立简单，业主仅需在市场监督管理部门注册登记，即可合法经营，但独资企业的经营活动受很多因素的限制。

2.合伙企业

合伙企业，就是依照合伙企业法在中国境内设立的，由各合伙人订立合伙协议，共同出资、合伙经营、共享收益、共担风险，并对合伙企业债务承担无限连带责任的营利性组织。合伙企业的基本特征为：（1）它不是单个人的行为，而是两个或两个以上个人的联合，所以才称之为合伙；（2）合伙人订立合伙协议；（3）合伙人共同出资；（4）合伙人共同经营；（5）合伙人对合伙企业债务承担无限连带责任；（6）合伙人共享收益。上述特征，是合伙企业基本内涵的体现，从这几个方面可以使合伙企业与其他企业形式，以及这些形式联系在一起的经济关系、法律关系区别开来，使合伙企业的当事人明确自己所处的地位，使其他人对合伙企业有所识别。合伙企业在设立登记、业主责任、纳税等方面与独资企业有相似之处。但相对而言，合伙企业的融资能力明显强于独资企业，因而竞争能力也大大提高。

3.公司制企业

公司是在财产所有权与其经营权分离的前提下，由投资者出资、职业经理人员进行经营管理的企业。一般情况下，将按照公司法组建的企业叫公司制企业；而将未按照公司法组建的企业叫非公司制企业。二者的法人治理结构不同，经营管理模式也不同。公司一般有股东会、董事会和经理层，而非公司制企业是没有股东会和董事会的，但有职工代表大会等。

公司制企业也就是股份制企业，它是指由两个或两个以上投资人（自然人或法人）依法出资组建，有独立法人财产，自主经营、自负盈亏的法人企业。公司制企业的制度相对完善，设有董事会、监事会，这种形式简单清晰，对出资人有一定保障，也易于被各类市场主体接受。依照《公司法》规定，公司制企业主要包括有限责任公司和股份有限公司。有限责任公司是指股东以其出资额为限对公司承担责任，公司以其全部资产对公司债务承担责任的公司。股份有限公司是指其全部资本分为等额股份，股东以其所持有股份为限对公司承担责任，公司以其全部资产对公司债务承担责任的股份公司。公司制企业的主要特征为：(1) 公司是企业法人，有独立的法人财产，享有法人财产权。公司以其全部财产对公司的债务承担责任。(2) 公司股东依法享有取得资产收益、参与重大决策和选择管理者等权利。公司从事经营活动，必须遵守法律、行政法规，遵守社会公德、商业道德，诚实守信，接受政府和社会公众的监督，承担社会责任。公司的合法权益受法律保护，不受侵犯。(3) 设立公司，应当依法向公司登记机关申请设立登记。符合《公司法》规定的设立条件的，由公司登记机关分别登记为有限责任公司和股份有限公司；不符合《公司法》规定的设立条件的，不得登记为有限责任公司或者股份有限公司。

公司治理与公司组织体系

(二) 现代企业管理中的会计运用

现代企业的顺利运行，需要完善的内部结构，由公司股东会、董事会、监事会和管理层（也称经理层）之间的分权结构与相互制衡关系所确定的运行机制，决定了企业的运行绩效。我国现行众多法规，均对企业内部机构的设立与公司的财务、会计制度的建立等做出了明确的规定，从而也对现代企业中的会计地位与作用予以了合理的定位。

1.会计在企业内部管理体系中的地位重要

企业会计的功能定位

会计在企业内部管理体系中的地位，可概括为是内部经济管理的一个重要组成部分。现代企业要在市场竞争中得到发展与壮大，就必须依法建立规范的内部治理结构，并按照现代管理的要求组织正常的生产经营活动，为此，就需要设立相应的管理部门并配备必要的管理人员，而会计部门及其人员在现代企业内部管理体系中的地位非常重要。首先，从管理人员的构成上看，财会人员不可或缺。凡是筹建经济单位，都必须配备专职的会计人员；凡是完成一项具体的经济活动，都需要会计人员将其前因后果、来龙去脉进行全面、连续、系统、综合的记录。正因为如此，《中华人民共和国会计法》（2017年第3次修订）第五章“会计机构和会计人员”第36条规定：“各单位应当根据会计业务的需要，设置会计机构，或者在有关机构中设置会计人员并指定会计主管人员；不具备设置条件的，应当委托经批准设立从事会计代理记账业务的中介机构代理记账。国有的和国有资产占控股地位或者主导地位的大、中型企业必须设置总会计师。总会计师的任职资格、任免程序、职责权限由国务院规定。”其次，从管理职能部门的分工上看，任何单位的财会部门都是企业内部一个重要的科室。最后，从管理职能执行的基本过程来看，任何企业的生产经营管理活动均可分解为“目标—计划—执行—考核”四个基本环节，而每个环节的正常交替以及整个活动的不断循环都离不开财会部门所提供的信息。由此可见，会计及其部门在企业内部管理中处于十分重要的地位，上述关系如图1-1所示。

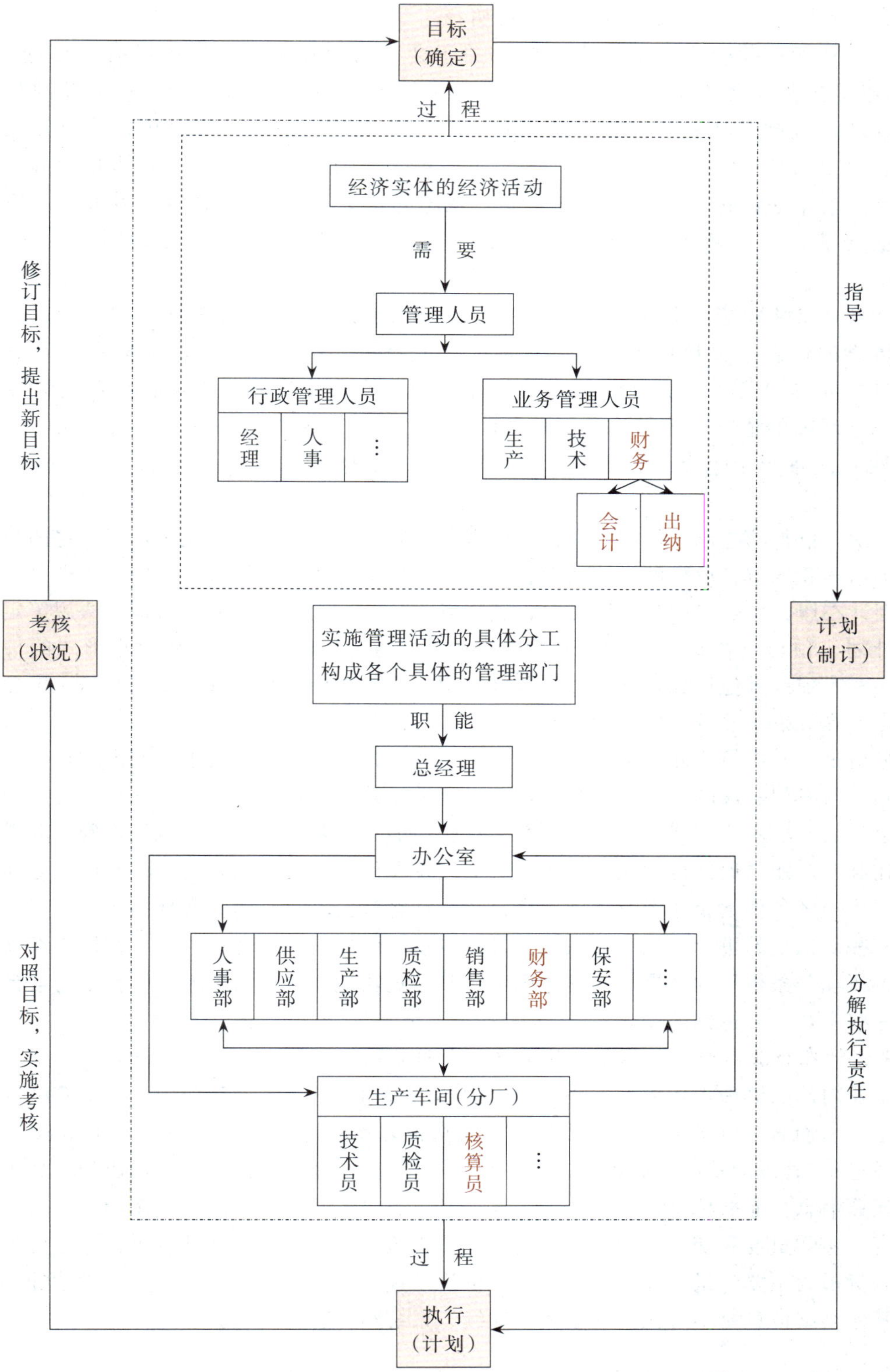

图 1-1　企业经营管理过程及其会计地位结构图

2.会计在企业内部管理体系中的职能明确

职能是某一社会活动的客观功能。关于会计的职能，马克思曾经有过精辟论述："过程越是按照社会的规模进行，越是失去纯粹个人的性质，作为对过程的控制和观念总结的簿记就越是必要；因此，簿记对资本主义生产，比对手工业和农民的分散生产更为必要，对公有生产，比对资本主义生产更为必要。"[①]这段话，实际上说明了会计所具有的基本职能是"过程的控制"和"观念的总结"。后来随着生产力水平的提高与生产的变革，社会赋予会计的职能越来越大，一般认为，会计的基本职能包括三个方面：

首先是反映职能。会计的反映职能是指会计能够反映企业经济活动的情况，为管理提供可靠的信息。会计在履行反映职能时，其特点为：（1）反映的指标主要是数量指标，且主要是以货币作为计量尺度的指标；（2）反映的范围主要是已经发生的经济活动；（3）反映的依据，为审核合格的会计凭证；（4）反映信息的特征是具有无一遗漏的全面性、注重承上启下的连续性、运用货币量度的统合性、讲究分门别类反映的系统性。

其次是监督（控制）职能。会计的监督（控制）职能是指会计能够按照一定的目的和要求去指导和调节各单位的经济活动，监督经济活动的过程和结果，以保证管理目标的实现。会计在履行监督（控制）职能时，其特点为：（1）监督的标准有政策、法规等定性标准和计划、预算或者定额指标等定量标准；（2）监督指标，主要采用货币形式的价值指标，必要时辅以其他形式指标；（3）监督时间，可分为计划与预算等事前监督、定额控制并确定差异等事中监督，以及考核与分析等事后监督。

最后是参与决策职能。会计的参与决策职能是指其参与经济决策的制定过程，运用其专业知识与专门手段的量化测算与比较，以有助于减少决策的失误。

会计的三项主要职能具有相互关系。反映职能是最基本的职能，也是基础性职能；监督（控制）职能是保证性职能，也是随着会计发展而逐渐派生出来的一种职能；参与决策则是现代经济条件下企业经营活动对会计的一种客观要求。有时，会计的职能、任务与作用会有些认识上的重合，但一般认为其各有侧重。职能是一种客观功能，作用是客观功能在一定环境与条件下的结果，而任务则考虑其客观功能、环境与条件的情况下对会计工作提出一些主观上要达到的要求。

3.会计在企业内部管理体系中的工作特点明显

企业内部的管理工作体系，是由不同的部门所构成的。不同部门中不同决策的基础就是信息，因而著名管理大师、诺贝尔经济学奖获得者赫伯特·西蒙（Herbert Simon）教授曾经说过："管理的重心在决策，决策的重心在信息。"企业经济活动所形成的信息主要有统计核算信息、业务核算信息和会计核算信息三类，不同类型信息所使用的计量尺度有劳动量度、实物量度和货币量度三种，但对经济决策影响最大的是会计信息，这是因为会计主要以货币为主要计量尺度来提供企业经济活动过程与结果的信息，它所提供的经济信息具有其他类型信息所不可比拟的全面、连续、系统和综合等特征。

---

① 马克思．资本论（第二卷）[M]．中共中央编译局，译．北京：人民出版社，1975：152.

4.会计在企业内部管理体系中有着特定的工作对象

会计在企业内部管理体系中的工作对象，是企事业单位经济活动的过程及其结果。会计在履行其职能，反映有关单位经济活动过程与结果时，有三个需要特别注意的问题：（1）从其工作对象的空间上看，它一定是企业内部的经济活动；（2）从其工作对象的时间上看，它应当是企业内部已经发生的经济活动，未发生或即将发生的经济活动不能纳入其工作范畴；（3）从工作对象的具体内容上看，它一定是与一定时期单位内部资金的筹集、使用、耗费、收回和分配等事项相关的经济活动[①]。

5.会计在企业内部管理体系中具有一套完成其任务的专门手段

会计在企业内部管理体系中有一套专门的方法体系。会计方法是会计履行其反映、监督和参与决策等职能，反映并监督会计对象以完成会计任务的手段。会计方法是一个完整的体系，主要有会计核算方法、会计分析方法、会计检查方法、会计预测方法、会计决策方法和会计控制方法等。其中，会计核算方法是最基本的会计方法，它是指对会计对象进行连续、系统、全面、综合的记录、计算和日常监督所应用的方法，主要有设置账户、复式记账、填制与审核凭证、登记账簿、成本计算、财产清查、资产计价和编制会计报表等。

6.会计在企业内部管理体系中的工作目标独特

会计在企业内部管理体系中的独特的工作目标，就是提供有效信息以服务于使用者的决策需要。一般情况下，目标是指想要达到的境地或标准。会计的目标是人们在对会计本质认识的基础上，以主观要求的形式提出来的、客观存在的范畴。当将会计视为一个对外提供信息的系统时，其核心问题就是“应该为谁提供什么样的信息”；当将会计视为企业内部管理的一个重要组成部分时，其目标也应当统一到加强经营管理，提高经济效益，以较小的投入取得较大的产出，以较少的耗费取得最大的成效，帮助企业实现价值最大化这一重心上来。

综上所述，会计的本质不应当仅仅是管理者手中的一个被动的、具有使用性质的管理工具，而应当是具有主动参与性质的、管理活动的一个重要组成部分。由此，可对会计本质做如下表述：*会计是经济管理的一个重要组成部分，它是以货币作为主要计量尺度，采用专门的方法，对企业、事业单位的经济活动进行完整、系统、连续、全面的反映和监督，并在此基础之上进行分析、预测与控制，参与企业经济决策的制定过程，以加强经济管理、提高经济效益的一种管理活动。*

二、企业会计目标与会计信息质量

（一）会计信息使用者

要确切定位会计目标，就需要了解会计信息使用者的结构，以及不同目的使用者的信息需求和特征。目前会计信息使用者，按照其与企业的关系可以分为外部会计信息使用者和内部会计信息使用者两个群体，由于其关注的重点与出发点不同，因而其对会计信息的需求也有所侧重。

会计信息使用者

① 其具体内容将在第二章详述。

1.外部会计信息使用者

外部会计信息使用者主要指的是投资者、债权人、政府相关部门和社会公众等不直接参与企业日常经营管理决策的信息使用者。我国现行企业会计准则明确规定，财务会计报告使用者包括投资者、债权人、政府及其有关部门和社会公众等。

（1）投资者

在市场经济条件下，投资者是企业会计信息最主要的使用者，投资者既指现有的投资者，也包括潜在的投资者。其主要是指目前持有和准备持有企业股权的其他企业、基金投资公司、自营券商、个人投资者等，他们关心的是其所投资企业或将要投资企业的内在风险和投资报酬，需要的是能够反映其盈利能力、偿债能力、股利支付能力、成长能力等经营状况的信息，以便做出相关的判断及投资决策。例如，持有一家上市公司股票的投资者，通过上市公司对外公布的财务信息，判断出该公司的财务状况、经营成果和获利能力等方面的信息，以便做出相应的决策。若该公司呈报的会计信息反映其经营和获利情况较好，投资者可能追加投资以增强对该公司的影响和控制；若该公司呈报的会计信息反映其经营及获利情况不好，投资者可能出售该公司的股票转而投资其他经营和获利情况较好的公司。而潜在的投资者通过阅读上市公司对外公布的财务信息判断出该公司的财务状况、经营成果和获利能力等方面的情况后，会相应做出或是成为该公司真正的投资者或是放弃成为其投资者的决策。

（2）债权人

企业的债权人主要有银行、非银行金融机构、公司债券持有人以及为企业提供商业信用的其他债权人等，既包括现实的债权人，也包括潜在的债权人。随着资本市场的快速发展，企业的规模日益扩大，企业的债权人也需要企业的会计信息来评价其偿债能力以做出信贷决策。不管是长期债权人还是短期债权人，他们均关心自己债权的安全程度，需要的是反映企业偿债能力等方面的信息，以便做出有关的判断和决策。例如，银行在准备给企业发放贷款之前，都要求企业先提供近几年的财务报表以便了解该企业的偿债能力和现金流量的结构等会计信息，并根据这些会计信息来判断该企业将来能否按照贷款合同的约定按期还本付息，若判断企业偿债能力不太强，可能要求企业提供某种担保以保证自己债权的安全，若是根据会计信息判断出企业已严重资不抵债，银行甚至会做出不贷款的决策。

（3）政府相关部门

政府相关部门包括国家发展和改革委员会、中国人民银行、税务部门、统计部门、财政部门、证券监管部门、国有资产监管部门、银行业和保险业监督管理部门等。这些政府部门需要通过企业的会计信息了解企业的经营状况以进行监管活动，制定宏观经济管理决策，因为会计信息是政府相关部门进行宏观经济决策所依据的基础信息之一，是政府相关部门规范证券市场、有效发挥市场配置资源功能、保护投资者权益、满足投资者决策需要的重要信息，同时也是政府相关部门评估国有资产经营者受托责任履行情况，确保国有资产保值增值的重要信息。所以政府相关部门不管是站在宏观经济管理者、证券市场监管者的角度，还是站在国有资产所有者代表的角度，都会对会计信息产生不同的需求。例如，国家发展和改革委员会作为国民经济的宏观调控和决策部门，在履行其职能时，需要大量的经济信息作为其决策的基础和支撑，虽然企业的会计信息不能直接支持国家发展和改革委员会的经济决策，但许多宏观的经济数据都是通过对微观企业的会计信息进行汇总而来的；证券监管部门为了保证证券市场上市公司的质量，利用会计指标为公司上市和再融资设定"门槛"，关注的是反映企业资产质量和盈利能力的会计指标，如净资产收益率、每股收益、每股净资产、无形资产占总资产比率、非经常性损益等；证券监管部门还要求上市公司全面、及时和公允地披露持续性信息和重大事项，这时其关注的是会计信息的真实性、及时性和客观性；国有资产监管部门需要通过企业会计信息了解国有资产经营者的受托责任履行情况，关注的是反映国有资产保值和增值情况的相关会计信息。

（4）社会公众

在当今社会，社会公众也是企业会计信息的需求者和使用者。这是因为一方面企业通过各种行为，如对当地经济的贡献、就业、雇员培训、医疗劳保、环境保护支出等会影响到社会公众。另一方面随着可持续发展理念越来越深入人心，作为企业的利益相关者，社会公众也日益关心企业的经营活动对所在地区经济及环境带来的影响，关心企业的发展前景。因此社会公众关注的是企业与自身生活和工作息息相关的信息。

2. 内部会计信息使用者

内部会计信息使用者主要是指企业的管理层，包括企业董事会中的高管人员（如总经理、独立董事和监事等）、单位内部的财务经理和各部门经理等。此外，企业工会和职工等，也是法定的会计信息需求者。企业的管理者一方面需要通过会计信息的传递来表明经营企业的业绩以完成其财产的受托责任；另一方面在当前市场经济环境下，面临变化无常的市场需求和日益激烈的市场竞争，企业迫切需要会计信息来了解其整体的经营情况，明确经营过程中存在的问题，以便于从经营者的角度对企业进行管理，在充满机遇和威胁的市场环境中生存和发展。因而，会计信息正是企业管理人员用于进行经营决策所依据的重要信息之一。

（二）会计目标

前已述及，会计在企业内部管理体系中的独特的工作目标，就是提供有效的会计信息以服务于使用者的决策需要。因此，作为会计工作产品的会计信息就应当以满足使用者需要为前提，不断提高其质量。

目标是指想要达到的境地或标准。会计的目标是人们在对会计本质认识的基础上，以主观要求的形式提出来的、客观存在的范畴。作为一个信息系统，其描述的核心问题是"会计应该为谁提供什么样的信息"，具有主观见之于客观的特征。根据系统论的观点，会计应该有自己的目标，并与外部环境具有互动的关系。因此，会计目标取决于会计的本质和相关的会计环境，尤其是相关会计环境中会计信息使用者的特征。关于会计目标的定位，目前学术界存有"受托责任观"和"决策有用观"两种主流观点。

会计目标1

1. 受托责任观

"受托责任观"产生于企业所有权与经营权分离的经济背景之下，投资者与经营管理者之间委托受托关系的出现。最初的"受托责任"主要是对投资者委托经营的财产或经济资源实现保值增值。进入20世纪70年代后，随着委托代理关系理论研究的深入，受托责任范围的不断扩大，理论界提出了"利益相关"、"社会经济职能分解"和"管理分权"等观点，经营管理者受托责任范围也随之由财产或经济资源的保值增值逐渐扩大到政府、职工、消费者和社会公众的利益。此后，社会就业、社区公益、生态环境保护等都被逐渐纳入受托责任的范围。由此，“受托责任观”随着两权分离所导致的受托责任而产生，并随着人们对受托责任认识的深化而不断完善。

该观点将会计目标定位于向资源委托者提供资源受托者的责任履行情况，提供能够帮助管理者履行经济管理责任的信息。它认为企业的管理者作为资源供应者的代理人，应以企业物质资本提供者的财富最大化为目标，在保证企业财产物质安全完整的基础上努力经营，以实现企业资产的保值增值，为资源供应者（股东）尽可能多地创造财富。因此，会计人员应从委托者的需要出发，财务会计报告应以委托者的需要为中心。受托责任观强调会计信息的真实可靠性，要求会计信息客观公允地表达经济责任的履行结果，会计人员应当把注意力集中于提供客观、公允的会计信息。这也是20世纪80年代以前西方会计理论界的主流观点。

2.决策有用观

会计目标2

“决策有用观”产生的背景是资本市场的建立与发展以及企业所有者与经营者之间的关系变得不确定。20世纪70年代末，美国证券市场日益扩大化和规范化，与此同时，会计信息的使用者迅速增多，它不仅包括企业财产委托者，还包括社会资源委托者；不仅包括现有的投资者、债权人，还包括潜在投资者、债权人以及财政税务部门、社会中介机构、新闻媒体、律师和咨询机构等。上述使用者对会计信息的需求不仅表现为数量上的扩张，而且表现为质量上的提高和时间上的快捷。在公司融资主要依靠资本市场的背景下，向信息使用者提供对各种决策（特别是对投资决策）有用的会计信息比反映受托者的责任履行情况变得更为重要。“决策有用观”认为，财务会计的目标就是向信息使用者提供对其决策有用的信息，主要包括两方面内容：一是关于企业现金流量的信息；二是关于经营业绩及资源变动的信息。此时的会计目标应是向这些信息使用者提供关于企业有关未来现金流量的金额、分布和不确定性的信息，以帮助这些信息使用者在预测未来时能够做出正确的决策。目前美国主要采取这一观点。

由上述分析可见，其实这两种观点并无本质上的分歧，其主要区别在于对会计信息使用者的定位不同，“受托责任观”把会计信息使用者定位于企业资源的委托者，而“决策有用观”则认为会计信息使用者是所有与企业具有利益关系的会计信息使用者。鉴于此，我国现行会计规范明确指出，我国财务会计报告的目标是向财务会计报告使用者提供与企业财务状况、经营成果和现金流量等有关的会计信息，反映企业管理层受托责任的履行情况，有助于财务会计报告使用者做出经济决策。

（三）会计信息质量要求

现代企业会计信息的使用者范围广泛，对会计信息的需求越来越多，为此，财务会计应当以满足这些信息使用者的信息需求为目标进行会计的确认、计量、记录和报告。然而，由于各种不同的会计信息使用者的信息需求侧重点是不同的，要想建立满足各方信息需求的专用报表是不现实的。一般而言，只能提供满足各个会计信息使用者通用目的的财务会计报告信息，即提供一个企业特定时点财务状况和特定时期经营成果与现金流入流出情况的会计信息。

我国会计目标兼顾了决策有用观与受托责任观，既满足了市场经济中投资者和信贷者进行投资决策和信贷决策的财务会计信息需求，又满足了公司管理层传递其受托责任履行情况的财务会计信息需求。这样的会计目标定位主要是由我国的经济环境决定的，我国资本市场还不是特别完善，大众持股比例较低。因此，会计目标完全采用决策有用观是不可行的。然而，财务会计信息应是对其使用者有用的信息，不管是从为企业管理层解除受托责任的角度还是从为投资者和信贷者等提供决策有用信息的角度来看，这均是不可否认的事实。然而，什么样的信息才是有用的信息呢？换句话说，什么样的财务会计信息才能达到帮助会计信息使用者做出有差别的决策这个财务会计的目标呢？这个问题的答案涉及对会计信息质量特征的界定。在世界各国的财务会计理论研究中，大多认为财务会计信息质量特征是联结会计目标与财务报告的桥梁。也就是说，要想使财务会计报告最终确认和披露的会计信息能够满足会计目标的要求，就需要会计信息具有一定的质量特征。

我国现行会计规范中以“会计信息质量要求”的形式具体规定了以下八项会计信息质量特征：

1.可靠性

也有人将其称为“真实性”或“客观性”。但是，严格说来，可靠性并不完全等同于“客观性”或“真实性”。可靠性指的是会计信息要真实地表述客观存在的经济事实，不偏不倚。企业应当以实际发生的交易或事项为依据进行确认、计量和报告，如实反映符合确认和计量要求的各项会计要素，保证会计信息真实可靠，内容完整。参照美国财务会计准则委员会的有关解释，可靠性应包括三个方面，即可核性、反映真实性和中立性。其中，可核性指的是不同的人依据相同的信息和程序方法应能得出相同或相似的结果；反映真实性指的是会计信息应能反映企业实际的经营活动，无虚假、伪造信息；中立性指的是会计人员在处理会计信息时态度要不偏不倚，避免倾向于某一特定的结果或者某一特定的利益集团。

可靠性与相关性

可靠性是有用会计信息的基础所在，失真的会计信息不仅会导致会计工作的无效，还会干扰资本市场的有效运转，误导会计信息使用者的决策行为，引起社会资源的错误配置。因此，企业在进行会计核算时，必须贯彻可靠性，坚持以实际发生的交易或者事项为依据，以法定的会计规范为依据进行会计处理，如实反映每项经济业务，不得虚构、歪曲或者隐瞒企业的实际财务情况，应做到会计核算的内容真实、数字准确、资料可靠，以揭示经济事实的真相为己任。

2.相关性

相关性指的是会计信息应当与会计信息使用者的决策相关。会计信息是否对会计信息使用者有用，关键要看其是否和会计信息使用者的决策有关，是否能够帮助会计信息使用者评价和预测企业未来现金流量的金额、分布和不确定性，是否能够帮助会计信息使用者在预测未来时产生决策差别。企业提供的会计信息应当与财务会计报告使用者的经济决策需要相关，应有助于财务会计报告使用者对企业过去、现在或者未来的情况做出评价或者预测。参照美国财务会计准则委员会的有关解释，相关性必须具有预测价值、反馈价值和及时性三个基本质量特征。其中，预测价值指的是会计信息要能够帮助会计信息使用者预测企业未来的财务状况、经营成果和现金流量；反馈价值指的是会计信息使用者可以利用现有的会计信息修正以前形成的某些认识。

由于我国的财务会计目标采取的是决策有用观与受托责任观相结合的形式，因此就要求会计在收集、处理和传递会计信息的过程中既要满足投资者、债权人等各利益相关者的决策需要，又要满足企业内部加强经营管理、解除管理者受托责任的需要，同时还应满足国家进行宏观经济管理的需要。但是，理解会计信息的相关性这个质量特征时，还需要注意以下两点：第一，会计信息应具有相关性并不是要求会计任意扩大信息供应量，财务会计报告信息的提供要受“成本与效益”原则的限制；第二，会计信息要有相关性并不意味着可以抛弃可靠性，可靠性和相关性之间是辩证统一的关系，应在可靠性的基础上尽可能提高会计信息的相关性，以满足会计信息使用者的决策需求。

3. 明晰性

明晰性与可比性

明晰性也称“清晰性”或“可理解性”。这是针对会计信息使用者的质量特征而言的，即会计信息应当能够为会计信息使用者所理解。企业的会计信息使用者多种多样，既有深具会计专业知识的工作者（如企业经理、证券分析师等），也有会计基础相对薄弱但与企业有利害关系的利益相关者（如不具有会计专业知识背景的中小投资者、社会公众等）。而企业提供会计信息的目的主要在于使相关的利益团体和个人能够通过会计信息了解企业的财务状况、经营成果和现金流量，以做出正确的决策，因此就要求会计信息要尽量通俗易懂，易于理解。明晰性要求会计核算提供的会计信息必须清晰明了、具有透明度、易于理解，适用于各种类型的会计信息使用者。我国现行会计规范规定：“企业提供的会计信息应当清晰明了，便于财务会计报告使用者理解和使用。”如果会计信息不具有明晰性的质量特征，晦涩难懂，则不能发挥其应有之功用。

需要注意的是，明晰性并不是要求会计信息如通俗小说一般易懂，或者适用于所有的大众人群，会计信息毕竟是一种专业性较强的信息产品，它必须对会计信息使用者有所限定，也就是说会计信息的使用者应是同时满足下列要求的相关人员：（1）具有一定程度的会计学和企业经营管理的基础知识；（2）愿意花时间和精力去研究会计信息。只有在这样的前提下，能够被各种类型会计信息使用者理解的信息才是具有明晰性这个会计信息质量特征的会计信息。

4. 可比性

可比性指的是企业通过会计信息系统提供的会计信息应当相互可比，便于分析和比较。我国现行会计规范规定：“企业提供的会计信息应当具有可比性。”统一可比的会计信息能够为会计信息使用者比较不同企业的经营状况和发展趋势提供有意义的信息，促进资本市场的资金合理流动和资源的重新配置。

这里的可比性指的是广义的可比性，不仅包括横向的可比性，即不同企业同一会计期间会计信息的可比，还包括纵向的可比性，即同一企业不同会计期间会计信息的可比。其用意在于保证会计信息的计算口径一致，相互之间具有比较的基础。为了使会计信息具有可比性的质量特征，应该做到以下两个方面：（1）不同企业发生的相同或者相似的交易或者事项，应当采用规定的会计政策，确保会计信息口径一致、相互可比，以便于会计信息使用者能够比较和评价不同企业的会计信息从而做出相关决策；（2）同一企业不同时期发生的相同或者相似的交易或者事项，应当采用一致的会计政策，不得随意变更。这样规定的目的一方面是促使企业能够提供有意义的关于其经营发展趋势的会计信息，便于会计信息使用者了解企业不同时期财务状况、经营成果和现金流量的变动趋势，以做出正确的决策；另一方面则可以有效地避免企业利用随意的会计政策变更行为，在会计核算上弄虚作假，操纵会计数据，误导投资者。但是，不得随意变更会计政策不是不能变更会计政策，当企业面临的经营环境或客观情况有了较大变化使得企业原来采用的会计政策不能恰当地反映企业的财务状况、经营成果和现金流量时，企业可以改变原来采用的会计政策以对外提供更可靠、更相关的会计信息。但在会计政策变更的当期，应在财务报表附注中予以说明，并提供有关会计政策变更影响的数据信息，以提高会计信息的透明度。

5. 实质重于形式

实质重于形式要求企业在进行会计的确认、计量、记录和报告时，不能仅以发生的交易或者事项的法律形式为依据，而应认真分析交易或者事项的经济实质并以之为依据进行会计核算。我国现行会计规范规定："企业应当按照交易或者事项的经济实质进行会计确认、计量和报告，不应仅以交易或者事项的法律形式为依据。"

实质重于形式

在会计实务中，多数情况下企业发生的交易或事项的法律形式与经济实质是一致的，但在少数情况下也会出现交易或事项的法律形式与经济实质不一致的现象，此时就需要仔细分析，依据交易或事项的经济实质进行会计处理。例如，在企业合并时对"控制"程度的判断问题上，有时某些企业合并虽然从持股数量上来看，投资方对被投资企业的持股比例低于50%，但是从企业章程上来看投资方能够决定被投资企业的财务和经营决策，或者在被投资企业董事会或类似机构占多数表决权等，这些都表明在实质上投资企业对被投资企业是具有控制能力的，这时涉及控制权的判断就应当依据实质重于形式的原则来判断投资企业对被投资企业的控制程度。企业提供的会计信息遵循实质重于形式，能够更为有效地保证会计核算信息符合客观存在的经济事实，从而提高会计信息对于会计信息使用者的决策相关性。

6. 重要性

重要性要求对企业经营决策有影响的重要的交易或事项应当单独核算、重点反映；对于次要的交易或事项，可以简化处理，合并反映。我国现行会计规范规定："企业提供的会计信息应当反映与企业财务状况、经营成果和现金流量有关的所有重要事项或者交易。"将重要性作为一个会计信息质量特征，主要是出于对成本效益原则的考虑，旨在不影响会计信息真实可靠的基础上，减少不必要的会计核算工作量，降低成本，提高效益。

重要性原则

但是如何判断一项交易或者事项是否是重要的呢？也就是重要性的界限如何划定？国际会计准则规定，如果一项经济业务会计信息的省略或差错将会影响到会计信息使用者的经济决策行为，那么该项经济业务就是重要的，需要单独核算和列示。一般说来，在具体进行会计核算时，判定一项交易或事项是否重要，需要从数量和质量两个方面来进行：（1）从项目的金额来看，如果一项交易或事项的发生金额较大，达到一定的数量或比例，可能会对企业的财务状况、经营成果和现金流量发生较大影响继而影响到会计信息使用者的决策行为，则该交易或事项是重要的；（2）从项目的性质上看，如果一项交易或事项的发生可能会影响到相关会计信息使用者的决策行为，则该交易或事项是重要的。会计实务中可能会出现一项交易或者事项的金额并不大，但性质较为恶劣的情况。例如会计舞弊行为，即使金额较小，但后果较为严重，往往表明该企业内部控制制度存在缺陷或者管理上存在重大问题等，这时就需要判定该行为所导致的结果是重要的，需要单独进行会计反映和列示，即一项交易或事项的金额大小并不能绝对判定其是否具有重要性，应结合项目的性质来判断。应该注意的是，在应用重要性时，不管是从质上还是从量上判断一项交易或事项是否具有重要性，在一定程度上都依赖于职业判断，带有一定的主观性。

7.谨慎性

稳健性与及时性

谨慎性又称“稳健性”或“保守性”。它要求企业在进行会计核算的过程中，对充满不确定性的交易或事项进行职业判断时，应当持谨慎的态度，充分考虑所面临的风险和不确定性，合理估计可能发生的损失或费用。也就是说，既不高估企业的资产或者收益，又不低估企业的负债或者费用。我国现行会计规范规定：“企业对交易或者事项进行确认、计量和报告时应当保持应有的谨慎，不应高估资产或者收益，低估负债或者费用。”

在市场经济环境中，企业的生产经营面临着许多的不确定性，为了使企业的会计核算建立在稳健的基础上，在进行会计核算时应当贯彻谨慎性原则。对于已经发生的交易或者事项，当存在着多种可供选择的会计处理方法时，应选择不夸大企业收入和利润、不夸大资产和权益的会计处理方法，这样可以对企业生产经营中存在的风险和不确定性加以恰当估计，从而有利于企业防范风险，引导企业做出正确的经营决策，充分保护投资者和债权人的利益。例如，企业资产减值准备的计提、或有事项的具体处理方法等，都充分体现了谨慎性这一会计信息质量特征。谨慎性的应用不等于允许企业计提秘密准备或私设小金库。如果企业滥用谨慎性，通过故意低估资产和收益，高估负债和费用来人为调节企业利润，不仅会损害会计信息的质量，误导会计信息使用者的决策行为，而且会破坏会计工作秩序，造成会计信息失真。

8.及时性

企业的会计信息只有及时提供给会计信息的使用者，才是与会计信息使用者决策相关的信息。会计信息即使兼备了可靠性和相关性，但若没能及时提供，也是无用的信息，不能发挥其应用的功效。我国现行会计规范规定：“企业对于已经发生的交易或者事项，应当及时进行确认、计量和报告，不得提前或者延后。”

在提供会计信息时，要想满足及时性，必须满足三个要求：一是及时收集会计信息，即在交易或者事项发生后，应当及时地收集和整理相关的原始数据信息；二是及时处理会计信息，要按照相关会计规范的要求，及时地将所发生的交易或者事项对企业经济状况的影响记录下来，编制会计凭证，登记会计账簿，编制财务报告；三是及时传递会计信息，即交易或事项经过确认、计量、记录和报告的会计处理程序之后，应按照相关法规规定的时限及时传递给会计信息使用者，以便其及时使用。

第三节　会计的基本内容

企业在进行生产经营时，对于发生的经济业务，通常要先取得、填制和审核凭证，确认和计量已发生的交易或事项对企业经营状况的影响金额，然后运用特定的会计方法在会计账簿中进行记录，最后于会计期末以编制财务报告的形式将有关企业财务状况、经营成果和现金流量等信息传递给企业会计信息使用者。可以说，财务会计通常被认为是一个对企业已经发生的交易或事项进行确认、计量、记录和报告，并最终形成反映企业财务状况、经营成果和现金流量等会计信息的过程。

一、会计确认

会计确认是指运用特定的会计方法对企业已发生的交易或者事项同时以文字和金额的形式进行描述，将其作为企业的资产、负债、所有者权益、收入、费用和利润等会计要素加以正式记录，并使其反映在企业的财务报表之中的过程。美国财务会计准则委员会在第5号财务会计概念公告（Statement of Financial Accounting Concepts，SFAC No.5）将“确认”定义为：把一个事项作为一项资产、负债、收入和费用等正式加以记录和列入财务报表的过程。确认包括用文字和数字来描述一个项目，并将其数额包括于财务报表的合计数之内。可见，会计确认的目的是要在会计账簿中记录及财务报表中列示企业已发生交易或者事项对企业经营状况的影响程度及结果。

会计确认

（一）初始确认和再确认

从对会计信息的处理过程来看，会计确认包括初始确认和再确认两个环节①。初始确认是指在一项交易或者事项发生后，明确其所涉及的会计要素，编制和审核会计凭证，然后登记相关会计账簿，对其所涉及的会计要素变动的信息以文字和货币的形式反映出来的过程。初始确认是对交易或者事项进行正式的会计记录的行为，关注的是企业发生的交易或者事项是否应该被记录，应在何时、以多少金额、通过哪些会计要素在会计账簿中予以记录等问题。再确认是指将初始确认后形成的账簿数据通过综合和重新分类，在财务报表中以财务报表项目的形式进行表述的过程。再确认关注的是企业应在什么时候、以什么金额，通过什么财务报表项目将账簿数据列入财务报表等问题。

（二）会计确认的基本标准

并不是企业发生的每一项交易或者事项都需要进行会计确认。一般来说，只有同时满足四个确认标准的交易或者事项才能够被确认和计量，在相关会计账簿中予以记录，并最终以财务报表项目的形式报告出来。这四个确认标准为：（1）可定义性，即应予以确认的交易或者事项要满足资产、负债、所有者权益、收入、费用、利润等会计要素的定义。（2）可计量性，即应予以确认的交易或者事项要能够以某种计量属性可靠地进行计量。（3）相关性，即予以确认和计量的交易或者事项所产生的会计信息应与会计信息使用者的决策相关，能够导致决策差别。（4）可靠性，即予以确认和计量的交易或者事项所产生的会计信息应当具有真实性、可核性和中立性，真实地反映企业的经营状况。

二、会计计量

美国学者史蒂文斯（S. S. Stevens）指出，计量“就是根据特定规则把数额分配给物体或事项”②。将计量应用于会计理论方面，则是指根据特定规则为符合会计确认条件的交

① 也有观点认为，会计确认可以分为初始确认、后续确认和终止确认，但是这种观点侧重的是从会计确认对象的角度进行划分。

② STEVENS S S. The theory of seales of measurement［J］. Science，1946，103（2）：15.

易或者事项分配和确定金额的过程，目的在于将其登记入账并最终列示于财务会计报表。也就是说，会计计量是在会计确认的基础之上，利用特定的计量单位和计量属性对企业已发生的经济业务进行数量和金额上的计算和确定，以最终达到将经济业务信息转化为能综合地、概括地反映企业经营状况的会计信息的目的，其实质就是解决在会计确认过程中应以多少金额将相关经济业务信息录入会计信息系统的问题。在会计实务中，会计确认和会计计量是不可分割的。从方法的角度来看，会计计量可以说是会计确认的一个重要组成部分，属于广义的会计确认范畴，为会计要素的确认提供金额信息；从会计核算的内容上看，会计计量是联结会计确认和会计报告的一个核心环节。

会计计量与记录

三、会计记录

会计记录指的是采用一定的记账方法，运用文字和金额，对经过会计初始确认和计量的各项会计数据在预先设置好的各种会计账簿中进行登记的过程。经过会计记录的过程，可以对进入会计信息系统的数据进行初步的加工和汇总，提供分类的、系统的会计核算资料，为最终编制财务报表提供依据，以生成有用的会计信息，其涉及的内容包括记录方法和记录形式两个方面。

（一）记录方法

记录方法就是在会计账簿中登记企业所发生的经济业务的方法。在登记经济业务时，需要按照特定的规则，使用特定的符号，在相关的会计账簿中登记会计要素增减变动的情况。由于反映会计要素变动的方法不同，因此就形成了不同的记账方法，主要有单式记账法和复式记账法两种。其中，单式记账法由于其账户设置范围的局限性，难以反映所有的经济业务或者难以反映经济业务的全貌；而复式记账法是指对于企业发生的每项经济业务，都要在相互联系的两个或两个以上的会计账户中以相等的金额同时进行会计记录的方法，由于其账户体系设置的完整性，复式记账法能够反映各项经济业务的完整面貌。

（二）记录形式

记录形式就是将经济业务记录到账簿中的方式。账簿是具有一定格式的、相互联系的账页所组成的簿籍，用以全面、系统、分类地记录企业发生的各项经济业务。企业在进行日常会计核算的会计记录这项工作之前，需要先设置相关的会计账户，形成会计账簿体系，以对企业各种不同的经济业务分别予以记录和反映。

四、会计报告

会计报告指的是在对企业的交易或者事项进行确认、计量和记录的基础上，主要以财务会计报告的形式将企业财务状况、经营成果和现金流量情况向有关会计信息使用者进行报告的过程，它是会计确认、计量、记录和报告这一过程的终点。由于企业所发生的交易或者事项在经过一系列会计确认、计量和记录之后会形成一个相互联结的会计凭证和会计账簿体系，该体系可以为企业的经营管理提供连续、系统、完整和分类的会计信息，然而这些会计信息只是分别从不同的角度来反映企业各项经济业务发生后会计要素的具体变动情况，提供的数据资料比较分散，

会计报告

不能提供总括、简略的会计信息给会计信息使用者，因而也就不能满足投资者、债权人等企业外部会计信息使用者决策及企业管理者等内部会计信息使用者加强企业经营管理的需求。由此，各企业应该在其日常会计核算的基础上，按照相关会计规范的规定，定期对企业日常通过初始确认、计量和记录形成的账簿资料加以归纳整理，编制财务会计报告，最终形成全面、概括的系统性会计信息书面文件，完成会计核算目标，即为会计信息使用者提供决策有用的信息，反映企业管理层受托责任履行情况。我国现行会计规范规定："企业应当划分会计期间，分期结算账目和编制财务会计报告。"因此，企业应定期以财务会计报告的形式对外提供反映企业某一特定日期的财务状况和某一会计期间经营成果、现金流量等会计信息的文件。财务会计报告包括两项内容，即财务报表和其他应当在财务会计报告中披露的相关信息及资料。

思考题

1. 独资企业、合伙企业、公司制企业有何区别？
2. 在公司制企业中，为何需要设立会计机构？会计机构的主要职责是什么？
3. 如何理解企业会计的目标？企业会计目标与企业总体目标是什么关系？
4. 企业的会计信息使用者有哪些？其各自需要企业的哪些会计信息？
5. 如何理解会计信息的相关性与可靠性质量特征？
6. 如何理解和描述会计确认、计量、记录和报告之间的基本关系？

立德树人

"会计"命名的起源

"会"与"计"的连用便构成了一个在中国会计发展史上具有深远意义与影响的专业名词。在西周时期，它被用来表示中国人最初对会计基本概念的认识，以及这一概念的最初含义。《周礼》中把主管会计的官员称为"司会"，会计的功能作用在书中已有详细叙述。到战国时代，《孟子·万章下》中又记录有孔子对会计的评说："会计当而已矣。"至汉代《说文》又称："会，合也"，"计，会也，算也"。其后便有"会，计也"。"计，会也"亦交替出现。清代数学家焦循在注释《孟子·万章下》中"会计当而已矣"之说时，结合《周礼》一书关于"岁会""月要""日成"之制，以及其他诸家有关会计之说，对自西周以来关于会计的概念做出了更加明确的解释："会，大计也。然则零星算之为计，总合算之为会。"

研讨思路：以"'会计'命名的起源"作为研讨话题，引导学生了解我国悠久的会计发展历程和丰富的会计文化底蕴，激发学生学习会计的兴趣，帮助其树立为我国会计事业发展而奋斗的理想与信念。

本章自测

第二章　会计要素与复式记账

本章思维导图

学习目标

通过本章学习，读者可熟悉会计沙盘模型，掌握会计对象及其在会计沙盘模型上的模拟；熟悉企业的基本资金运动；掌握会计要素及其在会计沙盘模型上的模拟；了解会计科目的设置原则，熟悉会计账户体系，掌握会计账户的基本结构及其与资金运动的关系，掌握资产、负债、所有者权益三要素账户与资金运动的关系；熟悉企业的经济业务，掌握经济业务对会计要素及其会计方程式的影响；了解记账方法的种类，掌握借贷记账法的概念及基本内容；掌握会计分录编制的基本规范与要求；能运用借贷记账法完成简单业务处理的循环。

引导案例

感悟会计要素与会计科目

为了让自己尽快熟悉业务，一大早小艾就来到了办公室，开始潜心钻研万总昨天出差前留给她的功课。可是看了一早晨，她也没有理出头绪，方才发觉上学与工作之间的巨大差距，自己简直就是一只超级菜鸟。

于是，小艾来到茶水间，想着先喝杯咖啡再说。

可她刚倒了杯咖啡，一张熟悉的脸就映入眼帘。咦，那不是人称帅气与学识兼具，脾气还超好的杜总杜云轩吗？小艾心想，他一定不会“见死不救”的。

于是，小艾故作轻松地走了过去，微笑着说了声“杜老师好”。

他抬头看了看小艾，笑着说：“小艾，你也在这儿啊。怎么样，刚上手工作，还适应吗？”

“额，说起来……其实万老师出差前给了我一摞票据，并交代让我自己练习会计记账，可我研究了半天，还是感觉无从下手……”

“呵呵，你就是经验太少了，锻炼锻炼就上手了。这会我刚好没什么事……其实呀，会计的主要目标是出具报表。而在那之前，你要先搞懂它们的结构与要素。

资产负债表的左边是资产,右边是负债和所有者权益;利润表从上到下,分别是收入、费用、利润。这六项就是会计的六大要素。”

“这个我知道。”小艾不好意思地吐了吐舌头。

“哦，那你说说看，什么是资产？什么是负债？”

“资产就是——”小艾抓了抓脑袋，拼命回忆。

“哈哈哈，不知道了吧？其实呀，什么是资产，假如你和朋友开了家咖啡店，资产就是你们在咖啡店所有的家底，你们花钱买的所有东西。

那负债是什么呢，负债就是你们从别人那里借的钱，比如长期借款、短期借款；所有者权益呢，就是你们自己投入的本钱，比如实收资本。也就是说，资产负债表的右边是资金的来源。

这些钱又去了哪里呢？放在柜子里的就是库存现金，放在银行的就是银行存款；买了原料放在仓库的，就成了存货；买了机器设备的，就叫固定资产。

而这些东西都放在资产负债表的左边，所以资产负债表的左边就是钱的去向。

左边和右边肯定要相等。这就是会计恒等式:资产=负债+所有者权益。”

“对哦！”小艾惊愕地看着他,她从没想过会计要素与会计科目还可以这样解释,突然有一种豁然开朗的感觉。

“我知道了，杜老师。万总留给我的是记录企业经济业务的票据，我首先应该将票据根据经济业务记录于会计凭证，然后据以登记各类明细账，等到期末，再根据会计账户对各类明细账加以汇总整理，生成总账，最后，按照报表项目编制财务报表。”

“不错，小艾，你很有悟性！企业不同的经济业务其实都被会计转化成了不同的会计科目，对其进行加加减减，就能得出最后的会计报表！”

“杜老师，听君一席话，胜读十年书!”

“哪里，以后在实践中不断摸索、总结，你就能驾轻就熟了。”

【思考与讨论】

（1）什么是会计要素？

（2）资产、负债、所有者权益的定义分别是什么？

（3）什么是会计科目和会计恒等式？

资料来源：陈艳红．小艾上班记：真账实操教你学会计［M］．3版．大连：东北财经大学出版社，2020，有改动（改编者：王玲）。

第一节　会计对象与资金运动模拟

一、会计对象

会计对象是指会计核算和监督的内容。具体而言，会计的一般对象是社会再生产过程中的资金运动。对特定会计主体而言，如企业、行政事业单位，会计对象则是每一独立核算单位的资金运动。资金是以货币表现，用来进行周转，以满足人们创造社会物质财富和进行经济行为需要的价值。资金运动是指特定会计主体由于经济活动所引起的相关价值运动。资金运动具体表现为资金的投入、分配、耗费、收回（包括补偿与增值）以及退出等形式。本书主要论述企业的资金运动。

会计对象与资金运动

二、“会计沙盘模型”假设的提出

为了使抽象的资金运动具体化，以便更好地研究资金运动及其规律，本书提出了“会计沙盘模型”假设。“会计沙盘模型”假设如图2-1所示。

图 2-1　会计沙盘模型图

注：在模型中，我们用“⊕”代表在平面之外的沙坑，用“▲”表示平面之上的沙堆，用“沙”代表资金，用箭头表示沙的流向。

会计沙盘模型的提出

“会计沙盘模型”源于小孩玩沙子的游戏。我们把企业经济活动的空间范围想象为一个平面及其周边，借助于“小孩之手”，该模型可以将企业经济业务所引起的资金运动通过挖沙游戏模拟出来。在企业成立之前，该模型中的平面上没有沙堆，平面周围也没有沙坑。企业成立运作需要初始的资金，就像在平面上玩游戏需要沙一样，小孩需要从平面之外挖取一把沙，并将其放置在平面之上。企业整个经营过程中的资金流动，就像游戏中沙子在沙坑、沙堆之间流动与转换的过程。企业终止经营，就像游戏之中的沙子又流回原来的沙坑之中，平面里外又恢复到最初的平复状态，即平面及其周边沙堆和沙坑都没有了。这样，就把深奥的会计理论和复杂的会计实务操作用通俗易懂的语言与图形形象生动地描绘出来，体现了会计理论和实务操作不仅仅是观念上的活动，更是实体运动。

三、资金运动在“会计沙盘模型”上的模拟

企业的经济业务千差万别，但其所引起的资金运动归纳起来只有四种情况：资金从外部流入企业，资金在企业内部循环与周转，资金退出企业以及各种资金来源渠道之间的相互转化。

（一）资金进入企业

开公司、办企业，首先得有本钱。有了一定的资本，才能把公司成立起来，并为其正常的生产经营活动打下物质基础。

从“会计沙盘模型”上看，开公司、办企业就好像在平面之上进行各种操作活动。但企业成立首先需要资金，就像小孩玩游戏先得有“沙”才行。企业可以从所有者、债权人等处筹集资金。企业资金的获取过程，就像小孩从平面之外挖取一堆沙，并将其放在平面之上。其结果是，一堆沙从平面之外的某个地方被挖来，从而在平面上形成一个突出的沙堆（如图 2-2 中的沙堆 A）；而被挖的地方就会形成一个沙坑（如图 2-2 中的沙坑 a）。其具体的资金流动如图 2-2 所示。

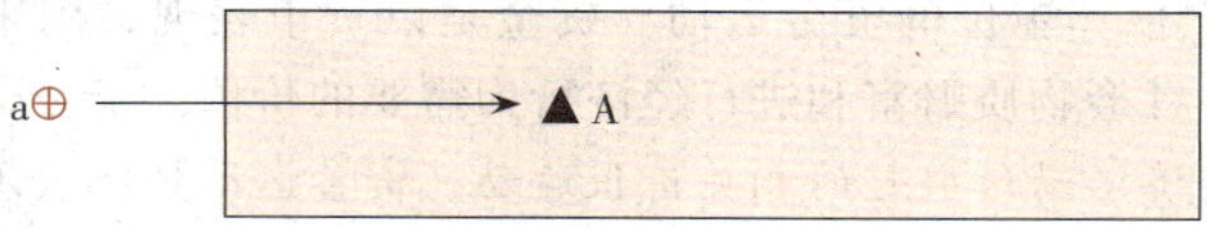

图 2-2　资金进入企业图

会计对象在会计沙盘模型上的模拟 1

当然，公司可能有各种不同的资金来源渠道，这些资金进入企业后也可能会以各种不同的形态存在（如货币、实物和非实物等）。从“会计沙盘模型”的角度看，沙可以从平面之外的很多地方取得，从而导致平面之外可能有很多不同的沙坑；这些沙坑就是平面上沙堆的来源之处，它们用来模拟企业的各种资金来源渠道；这些沙坑深浅不一的容积就反映具体的资金来源数量。同样，从模型上看，从各个地方取来的沙，既可能放在一起，也可能分开堆放；这

样，平面上可能就有许多沙堆，这些沙堆代表资金在企业的各种存在形态；这些沙堆大小不同的体积反映出具体的资金存在数量。这样，“会计沙盘模型”就如图2-3所示。

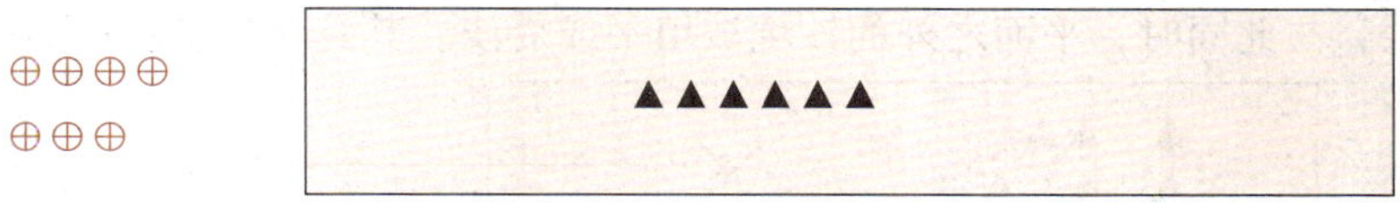

图2-3　资金进入企业后的状态图

上述资金运动的分析是基于企业成立时的最初状况。实际上，公司成立以后，可能会根据自身的需要从外部筹措资金，这也会使资金从外部流入企业。这和企业开办时筹集资金没有本质差别。只是中途筹集资金时，从游戏的角度来看，“会计沙盘模型”上已经有了沙堆与沙坑；现在由于再次筹措资金，平面上沙堆的数量增加或者其体积增大；同时，平面之外的沙坑数量相应地增加或者其容积相应地变大。

（二）资金在企业内部循环与周转

企业有了一定的资金之后，就可以从事各种经营活动。以工业企业为例，随着储备、生产和销售三个阶段经营活动的发生，其经营资金也相应地随之改变其存在形态，具体表现为资金的循环与周转。

工业企业的供应过程是企业生产的准备阶段。为了生产的正常进行，企业必须拥有劳动者（如员工）、劳动对象（如原材料）和劳动工具（如机器设备、厂房）等。为了满足这些必备的条件，企业的货币资金就有可能转化为其他各种存在形态，这就是资金存在形态在空间上的并存性。

在企业的生产经营活动中，以各种形态存在的资金不断地发生形态的相互转化，这就是资金存在形态在时间上的继起性。具体来讲，从各个来源渠道取得的货币资金等，通过储备活动，转化为各种储备资产形态。在进行生产时，原材料、机器或机械、劳动力等资金形态转化为生产资金。生产完工，生产资金形态转化为成品资金形态。通过销售，成品资金又转化为货币资金。货币资金又可以进行各种储备购买活动，从而引起资金形态的不断转化，即“货币资金—储备资金—生产资金—成品资金—货币资金”周而复始的运动。

从“会计沙盘模型”的角度来看，资金在企业内部的循环与周转，就相当于“会计沙盘模型”之中沙堆的体积、形态与场所在不断地发生转换与变化，但代表资金总量的沙堆总体积不会发生变化。其具体运动过程如图2-4中B、C、D、E、F、G等各段运动。

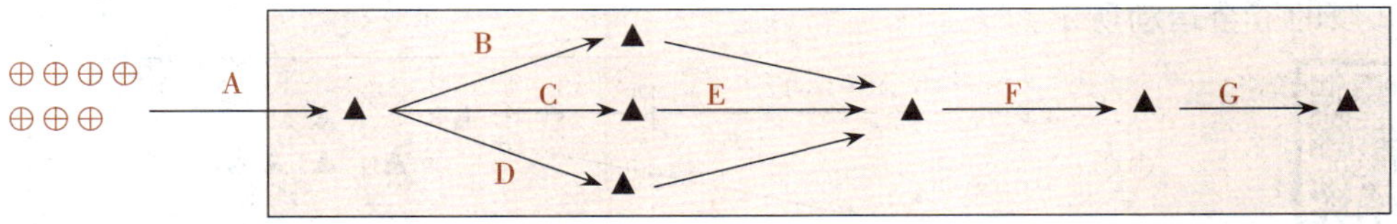

图2-4　资金在企业内部循环与周转图

（三）资金退出企业

从一定来源取得的资金，在企业内部经过一段时间的循环与周转，就有可能退出企业。如向银行借入一笔款项，企业就必须在规定的时间还本付息；又如有的投资者收回投资，以及将获得的利润分配给投资者等。这些都会引起资金从企业的生产经营过程中退出，从而引起企业营运资金的减少。从“会计沙盘模型”上看，资金退出企业，就像平面之上的沙堆流出并冲掉平面之外的沙坑一样。其结果是，平面之上的沙堆的体积（甚至沙堆的数量）会减少；与此同时，平面之外的沙坑被填平或变浅。其具体运动过程如图2-5所示。

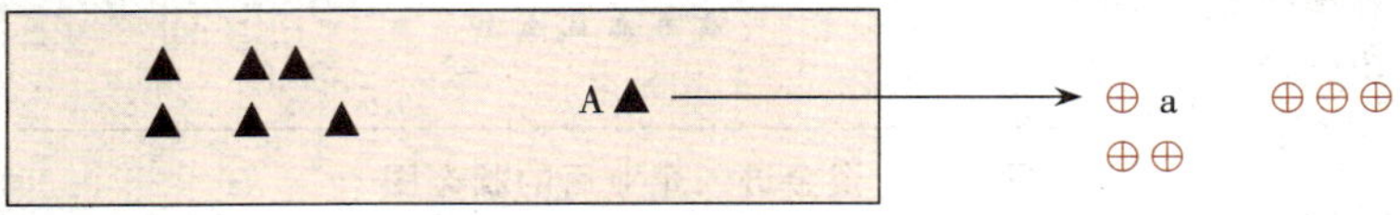

图2-5　资金退出企业图

如果清算解散，企业的资金就会全部退出企业。从“会计沙盘模型”上看，企业解散，就相当于用平面之上的所有沙堆去填平平面之外的所有沙坑。其运动的结果可以从两个方面来理解，从平面之上来看，沙堆没有了，平面变平整了，这原本拥有大大小小沙堆的场所又恢复到开办公司前的状态；从平面之外来看，原有的深浅不一的沙坑现在都被填平了，平面之外也恢复到了开办公司前的状态。由于公司的解散，这里的一切都恢复到原有的状态，就好像在这平面上和平面外什么都没有发生过一样。其具体情况如图2-6所示。

图2-6　资金全部退出企业图

（四）资金来源渠道之间相互转化

企业资金的来源渠道多种多样，它们之间可以相互转化，如债转股。在这种情况下，企业首先从新的资金来源渠道获取资金，从而引起资金流入企业，然后马上将所获得的资金用以偿还从旧资金来源渠道筹集的资金，从而引起资金流出企业。简言之，通过新的资金提供者支付资金给旧的资金提供者，来帮助企业把“旧债”予以偿还。其结果是，旧的资金来源渠道被新的资金来源渠道所取代，但并未引起企业资金总量发生变化。

借助“会计沙盘模型”，其具体的分析过程如图2-7所示。在图2-7中，企业有一个资金来源渠道——沙坑a。企业如何通过新的资金来源渠道筹措资金，来偿还从原有资金来源渠道（沙坑a）筹集来的资金呢？从“会计沙盘模型”来看，企业先从b处取一部分沙，搬到平面上放到B处（如图2-7中第①段的资金运动所示），这时就会在b处出现一个新的小沙坑（代表新的资金来源渠道）；然后用刚取得的沙去填平a处的小沙坑（如图2-7中第②段的资金运动所示）。

会计对象在会计沙盘模型上的模拟2

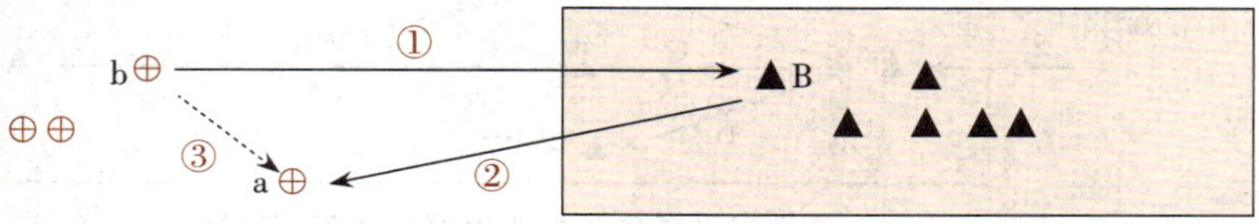

图2-7　资金在企业外部周转图

从图2-7中可以看出，要完成这一笔经济业务，资金要经过两次运动。实际上，可以把这两次运动简化为一次，即使资金直接从b沙坑流到a沙坑，即图2-7中的第③段运动。在这里，平面上的B沙堆实际上只起了一个过渡作用。

会计的对象就是资金运动。会计就是要核算和监督资金流入企业，资金在企业内部循环与周转，资金流出企业以及各种来源渠道的相互转化。从“会计沙盘模型”上看，就是要核算和监督：(1) 沙从平面之外移动到平面之上；(2) 平面上的沙堆形态发生变化，从一个沙堆转移到另一个沙堆；(3) 沙从平面上流到平面之外的沙坑之中；(4) 平面之外的各个沙坑之间的相互转化。从静态的角度来看，会计核算和监督的对象就是资金的各种来源渠道以及存在形态；从“会计沙盘模型”上看，会计就是核算和监督某一时刻平面上高低不同、含义各异的沙堆以及平面之外深浅不一的各个沙坑。

会计对象在会计沙盘模型上的模拟3

四、企业基本资金运动综合分析及其沙盘模拟

按照经营活动流程和环节，企业的经营活动可以划分为筹资环节、供应环节（采购环节）、生产环节、销售环节和投资环节等五大环节。每一环节都有其基本的经济业务及资金运动。每一环节的具体业务都围绕着这些基本的经济业务展开；相应的，其所引起的具体资金运动也都是在其基本资金运动的基础上推演而来的。

企业经济活动的会计视角

（一）阶段所得与所失

对于一个工业性企业而言，其最完整的经营过程应包括筹资、供应、生产、销售和投资五大环节。从整个企业的角度看，这五大环节处在不同的地位上，围绕着一个共同的目的，履行着各自的职责，发挥着不同的作用。作为企业的一个职能部门，每一个经营环节都有其独特的责任与任务，它的整个工作都围绕着这个任务进行。从经济学所得与所失的角度看，每个经营环节都有得有失。企业各个经营环节所追求的最终目标，即所得，在这里被称为“阶段所得”。企业各个经营环节的阶段所得既是本环节奋斗的目标，也是本环节对企业整个经营活动应尽的责任与义务。与此同时，为获得阶段所得，企业还需要付出一定的代价，这就是企业在本阶段的所失。

（二）企业各个经营环节基本资金运动分析

1.供应环节阶段所得、所失分析与基本资金运动

对于供应环节而言，其阶段所得就是各种储备资产。从企业全局的角度看，取得储备资产是本环节对企业整个经营过程应尽的责任和义务；从企业经营流转的角度看，取得的储备资产将为下一个生产环节的进行创造条件。为了取得储备资产，供应环节相应地要耗费一定的货币资产，这就是企业在本环节所失。从资金的形态变化上看，供应环节的根本任务就是要通过一定的购买活动，把资金由货币资产存在形态转化为储备资产存在形态。供应环节基本资金运动如图2-8所示。

企业主要经营环节资金运动综合分析1

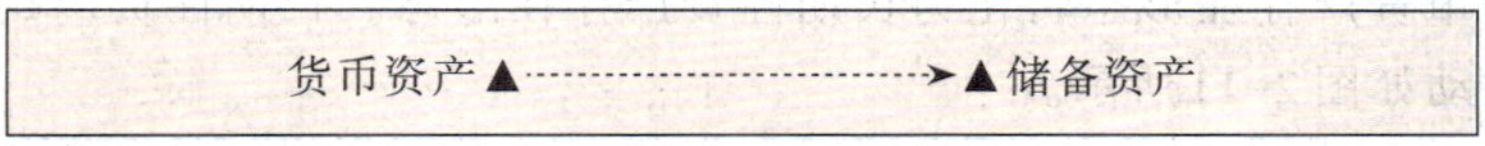

图2-8　供应环节基本资金运动分析图

2.生产环节阶段所得、所失分析与基本资金运动

对于生产环节来说，其阶段所得就是成品资产。从企业全局的角度看，取得成品资产

是本环节对企业整个经营环节应尽的责任和义务；从企业经营流转角度看，取得成品资产将为下一环节——销售环节的进行创造条件。为了获得成品资产，生产环节要消耗一定的储备资产，这就是企业在本环节的所失，这个所失实际上就是上一供应环节已实现的阶段所得。从资金形态变化上看，生产环节的根本任务就是要通过一定的生产经营活动，把资金由储备资产存在形态转化为成品资产存在形态。生产环节的基本资金运动如图 2-9 所示。

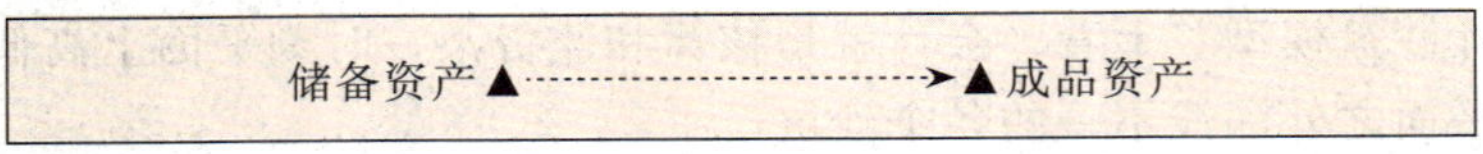

图 2-9　生产环节基本资金运动分析图

3.销售环节阶段所得、所失分析与基本资金运动

对于销售环节而言，其阶段所得就是货币资产。从企业全局的角度看，取得货币资产是本环节对企业整个经营过程所应尽的责任和义务；从企业经营流转的角度看，销售环节既是企业本次资金循环的结果，又是下一次资金循环的开端。为了获得货币资产，销售环节要耗费一定的成品资产，这就是企业在本环节的所失，这个所失实际上就是上一个生产环节已实现的阶段所得。从资金形态变化上看，销售环节的根本任务就是要通过一定的销售活动，把资金由成品资产存在形态转化为货币资产存在形态。销售环节的基本资金运动如图 2-10 所示。

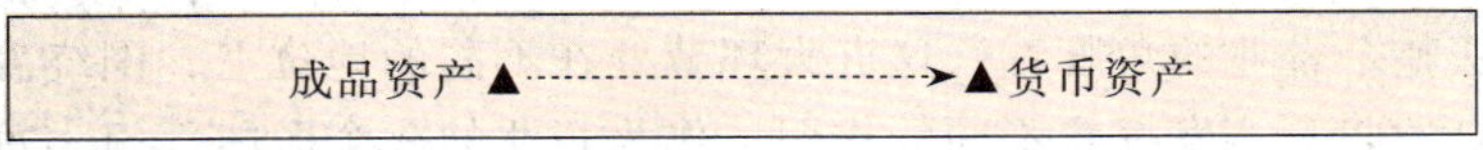

图 2-10　销售环节基本资金运动分析图

4.投资环节（广义）阶段所得、所失分析与基本资金运动

投资有广义和狭义之分。广义的投资既包括狭义的对外投资，也包括企业内部长期性资产（固定资产、无形资产等）的购建。

（1）长期性资产购建的阶段所得、所失分析与基本资金运动

企业的非流动资产主要包括固定资产和无形资产等。不同于原材料的购买，长期性资产的购建有其特殊性：不仅所需要的资金量大，而且所发挥作用的时间长，购建的好坏直接影响企业整个经营活动的开展，严重的还涉及企业的生存问题。正因为如此，非流动资产的购建作为一个重大的内部投资活动，需要企业管理层从企业全局的角度来进行战略规划与决策。

对于企业的内部性投资而言，其阶段所得就是固定资产、无形资产等长期性资产。从企业全局的角度看，取得长期性资产是本环节对企业整个经营过程所应尽的责任和义务；从企业经营流转的角度看，取得长期性资产将为下一环节的生产经营打下基础。为了获得非流动资产，本环节要耗费一定的货币资产等，这就是企业在本环节的所失。从资金形态变化上看，对内投资环节的根本任务就是要通过一定的投资活动，把资金由货币资产存在形态转化为长期性资产存在形态。长期性资产购建的基本资金运动如图 2-11 所示。

企业主要经营环节资金运动综合分析 2

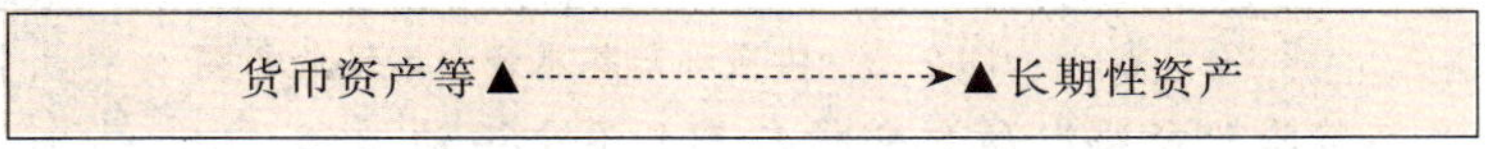

图 2-11　长期性资产构建基本资金运动分析图

（2）对外投资环节阶段所得、所失分析与基本资金运动

企业对外投资的理由可能千差万别，但从其影响企业资金运动的角度来看，其都是为了资金的增值，即获取更多的货币资产。因此，获得更多的货币资产是对外投资环节的阶段所得。从企业全局的角度看，取得更多的货币资产是本环节对企业整个经营过程所应尽的责任和义务；从资金经营流转的角度看，其取得的货币资产为下一轮的企业生产经营打下基础。为了获得更多的货币资产，对外投资环节要耗费一定的货币资产等，这就是企业在本环节所失，这个所失实际上就是其他环节（如销售环节、筹资等环节）已实现的阶段所得。从资金形态变化和价值量增减的角度来看，对外投资环节的根本任务就是要通过一定的投资活动，通过一定量的货币资产等存在形态的耗费来获得更多的货币资产。对外投资环节的基本资金运动如图2-12所示。

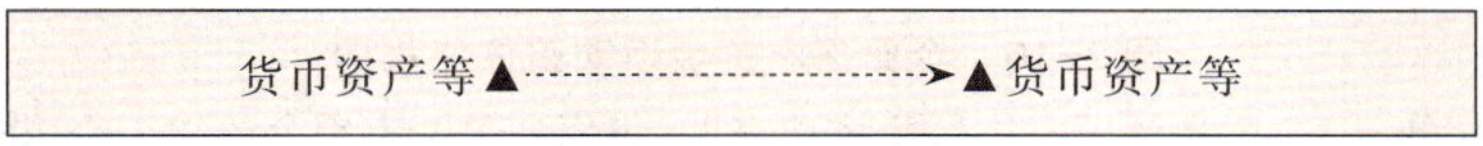

图2-12　对外投资环节基本资金运动分析图

5.筹资环节阶段所得分析与基本资金运动

企业的资金筹资环节位于企业整个资金运动循环的源头。正是通过筹资环节，企业才能获得其正常运作所需要的资金。企业的筹资活动可能发生在企业成立的最初阶段，也可能发生在企业生产经营的某一期间。企业筹资可以通过债务和股权两个渠道来获取资金。本环节的阶段所得是货币资产等，其资金运动的起点是企业产权主体的形成及这种关系在价值上的反映。

（1）股权性筹资环节基本资金运动

所有者投入到企业的资金是企业生存与发展的最原始的资本金，它的存在形态可能是货币资产，也可能是非货币资产。这些存在形态就是企业在筹资环节的阶段所得。其资金运动的起点是一种资金来源渠道，反映的是企业与其产权主体（所有者）之间所存在的股权性关系，以及这种关系在价值量上的反映。股权性筹资环节基本资金运动如图2-13所示。

图2-13　股权性筹资环节基本资金运动分析图

企业主要经营环节资金运动综合分析3

（2）债务性筹资环节基本资金运动

债务性筹资环节系企业生产经营活动各环节的源头，其阶段所得就是获得的货币资产等形态的资金。这些货币资产就是企业在筹资环节的阶段所得。其资金运动的起点是一种资金来源渠道，即债务性资金来源渠道。这个来源渠道反映企业与其借入产权主体（债权人）之间所形成的借贷关系，及其所对应的价值量。债务性筹资环节基本资金运动如图2-14所示。

图2-14　债务性筹资环节基本资金运动分析图

（三）企业基本资金运动整体流程图

将企业各个环节的基本资金运动串联在一起，就构成了一个完整的企业基本资金运动流程图。该整体流程如图2-15所示。

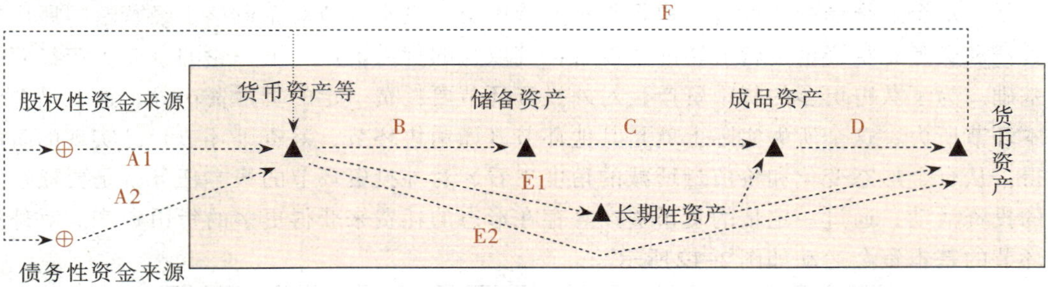

图2-15　企业基本资金运动整体流程图

注：A：筹资环节基本资金运动；B：供应环节基本资金运动；C：生产环节基本资金运动；D：销售环节基本资金运动；E：投资环节基本资金运动；F：重新投入再生产或退出企业。

企业主要经营环节资金运动综合分析4

企业基本资金运动流程图是资金运动会计理论分析的基本框架。企业所有的业务都是在这个基本流程图的基础上推演出来的。每一笔业务对应一段资金运动，资金运动环环相扣，从而构成企业资金运动的全貌。

（四）会计对象资金运动与会计基本内容的关系

会计的基本内容包括确认、计量、记录和报告。会计的基本内容围绕着会计对象资金运动展开。

会计确认，从资金运动的角度来看，首先要确认交易或事项是否会引起企业的资金发生运动；其次，如果引起了企业资金运动，就需要确认资金运动的具体流向，即资金运动的终点和起点分别是什么项目。

会计计量，从资金运动的角度来看，就是要确定该笔交易或事项所引起的资金运动的流量是多少。

会计记录，从资金运动的角度来看，就是要将该笔交易或事项所引起的资金运动的运动轨迹描述下来，包括资金运动的流向、流量与流速等，从而真实、全面而完整地展示该笔交易或事项的整个资金运动过程。

会计报告，从资金运动的角度来看，就是要将一定时期内企业所发生的所有交易或事项所引起的全部的资金运动过程及其结果对外进行披露。

概括而言，会计确认、计量、记录和报告的过程，实际上就是对企业经济业务及其所引起的资金运动进行反映、控制和监督的过程。

第二节　会计要素

一、会计要素的概念

会计要素是会计对象的基本内容，也可以理解为对会计对象的基本分类。企业的会计对象可以概括为企业的资金运动。企业资金运动有静态表现和动态表现两种形式，所谓静态表现是指资金相对静止状态下的表现形式，即在某一特定时点，企业有多少资金，这些资金从哪里来，又用到哪里去；其具体表现为资产、负债和所有者权益三要素，亦可称为静态会计三要素。资金运动的动态表现为资金的循环与周转，该循环与周转体现了企业的投入、产出与净得，其中涉及收入、费用和利润三要素，这三要素又称为动态会计三要素。由于动态会计要素是在具体的资金运动分析过程中推演出来的，属于“虚”要素，因此，该要素将在下一章的销售环节资金运动分析中介绍，本章节只涉及资产、负债和所有者权益三个静态会计要素。

会计要素的界定

二、会计静态三要素

（一）资产

资产，是指由过去的交易、事项形成并由企业拥有或者控制的经济资源，该资源预期会给企业带来经济利益。资产的实质是能为企业提供未来经济利益的经济资源。资产具有以下特征：（1）资产是企业过去的交易或事项形成的。这里的交易或事项包括购买、生产、建造等活动，但不能根据预计将要发生的交易或事项来确认资产。（2）资产是企业所拥有或控制的。企业享有该项经济资源的所有权，或者企业虽然不享有该项经济资源的所有权，但该资源能够被企业所控制，即企业具有对该项经济资源的实际控制支配权。（3）资产能够为企业带来经济利益。这种利益体现在直接或间接导致现金和现金等价物流入企业的潜力。

企业的一项经济资源必须同时具备下列条件，才能确认为资产：（1）该资源符合资产的定义；（2）与该资源有关的经济利益很可能流入企业；（3）该资源的成本或者价值能够可靠地计量。

资产和负债

（二）负债

负债，是指过去的交易、事项形成的现时义务，履行该义务预期会导致经济利益流出企业。负债的实质是将会导致企业未来经济利益减少的经济义务。负债具有以下特征：（1）负债是一种现时的义务。它是由于过去的交易或事项形成的、企业目前实际所承担的经济责任；企业预计将来会发生的交易或事项形成的义务，不属于现时义务，不应当确认为负债。（2）负债的清偿会导致企业经济利益的流出。企业目前所承担的负债必须在将来某一时日以转移资产或者提供劳务的方式来偿付，也可以将债务转为所有者权益。

一项义务必须同时具备以下条件，才能确认为负债：（1）该义务符合负债的定义；（2）与该义务有关的经济利益很可能流出企业；（3）未来流出的经济利益的金额能够可靠地计量。

（三）所有者权益

权益，在会计上有广义和狭义两种解释。广义的权益，是指对企业全部资产的所有权，它包括债权人权益和业主投资形成的所有者权益。狭义的权益，是指对资产超过债权人权益的净值的所有权，即对企业净资产的所有权。由于债权人权益称为负债，因而与负债并用的权益，通常是狭义权益的概念，亦称所有者权益。

所有者权益

所有者权益，是指企业的所有者在企业资产中享有的经济利益，其金额为资产减去负债后的余额（企业净资产），即所有者对企业净资产的要求权。因此，所有者权益又被称为剩余权益。所有者权益，包括投资人对企业的投入资本以及由盈余公积和未分配利润所构成的留存收益两部分。所有者权益的大小由资产与负债两要素的大小共同决定。

所有者权益具有以下特点：（1）所有者权益是投资者参与企业决策以及获得利润分配的依据；（2）所有者权益是投资者享有的剩余权益，这种权益表现在企业清算时，只有在清偿所有的负债后，所有者才能获得补偿。

三、会计静态三要素在“会计沙盘模型”上的反映

资产、负债和所有者权益三要素是资金运动的静态表现形式。这种静态表现形式可以在模型上被模拟出来，其在模型上的反映如图2-16所示。

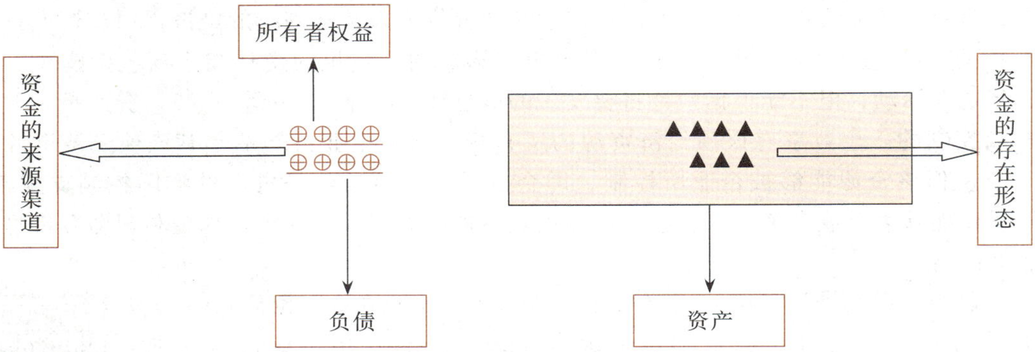

图2-16　会计静态要素在模型上的反映图

这里需要注意的是，平面之内、平面之外不代表企业内部与外部。平面之内存放资产，平面之外展示负债和所有者权益。而我们后面将会学习的收入、费用和利润三个动态会计要素，是在此基础上推演出来的（具体的推演过程，我们将在第三章第三节学习）。

静态三要素在模型上的体现

也就是说，平面内外，共同构成企业的虚拟空间范围。我们在这个虚拟的空间范围内，模拟企业经济业务的发生所引起的资金运动过程及其结果。从“会计沙盘模型”中可以看到，会计静态三要素被有形实体化，它们都变成看得见、摸得着的实体。资产在模型上通过“沙堆▲”的形态被模拟出来，债权人权益（简称负债）和所有者权益则通过“沙坑⊕”的形态被模拟出来。

四、会计静态三要素的关系

对于“资金100万元”，如果要深入理解，就必须弄清其来龙去脉：一方面，资金从哪里来，这涉及所有者权益和负债；另一方面，资金用到哪里去，这涉及资产。所以，资产、负债和所有者权益这三个概念实际上是对同一对象从不同的角度进行理解而得出的两组概念，是一个事物的两个方面。因而，它们之间存在着一定的数量关系：资产=负债+所有者权益；这种数量关系在“会计沙盘模型”上表现为：$\sum$沙堆体积=$\sum$沙坑容积。

该等式又称为静态会计方程式，它除了体现一种数量关系外，还体现了一种产权经济关系。从经济关系的角度看，“资产－负债＝所有者权益”是正确的，因为它反映了债权人的利益优先得到保护，反映了所有者权益实际上是一种剩余权益；而“资产－所有者权益＝负债”等式则是错误的，因为它违背了经济常识。

静态三要素的关系

该会计方程式所反映的数量关系和经济关系是会计学中极为重要的内容，它是设置账户、建立复式记账和编制资产负债表的重要依据。

第三节　经济交易与事项及其影响

一、经济交易与事项的含义

经济交易、事项是从会计视角观察和把握企业经济活动的结果。经济交易是指企业与其他经济实体之间所发生的商品或劳务交换、资产转移、款项结算等经济活动。经济交易的发生，涉及两个或几个经济实体。事项包括外部事项和内部事项。外部事项就是企业与外部经济实体之间所发生的经济交易。内部事项是指不涉及其他经济实体、只是企业内部所发生的经济活动，如生产产品耗用原材料、耗费机器设备等。外部事项实际上就是一般意义上的经济交易。

经济交易与事项又可称为经济业务。经济业务是指客观上能够用货币计量并影响会计要素发生变动的经济活动。会计应该反映、控制和监督这些经济活动。

二、经济交易与事项的基本类型及其影响

对于经济交易与事项按照一定的标准进行分类，有助于进一步认识企业经济活动的规律。经济交易与事项的分类标准主要有：对现金流转的影响和对会计要素的影响。

（一）从现金流转的角度分类

会计上，按是否影响企业现金流转，将经济交易与事项分为**收款交易与事项（收款业务）、付款交易与事项（付款业务）和转账交易与事项（转账业务）**。收款交易与事项是指导致企业货币资金发生增加的交易与事项，如企业的现金销售交易、从银行取得短期或长期借款、投资者以货币资金投资等。付款交易与事项是指导致企业货币资金发生减少的交易与事项，如以货币资金购买商品或劳务、以货币资金发放职工薪酬、以货币资金偿还银行借款等。转账交易与事项是指不影响企业货币资金发生变动的交易与事项，如企业赊销商品和赊购原材料等。

企业经济交易与事项

（二）从会计要素的角度分类

企业的经济交易与事项虽然千差万别，但其所引起的资金运动类型只有以下四种：资金进入企业、资金在企业内部循环与周转、资金退出企业和资金来源渠道之间的相互转换。这些经济交易与事项反映资金运动的具体经济活动，它必然会引起会计要素的有关项目发生增减变化；会计方程式则概括反映了会计要素之间所存在的内在联系。因此，经济业务、资金运动与会计要素、会计方程式存在着密切的关系。

交易或事项对会计等式的影响1

假设企业在某一时刻的财务状况为（金额单位：元）：

资产（1 000 000）=负债（400 000）+所有者权益（600 000）

在此基础上，企业依次发生了以下经济业务。

1.资金进入企业

【例2-1】企业向银行借入长期性贷款500 000元，款项已存入银行。其资金运动如图2-17所示。

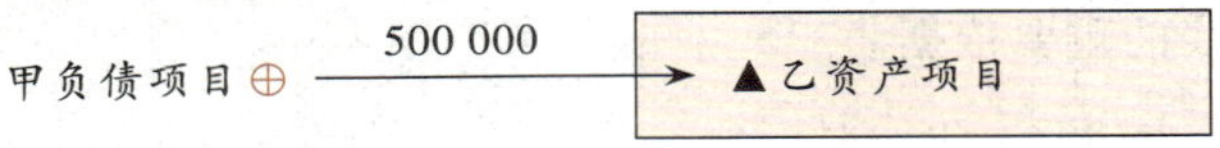

图2-17　资金进入企业流程图

资金运动前的状态：资产（1 000 000）=负债（400 000）+所有者权益（600 000）

资金运动过程中的状态：

资产（1 000 000）+乙资产项目（500 000）

=负债（400 000）+甲负债项目（500 000）+所有者权益（600 000）

资金运动后的状态：资产（1 500 000）=负债（900 000）+所有者权益（600 000）

从以上分析可知，该笔经济业务所引起的资金运动同时影响会计方程式的左右两边，使等式左右两边同时增加500 000元。其结果是造成企业资金来源渠道增加（平面之外的沙坑的容积增加），企业资产增加（平面上可用的沙堆体积增加），企业生产经营规模扩大（在其他条件都不变的情况下）。

2.资金在企业内部循环与周转

【例2-2】生产车间领用材料250 000元投入产品的生产，其资金流程如图2-18所示。

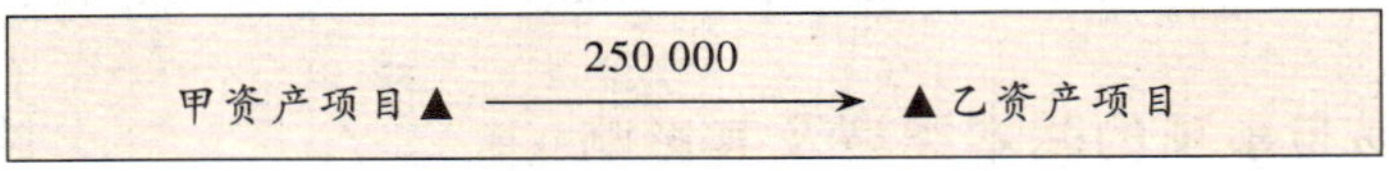

图2-18　资金内部周转流程图

资金运动前的状态：资产（1 500 000）=负债（900 000）+所有者权益（600 000）

资金运动过程中的状态：

资产（1 500 000）-甲资产项目（250 000）+乙资产项目（250 000）

=负债（900 000）+所有者权益（600 000）

资金运动后的状态：资产（1 500 000）=负债（900 000）+所有者权益（600 000）

从上面的分析可知，该笔经济业务所引发的资金运动实际上只影响了会计方程式的左边，只导致资产要素内部某些资金量的变化，并没有引发企业总的资产的增减（资金只是在几个沙堆之间相互转化而已，平面之上沙堆总的体积不变）。企业资金总量未变，企业的生产经营规模没有变化（在其他条件不变的情况下）。

3.资金退出企业

交易或事项对会计等式的影响2

【例2-3】用银行存款去偿付以前的赊购款80 000元，其资金运动流程如图2-19所示。

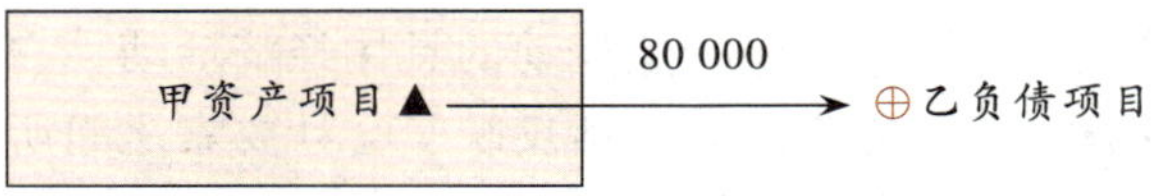

图2-19　资金退出企业流程图

资金运动前的状态：资产（1 500 000）=负债（900 000）+所有者权益（600 000）

资金运动过程中的状态：

资产（1 500 000）−甲资产项目（80 000）

=负债（900 000）−乙负债项目（80 000）+所有者权益（600 000）

资金运动后的状态：资产（1 420 000）=负债（820 000）+所有者权益（600 000）

从以上分析可知，该经济业务所引起的资金运动同时影响会计方程式的左右两边，致使左右两边资金量同时等额减少。其结果是，造成企业资产的减少（平面之上可用沙堆总量减少），企业资金来源渠道减少（平面之外沙坑的容积等量减少），企业生产经营规模缩小（在其他条件不变的情况下）。

4. 资金来源渠道相互转化

【例 2-4】企业将所欠中国银行的长期性借款 500 000 元转换为本企业的股份，其资金流程如图 2-20 所示。

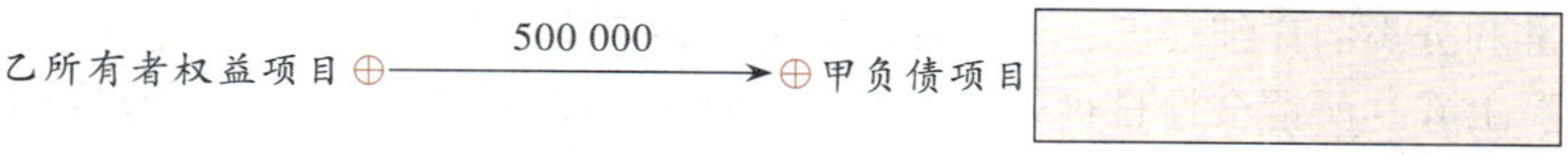

图 2-20　资金来源渠道相互转化流程图

资金运动前的状态：资产（1 420 000）=负债（820 000）+所有者权益（600 000）

资金运动过程中的状态：

资产		负债		甲负债项目		所有者权益		乙所有者权益项目
（1 420 000）	=	（820 000）	−	（500 000）	+	（600 000）	+	（500 000）

资金运动后的状态：

资产		负债		所有者权益
（1 420 000）	=	（320 000）	+	（1 100 000）

交易或事项对会计等式的影响 3

从上面的分析可知，该经济业务所引起的资金运动只影响会计方程式的右边，即只影响负债和所有者权益，只影响资金的各种来源渠道，只影响平面之外资产的归属权，而且是等量的一增一减（影响了平面之外某些沙坑的容积，但总的沙坑容积没有发生变化）。其结果并没有影响企业的实际资产（并没有影响平面之上可用沙堆总量），企业的生产经营规模也没有受到任何影响（在其他条件不变的情况下）。

观察并分析上述四笔经济业务所引起的资金运动，可以得出如下结论：

（1）每一项经济业务发生，至少要影响会计要素的两个具体项目发生增减变化。

（2）任何经济业务的发生都不会破坏会计方程式的平衡关系。

（3）只有涉及会计方程式左右两边的经济业务，才会引起资金总额的变化。

（4）只涉及会计方程式一边的经济业务，不会引起资金总额的变化，只是会计方程式一边的会计要素内部项目的转化。

交易或事项对会计等式的影响 4

第四节　会计科目与会计账户

会计科目1

一、会计科目

企业的经济活动非常复杂。从业务流程的角度来看，企业既有发行股票、发行债券、向银行借款等筹资业务，也有供应、生产和销售等常规性业务，还可能有投资业务等。这些业务必然会引发企业的资金运动，并由此导致资产、负债、所有者权益等会计要素的资金量发生变化。

为了系统反映、控制和监督会计要素涉及的纷繁复杂的具体内容，就必须采用一定的形式，对会计要素进行具体分类。会计科目就是按照一定标准对会计要素的具体内容进行科学分类的项目。会计科目实际上包括两层含义：一方面是对会计要素进行分类，涉及分类的标准和分类的详细程度；另一方面是给分类的项目赋予一个规范的称呼。从“会计沙盘模型”上看，所谓会计科目就是给模型上的沙堆和沙坑进行分类并分别赋予其恰当的名称。如企业生产完工可以对外销售的产成品，其会计科目为“库存商品”；企业购买的、可以使用的机器设备，其会计科目为“固定资产”；存放在企业的现钞，其会计科目为“库存现金”；存放在银行的、用于往来结算的活期存款，其会计科目为“银行存款”等。

会计科目2

会计科目设立的意义主要体现在两个方面：(1) 有助于企业加强管理与控制。通过会计科目的设置，会计要素被进一步细化，从而为提供精细化管理打下基础。(2) 有助于提高会计信息的可比性。不同企业会计科目的设置举例见表2-1。

表2-1　不同企业会计科目设置举例

企业类型	棉纺类企业	制衣类企业	食品类企业	炼钢类企业
项目	棉花	布匹	大米	铁矿石
会计科目	原材料			
项目	布匹	服装	饼干	钢材
会计科目	库存商品			

从表2-1可知，在不同企业中，各个项目的具体内容可能各不相同，但只要其在企业的地位与作用相同，它们就会有一个共同的会计科目。这样，各个企业在对外提供信息时，会计报表所呈现出来的内容看起来大致相同，从而提高了会计信息的可比性，进而提升了会计信息的决策有用性。

二、会计账户

（一）会计账户的含义

企业经济交易与事项的发生，必然会影响会计要素及其具体内容发生增减变化。因此，会计上需要借助于适当的方式或“工具”对这种变动的过程与结果进行反映、控制和监督。会计账户就是用来反映、控制和监督经济交易与事项及其所引起的会计要素具体内容变动情况的一种“工具”。

会计账户概念

设置账户是对会计对象的具体内容进行科学分类、反映和控制的一种方法。会计账户与会计科目的关系非常密切，会计账户是根据会计科目设置的，但会计账户的内容比会计科目要丰富，它不仅是对会计要素的分类，而且要对所有特定分类的数量增减变化进行反映、控制和监督。从通俗的角度来看，会计科目就是一个名称，会计账户就是一个档案。

（二）会计账户的基本结构

为了记录各项经济业务，账户需要有一定的结构。而要知道账户的结构，首先就必须弄清楚会计账户要记录的内容。

以原材料为例，其账户记录的内容应包括以下几个方面：首先，上期原材料是否结余，结余多少（期初余额）；其次，本期原材料入库了多少（本期增加额）；再次，本期原材料被领用了多少（本期减少额）；最后，期末还有没有剩余（期末余额）。这四个方面的内容可以归为三大类：增加额、减少额和余额。因此，账户的基本结构主要包括三个方面：增加、减少和余额。

虽然从账户内容上看，其基本结构应该反映“增加”“减少”“余额”三个部分；但在账户的呈现形式上，按照西方会计的惯例，却通过“借方”（debit，Dr.）、“贷方”（credit，Cr.）和“余额”（balance，Bal.）三个栏目来展示。账户的格式见表2-2。

表2-2　借贷记账法下账户的基本结构

日期（date）	经济交易与事项的说明（摘要）（explaination）	借方（debit）	贷方（credit）	余额（balance）

为了方便学习和讲解，需要将账户的基本结构加以简化，从而形成“T”形账户。其具体情况如图2-21所示。通常，将“T”形账户的左边称为“借方”，右边称为“贷方”。

会计账户结构

图2-21　借贷记账法下的账户结构图

每个账户提供的会计信息可以分为两类：一类是反映对应的资金运动项目在特定会计期间的增加或减少情况，另一类是反映对应的资金运动项目在某一特定时点的增减变动结果。前者被称为账户的“本期发生额”，包括增加发生额和减少发生额；后者被称为账户的“余额”，包括期初余额和期末余额。它们之间的基本关系为：

期初余额+本期增加发生额-本期减少发生额=期末余额

或者：期初余额+本期增加发生额=期末余额+本期减少发生额

（三）会计账户结构与资金运动的关系分析

以“原材料”为例，在“会计沙盘模型”上，与原材料有关的资金运动如图2-22所示。

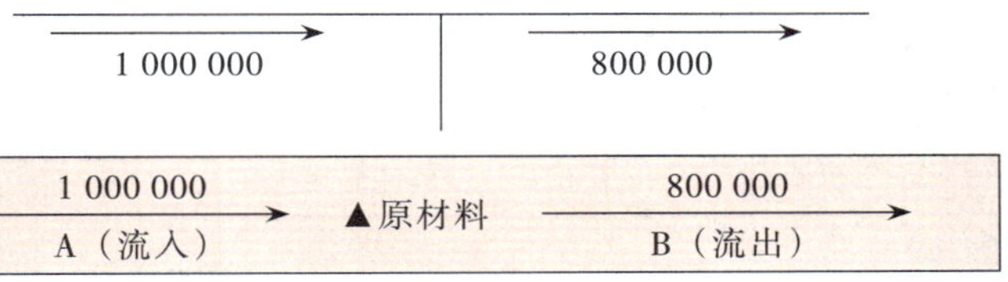

图2-22　账户与资金运动的关系图

从资金运动的角度看，与“原材料”项目有关的资金运动只有两种情况：一种是资金流入本项目中；另一种就是资金从本项目流出。正是由于其有资金流入量和资金流出量，才引起本项目资金的增减变化，并由此而产生余额（资金流入量与流出量之差）。

账户结构与资金运动

因此，从资金运动的角度来看，账户就是要记录资金流入量和资金流出量两个方面。在此，将账户的结构与其对应项目的资金运动关联起来：参照从左到右的习惯，账户的左边部分（借方）记录对应项目的资金流入量，账户的右边部分（贷方）记录对应项目的资金流出量。

以图2-22为例，如有100万元的资金流到“原材料”项目，相应的，就应该打开“原材料”项目所对应的账户，在其借方登记100万元；如有80万元的资金从“原材料”项目流出，相应的，就应该打开“原材料”项目所对应的账户，在其贷方登记80万元。

（四）资产、负债和所有者权益账户结构分析

从资金运动的角度来看，会计账户的“借方”（左边）登记对应项目的资金流入量，“贷方”（右边）登记对应项目的资金流出量。但如果从资金数量增减变化的角度看，会计账户借方和贷方所登记的金额代表什么含义呢？

1. 资产类账户资金增减与资金运动的关系分析（如图2-23所示）

资产账户与资金运动

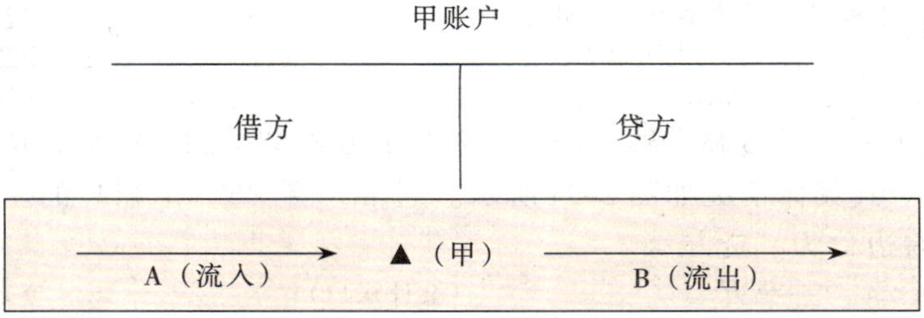

图2-23 资产类账户的结构与资金运动的关系图

发生A段资金运动，资产项目甲位于该资金运动的终点，因此相关资金流量金额应在甲账户的“借方”登记；同时，该资金运动导致模型中甲的体积增大，而该体积代表资产的金额，甲的体积增大即为资产的增加，所以资产类账户借方反映增加额。

发生B段资金运动，甲位于资金运动的起点，因此相关资金流量金额应在甲账户的“贷方”登记；同时，该资金运动导致模型中甲的体积减小，甲的体积减小即代表资产减少，所以资产类账户贷方反映减少额。

甲项目如有余额的话，在“会计沙盘模型”上就体现为沙堆，该余额一般是由流入量超出流出量所引起的；从账户上看，这说明登记在借方的金额大于登记在贷方的金额，即资产类账户的期末余额一般在“借方”。

2. 负债类账户资金增减与资金运动的关系分析（如图2-24所示）

负债账户与资金运动

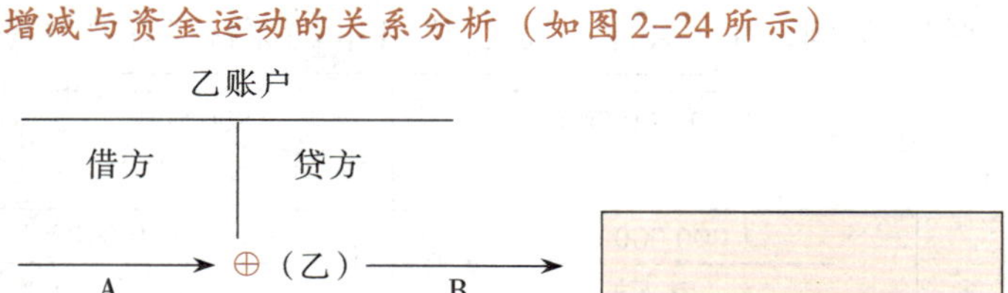

图2-24 负债类账户的结构与资金运动的关系图

发生A段资金运动，负债项目乙位于该资金运动的终点，因此相关资金流量金额应在乙账户的“借方”登记；同时，该资金运动导致模型中乙的容积减小，而该容积代表负债的金额，乙的容积减小即为负债的减少，所以负债类账户借方反映减少额。

发生B段资金运动，乙位于资金运动的起点，因此相关资金流量金额应在乙账户的“贷方”登记；同时，该资金运动导致模型中乙的容积增加，乙的容积增加即为负债的增加，所以负债类账户贷方反映增加额。

乙项目如有余额的话，在“会计沙盘模型”上就体现为沙坑，该余额一般是由流出量大于流入量所引起的；从账户上看，这说明登记在贷方的金额大于登记在借方的金额，即负债类账户的期末余额一般在“贷方”。

3.所有者权益类账户资金增减与资金运动的关系分析（如图2-25所示）

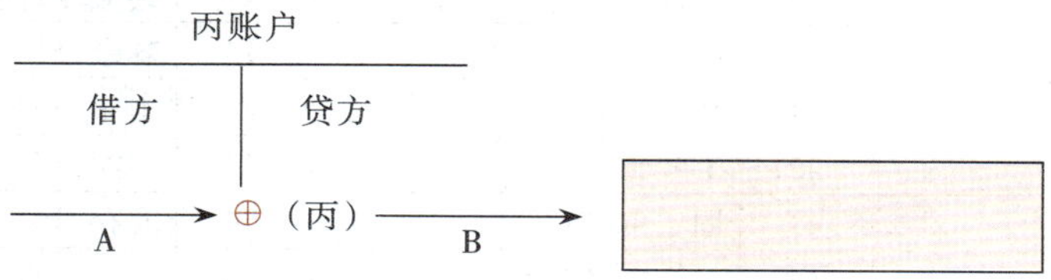

图2-25　所有者权益类账户的结构与资金运动的关系图

所有者权益账户与资金运动

发生A段资金运动，所有者权益项目丙位于该资金运动的终点，因此相关资金流量金额应在丙账户的“借方”登记。同时，该资金运动导致模型中丙的容积减小，而该容积代表所有者权益的金额，丙的容积减小即为所有者权益的减少，所以所有者权益类账户借方反映减少额。

发生B段资金运动，丙位于资金运动的起点，因此相关资金流量金额应在丙账户的“贷方”登记；同时，该资金运动导致模型中丙的容积增大，丙的容积增大即为所有者权益的增加，所以所有者权益类账户贷方反映增加额。

丙项目如有余额的话，在模型上就体现为沙坑，该余额一般是由流出量大于流入量所引起的；从账户上看，这说明登记在贷方的金额大于登记在借方的金额，即所有者权益类账户的期末余额一般在“贷方”。

三、会计账户体系

（一）会计账户体系结构

会计账户体系

企业所设立的账户，必须能够完整地记录企业的全部经济业务交易与事项。账户作为一种用来记录企业经济活动及其资金运动的工具，首先取决于经济活动的内容与特征。企业所具有的共性，决定了不同企业所设置的账户及其体系同样具有共性。然而，企业经济活动的内容与特征不同，其所设置的账户及其体系会存在一定的差别。如制造型企业与商品流通企业、工业企业与金融企业、建筑企业与服务企业之间，其账户设置均存在一定的差异。同时，由于账户所提供的信息是企业编制财务报表的基础，因此，账户的设置还必须考虑会计信息使用者的要求。

会计要素及其关系是建立账户体系的直接依据。会计要素及其变动是账户记录的“对象”或“客体”，其具有客观性。账户属于用来记录会计要素具体变化情况的工具，其属于“方法”范畴。会计要素仅包括资产、负债和所有者权益静态三要素，还包括收入、费用和利润动态三要素。因此，会计账户也相应地包括资产类账户、负债类账户、所有者权益类账户、收入类账户、费用类账户和利润类账户等六大类。

我国企业会计准则所规定的企业会计账户的名称见表2-3。

表2-3 **我国企业会计账户名称表**

序号	会计科目名称	序号	会计科目名称	序号	会计科目名称
	一、资产类	35	投资性房地产		**三、所有者权益类**
1	库存现金	36	长期应收款	69	实收资本/股本
2	银行存款	37	未实现融资收益	70	其他权益工具
3	其他货币资金	38	固定资产	71	资本公积
4	交易性金融资产	39	累计折旧	72	其他综合收益
5	应收票据	40	固定资产减值准备	73	盈余公积
6	应收账款	41	在建工程	74	本年利润
7	预付账款	42	工程物资	75	利润分配
8	应收股利	43	固定资产清理	76	库存股
9	应收利息	44	无形资产		**四、成本类**
10	其他应收款	45	累计摊销	77	生产成本
11	坏账准备	46	无形资产减值准备	78	制造费用
12	材料采购	47	递延所得税资产	79	劳务成本
13	在途物资	48	待处理财产损溢	80	研发支出
14	原材料		**二、负债类**	81	合同结算
15	材料成本差异	49	短期借款		**五、损益类**
16	库存商品	50	交易性金融负债	82	主营业务收入
17	发出商品	51	应付票据	83	其他业务收入
18	应收退货成本	52	应付账款	84	公允价值变动损益
19	委托加工物资	53	预收账款	85	投资收益
20	周转材料	54	合同负债	86	资产处置损益
21	存货跌价准备	55	应付职工薪酬	87	其他收益
22	合同取得成本	56	应交税费	88	营业外收入
23	合同取得成本减值准备	57	应付利息	89	主营业务成本
24	合同履约成本	58	应付股利	90	其他业务成本
25	合同履约成本减值准备	59	其他应付款	91	税金及附加
26	合同资产	60	持有待售负债	92	销售费用
27	合同资产减值准备	61	递延收益	93	管理费用
28	持有待售资产	62	长期借款	94	财务费用
29	债权投资	63	应付债券	95	资产减值损失
30	债权投资减值准备	64	长期应付款	96	信用减值损失
31	其他债权投资	65	未确认融资费用	97	营业外支出
32	长期股权投资	66	专项应付款	98	所得税费用
33	长期股权投资减值准备	67	预计负债	99	以前年度损益调整
34	其他权益工具投资	68	递延所得税负债		

（二）会计账户层次结构

每一个账户提供某一类特定经济内容的会计信息指标。如"库存现金"账户提供库存现金的增减变化及其结余数额指标，"原材料"账户提供企业库存原材料的增减变化及其结存数量指标等。由于企业内部经营管理要求的多样化及其特殊性，账户所提供的信息指标往往还需要进一步"细分"。如根据材料的具体内容与材料管理的具体要求，"原材料"账户按照材料的品种或类别细分为"甲材料""乙材料""丙材料"等；"库存商品"账户按照产品的品种或类别细分为"A产品""B产品""C产品"等。

会计上，将根据会计要素及其具体内容所设立的基本账户，统称为"总分类账户"（General Ledger Account）或"一级账户"，简称为"总账户"，如"库存现金"账户、"原材料"账户、"库存商品"账户等。按企业经营管理的特殊要求对某一总分类账户的内容进行细分所设立的账户，统称为"明细分类账户"（Subsidiary Ledger Account），简称为"明细账户"；如对原材料账户细分所设立的"甲材料"账户、"乙材料"账户、"丙材料"账户等，对库存商品账户细分所设立的"A产品"账户、"B产品"账户、"C产品"账户等。

在某些情况下，需要对特定总分类账户的内容进行多次细分，设立多层次的明细账户。如某超市的"库存商品"账户是总分类账户，其所属明细分类账户主要包括"家电类""小家电类""食品类""服装类"等（一般称为二级账户），而"家电类"明细账户下，企业按其具体的品种，又可以分为"冰箱类""彩电类""空调类""洗衣机类"等明细账户（一般称为三级账户）。

会计账户的层次结构关系如图2-26所示。

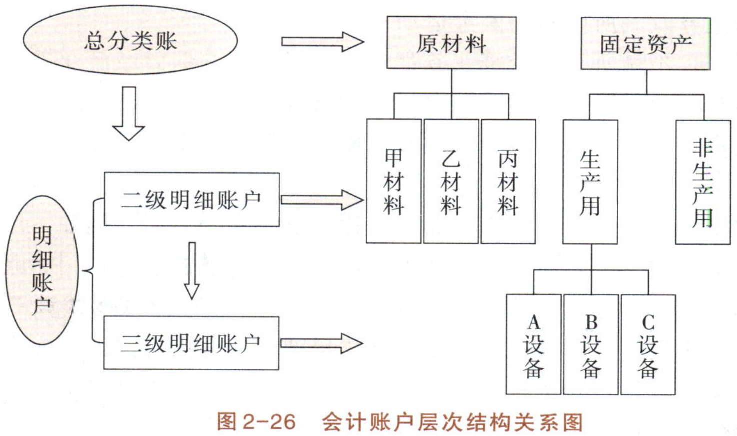

图2-26　会计账户层次结构关系图

总分类账户与所属明细分类账户是一种控制与被控制、总括与详细的关系。总分类账户对其所属的明细分类账户起控制作用，其提供总括的会计信息指标；而明细分类账户是总分类账户的细化和具体化，其对总分类账户起到补充说明的作用，提供更为详细的会计信息指标。

第五节　复式记账法

一、记账方法

记账方法

（一）记账方法的概念和种类

记账方法，是指在账户中登记经济业务的方法。现代意义的记账方法，就是根据一定的原理和原则，运用货币计量单位，利用文字和数字记录经济业务的一种专门方法。记账方法一般包括记录经济业务的方式、记账原理、记账符号、平衡公式、记账规则和试算平衡方法等要素。

记账方法，按记录方式不同，可分为单式记账法和复式记账法两大类。

（二）单式记账法的概念和特点

单式记账法，是对于需要记录的经济业务，往往只用一个账户反映经济业务的一个方面，而与此相联系的另一方面不予反映、控制和监督的记账方法。从资金运动的角度来看，单式记账法主要包括两种情况：（1）就企业的全部经济业务而言，不是对所有的经济业务都进行反映、监督和控制，即企业所有的资金运动只有一部分得到反映、监督和控制。（2）就企业单笔经济业务而言，并不是对所有处于资金运动起点和终点的会计科目进行反映、监督和控制。这类方法的特点是：

（1）账户设置不完整，没有完整的账户体系。一般只设有欠人、人欠账户以及现金账户，其他账户都不设置。这样，所设置的账户就不可能形成一个完整的体系，也不可能全面反映所有的经济业务及其所引起的资金运动。

（2）单式记账法，不是所有的经济业务都反映，仅反映一部分经济业务。因为账户设置不全，所以许多经济业务没有相应的账户反映，只有那些与人欠、欠人、现金等账户有关的经济业务才能得到反映，而其他经济业务一概不予反映，也无法反映，进而也无法进行控制与监督。

（3）采用单式记账法，所反映的经济业务往往只反映一个方面。例如，用现金支付费用，仅反映现金方面的减少，而对于费用就不予反映，因为没有设置费用类账户。

（4）采用单式记账法，所有经济业务的会计记录不可能进行总体试算平衡。因为它不是对所有经济业务都反映，反映的业务也往往只反映一个方面。因此，一定时期的全部经济业务的会计记录，就不可能进行全面的试算平衡。

（三）复式记账法的概念和特点

复式记账法，是对每一笔经济业务所引起的资金运动的来龙去脉都要进行全面反映、控制和监督的一种记账方法。企业的每笔经济业务都会引起资金运动，而资金运动必然涉及资金的流向（起点和终点）、流量和流速等三个要素。复式记账法就是对每一笔经济业务所引起的资金运动的流向（资金运动的起点和终点）、流量和流速等进行全面的反映、控制和监督的一种专门方法。

复式记账法和单式记账法相比，具有以下特点：

（1）复式记账法，需要设置完整的账户体系。复式记账法作为一种科学的记账方法，不仅要对每笔经济业务进行全面反映，还要对企业所发生的全部经济业务进行记录。因此，企业就必须设置一整套账户，用以反映各种各样的经济业务。

（2）复式记账法，必须对每一笔经济业务都要进行反映和记录。这样既有必要，又有可能。其必要性在于复式记账要求全面反映企业的经济活动；其可能性在于复式记账具有完整的账户体系，具有全面反映所有经济业务的前提条件。

（3）复式记账，对每一笔经济业务，都要反映其资金运动的来龙去脉两个方面。这是复式记账的基本特点，只有这样，通过复式记账才能全面了解每一笔经济业务的内容。

（4）采用复式记账法，可以对一定时期所发生的全部经济业务的会计记录，进行全面的综合试算。这一特点是上述三个特点的必然结果。因为所有经济业务都在各个账户中进行了反映，而每一笔经济业务又能达到平衡，所以一定时期全部经济业务必然能进行全面的综合试算。

世界各国普遍使用的复式记账法为借贷记账法。我国曾经使用过的复式记账法还有收付记账法和增减记账法。我国于1993年7月1日实施的《企业会计准则》规定，企业应统一使用借贷记账法。因此，本书只介绍借贷记账法。

二、借贷记账法

借贷记账法是世界各国普遍采用的复式记账方法，其理论依据是“资产=负债+所有者权益”会计方程式包含的经济内容和数学恒等关系。

（一）借贷记账法的概念

如果用“借”来代表会计账户中登记资金流入量的那一栏，用“贷”来代表会计账户中登记资金流出量的那一栏，那么这种复式记账方法就是“借贷记账法”。因此，借贷记账法，是以“借”和“贷”作为记账符号，对每一笔经济业务所引起的资金运动的流向、流量和流速进行反映、控制和监督的一种记账方法。

（二）借贷记账法的基本内容

借贷记账法的基本内容包括记账规则、记账符号、账户设置和试算平衡方法等。

1.借贷记账法的记账规则

企业的经济业务可能纷繁复杂，但其所引起的资金运动归纳起来只有四种类型：第一种是资金进入企业；第二种是资金在企业内部循环与周转；第三种是资金退出企业；第四种是资金来源渠道之间发生相互转化。为了弄清楚借贷记账法的记账规则，就必须分析这四种资金运动，从中找出资金运动的规律，揭示借贷记账法的本质。

（1）资金进入企业。这类资金运动，其起点表明资金从外部流入而形成的资金来源渠道的增加；终点表明资金流入企业后以某种资金形态存在，是企业资产的增加。

【例2-5】企业向银行申请短期借款100 000元，款项已存入银行。其资金运动如图2-27所示。

该笔业务引起的资金运动在模型上表现为沙从平面之外流到平面之上；从而在平面之外形成一个沙坑，在平面之上形成一个沙堆。该平面之外的沙坑反映向银行借入短期借款所产生的资金来源渠道，即“短期借款”；该平面之上的沙堆反映资金进入企业之后的存在形态，即“银行存款”。在这笔经济业务所引发的资金运动中，“短期借款”项目位于资

借贷记账法的记账规则与记账思路1

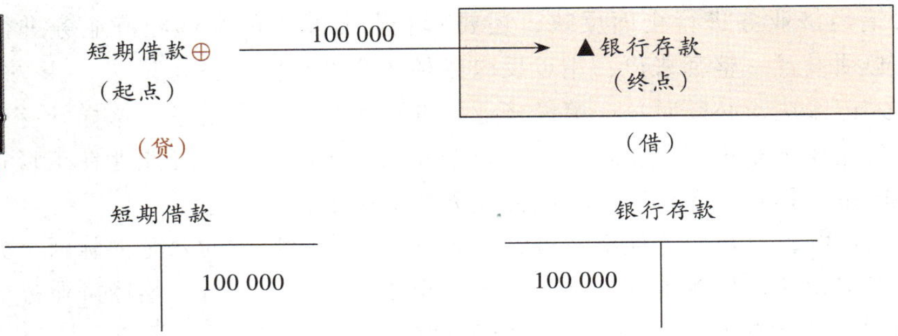

图2-27　资金进入企业与账户的关系图

金运动的起点，资金从本项目流出，应该在其所对应的“短期借款”账户的贷方登记10万元；“银行存款”项目位于资金运动的终点，资金流入本项目，应该在其所对应的“银行存款”账户的借方登记10万元。

（2）资金在企业内部循环与周转。这类经济业务表明，资金从某一种存在形态转化为另一种存在形态。起点反映因资金流出而减少的资金存在形态，终点反映的是因资金流入而增加的那种资金存在形态。

【例2-6】企业从银行提取10 000元的现金备用，其所引发的资金运动如图2-28所示。

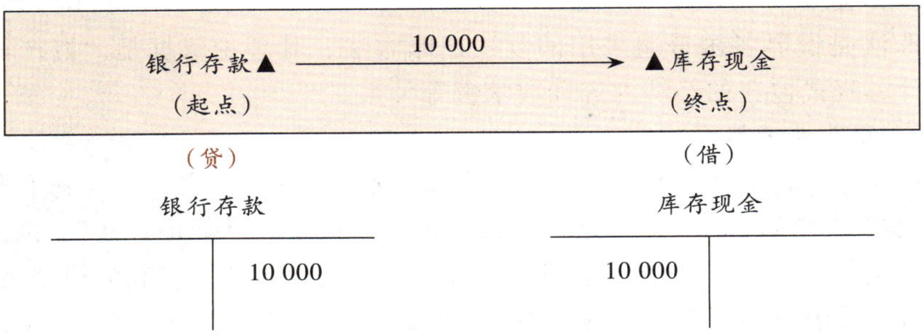

图2-28　资金内部循环与账户的关系图

该笔业务引发的资金运动在模型上表现为沙从平面之上的一个沙堆流动到另一个沙堆；从而导致流出沙堆的体积减小，流入沙堆的体积增大。上述资金流出的沙堆即为“银行存款”，上述资金流入的沙堆即为“库存现金”。在这笔经济业务所引发的资金运动中，“银行存款”项目位于该资金运动的起点，资金从本项目流出，应该在其所对应的“银行存款”账户的贷方登记10 000元；“库存现金”项目位于该资金运动的终点，资金流入本项目，应该在其所对应的“库存现金”账户的借方登记10 000元。

（3）资金退出企业。这类经济业务表明资金以某一种存在形态流出企业，冲抵原有的某一种资金来源渠道，是企业资金来源渠道的减少。起点反映的是因资金流出而减少了资金量的某一种资金存在形态，是资金存在形态的减少；终点是因资金流入而被冲抵（或冲减）的某一种资金来源渠道，是资金来源渠道资金量的减少。

【例2-7】企业以存款偿还长期借款100 000元。其资金运动如图2-29所示。

该笔业务引起的资金运动在模型上表现为沙从平面之内流到平面之外；从而导致平面之上的沙堆体积减小，平面之外的沙坑容积等量减小。上述体积减小的沙堆即为“银行存款”，上述容积减小的沙坑即为“长期借款”。在这笔经济业务所引起的资金运动中，“银

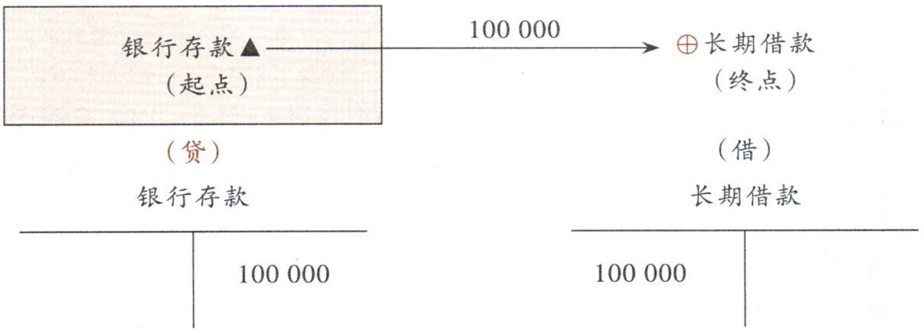

图2-29　资金退出与账户的关系图

行存款”项目位于该资金运动的起点，资金从本项目流出，应该在其所对应的“银行存款”账户的贷方登记10万元；“长期借款”项目位于该资金运动的终点，资金流入本项目，应该在其所对应的“长期借款”账户的借方登记10万元。

（4）企业资金来源渠道的相互转化。这类经济业务引起的资金运动表明，企业资金的来源渠道发生了变化，旧的资金来源渠道被新的资金来源渠道所取代，但并没有引起企业现有资产发生变化，即企业的资产总额和资金来源渠道金额之和都没有变化。

【例2-8】企业将向银行借入的长期性借款200 000元转换为企业的股权。其资金运动如图2-30所示。

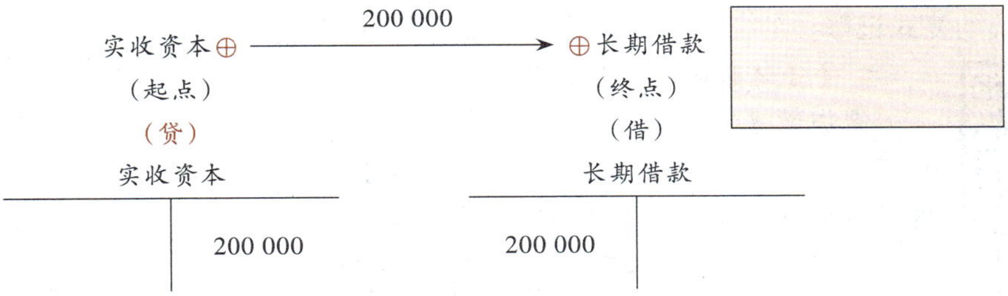

图2-30　资金来源渠道相互转化与账户的关系图

该笔业务引起的资金运动在模型上表现为沙从平面之外的一个沙坑流到另一个沙坑之中；从而导致平面之外一个沙坑的容积增大，而另一个沙坑的容积等量减小。上述容积增大的沙坑即为“实收资本”，上述容积减小的沙坑即为“长期借款”。在这笔经济业务所引起的资金运动中，“实收资本”项目位于该资金运动的起点，资金从本项目流出，应该在其所对应的“实收资本”账户的贷方登记20万元；“长期借款”项目位于该资金运动的终点，资金流入本项目，应该在其所对应的“长期借款”账户的借方登记20万元。

综上所述，可以得出以下结论：

（1）借贷记账法的概念

所谓借贷记账法，就是以“借”和“贷”作为记账符号，运用复式记账原理，对每一笔经济业务所引起的资金运动从其终点和起点两个方面，同时地、相互联系地在相应的会计账户中进行记录、反映和控制的一种记账方法。

借贷记账法的记账规则与记账思路2

（2）借贷记账法的基本思路

从上述的分析可知，在经济业务所引发的资金运动中，位于资金运动的终点，就应该打开其对应账户，在其借方进行登记；位于资金运动的起点，就应该打开其对应的账户，在其贷方进行登记。简言之，借贷记账法的记账思路就是：资金运动，终点记借，起点记贷。

（3）借贷记账法的记账规则

一笔资金运动，不可能只有起点而没有终点（只有“贷”而没有“借”），也不可能只有终点而没有起点（只有“借”而没有“贷”）。资金运动起点与终点的关系，从符号上看，就是“借”与“贷”的关系，即“有借必有贷，有贷必有借”。由于终点和起点至少有一个项目，因此从资金运动涉及的账户数来看，复式记账是指对每一笔经济业务，都在两个或两个以上账户中相互联系地进行记录的记账方法。

在一笔资金运动中，起点项目资金的流出量一定金额等于终点项目资金的接收量。从符号上看，资金金额就是“借方金额”与“贷方金额”的关系，即“借贷必相等”。

由此可见，“有借必有贷，借贷必相等”的记账规则只是一个表象，其本质上反映的是资金运动流向与流量的关系。

上述分析揭示了复式记账的本质。传统的复式记账法是指对于每一笔经济业务，都必须以相等的金额在两个或两个以上的账户中全面地、相互联系地进行记录的一种记账方法。传统的复式记账法的定义只是对复式记账的表象性描述。

借贷记账法的记账符号

2.借贷记账法的记账符号

借贷记账法的记账符号是“借”和“贷”。“借”“贷”这两字没有确切的文字含义，可将其看作一种抽象的符号。从不同的角度来看，“借”“贷”的含义会有所不同。其具体内容见表2-4。

表2-4 借贷记账法记账符号的解释

记账符号	账户方向	资金运动方向	资金增减	项目余额	
				模型形态	性质
借	账户的左边	资金运动的终点	资产类项目增加；负债、所有者权益类项目减少	沙堆（▲）	资产类
贷	账户的右边	资金运动的起点	资产类项目减少；负债、所有者权益类项目增加	沙坑（⊕）	负债、所有者权益类

3.借贷记账法的账户设置

借贷记账法作为一种科学的复式记账法，其账户设置必须具有一整套完整的账户体系。企业不仅要设置反映资金运动静态表现的资产、负债和所有者权益账户，而且要设置反映资金运动动态表现的收入、费用和利润账户。此外，有的会计具体对象性质是不确定的，在某一时刻是负债性质（该账户的余额在贷方），而在另一时刻又成为资产性质（该账户的余额在借方）。为了客观地反映这类经济业务，在借贷记账法下，还需要设置一类共同性账户，比如“其他往来”等账户。

“会计沙盘模型”推演：以“其他应付款”为例，其具体情况如图2-31所示。

其他应付款

10 000	期初余额　9 000
期末余额　1 000	

——→ ⊕其他应付款（9 000）
10 000

图2-31　账户设置分析图

在图2-31中，“其他应付款”账户期初为贷方余额9 000元，其对应项目在“会计沙盘模型”中是一个沙坑。假设本期企业以10 000元的银行存款偿还该债务，多出的1 000元作为预付款项。该笔业务引发资金10 000元流入“其他应付款”项目之中，并导致其形态由沙坑转换为沙堆；此时的其他应付款项目代表一种预付款项，是一种权利，是资产。相应的，其他应付款账户的余额由期初的贷方余额9 000元转变为现在的借方余额1 000元。这说明，其他应付款项目在“会计沙盘模型”中的形态会发生转化；相应的，其他应付款账户的余额方向也会发生变化。

借贷记账法的账户设置

由此可见，“其他应付款”项目在模型上的呈现形态是变化的，既可能是一个沙坑（反映债务），也可能是一个沙堆（反映债权），还可能是平的（反映两不相欠）。

为了统一、规范，“会计沙盘模型”约定，每一个资金运动项目都应该以一个恰当的、唯一的、固定的形态在模型中出现，即使其形态在模型中可能会发生变化。所谓恰当性，是指该形态最能反映该资金运动项目的经济含义，是该资金运动项目最常见、最主要的表现形式。以“其他应付款”项目为例，当反映债务时，其以沙坑（⊕）的形态呈现，当反映债权时，其以沙堆（▲）的形态呈现，但如果要从沙坑和沙堆中选择一个形态来模拟“其他应付款”，那么沙坑（⊕）比沙堆（▲）更为恰当。唯一性，是指每一个资金运动项目在模型中只能选择沙堆和沙堆中的一个形态来模拟。固定性，是指每一个资金运动项目在模型中一旦选择某一个形态来模拟后，就不再发生改变，以保持其稳定性。以“其他应付款”项目为例，该项目在模型上选择沙坑（⊕）作为唯一的呈现形式，而且不再更改。

对于绝大多数的资金运动项目而言，其在“会计沙盘模型”上的形态都是很好把握与确定的。但对于那些在“会计沙盘模型”上形态会发生变化的资金运动项目，其选择、理解与把握会有一定难度，需要特别注意。以“其他应付款”项目为例，当反映债权时，虽然“其他应付款”项目在模型上是以沙坑（⊕）的形态呈现（这时，其金额应该用负数来表示），但其实质却是一个沙堆（▲），其沙堆（▲）体积的大小就代表债权的金额。

因此，对于这些在“会计沙盘模型”上形态会发生变化的资金运动项目的理解，应该遵循“实质重于形式”的原则，即不能只看该项目在模型中是以沙堆还是沙坑的形态呈现，这只是一个表象、一个形式而已，而应该看其所反映的经济业务实质。

4.借贷记账法的试算平衡方法

借贷记账法是对全部经济业务记录的试算，是一种借贷直接平衡法。

所谓借贷直接平衡法，包括两方面内容：一是发生额平衡，即全部账户的借方发生额合计等于全部账户的贷方发生额合计；二是余额平衡，即全部账户期末借方余额合计等于全部账户期末贷方余额合计，用等式可以表示为：

借贷记账法的试算平衡

发生额平衡：企业在某一时期所有账户的借方发生额合计 = 企业在同一时期所有账户的贷方发生额合计

余额平衡：企业在某一时刻所有账户的借方余额合计 = 企业在同一时刻所有账户的贷方余额合计

从发生额来看，因为每笔经济业务都是按“有借必有贷，借贷必相等”的记账规则进行记录的，所以，每笔经济业务在账户中的记录，登记在借方账户的发生额等于登记在贷方账户的发生额；全部经济业务在账户中的记录，也必然是借方发生额合计等于贷方发生额合计。数学上的等量加等量其和相等的规律，决定了借方发生额合计必然等于贷方发生额合计。

账户借方余额表明其资产性质，账户贷方余额表明其负债或所有者权益性质。因此，全部账户期末借方余额合计等于全部账户期末贷方余额合计，这实质上就是“资产=负债+所有者权益”的另一种表述而已。

试算平衡只是通过借贷金额是否平衡来检查账户记录是否正确的一种方法。借贷双方发生额或余额相等，表明账户记录基本正确，但有些错误并不影响借贷双方的平衡。因此，试算不平衡，表示记账一定有问题；试算平衡时，不能表明记账一定正确。

不影响借贷双方平衡关系的错误通常有：（1）漏记某项经济业务，使本期借贷双方的发生额等额减少，借贷依然平衡；（2）重记某项经济业务，使本期借贷双方的发生额等额虚增，借贷依然平衡；（3）某项经济业务的应借、应贷科目正确，但借贷金额同时多记或少记，且金额一致，借贷依然平衡；（4）某项经济业务记错账户，借贷依然平衡；（5）某项经济业务在账户记录中颠倒了借贷方向，借贷依然平衡；（6）某借方或贷方发生额中，偶然发生多记和少记并且金额相互抵销，借贷依然平衡。

第六节　借贷记账法应用举例

一、会计分录

企业发生的各项经济交易与事项，都必须记入会计账户之中。为了确保会计账户记录的正确性，这笔业务在记入会计账户之前，应首先对其进行会计确认与计量，以确定应该记录的账户名称和金额，并按照借贷记账法编制会计分录。会计分录是指针对每笔经济交易与事项确定其应当登记的会计账户名称、借贷方向及其金额的书面记录。在我国的实际会计工作中，会计分录是通过编制记账凭证来完成的。编制会计分录（编制记账凭证）的过程是在登记会计账户之前的一个打草稿或做准备工作的过程。

会计分录1

例如：3月20日，向星光公司赊购6万元的材料，款项尚未支付，材料已验收入库。该笔业务所进行的记账凭证编制如图2-32所示。

为了方便学习，我们将图2-32中记账凭证的非核心内容删除，剩下的核心内容为：“‘原材料’账户借方登记60 000；‘应付账款’账户贷方登记60 000”；然后，再将这些核心内容稍加整理，就可以得到如下的书面记录形式，即会计分录：

借：原材料　　60 000

　　贷：应付账款　　60 000

装订线

转 账 凭 证

转字第 8 号

20×6年 3月 20日

摘　要	总账科目	明细科目	借方金额	贷方金额	√
			亿千百十万千百十元角分	亿千百十万千百十元角分	
赊购商品	原材料		6000000		
	应付账款	星光公司		6000000	
合　计			¥6000000	¥6000000	

附单据 2 张

会计主管：柳峰　记账：李丹　出纳：　复核 王雨　制单：吴芬

图 2-32　记账凭证的编制

会计分录有简单和复合两种形式。简单分录只有一借一贷（资金运动只有一个起点和一个终点），复合分录是指一借多贷（资金运动有一个终点和多个起点）或一贷多借（资金运动有一个起点和多个终点）的会计分录。

企业可能会编制多借多贷（资金运动同时有多个起点和多个终点）的会计分录。在编制多借多贷的会计分录时，一定要保证账户间明确的对应关系，以便清晰反映资金运动的来龙去脉。

借贷记账法的应用举例 1

会计分录 2

二、借贷记账法运用举例

为了更好地理解借贷记账法的基本要点，现举例说明如下：

【例 2-9】假设企业期初余额为：银行存款余额 100 000元，库存现金余额 3 500元，固定资产余额 37 000元，库存商品余额 25 000元，应付账款余额 40 500元，实收资本余额 125 000元。

（1）企业发生如下业务：

①企业将现金 2 300 元存入银行。

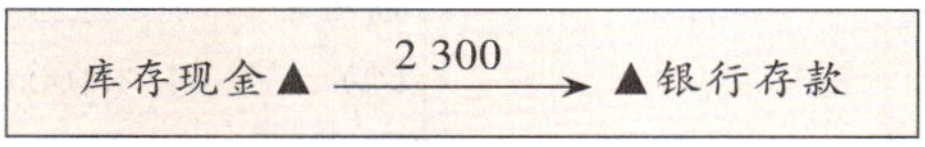

借：银行存款　　2 300
　贷：库存现金　　2 300

②企业接受甲公司的投资 10 万元，其中，银行存款 4 万元，新机器一台 3.5 万元，专利权一项作价 2.5 万元。

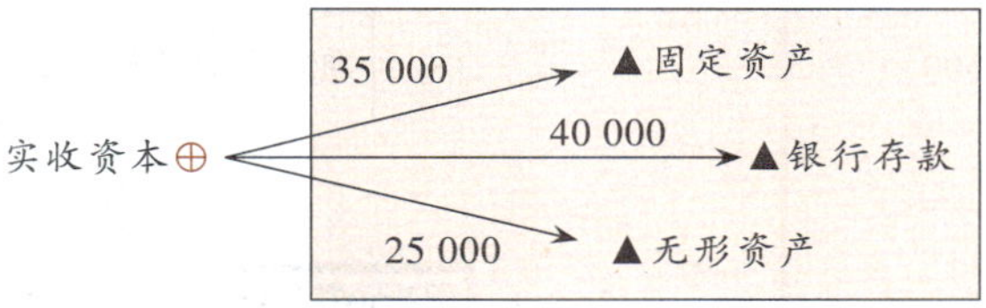

借：银行存款　　40 000
　　固定资产　　35 000
　　无形资产　　25 000
　贷：实收资本　　100 000

③企业购买新机器一台，已用存款支付 8 万元，余款 2 万元尚未支付。

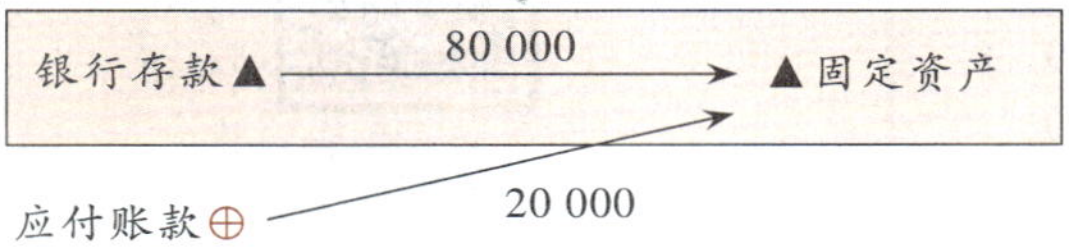

借：固定资产　　100 000
　贷：银行存款　　80 000
　　　应付账款　　20 000

④企业用存款 43 000 元购买专利技术一项。

银行存款▲ —43 000→ ▲无形资产

借：无形资产　　43 000

　贷：银行存款　　43 000

⑤企业以存款1万元支付以前的赊购款。

银行存款▲ —10 000→ ⊕应付账款

借：应付账款　　10 000

　贷：银行存款　　10 000

(2) 登记会计账户：

银行存款

期初余额	100 000	(3)	80 000
(1)	2 300	(4)	43 000
(2)	40 000	(5)	10 000
本期发生额	42 300	本期发生额	133 000
		结平差额	9 300
期末余额	9 300		

库存现金

期初余额	3 500	(1)	2 300
本期发生额	0	本期发生额	2 300
		结平差额	1 200
期末余额	1 200		

固定资产

期初余额	37 000		
(2)	35 000		
(3)	100 000		
本期发生额	135 000	本期发生额	0
		结平差额	172 000
期末余额	172 000		

无形资产

期初余额	0		
(2)	25 000		
(4)	43 000		
本期发生额	68 000	本期发生额	0
		结平差额	68 000
期末余额	68 000		

应付账款

(5)	10 000	期初余额	40 500
		(3)	20 000
本期发生额	10 000	本期发生额	20 000
结平差额	50 500		
		期末余额	50 500

实收资本

		期初余额	125 000
		(2)	100 000
本期发生额	0	本期发生额	100 000
结平差额	225 000		
		期末余额	225 000

库存商品

期初余额	25 000		
本期发生额	0	本期发生额	0
		结平差额	25 000
期末余额	25 000		

借贷记账法的应用举例2

（3）编制该企业会计账户发生额和余额试算平衡表（见表2-5）：

表2-5 会计账户发生额和余额试算平衡表 单位：元

账户名称	期初余额		本期发生额		期末余额	
	借方	贷方	借方	贷方	借方	贷方
库存现金	3 500		0	2 300	1 200	
银行存款	100 000		42 300	133 000	9 300	
固定资产	37 000		135 000	0	172 000	
无形资产	0		68 000	0	68 000	
库存商品	25 000	0	0	0	25 000	
应付账款		40 500	10 000	20 000		50 500
实收资本		125 000	0	100 000		225 000
合计	165 500	165 500	255 300	255 300	275 500	275 500

通过【例2-9】，我们可以大致了解会计处理的基本程序：首先是分析经济业务引发的资金运动，其次是编制会计分录，再次是根据会计分录登记会计账户，最后是编制试算平衡表和会计报表。其中，资金运动处于一个比较重要的地位。一般来说，只要资金运动的分析没有错误，那会计分录一般也不会错，后面的登记账户、编制报表出错的可能性也会大大降低。正因为如此，为了方便教学，后面的业务处理以分析资金运动、编写会计分录为主要内容，其他的内容做了简化处理或予以省略。

思考题

1.什么是会计对象？什么是资金运动？
2.“会计沙盘模型”是怎么提出来的？它是如何模拟企业的资金运动的？
3.何为企业经营环节的阶段所得与阶段所失？
4.企业的基本资金运动整体流程是什么样的？
5.什么是会计要素？这些要素在会计沙盘模型上是怎么模拟出来的？
6.资产、负债和所有者权益的定义分别是什么？
7.什么是账户？会计账户与资金运动是什么样的关系？
8.什么是复式记账？借贷记账法的基本内容主要包括哪些内容？
9.什么是会计分录？会计分录存在的意义是什么？
10.什么是企业的经济交易与事项？它们是如何影响会计要素的？

立德树人

会计名人名言

天下未乱计先乱，天下欲治计乃治。

——杨时展（我国著名会计学家，中南财经政法大学教授）

研讨思路：以杨时展教授提出的“天下未乱计先乱，天下欲治计乃治”为研讨话题，引导学习分析会计对于企业发展、对国家治理的重大意义，明确会计不仅仅是对企业微观经济行为的反映、控制和监督，也是对国家宏观经济行为的反映、控制与监督，帮助学生树立学好会计、服务企业、报效祖国的远大理想。

本章自测

第三章 企业主要经营环节资金运动分析与会计处理

本章思维导图

学习目标

通过本章学习，读者应掌握企业采购环节资金运动分析与会计处理；掌握企业生产环节资金运动分析与会计处理；掌握企业销售环节资金运动分析与会计处理；掌握企业收入、费用和利润动态会计要素；掌握企业筹资和投资环节资金运动分析与会计处理；掌握企业利润分配环节资金运动分析与会计处理；掌握企业增值税基本业务资金运动分析与会计处理。

引导案例

企业的经营活动与会计处理

杜云轩走后，小艾仍旧坐在那里，脑海中闪现着经营咖啡店的一幕幕场景……

第一幕：

要开咖啡店，首先需要筹集一笔钱。小艾先把自己的“银行存款”50 000元取了出来，换个专业点的名字，就叫“实收资本”。同时，取出的50 000元即“库存现金”就放在柜子里。

想到这里，小艾突然想起上学时老师讲授的“会计沙盘模型”，这个模型借用小朋友玩沙子的游戏来模拟企业的资金运动。这笔筹资业务所引发的资金运动浮现在小艾的脑海里。

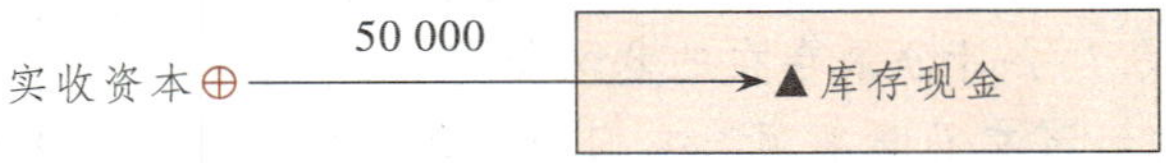

怎么把这个资金运动记录下来呢？小艾想到了老师说过的一句话：“资金运动，终点记借，起点记贷”。小艾的脑海中随即闪现出上述场景所对应的会计分录：

借：库存现金　　50 000

　贷：实收资本　　50 000

第二幕：

开咖啡店只有50 000元恐怕不够，于是小艾去找最要好的闺蜜婉晴借，婉晴二话不说立即银行转账100 000元过来，小艾随即给她打了一张标准的欠条——“其他应付款”。其所引发的资金运动和会计分录也在小艾的脑海中闪现出来：

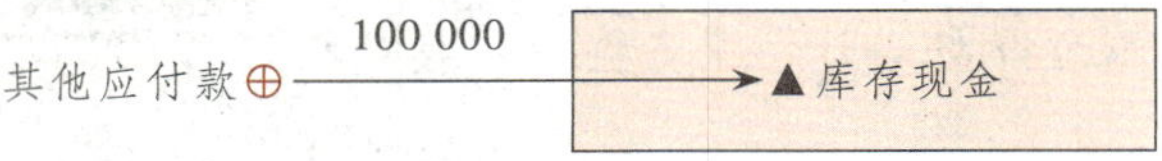

借：银行存款　　100 000

　贷：其他应付款　　100 000

第三幕：

小艾准备在大学附近租一个门店，租金为每月20 000元，押一付一。门店是为了卖咖啡而租用的，因此租金20 000元应计入“管理费用”。押金20 000元事后可以收回来，会计上称为“其他应收款”。如果上述款项直接用手里的现金支付，那“库存现金”就少了40 000元。其所引发的资金运动和会计分录也在小艾的脑海中闪现出来：

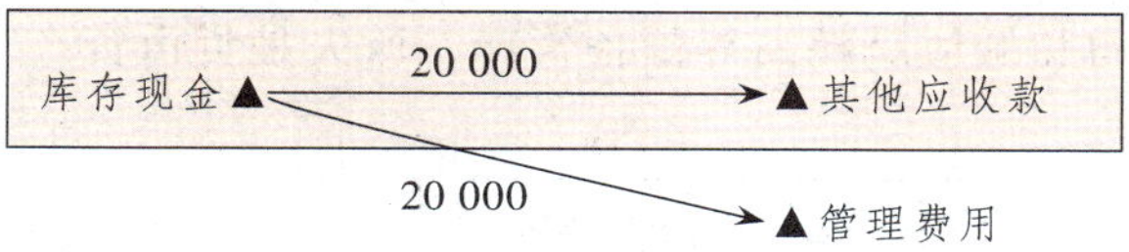

借：其他应收款　　20 000
　　管理费用　　20 000
　贷：库存现金　　40 000

第四幕：

小艾买了一套咖啡机即“固定资产”，花费了12 000元。其所引发的资金运动和会计分录也在小艾的脑海中闪现出来：

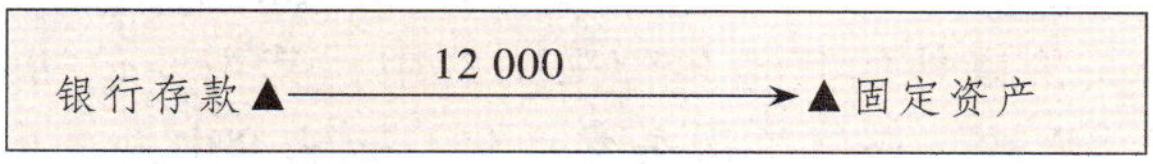

借：固定资产　　12 000
　贷：银行存款　　12 000

第五幕：

小艾买了咖啡豆等原材料即“存货”，总共花费了30 000元，款项即“应付账款”尚未支付，下个月结清。其所引发的资金运动和会计分录也在小艾的脑海中闪现出来：

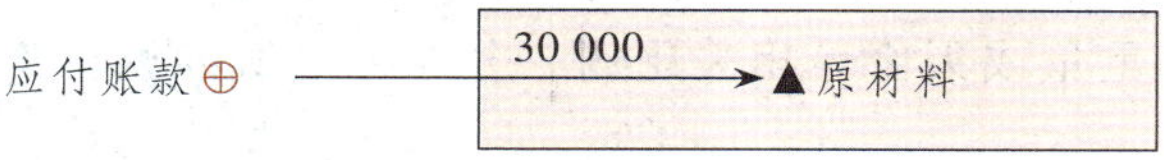

借：原材料　　30 000
　贷：应付账款　　30 000

自此，小艾方才发觉：只要掌握了会计的内在逻辑，进行会计工作居然如此简单，如此有趣！看来空闲的时候，一定得把原有的会计知识重新梳理一下，以真正掌握它的内在逻辑。这样，自己就不再是“菜鸟一只”啦！嘿嘿，加油加油！

【思考与讨论】

（1）现行企业的经济业务一般包括哪几类？其具体内容有哪些？

（2）各业务环节的主要资金运动是什么样的？需要设置哪些主要账户？

（3）借贷记账法的基本内容有哪些？

资料来源：陈艳红. 小艾上班记：真账实操教你学会计［M］. 3版. 大连：东北财经大学出版社，2020，有改动（改编者：施先旺、王玲）。

企业的经济活动主要分为采购、生产、销售、筹资和投资等五大环节。本章依次讲授这五大环节经济业务所引起的资金运动分析及其会计处理，并在销售环节的分析过程中，推演出收入、费用和利润三个动态会计要素。由于利润分配业务较为复杂，且具有一定的难度，本章将其单独作为一节进行讲授。

作为会计学原理性质的教材，企业五大环节的业务分析一般都没有涉及增值税。考虑到后续章节涉及增值税专用发票，也考虑到实际的经济业务大部分都涉及增值税，本章在此采用了一种折中的做法，即在不影响企业采购、生产、销售、筹资和投资五大环节资金运动分析完整性的基础上，将增值税基本业务的资金运动分析及其会计处理作为本章的最后一节单独讲授。对于增值税基本业务这一节要不要讲授，老师们可以根据课时情况自行决定。

第一节 企业供应环节资金运动分析与会计处理

一、供应环节基本资金运动分析

供应环节的阶段所得是原材料、包装物和低值易耗品等储备资产，所失是货币资产。其基本资金运动如图3-1所示。

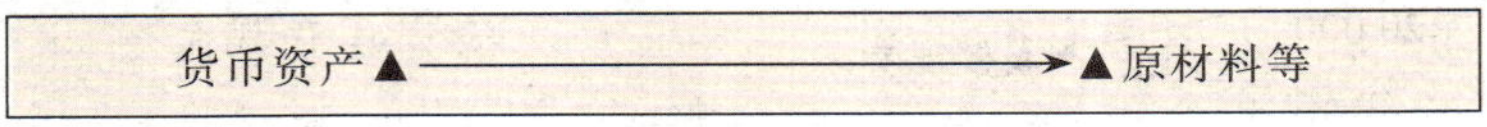

图3-1 供应环节基本资金运动分析

原材料是指企业在生产过程中经加工改变其形态或性质并构成产品主要实体的各种原料及主要材料、辅助材料等。原材料成本主要由买价和采购费用两部分构成。买价是指供货单位的发票价格。采购费用是指除买价以外的其他各种采购费用，其主要包括：（1）运到企业仓库前所发生的运输、包装、装卸、仓储等运杂费；（2）运输途中的合理损耗，该损耗增加货物的单价，不改变货物的总价；（3）入库前的挑选整理费用，这些费用主要包括工、费支出和必要的损耗，并减去回收的下脚废料价值；（4）购入物资负担的税金（如关税）和其他费用。这些采购费用，凡能直接分清的，可以直接计入所购原材料成本；不能分清的，应按原材料的重量或买价等相关比例，分摊计入所购原材料成本。

二、阶段性配比原则对供应环节资金运动的影响

供应环节与阶段性配比原则1

（一）阶段性配比原则与采购模式

阶段性配比原则是指，本环节的阶段所得（原材料）与其对应的所失（货币资产）两者在时间上是什么关系。对于供应环节而言，阶段性配比原则与采购模式的关系见表3-1。

表3-1 供应环节阶段性配比原则与采购模式

阶段性配比原则	商业采购模式	项目与账户设置
得失同时发生	钱货两清模式	—
先失后得	预付款模式	预付账款
先得后失	赊购模式	应付账款、应付票据

（二）阶段性配比原则对供应环节资金运动影响的具体分析

1.阶段所失与阶段所得同时发生（钱货两清模式）

就供应环节而言，阶段所得与阶段所失同时发生是指企业在支付货币资产的同时，立即得到原材料、包装物和低值易耗品等资产。

“会计沙盘模型”推演：这类业务引发的资金运动在“会计沙盘模型”中表现为：沙从平面之上的一个地方流到平面之上的另一个地方，从而导致平面之上一个沙堆体积减小，另外一个沙堆体积等量增大，其资金运动如图3-2所示。

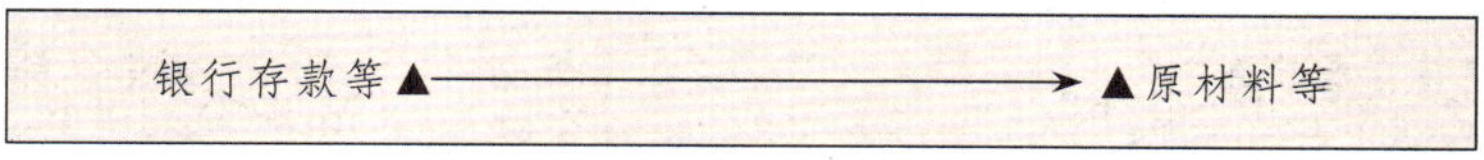

图3-2　钱货两清模式对供应环节资金运动的影响分析

2.先失后得（预付款模式）

在预付款模式下，企业预付货款时虽然没有获得原材料，但获得了可以在未来某一时点获取原材料的权利，这个权利用“预付账款”项目来反映。

“会计沙盘模型”推演：这类业务引起的资金运动在“会计沙盘模型”中表现为：沙从平面之上代表货币资产的沙堆流向代表原材料的沙堆，但并没有直接到达原材料沙堆，而是中途暂时停留下来，从而在平面之上形成一个新的沙堆，即为“预付账款”项目。其所引发的资金运动如图3-3中A段所示。

以后收到货物时，企业的这种权利才真正转化为“原材料”项目。这类业务引发的资金运动在“会计沙盘模型”中表现为：平面之上暂时停留的沙堆现在继续向前流动，流入代表原材料的沙堆之中。其所引发的资金运动如图3-3中B段所示。将A、B两段合并就会发现，在预付款模式下，平面之上的最终结果是一个沙堆体积减小，而另外一个沙堆体积等量增大，平面之上总的沙堆体积没有变化。

图3-3　预付款模式对供应环节资金运动的影响分析

供应环节与阶段性配比原则2

在这里，“预付账款”项目起了一个临时的、过渡性的作用。正是由于阶段所失与阶段所得之间有一个时间差，“预付账款”项目就是为了应对这个时间差而设置的，它是沟通阶段所失与阶段所得的桥梁。通过这个过渡性项目，我们可以清楚、准确地知道货币资产是如何最终转化为“原材料”的。

“预付账款”项目是企业按照合同规定，预先支付给供货方或提供劳务方的款项。它是企业的一项权利、一项资产；该权利一般通过收取货物或接受劳务来行使。

3.先得后失（赊购模式）

在赊购模式下，企业在获得原材料时并没有立即支付货款，从而形成企业的债务——“应付账款”或“应付票据”项目。

“会计沙盘模型”推演：这类业务引发的资金运动在“会计沙盘模型”中表现为：平面之上沙堆体积增大，但与此同时平面之上其他沙堆的体积并没有减小；这就说明有沙从平面之外流到平面之上，因而会在平面之外产生一个新的沙坑，即“应付账款（或应付票据）”项目。其所引发的资金运动如图3-4中A段所示。

以后支付货款时，企业用货币资金去偿还这笔债务。这笔业务引发的资金运动在“会计沙盘模型”中表现为：沙从平面之上流出到平面之外，从而导致平面之上代表货币资金的沙堆体积减小，平面之外代表应付账款的沙坑容积等量减小。其所引发的资金运动如图3-4中B段所示。将A、B两段运动合并在一起就会发现，平面之上最终一个沙堆体积减小，而另一个沙堆体积等量增大。

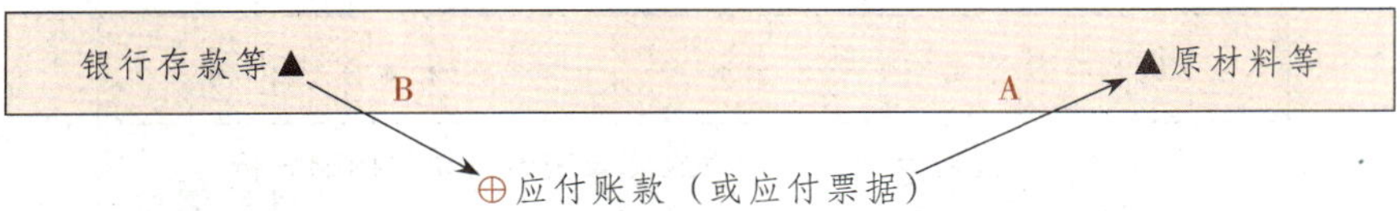

图 3-4　赊购模式对供应环节资金运动的影响分析

因此，正是由于先有阶段所得后有阶段所失，才需要开设新的项目——“应付账款”或“应付票据”来进行过渡。这个临时的、过渡性的资金来源渠道是沟通阶段所失与阶段所得的桥梁。

应付账款、应付票据是企业因赊购而尚未支付的款项，表现为企业的一种负债。但应付票据有书面的还款承诺，还有担保人担保，其信用级别更高。

三、原材料确认与计量的特殊性对资金运动的影响分析

（一）原材料确认与计量的特殊性

原材料确认与供应环节分析 1

原材料是指企业在生产经营过程中，经加工改变其形态或性质并构成产品主要实体的各种原料及主要材料。相对于一般意义上的原材料而言，会计中“原材料”的内涵要小一些。也就是说，一般意义上的原材料只有满足严格的标准，才能称之为会计意义上的“原材料”项目，否则只能称之为“在途物资”项目。原材料与在途物资项目的区别见表 3-2。

表 3-2　原材料与在途物资的区分

种类	性质界定	采购状态	金额计量	所得的界定
原材料	同时符合以下三个条件： （1）在性质上符合原材料的定义 （2）在物理空间上已存放在仓库 （3）在价值上，单价与总价已知	采购结果	最终的单价、总价都已确定	阶段所得
在途物资	（1）已买，但尚未运抵企业 （2）已运抵企业，但尚未验收入库 （3）已放入仓库，但单价与总价未知	采购过程	采购成本的汇集与分配	过程所得

（二）会计上原材料确认的特殊性对资金运动的影响分析

1. 所失与所得（“得”是指在途物资）同时发生，钱货两清

在这种情况下，企业虽然钱货两清，但由于“货”不能确认为“原材料”项目，企业只是获得一个过程所得——“在途物资”项目。

“会计沙盘模型”推演：这笔业务引发的资金运动在“会计沙盘模型”中表现为：平面之上的沙虽然从代表银行存款等的沙堆流向代表原材料的沙堆，但并未直接到达原材料沙堆，而是中途暂时停留下来，从而产生一个新的沙堆，该新沙堆即为“在途物资”项目。其所引发的资金运动如图 3-5 中 A 段所示。

以后材料验收入库时，再将其转入“原材料”项目。这笔业务引发的资金运动在“会计沙盘模型”中表现为：平面之上原暂时停留的沙堆现在继续向前流动，流入代表“原材料”的沙堆之中。其所引发的资金运动如图 3-5 中 B 段所示。将 A、B 两段合并就会发现，平面之上从代表“银行存款等”的沙堆流出的沙，最终流到了代表“原材料”的沙堆之

中；平面之上一个沙堆体积减小，而另一个沙堆的体积则等量增大。

图 3-5　过程所得对钱货两清模式的资金运动的影响分析

2. 先得（“得”是指在途物资）后失，即赊购模式

在这种情况下，企业通过赊购所获得的材料也只是一个过程所得——“在途物资”而已。

原材料确认与供应环节分析 2

“会计沙盘模型”推演：这笔业务引发的资金运动在“会计沙盘模型”中表现为：沙从平面之外流入平面之上，但没有直接流入代表“原材料”的沙堆之中，而是中途停留下来，即为“在途物资”项目。其所引发的资金运动如图 3-6 中 A1 段所示。

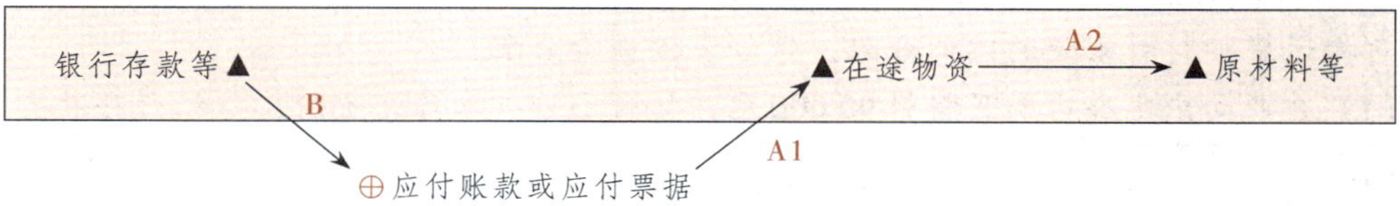

图 3-6　过程所得对赊购模式的资金运动的影响分析

以后材料验收入库时，再将其转入“原材料”项目。这笔业务引发的资金运动在“会计沙盘模型”中表现为：平面之上原暂时停留的沙堆现在继续向前流动，流入代表“原材料”的沙堆之中。其所引发的资金运动如图 3-6 中 A2 段所示。

3. 先失后得（这里的“得”，首先是在途物资，然后才是原材料），即预付款模式

在这种情况下，未来收取货物时，由于该货物不满足会计上“原材料”的界定，只能先作为过程所得——“在途物资”处理。

“会计沙盘模型”推演：这笔业务引发的资金运动在“会计沙盘模型”中表现为：平面之上沙从代表预付款的沙堆流向代表原材料的沙堆，但并没有直接流入代表“原材料”的沙堆，而是中途停留下来，即为“在途物资”项目。其所引发的资金运动如图 3-7 中 B1 段运动所示。

以后材料验收入库时，再将其转为原材料。这笔业务引发的资金运动在“会计沙盘模型”中表现为：平面之上原暂时停留的沙堆现在继续向前流动，流入代表“原材料”的沙堆之中。其所引起的资金运动如图 3-7 中 B2 段所示。

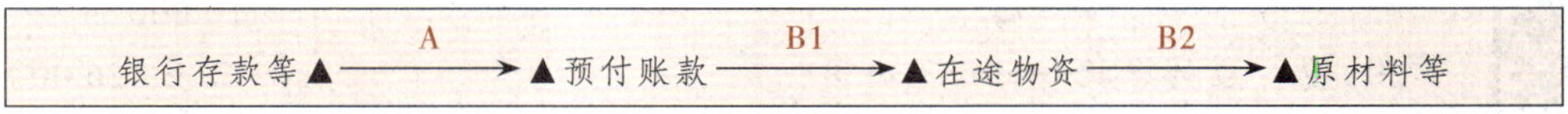

图 3-7　过程所得对预付款模式资金运动的影响分析

四、供应环节资金运动整体流程图

供应环节资金运动整体流程如图 3-8 所示。

原材料与在途物质

应付款项、预付账款与其他应付款

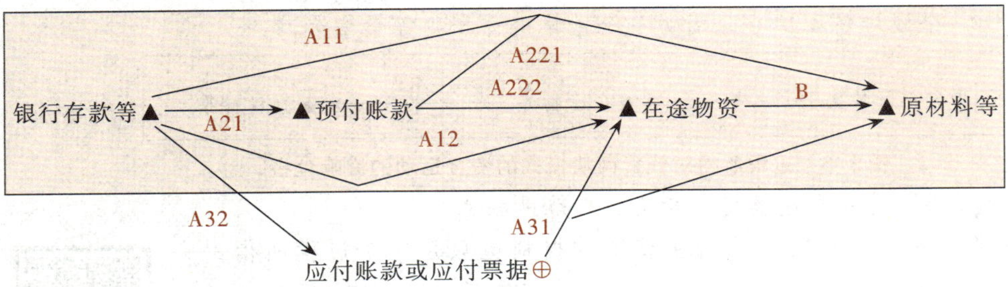

图 3-8　供应环节资金运动综合流程图

五、供应环节资金运动分析与会计处理举例

下面，我们用一个例子来说明企业中供应环节的资金运动和会计处理：

【例 3-1】某企业某月发生如下业务，请进行确认与计量，并编制会计分录。（运输费和装卸搬运费按材料重量的比例分配，保险费按买价分配）

（1）企业向广华公司购买材料 90 000 元，材料已验收入库，货款已以银行存款支付。

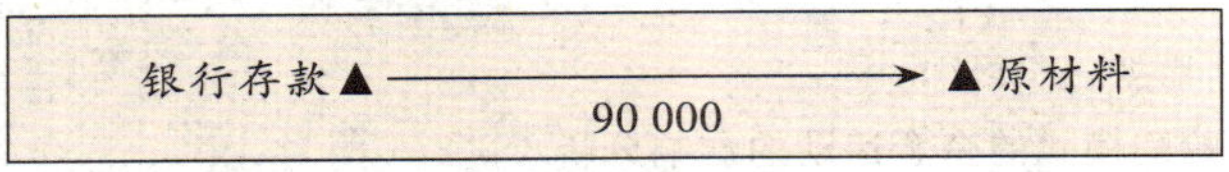

借：原材料　　90 000
　贷：银行存款　　90 000

（2）企业向红星公司采购材料，陆续发生了下列业务：

①向红星公司购进下列原材料，货款尚未支付，但材料已运达企业。（图 3-9，A 段）

甲种材料	2 000 千克	单价	8.00 元/千克	16 000 元
乙种材料	1 000 千克	单价	10.00 元/千克	10 000 元
合　计				26 000 元

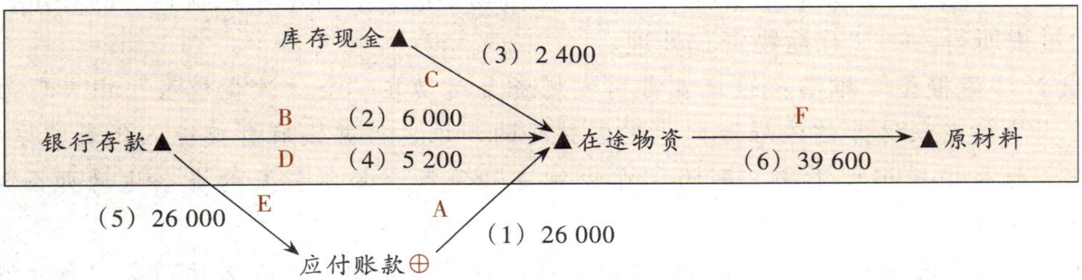

图 3-9　向红星公司采购材料业务推演图

供应环节业务举例（1-6）

借：在途物资——甲　　16 000
　　　　　　——乙　　10 000
　贷：应付账款——红星公司　　26 000

②以银行存款支付上述材料的运费 6 000 元。（图 3-9，B 段）

甲应该承担：6 000×（2 000÷3 000）=4 000（元）

乙应该承担：6 000×（1 000÷3 000）=2 000（元）

借：在途物资——甲　　4 000
　　　　　　——乙　　2 000
　贷：银行存款　　6 000

③以现金支付上述材料运达仓库的装卸搬运费 2 400 元。(图 3–9，C 段)

甲应该承担：2 400×（2 000÷3 000）=1 600（元）

乙应该承担：2 400×（1 000÷3 000）=800（元）

借：在途物资——甲　　1 600

　　　　　　——乙　　800

　贷：库存现金　　2 400

④以现金支票支付上述材料的保险费 5 200 元。(图 3–9，D 段)

甲应该承担：5 200×（16 000÷26 000）=3 200（元）

乙应该承担：5 200×（10 000÷26 000）=2 000（元）

借：在途物资——甲　　3 200

　　　　　　——乙　　2 000

　贷：银行存款　　5 200

⑤以银行存款偿付拖欠红星公司的材料货款 26 000 元。(图 3–9，E 段)

借：应付账款——红星公司　　26 000

　贷：银行存款　　26 000

⑥上述所购材料均已验收入库，按其实际成本入账。(图 3–9，F 段)

借：原材料　　39 600

　　　——甲　　24 800

　　　——乙　　14 800

　贷：在途物资　　39 600

　　　　——甲　　24 800

　　　　——乙　　14 800

（3）向天虹公司购入机器一台，价值 4 万元，货款尚未支付。

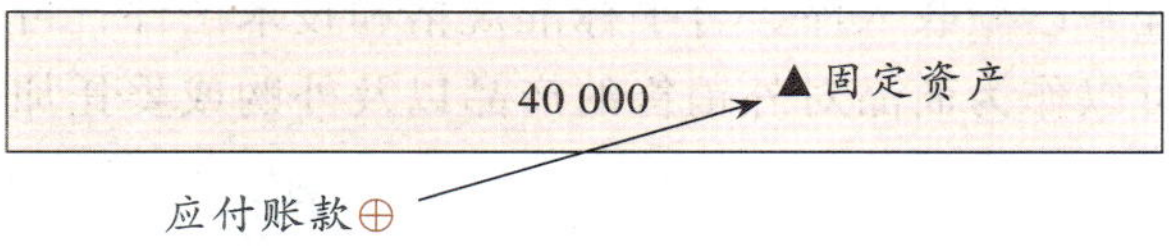

借：固定资产　　40 000

　贷：应付账款——天虹公司　40 000

（4）企业向蓝天公司购入材料，陆续发生了下列业务：

①向蓝天公司预付材料购货款 30 000 元，以转账支票支付。(图 3–10，A 段)

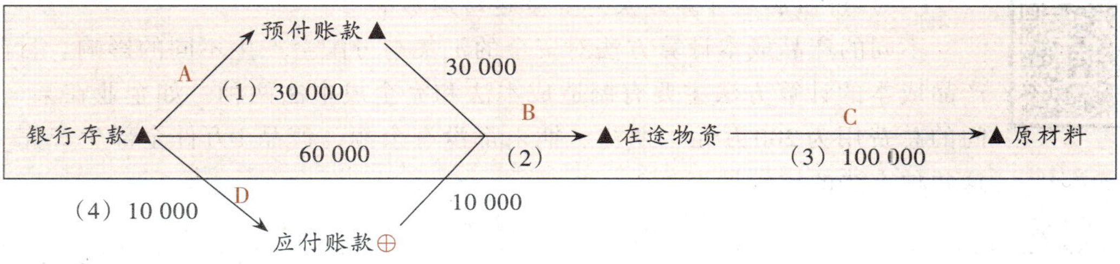

图 3–10　向蓝天公司购入材料业务推演图

借：预付账款——蓝天公司　　30 000

　贷：银行存款　　30 000

②向蓝天公司购买丙材料 10 万元，冲销预付款 3 万元，以银行存款支付 6 万元，余款

1万元尚未支付。（图3-10，B段）

借：在途物资——丙　100 000

　贷：预付账款——蓝天公司　30 000

　　　银行存款　60 000

　　　应付账款——蓝天公司　10 000

供应环节业务举例（7-11）

③该材料已验收入库，结转其实际采购成本。（图3-10，C段）

借：原材料——丙　100 000

　贷：在途物资——丙　100 000

④以转账支票1万元偿还应付未付的蓝天公司购料款。（图3-10，D段）

借：应付账款——蓝天公司　10 000

　贷：银行存款　10 000

第二节　企业生产环节资金运动分析与会计处理

一、生产环节基本资金运动分析

生产过程实际上就是劳动者（员工）运用劳动资料（机器、厂房等）对劳动对象（原材料等）进行加工改造的过程。生产环节的阶段所得是完工产品——库存商品，所失主要就是原材料等储备资产。其基本资金运动流程如图3-11所示。

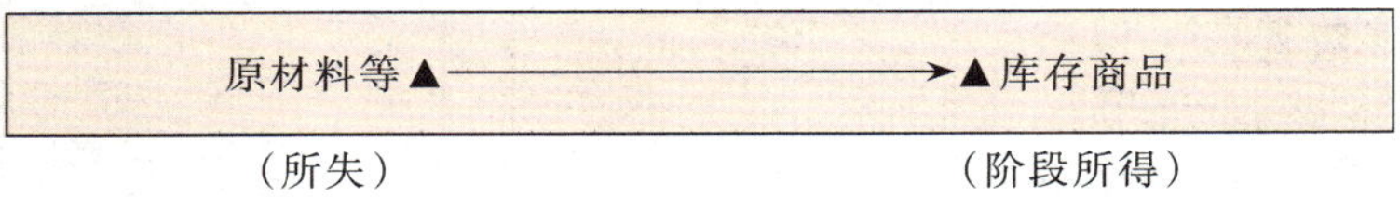

图3-11　生产环节基本资金运动

库存商品是指企业已完成全部生产过程并已验收入库、合乎标准规格和技术条件，可以按照合同规定的条件送交订货单位，或可以作为商品对外销售的产品以及外购或委托加工完成的各种商品。

二、生产环节资金运动的具体分析

（一）产品成本计算方法对资金运动的影响

阶段性配比原则与生产过程1

不同的产品成本计算方法对资金的汇集与分配会产生不同的影响。目前，产品成本的计算方法主要有制造成本法和完全成本法两种。如企业在某一期间的总费用为200万元，期初、期末都没有余额，产品1万件全部生产完工。这两种方法的比较见表3-3。

表3-3　制造成本法与完全成本法的比较

项目	企业费用（200万元）		产品成本（产量1万件）		国际通用方法（含我国）
	生产车间里（120万元）	生产车间外（80万元）	总成本	单位成本	
完全成本法	√	√	200万元	200元/件	×
制造成本法	√	×	120万元	120元/件	√

从表3-3可知，我国产品成本的确认与计量采用的是国际通用的制造成本法，即产品成本只考虑企业生产车间所发生的全部支出。相应的，产品生产过程分析也就只考虑生产车间所发生的经济业务及其所引起的资金运动。

（二）阶段性配比原则对生产环节基本资金运动的影响

对于生产环节而言，阶段所得与其所失在时间上的配比见表3-4。

表3-4　　阶段性配比原则对生产环节资金运动的影响

种类	具体内容	项目与账户设置
先失后得模式	先有投入、耗费，最后才有产品	生产成本

从表3-4可知，企业只有发生了支出，经过一段时间的加工，才可能获得完工产品。正因为如此，企业需要设置“生产成本”项目，一方面可以管控整个生产过程；另一方面可以通过该项目汇集整个生产费用，借此确定产品生产的总成本和单位成本。

企业生产车间会发生各种各样的费用。在制造成本法下，虽然这些费用最终都被计入产品成本之中，但其计入产品成本的具体路径可能存在差异。其具体情况见表3-5。

表3-5　　生产车间费用计入产品成本的路径分析

划分依据	判断标准	界定	具体内容	项目与账户设置		
				设置	结转	主次
生产费用与产品有明确的对应关系吗？	有	直接费用	服务于某一产品的直接材料、直接人工、其他直接费用等	生产成本	产品完工，转为库存商品	主要
	没有	间接费用	车间的一般性、共同性耗费，包括车间管理人员薪酬、办公费、水电费、折旧费、机物料消耗、劳动保护费等	制造费用	通过人为分配，最终转为生产成本	次要，从属于生产成本

“会计沙盘模型”推演： 从表3-5可知，“生产成本”项目对整个生产过程的控制是分三步进行的：

（1）直接生产费用在发生时直接计入生产成本项目。这类业务引发的资金运动在“会计沙盘模型”中表现为：平面之上的沙从一个地方流到另一个地方，从而导致一个沙堆体积减小，而另一个沙堆体积等量增大。其所引发的资金运动如图3-12中A1段所示。

阶段性配比原则与生产过程2

（2）间接生产费用在发生时先计入制造费用项目进行汇集。这类业务引发的资金运动在“会计沙盘模型”中表现为：平面之上的沙流向代表“生产成本”的沙堆，但并没有直接流入代表“生产成本”的沙堆之中，而是中途暂时停留下来，即为“制造费用”项目。其所引发的资金运动如图3-12中A2段所示。

然后，在会计期末或某一特定日期将制造费用采用合理的标准在各种产品之间进行分配，从而将其转入“生产成本”项目。这类业务引发的资金运动在模型上表现为：平面之上原暂停的沙继续向前流动，流入代表“生产成本”的沙堆之中。其所引发的资金运动如图3-12中B段所示。

（3）当产品完工验收入库时，生产成本项目最终转为库存商品项目。这类业务引发的资金运动在“会计沙盘模型”中表现为：平面之上的沙从代表生产成本的沙堆流入代表“库存商品”的沙堆之中。其所引发的资金运动如图3-12中C段所示。

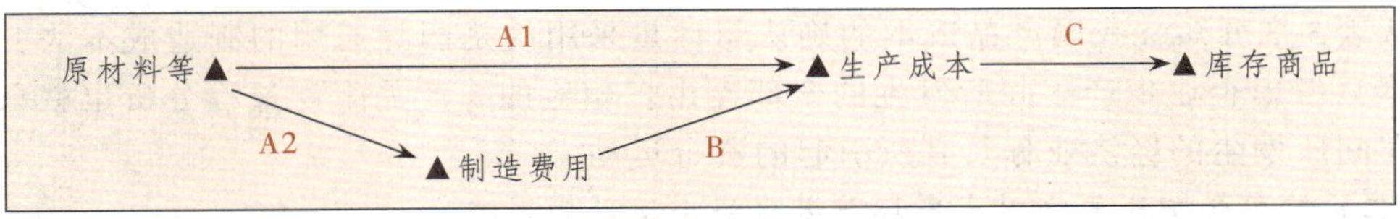

图3-12　先失后得模式对生产环节资金运动的影响分析

说到这里，读者可能有一个疑问：如果企业只生产一种产品，还需要区分直接费用和间接费用吗？还需要设置“制造费用”项目吗？答案是肯定的。从直接费用和间接费用的划分中可以看出，这两类支出的内涵有很大的区别。相应的，其成本管理与控制手段也是不一样的。一般来说，直接生产费用的降低主要通过企业的技术创新来实现，而间接生产费用的降低主要通过企业的管理制度创新来实现。

“生产成本”项目反映企业生产车间各个产品的实际生产成本，其具体包括生产车间各产品所耗费的直接人工费用、直接材料费用、其他直接费用和各个产品所应分摊的制造费用。“制造费用”项目反映企业生产车间所发生的各种共同性质的间接费用，如生产车间的管理人员薪酬、固定资产折旧费和日常办公费用等。“制造费用”项目是一个过渡性项目，平时汇集生产车间发生的各种共同性质的间接费用，到期末或产品完工时再按照一定的标准分配到各个完工产品。在未分配到各个产品之前，“制造费用”和“生产成本”共同反映企业在产品的成本，因此，“制造费用”和“生产成本”这两个项目都属于资产要素。对于生产性企业而言，“库存商品”项目反映企业完工入库、等待销售的产品；对于商品流通企业而言，“库存商品”项目反映企业外购的、等待销售的商品。“库存商品”项目属于资产要素。

（三）相关性原则对固定资产使用所引起的资金运动的影响分析

生产过程中折旧业务分析1

如某企业有一台新购买的生产用设备，价值30万元，可使用5年，本月发生折旧费0.5万元，则每月该笔经济业务所引发的资金运动应该如图3-13所示。

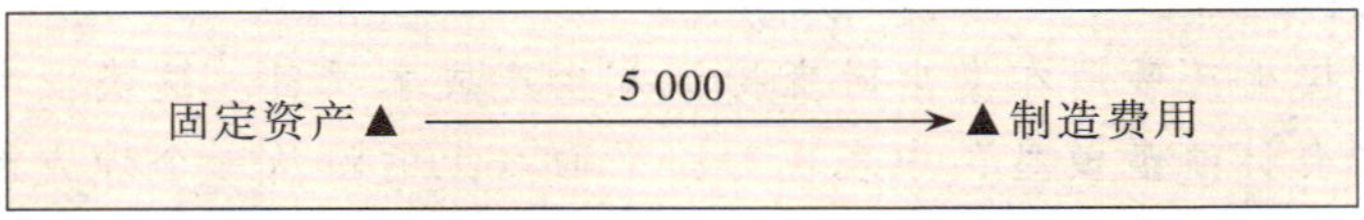

图3-13　固定资产折旧基本资金运动分析

照此下去，假设该项固定资产已经折旧了59个月，则已折旧费总额为29.5万元，该项固定资产的价值就只剩下0.5万元了。又假设企业只有这一项固定资产，在不考虑其他因素的情况下，企业资产负债表中列示的该项固定资产价值就是0.5万元。但对一个企业外部关系人而言，当他拿到这份会计报表并看到“固定资产价值0.5万元”的信息时，可能会感到困惑：该固定资产到底是一个新设备还是一个旧设备？如果是新的，那它的价值为什么会这么低？如果是旧的，那它的原值是多少，其新旧程度如何？

为了更好地达到“决策有用”的效果，首先需要弄清楚外部关系人对于固定资产有哪些具体的信息需求。一般来说，外部关系人对于固定资产信息需求见表3-6。

由图3-13可知，既要保证固定资产项目原始价值30万元不变，又要反映其因折旧而不断减少的价值，这是一个“两难问题”。

表 3-6　外部关系人对于固定资产的信息需求

信息类别	决策价值	项目与账户设置
原始价值	据此可大致推断和分析企业的生产能力与生产规模	固定资产
净值	据此可大致判断和分析固定资产的新旧程度	累计折旧

“会计沙盘模型”推演： 为了解决这个“两难问题”，可以通过“会计沙盘模型”对固定资产进行固化处理：首先，将“固定资产”项目在模型中固化为一个不可分割的整体（一个固化的沙堆▲）。其次，其磨损转移的价值可以从固定资产项目流出（从固化的沙堆▲下面流出），相应的，固定资产项目（代表被固化的固定资产沙堆▲）就会等体积地下陷；随着价值磨损的不断发生，资金就不断地从固定资产项目下面流出，固定资产项目也就不断地、等体积地下陷。最后，在某一时刻，当把固定资产项目从下陷的地方挪出来时，就会在原来下陷的地方出现一个新的沙坑项目（⊕），这个沙坑项目（⊕）就代表固定资产已折旧转移的价值，即“累计折旧”项目。其资金运动如图 3-14 所示。

生产过程中折旧业务分析 2

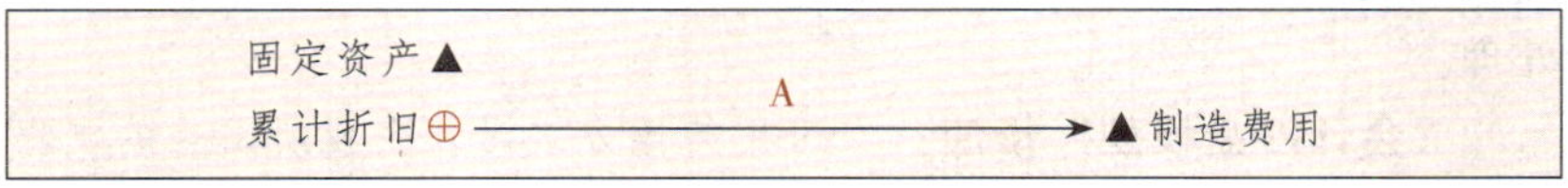

图 3-14　固定资产折旧资金运动分析

从图 3-14 可知，A 段资金流量代表每一次固定资产的折旧费；“累计折旧”项目的余额代表截至某一时点累计磨损转移的价值；固定资产项目与累计折旧项目之差，就是固定资产的净值。

累计折旧是指固定资产在使用过程中产生的价值损耗部分，这部分价值被转移到产品成本或费用中。

从模型上看，累计折旧项目是通过沙坑模拟出来的，与资产不一样。但其仍然是资产项目，只不过是属于资产抵减项目。“累计折旧”抵减“固定资产”原值就可知道“固定资产”现在的账面净值。

（四）权责发生制原则与职工薪酬的确认

生产车间的职工薪酬主要分为生产工人的薪酬和车间管理人员的薪酬两部分。生产工人的薪酬作为生产车间发生的直接费用，可直接计入相关产品的生产成本；车间管理人员薪酬作为间接费用，可先通过“制造费用”项目进行汇集，然后再分配给各个产品，计入各个产品的生产成本。

“会计沙盘模型”推演： 生产车间员工薪酬主要包括两项业务：

（1）企业应该按照权责发生制确认本期生产车间员工的薪酬，并按照受益对象在生产成本和制造费用之间进行分配。但由于薪酬的发放具有一定的滞后性，本期的薪酬需要等到下一期才实际支付，从而导致企业在确认本期薪酬费用的同时，对生产车间员工形成一个应付未付的债务——“应付职工薪酬”。这笔业务引起的资金运动在模型上表现为：平面之上原有的沙堆（代表“银行存款”项目）体积并没有减小，但与此同时平面之上其他沙堆（代表生产成本、制造费用）的体积却增加了；这些沙堆体积的增加来自平面之外的一个新沙坑，该沙坑

权责发生制与生产车间人工费

即为“应付职工薪酬”项目。其所引发的资金运动如图3-15中A1、A2段运动所示。

（2）企业以银行存款等支付职工薪酬，冲销应付职工薪酬。这笔业务引起的资金运动在模型上表现为：沙从平面之上流出到平面之外，从而导致平面之上代表货币资金的沙堆体积减小，平面之外代表应付职工薪酬的沙坑容积等量减少。其所引发的资金运动如图3-15中B段所示。

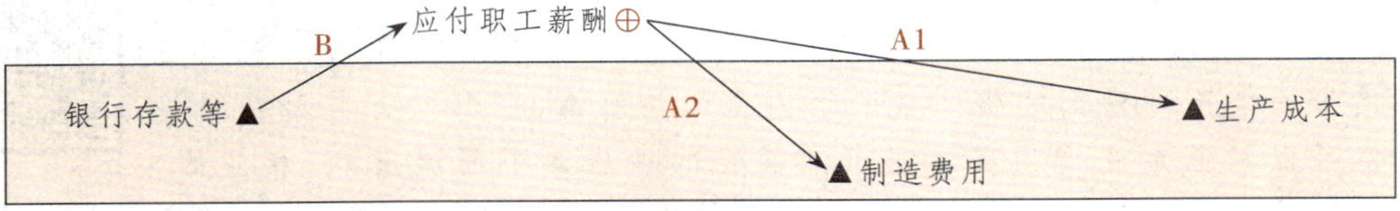

图3-15　职工薪酬引起的资金运动分析

“应付职工薪酬”项目是指企业对员工在薪酬方面所形成的应付未付的债务，该债务企业需要在以后期间以货币资金等支付。该项目属于负债要素。

（五）权责发生制原则与待摊和预提分析

生产车间发生的其他支出，如果金额比较大、受益期较长，企业可以通过待摊或预提的方式进行处理。

权责发生制与生产车间维修费

“会计沙盘模型”推演：在采用待摊方式时，企业所发生的支出先计入预付账款等。这类业务引发的资金运动在“会计沙盘模型”中表现为：平面之上的沙在流向代表制造费用的沙堆的过程中，中途暂时停留下来，从而形成一个新的沙堆，该沙堆即为“预付账款”项目。其所引发的资金运动如图3-16中A41段所示。以后按受益期分摊时，再将其分期、分量地转为制造费用。这类业务引发的资金运动在“会计沙盘模型”中表现为：平面之上原暂时停留的沙现在分期、分量地继续向前流动，流入代表制造费用的沙堆之中。其所引发的资金运动如图3-16中A42段所示。

权责发生制与生产车间维修费举例

在采用预提方式时，企业本期按权责发生制预提，形成其他应付款等。这类业务引发的资金运动在“会计沙盘模型”中表现为：平面之上原有的沙堆体积没有减少，但有些沙堆体积却增大了；这说明沙从平面之外流入到平面之上，因而会在平面之外形成一个新的沙坑，该沙坑即为“其他应付款”项目。其所引发的资金运动如图3-16中A51段所示。以后企业实际支出时再冲销其他应付款等。这类业务引发的资金运动在“会计沙盘模型”中表现为：沙从平面之上流向平面之外，冲销其所对应的沙坑。其所引发的资金运动如图3-16中A52段所示。

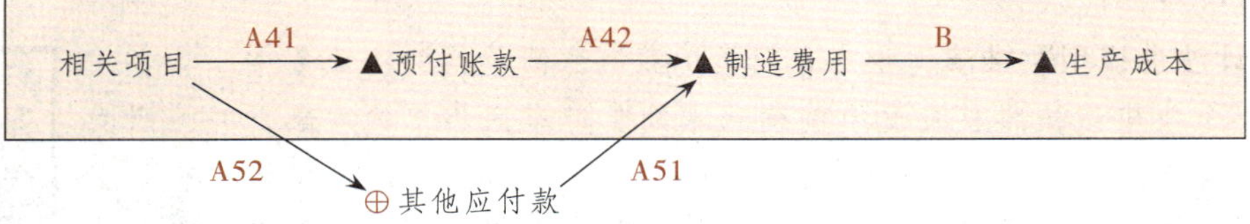

图3-16　权责发生制原则与待摊和预提资金运动分析

其他应付款是指与企业的主营业务没有直接关系的应付、暂收其他单位或个人的款项，是指除应付票据、应付账款等以外的应付、暂收其他单位或个人的款项。如存入的保证金、应付的统筹退休金、应付的维修费等。

（六）生产环节资金运动整体流程图

企业生产环节资金运动整体流程如图 3-17 所示。

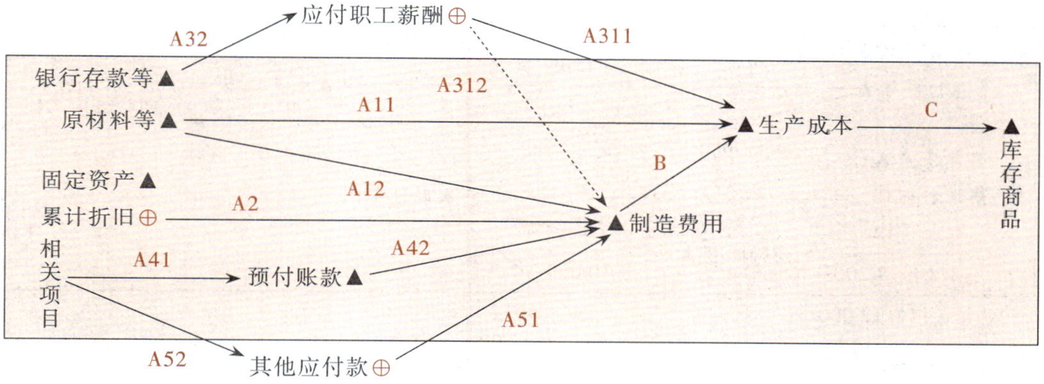

注：图 3-17 中 A312 段采用虚线是因为与 A11 段交叉。

图 3-17　企业生产环节资金运动流程全貌举例

生产过程整体资金运动流程　　制造费用、生产成本与库存商品分析　　累计折旧与应付职工薪酬项目分析

三、企业生产环节业务资金运动与会计处理举例

下面，我们用一个例子来说明企业生产环节业务资金运动和会计处理：

【例 3-2】某企业在某月生产 A、B 两种产品，发生下列经济业务。请对其进行确认与计量，编制会计分录，并将影响产品成本的资金运动在生产环节整体流程图中进行标注。

（1）仓库发出下列材料供各方使用（见表 3-7）：

表 3-7　**材料领用表**　单位：元

项目	甲材料	乙材料	合计
A 产品生产	12 600	1 000	13 600
B 产品生产	20 000	550	20 550
生产车间一般耗费		150	150
合计	32 600	1 700	34 300

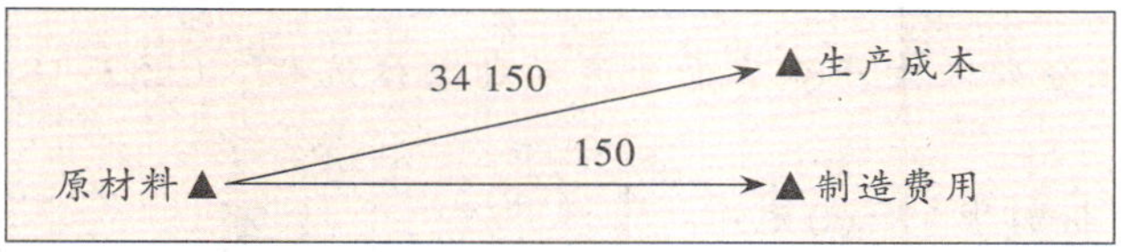

借：生产成本——A　13 600
　　　　　　——B　20 550
　　制造费用　150
　贷：原材料　34 300

将生产车间领用的原材料列入生产环节资金运动整体流程。（图 3-18，A1 段）

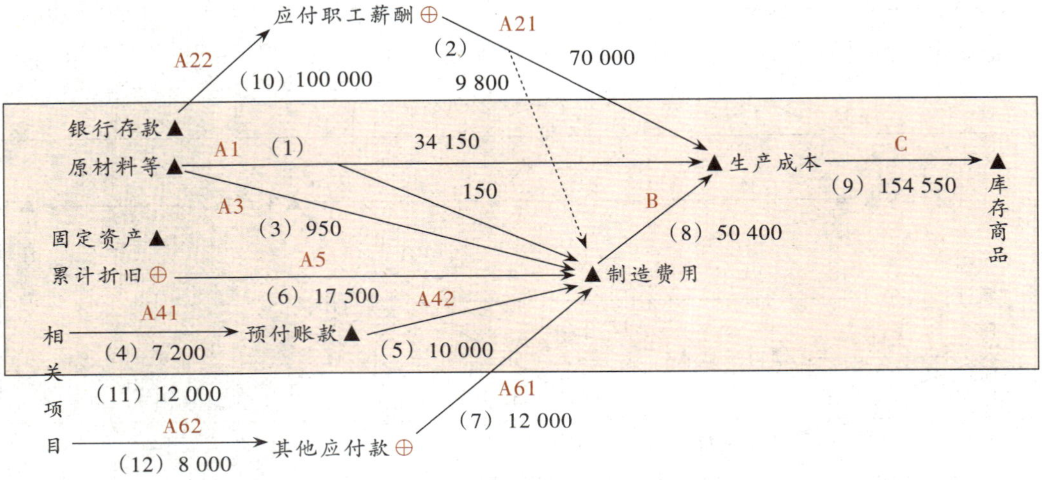

图3-18　企业生产环节业务资金运动推演图

生产环节业务举例（1-8）

（2）本月应付职工薪酬分配如下：

生产工人的薪酬：

A产品生产工人薪酬	30 000元
B产品生产工人薪酬	40 000元
车间管理人员薪酬	9 800元
合　计	79 800元

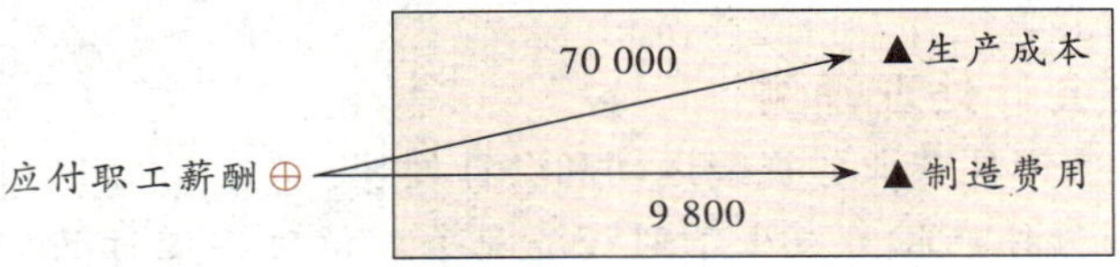

借：生产成本——A　　30 000
　　　　　　——B　　40 000
　　制造费用　　9 800
　贷：应付职工薪酬　　79 800

将生产车间发生的职工薪酬列入生产环节资金运动整体流程。（图3-18，A21段）

（3）以银行存款支付生产车间水电费950元。（图3-18，A3段）

借：制造费用　　950
　贷：银行存款　　950

（4）以银行存款预付下一季度租入固定资产的租金计7 200元。（图3-18，A41段）

借：预付账款　　7 200
　贷：银行存款　　7 200

（5）摊销应由本月成本负担的车间使用的租入固定资产的租金10 000元。

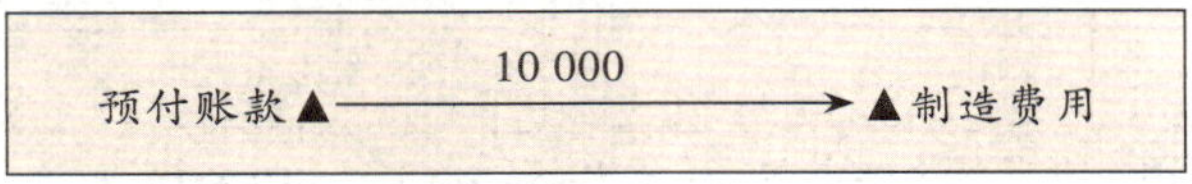

借：制造费用　　10 000
　贷：预付账款　　10 000

将生产车间发生的租入固定资产租金列入生产环节资金运动的整体流程。（图3-18，A42段）

（6）计提本月车间使用固定资产的折旧费17 500元：

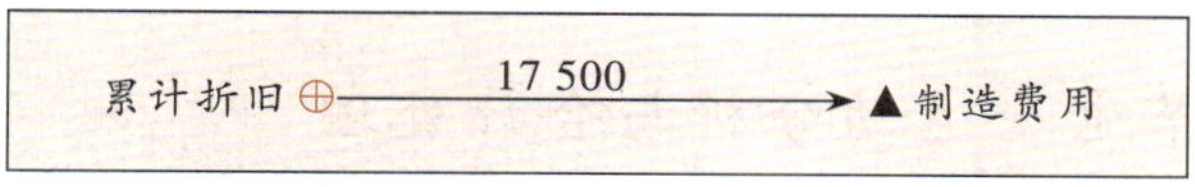

借：制造费用　　17 500

　贷：累计折旧　　17 500

将生产车间发生的折旧费列入生产环节资金运动整体流程。（图3-18，A5段）

（7）发生应由本月负担的生产车间机器大修理费用12 000元。

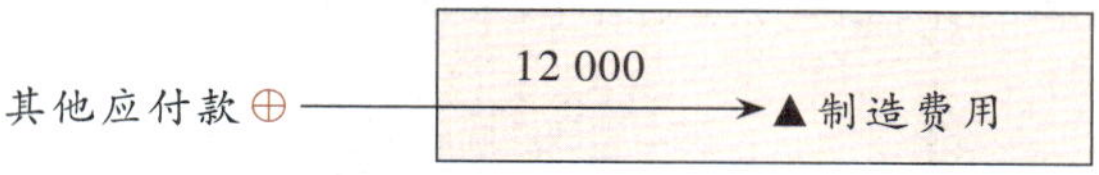

借：制造费用　　12 000

　贷：其他应付款　　12 000

将生产车间发生的机器大修理费用列入生产环节资金运动整体流程。（图3-18，A61段）

（8）将本月发生的制造费用转入"生产成本"账户，并按照生产工人薪酬的比例在各种产品之间进行分配。（图3-18，B段）

制造费用总计：50 400元

A产品应承担：50 400×（30 000÷70 000）=21 600（元）

B产品应承担：50 400×（40 000÷70 000）=28 800（元）

借：生产成本——A　　21 600

　　　　　　——B　　28 800

　贷：制造费用　　50 400

（9）本月生产的A产品100件，B产品500件，均已全部制成并验收入库，按实际生产成本转账。（图3-18，C段）

借：库存商品——A　　65 200

　　　　　　——B　　89 350

　贷：生产成本——A　　65 200

　　　　　　　——B　　89 350

生产环节业务举例（9-12）

（10）以银行存款发放职工工资，共计100 000元。（图3-18，A22段）

借：应付职工薪酬　　100 000

　贷：银行存款　　100 000

（11）企业第一生产车间发生修理费12 000元，其中耗用材料8 000元，应付职工薪酬4 000元，该机器修好后可连续使用10个月（从下月开始算起）。（图3-18，A41段）

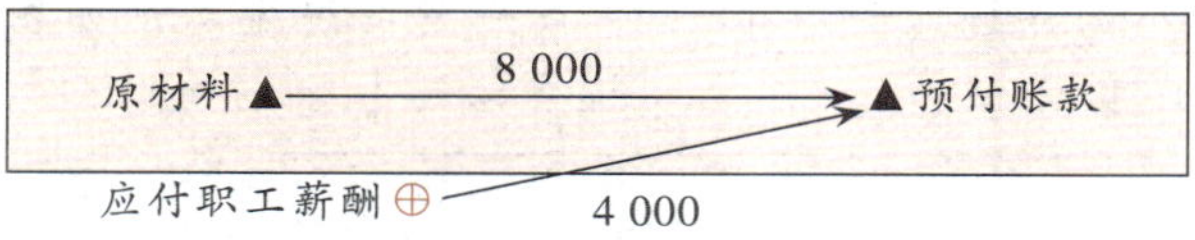

借：预付账款　　12 000

　贷：原材料　　8 000

　　　应付职工薪酬　　4 000

（12）企业第二生产车间发生修理费8 000元，其中耗用材料6 000元，应付职工薪酬2 000元，该维修费已预提。（图3-18，A62段）

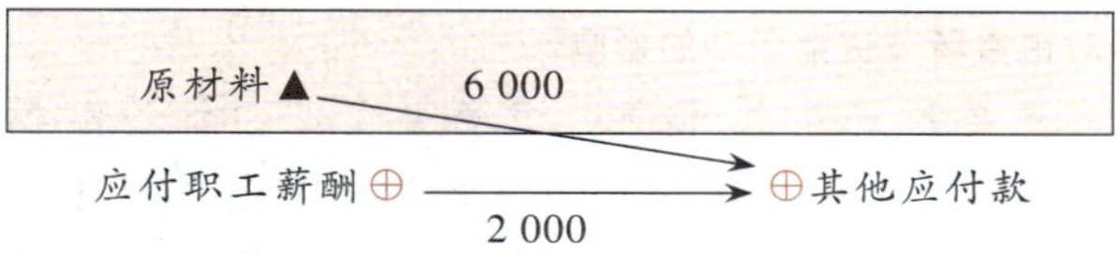

借：其他应付款　　8 000

　贷：原材料　　6 000

　　　应付职工薪酬　　2 000

第三节　企业销售环节资金运动分析与会计处理

本节主要分为三部分：第一部分主要讲授销售环节资金运动推演分析；第二部分主要对动态会计三要素收入、费用和利润进行分析；第三部分通过举例来加深和巩固对销售环节资金运动流程的把握。

一、销售环节基本资金运动的具体分析

（一）销售环节基本资金运动分析

企业销售产品，取得收入100 000元，款项已存入银行，该产品成本为60 000元。其基本的资金运动如图3-19所示。

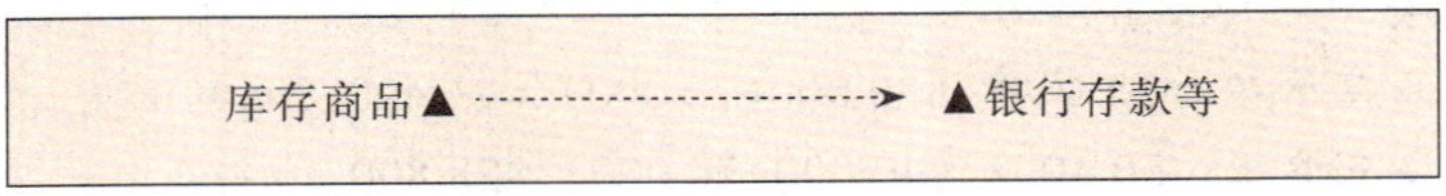

图3-19　销售环节基本资金运动

销售环节基本资金运动分析

货币资金是指企业生产经营过程中处于货币形态的资产，包括库存现金、银行存款和其他货币资金。库存现金是指存放于企业财会部门、由出纳人员经管的货币，包括人民币现金和外币现金。银行存款是指企业存放在银行和其他金融机构的货币资金。其他货币资金是指企业除现金、银行存款以外的其他各种货币资金。

其实，上图是一个简化的资金运动图。从企业的角度看，销售活动由收钱与给货两部分构成；相应的，其引发的资金运动也由两段构成。

“会计沙盘模型”推演：一段是向买方收取货款（收钱），100 000元的资金从买方流入企业。该笔业务引发的资金运动在模型上表现为：沙从平面之外流到平面之上，从而导致在平面之外形成一个沙坑，在平面之上形成一个沙堆；该平面之外的沙坑即为“甲”，该平面之上的沙堆即为“银行存款”。其所引发的资金运动如图3-20中A段所示。

另一段资金运动就是企业向买方提供60 000元的产品（给货），资金以库存商品的形态流出企业。该笔业务引发的资金运动在模型上表现为：沙从平面之上流到平面之外，从而导致平面之上沙堆体积减小，平面之外沙坑的容积等量减小；该平面之上体积减小的沙堆即为“库存商品”，该平面之外容积减小的沙坑即为“甲”。其所引发的资金运动如图3-20中B段运动所示。

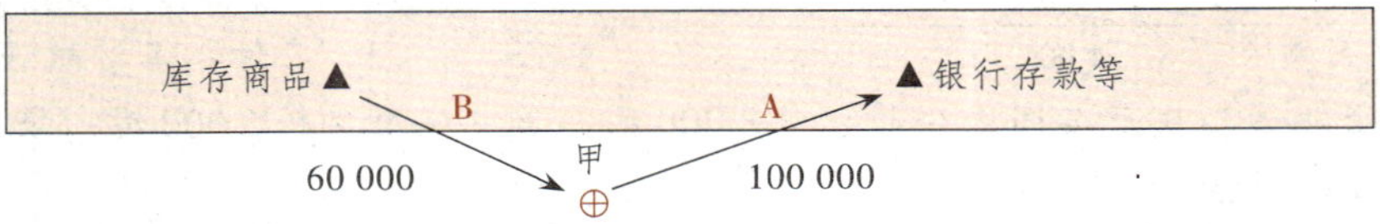

图3-20　销售行为对销售环节资金运动的影响

资金流入与流出之差就反映该笔经济业务所产生的净得。该净得在“会计沙盘模型”上就表现为沙的流入与流出对于“甲”项目的最终影响。当A段的流出量大于B段的流入量时，“甲”项目在模型上表现为一个沙坑，其代表所得大于所费，是净得，其净得的金额即为该沙坑的容积；当A段的流出量小于B段的流入量时，“甲”项目在模

型上表现为一个沙堆，其代表所得小于所费，是净亏，其净亏的金额即为该沙堆的体积；当A段的流出量等于B段的流入量时，“甲”项目在模型上表现为0，没有余额，企业不赚不亏。就本题而言，“甲”项目的余额在模型上表现为一个容积为40 000元的沙坑，即企业的净得。

从图3-20可以看到，A段资金运动反映“取得销售收入”，B段资金运动反映“付出的代价”。这样对某一笔销售业务而言，就可以通过“甲”这个沙坑的流出量来反映该笔业务所取得的收入；通过流入甲沙坑的流入量，可以反映为取得该笔收入所必须付出的耗费；通过“甲”沙坑最终的容积，就可以反映该笔销售业务所得到的毛利。

（二）配比原则对该资金运动的影响

配比原则包括因果关系配比和时间关系配比。因果关系上的配比是指对于每一笔销售行为而言，为获得该笔收入所发生的所有直接相关的费用（直接费用）都应该与该笔收入进行配比，包括所出售的产成品成本等，从而从该笔收入中得到补偿。时间关系上的配比是指本期所发生的间接费用应该与本期收入进行配比，进而从本期的收入中得到补偿。

配比原则与销售环节分析1

销售收入与相关费用配比关系分析见表3-8。

表3-8　销售收入与相关费用配比关系分析

种类	内容	费用界定	配比类型	本题为例
数量线性关系	所售产品成本等	直接费用	因果关系	60 000元
非数量线性关系	销售人员薪酬、房租费、水电费、宣传费等	期间费用	时间关系	35 000元

“会计沙盘模型”推演：以前述销售业务为例，假设企业为这笔销售还发生35 000元的其他费用。这些费用包括销售人员的薪酬、广告费、房租费、水电费等。这些费用按照时间关系配比的原则，应该从本期的销售收入中得到补偿。这些业务会引发资金流出企业。这些业务引发的资金运动在“会计沙盘模型”中表现为：沙从平面之上流到平面之外，从而导致平面之上沙堆的体积减小，平面之外沙坑的容积等量减小；这些平面之上体积减小的沙堆即为“银行存款”等相关项目，而平面之外容积减小的沙坑即为“甲”项目。这样，图3-20就需要增加一段反映其他费用的资金运动流程，其具体的转换如图3-21中B2段所示。

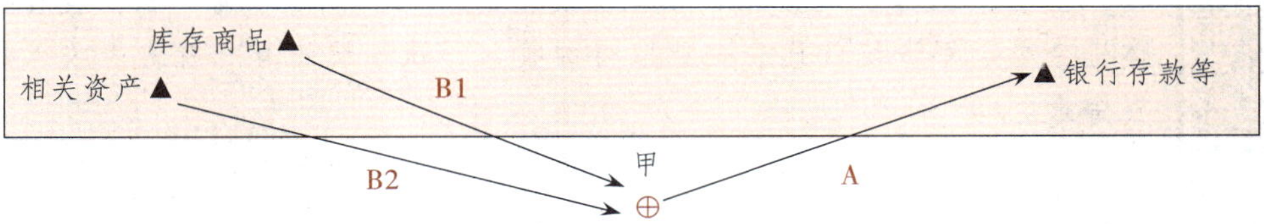

图3-21　配比原则对销售环节资金运动的影响

这样，A段运动反映收入的取得；B段运动反映费用的发生，其中B1段反映直接费用的发生，B2段反映期间费用的发生；甲项目的余额反映企业在一定时期所获得的净利润。以本题为例，“甲”项目的余额在模型上表现为一个容积为5 000元的沙坑，即企业的净利润。

配比原则与销售环节分析2

（三）相关性原则对该资金运动的影响

a和b两家公司的有关资料见表3-9。

表3-9　　a和b两家公司有关利润、收入和费用的指标　　单位：万元

项目	a公司	b公司
利润	100	100
收入	1 000	10 000
费用	900	9 900

由表3-9可知，如只看利润指标，两家公司都是100万元，利润没有差别，我们可能会认为两家公司没有多大差别。但如果再结合收入和费用来看，虽然两家公司赚取的利润都是100万元，但a公司的收入是1 000万元，费用是900万元；而b公司的收入是10 000万元，费用是9 900万元。由此可见，这两家公司的盈利能力有很大的不同。

相关性原则与销售环节分析1

这就告诉我们，要更准确、更恰当地评价一家企业，不能只看利润指标，还应该关注其利润产生的条件与基础：收入与费用。收入反映了企业商品的销售情况，反映了企业商品的市场占有率，也反映了企业的知名度；费用则反映了企业为实现收入、赚取利润所付出的代价。只有同时提供收入、费用和利润三个指标，才能更好地满足相关性原则，从而更好地服务于决策有用的需求。

“会计沙盘模型”推演：从图3-21可知，通过甲项目可以反映企业在一定时期的净利润，但无法从中获取企业的收入和费用信息。为了获得收入与费用信息，我们需要对图3-21中B段资金运动过程进行主动的管理与控制，其主要的做法就是企业发生的费用并没有直接冲销本期的收入，而是单独作为一个项目进行汇集，从而确保费用项目和收入项目的完整。该笔业务引发的资金运动在“会计沙盘模型”中表现为：沙从平面之上流向平面之外的沙坑甲，但并没有直接冲销该沙坑，而是在其附近停留下来，从而形成一个新的沙堆；这个平面之外新产生的沙堆，我们称之为“乙”。其具体情况如图3-22所示。

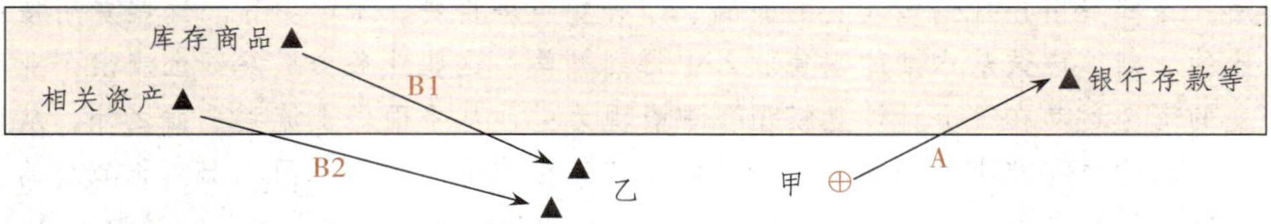

图3-22　相关性原则对销售环节资金运动的影响

相关性原则与销售环节分析2

在图3-22中，乙沙堆代表企业发生的费用，该沙堆的体积代表费用的具体资金量。甲沙坑就代表企业取得的收入，该沙坑的容积就代表收入的具体资金量。

这样，每销售一笔，企业即取得销售收入，资金就发生A段运动；也就是说A段每一次的流量代表了每一次的销售收入金额。随着每一次收入的取得，“甲”沙坑的容积就会越来越大；到该会计期间结束时，“甲”沙坑的容积就代表了本期的总收入量。

与此同时，企业需要发生相关的资产耗费。每一次资产的耗费都会引发资金发生B段运动；也就是说，B段每一次的流量就代表了每一次的费用金额。随着费用的不断发生，“乙”沙堆的体积就会越来越大；到该会计期间结束时，“乙”沙堆的体积就代表本期的总费用量。

期末，将企业总的销售所得和总的费用支出相配比（对“甲”的容积与“乙”的体积进行比较），就可以得出企业本期的净利润。

（四）会计分期假设对该资金运动的影响

会计分期假设需要将企业持续不断的经营活动人为地划分为一个个等距的时间片段，以便企业及时总结经营活动，及时发现问题，并进行改进与完善。就销售环节而言，会计分期假设要求企业定期计算本期的收入与费用，确认本期的利润并将其转为所有者权益，从而结清本期的损益，并为下一期收入、费用和利润的确认创造条件。

从前面的分析可知，通过对资金运动进行主动的干预，我们就可以获取完整的收入和费用信息。由于会计分期假设的存在，我们需要将独立的、完整的收入信息和费用信息连接起来并进行匹配，从而得出企业的净利润，并将其结清（为0）。

会计分期假设与销售环节1

该业务的整个处理过程是通过新设一个“本年利润”项目来完成的。首先，企业需要将本期所获得的所有收入全部结转至本年利润项目。

“会计沙盘模型”推演：该笔业务引发的资金运动在“会计沙盘模型”中表现为：沙从平面之外的某一沙坑流向甲沙坑，并使原沙坑的容积为0；其结果是，旧的沙坑消失，新的沙坑产生，沙坑总的容积没有发生变化。该新沙坑我们称为“丙”。由于甲沙坑代表收入，甲沙坑的消失就意味着收入全部被转走了；此时，新沙坑“丙”的容积就代表了收入的资金量。

企业需要将本期所发生的所有费用全部结转至本年利润项目。该笔业务引发的资金运动在模型上表现为：乙沙堆的沙子全部流向丙沙坑。其结果是，乙沙堆消失，丙沙坑容积变小。由于乙沙堆代表费用，乙沙堆的消失就意味着费用全部被转走了。此时，丙沙坑的容积就代表企业本期的经营成果。具体来说，若丙沙坑还有一定的容积，就代表企业盈利了；若丙沙坑的容积为0，就代表企业不赚不亏；若丙沙坑不仅没有容积，反而还变成了一个沙堆，那就代表企业亏损了。其具体资金运动分析如图3-23所示。

会计分期假设与销售环节2

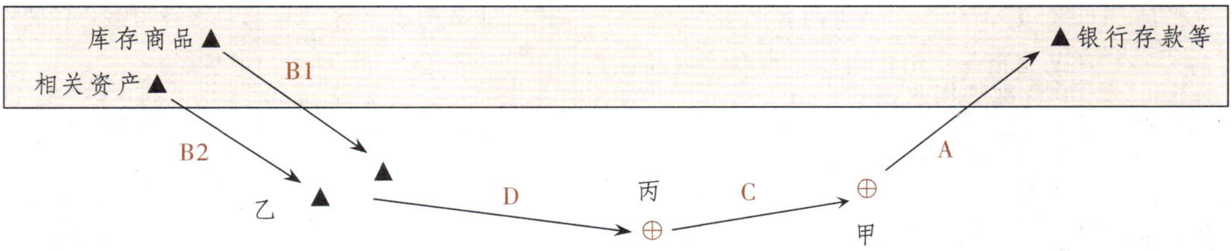

图3-23　会计分期假设对销售环节资金运动的影响

从图3-23可知，通过新设一个“丙”项目可以将原来断开的资金运动连接起来，这里的“丙”实际上就是“本年利润”项目。首先，通过C段运动将本期的所有收入全部结转到“本年利润”项目。C段资金运动的流量就代表企业本期的总收入。其次，通过D段运动将本期的所有费用全部结转到“本年利润”项目。D段资金运动的流量就代表企业本期的总费用。“本年利润”项目的余额就反映了企业在一定时期的净利润。

会计分期假设与销售环节3

（五）多元化经营和决策有用性对该资金运动的影响

c公司在20×6年和20×7年有关收入资料见表3-10。

表 3-10 **c公司20×6年和20×7年收入情况** 单位：万元

项目	20×6年度	20×7年度
收入总额	10 000	10 000
其中：产品销售收入	8 800	1 100
劳务服务收入	1 000	8 700
租赁收入	200	200

多元化经营与销售环节1

从表3-10可知，如果只考虑收入总额，该公司两个年度的收入都是10 000万元，好像没有什么差别。但从收入的构成来看，两年差别非常大。20×6年度，该公司收入总额是10 000万元，其中，产品销售收入为8 800万元、劳务服务收入为1 000万元，租赁收入为200万元。20×7年度，该公司收入总额虽然还是10 000万元，但其构成却发生了重大的变化；除租赁收入没有变化外，产品销售收入由20×6年度的8 800万元减少到1 100万元，劳务服务收入从20×6年度的1 000万元增加到8 700万元。这反映企业的市场定位发生了战略性转移，由原来的以提供产品为主转移到以提供劳务服务为主。

为降低经营风险，很多企业都实现了多元化经营，这也使得企业的收入构成多元化和费用构成多元化。从决策有用观的角度来看，企业既然是多元化经营的，就不能只提供收入和费用的总额信息，还应该提供收入与费用的构成明细，因为结构化信息比总量信息更具有信息含量，具有更好的决策有用性。

多元化经营与销售环节2

一般来说，企业业务有主业和其他业务之分，其划分一般是以其营业执照上注明的业务范围为准。不同行业企业的主业和其他业务的划分有所不同，其具体情况见表3-11。

表 3-11 **企业业务界定与收入项目设置**

栏目	业务内容	业务构成比例	项目与账户设置
主业	工业企业：销售商品、自制半成品，提供工业性作业等	在企业全部营业活动中所占的比重较大	主营业务收入
	商品流通企业：销售商品		
	旅游服务企业：提供客房、餐饮等		
其他业务	销售材料、包装物出租、提供技术咨询、技术服务等	在全部业务活动中所占的比重相对较小	其他业务收入

企业的费用也是多样化的。就销售环节而言，与销售业务相关的费用的具体构成情况见表3-12。

表 3-12 **企业业务界定与费用项目设置**

种类	内容	项目与账户设置
主业费用	已售产品成本等	主营业务成本
其他业务费用	已售材料成本、出租资产的磨损费和折旧费等	其他业务成本
营销费用	销售人员薪酬、广告费、展览费、销售过程中的各种杂费和售后服务费等	销售费用
税费	根据销售行为所确定的税费，如资源税、消费税、城市维护建设税、教育费附加等	税金及附加
	根据企业经营成果所缴纳的所得税	所得税费用

为了更好地符合决策有用性，企业需要提供这些结构化的收入和费用信息。为此，企业需要提供更加明细化的资金运动过程及其结果。

“会计沙盘模型”推演：收入的结构化信息所引发的资金运动在“会计沙盘模型”中表现为：不能只用一个沙坑来反映所有的收入，而应该根据收入的具体构成分别采用不同的沙坑来模拟；既然企业有主业收入和其他业务收入，那就应该用两个沙坑来分别反映主营业务收入和其他业务收入。

费用的结构化信息所引发的资金运动在模型上表现为：不能只用一个或两个沙堆来反映所有的费用，而应该根据费用的具体构成分别采用不同的沙堆来模拟；既然企业的费用有主业成本、其他业务成本、销售费用和税费等，那每个费用项目都应该用一个沙堆来模拟。就本处的分析而言，应该用五个沙堆来分别反映主营业务成本、其他业务成本、销售费用、税金及附加和所得税费用。

多元化经营与销售环节3

这样，企业的资金运动流程由图3-23转换为图3-24。

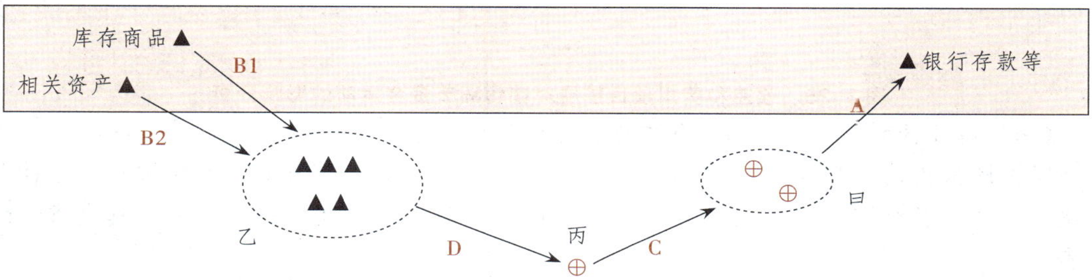

图3-24　收入和费用结构化信息对销售环节资金运动的影响

注：甲——主营业务收入、其他业务收入

乙——主营业务成本、税金及附加、其他业务成本、销售费用、所得税费用

丙——本年利润

（六）收入和费用项目的扩展对销售环节资金运动的影响

除销售环节外，企业其他环节或部门也会产生一些收入和费用，这些项目同样影响到了企业的净利润。为了更集中、更方便地分析影响企业净利润的各个因素，我们将其在这里一并进行讲解。这些损益类项目的具体情况见表3-13。

收益、费用扩展与销售环节

表3-13　**收入和费用项目扩展分析**

种类	内容	项目与账户
管理部门发生的	行政管理人员的薪酬、差旅费、业务招待费、折旧费、办公经费等	管理费用
负债筹资发生的	借款利息、银行手续费等	财务费用
偶发支出	对外捐赠、罚没支出、非正常损失等	营业外支出（损失）
对外投资获得的	投资利得、投资损失、投资相关手续费等	投资收益
偶发所得	接受捐赠、罚没收入等	营业外收入（利得）

收入和费用外延的扩展，导致企业的收入类增加了投资收益和营业外收入两个项目；企业的费用类增加了管理费用、财务费用和营业外支出三个项目。

“会计沙盘模型”推演：收入外延的扩展对资金运动的影响在模型上表现为：需要增加两个沙坑来反映投资收益和营业外收入。费用外延的扩展对资金运动的影响表现为：需要增加三个沙堆来反映管理费用、财务费用和营业外支出。这样，我们在模型上就用四个沙坑反映各个不同的收入类项目，用八个沙堆来反映各个不同的费用类项目。其具体情况如图3–25所示。

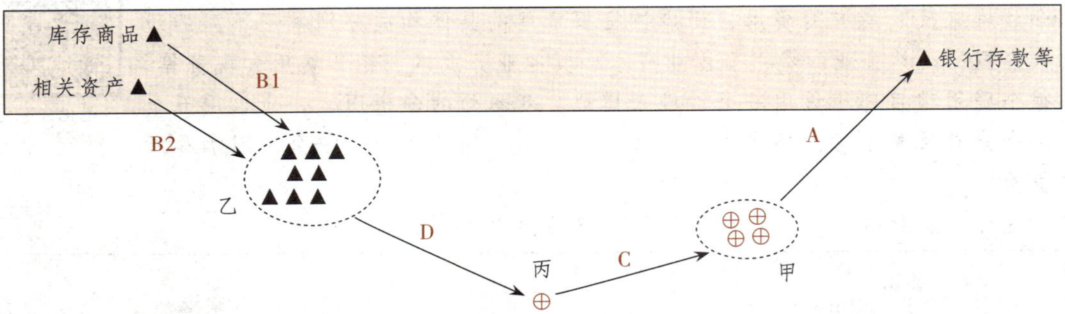

图3–25　收益和费用项目扩展对销售环节资金运动的影响分析

（七）阶段性配比原则对销售环节资金运动的影响

所谓阶段性配比原则是指，本环节的阶段所得与其对应的所失两者在时间上是什么关系。对于销售环节而言，货币资金与库存商品在时间上存在着三种关系，其具体情况见表3–14。

表3–14　销售环节阶段性配比原则与销售模式

阶段性配比原则	商业销售模式	项目与账户设置
所得与所失同时发生	钱货两清	—
先失后得	赊销模式	应收账款、应收票据
先得后失	预收款模式	预收账款

1.钱货两清模式（所得与所失同时发生）

在这种钱货两清的销售模式下，企业在把商品转移给买方时就收取了款项。

“会计沙盘模型”推演：该类业务所引发的资金运动在“会计沙盘模型”中表现为：平面之上有的沙堆体积减小了，但与此同时有的沙堆体积又增大了。其实，图3–25所表示的就是这种销售模式所引发的资金运动。为便于分析，在这里对图3–25进行简化处理，就得到图3–26。

阶段性配比原则与销售环节1

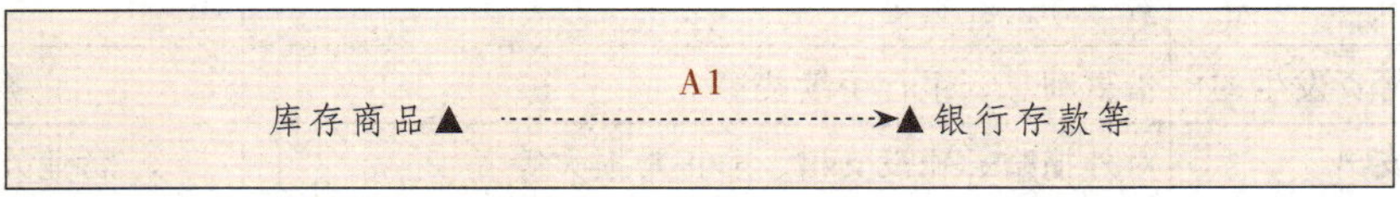

图3–26　钱货两清模式对销售环节资金运动的影响

需注意的是，图3–26中的虚线代表对前面销售环节资金运动分析的简化处理。

2.赊销模式（先失后得）

在这种销售模式下，企业已经把商品卖给了买方，货款尚未收到，但企业获得了收取货款的权利。这种权利以“应收账款”或“应收票据”等项目的形式表现。

“会计沙盘模型”推演：这类业务引发的资金运动表现为：沙子在流向代表银行存款的沙堆时，并不是一次性到位的，而是在中途停留下来，从而产生一个新的沙堆，该沙堆我们称之为“应收账款”或“应收票据”。其所引发的资金运动如图3-27中A21段所示。当企业以后收到货款时，资金再由这种临时的存在形态转化为货币资金。这笔业务所引发的资金运动在模型上表现为：平面之上中途停留的沙堆继续向前流动，流入代表银行存款的沙堆之中。其所引发的资金运动如图3-27中A22段所示。

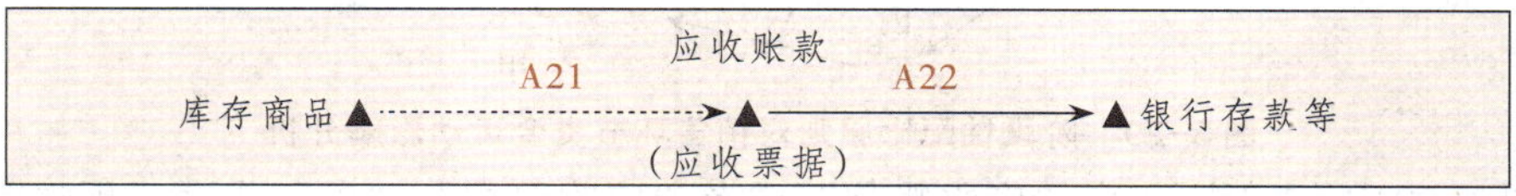

图3-27 赊销模式对销售环节资金运动的影响

应收账款、应收票据都是企业因商品销售或劳务提供而形成但尚未收取的货款，其表现为企业一种收款的权利，是企业的资产。应收票据是债务人的一种书面还款承诺，还有担保人担保等。相对于应收账款而言，应收票据的信用级别更高，对于债权人来说风险更小。

3.预收款模式（先得后失）

预收账款是指企业按照销售合同的约定，预先收取购货单位的订货款所形成的一种债务。企业日后需要用商品或劳务来偿还这种债务。在这种销售模式下，企业预收了买方的购货款，虽然没有给对方提供商品，但却产生了一个需要在未来向对方提供商品或劳务的义务，这项负债称为“预收账款”项目。

“会计沙盘模型”推演：这类业务所引发的资金运动在模型上表现为：平面上原有的沙堆体积并没有减小，但却多了一个新的沙堆；这说明新的沙堆是从平面之外流进来的，从而导致平面之外产生一个新的沙坑，该沙坑代表“预收账款”（最新准则称之为“合同负债”。会计学原理课程不对二者进行区分，在中级财务会计课程中会严格区分）。其所引发的资金运动如图3-28中的A31段所示。

阶段性配比原则与销售环节2

企业以后将商品卖出时，用商品冲销这笔负债，它所引发的资金运动在模型上的表现为：平面之内的沙堆流向平面之外，并冲销代表预收账款的沙坑；这样，平面之内沙堆的体积最终还是减小了。其所引发的资金运动如图3-28中的A32段所示。

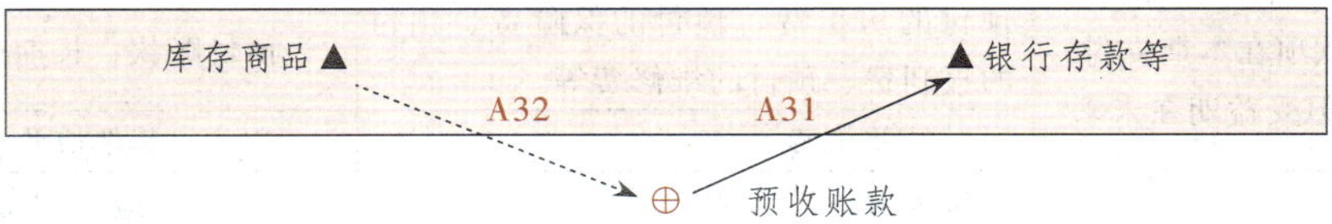

图3-28 预收款模式对销售环节资金运动的影响

4.企业销售环节资金运动整体流程图

将阶段性配比原则对销售环节的影响分析与图3-25分析结合在一起，就构成了一幅完整的企业销售环节资金运动图。其具体情况如图3-29所示，本处的分析见A段运动所示。

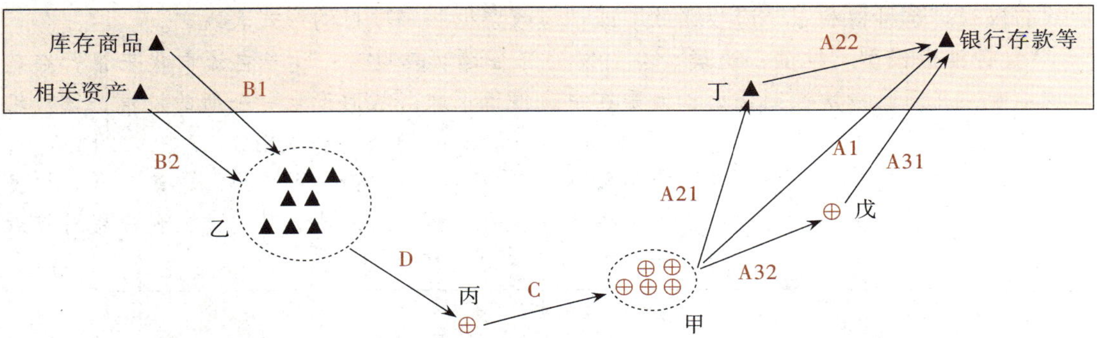

图3-29　阶段性配比原则对销售环节资金运动影响分析

在图3-29中，“丁”代表“应收账款”或者“应收票据”，“戊”代表“预收账款”。

(八) 权责发生制对费用段B2的影响分析

1.权责发生制的含义及其种类

权责发生制又称应计基础，它强调收入和费用的确认均以权利已经形成或义务（责任）已经发生为标准。按照这一标准，对于收入，无论款项是否收到，以权利形成确定其归属期；对于费用，不论款项是否付出，应以支付责任的发生确定其归属期。采用权责发生制的目的在于公正、合理地确定一个会计期间的收入和费用，进而正确地计量企业的损益。

本处专门分析权责发生制原则对费用（尤其是期间费用）确认与计量的影响。费用段B2段资金运动如图3-30所示。

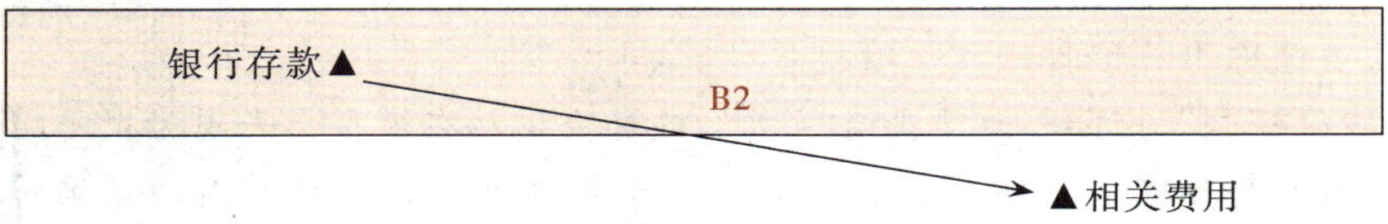

图3-30　费用段B2段资金运动流程图

在图3-30中，B2段资金运动的起点反映货币资金的支付，其终点反映费用的归属期间以及具体的归属对象。从阶段性配比原则的角度来看，B2段资金运动的起点和终点在时间上也可能存在三种关系，需要分别加以考虑，其具体情况见表3-15。

表3-15　权责发生制原则与B2段资金运动关系分析

种类		内容	项目与账户设置
终点与起点在同一会计期间		本期的费用，本期已支付	—
终点与起点不在同一会计期间	款项在本期支付，但受益期在未来	预付的房租费、预付的保险费、预付的报刊费、预付的维修费等	预付账款、长期待摊费用
		预付的差旅费	其他应收款
	本期为受益期，但款项在未来支付	应付未付的借款利息	应付利息
		应交未交的税费	应交税费
		应付未付的薪酬	应付职工薪酬
		应付未付的房租费、维修费等	其他应付款

2.对“款项已在本期支付，但受益期却在未来”的项目进行分析

（1）对一般性预付项目的分析

【例3-3】企业以银行存款支付下一季度管理部门用房的房租18 000元。预付账款引发的资金运动分析如图3-31所示。

权责发生制与一般性预付业务

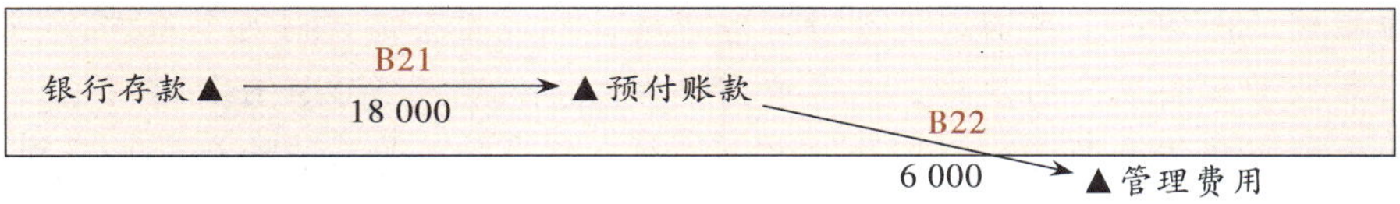

图3-31　预付账款引发的资金运动分析

在【例3-1】所涉及的这笔业务中，虽然房租是在本月支付的，但这笔款项的受益期却是下季度的3个月，本期并没有受益，因此不能作为本期的费用，而应该作为下季度各月的费用。

“会计沙盘模型”推演： 当支付房租时，银行存款虽然减少了18 000元，但本期的“管理费用”并没有相应地增加，资金临时转化为一种新的过渡性存在形态——“预付账款”。该笔业务引发的资金运动在模型上表现为：平面之上的沙从代表银行存款的沙堆流出，但并没有直接流到平面之外代表管理费用的沙堆之中，而是在平面之上暂时停留下来，从而形成一个新的沙堆，即“预付账款”项目。其所引发的资金运动如图3-31中的B21段运动所示。

等到下季度的时候，资金再分期、分量从“预付账款”转化为各月的管理费用。该笔业务引发的资金运动在“会计沙盘模型”中表现为：平面之上原暂时停留的沙堆现在分期、分量继续向前流动，流到平面之外代表管理费用的沙堆之中。其所引发的资金运动如图3-31中的B22段运动所示。

“预付账款”项目是在相关资产转化为管理费用等项目中增设的一道资金运动关卡，其目的是反映、监督和控制预先已经开支但要等待以后各受益对象来摊销的资金总量及其各期具体的摊销情况。之所以会出现这种情况，就是因为开支的效用期限很长（受益期很长），需要在受益期内根据受益量的大小分期、分量地分摊其支出。“预付账款”项目因支付期和受益期的脱节而产生，同时随着受益期的摊销而不断减少，直至为零。也就是说，“预付账款”作为一种临时的资金存在形态，起了一座桥梁的沟通作用，它是因管理的需要而主动设计的一道资金运动关卡，是技术处理的结果。对于受益期超过1年（摊销期超过1年）的，如固定资产大修理开支等，在会计上称之为“长期待摊费用”。

（2）对差旅费业务的分析

差旅费业务的处理主要有两种方法：一是出差人未借支款项，所有费用由出差人自行垫付，报销时根据报销的金额，报销多少就给出差人补多少。

“会计沙盘模型”推演： 这类业务引发的资金运动在“会计沙盘模型”中表现为：沙直接从平面之上流向平面之外，从而导致平面之上代表货币资金的沙堆体积减小，平面之外代表管理费用的沙堆体积增大。其所引发的资金运动如图3-32中的B2段运动所示。

权责发生制与差旅费业务1

另一种方式是预支差旅费，即先借后报，多退少补。在这种方式下，出差人先向企业预借差旅费，企业将款项借给出差人后形成一个应收款的权利，即“其他应收款”。

“会计沙盘模型”推演： 这类业务引发的资金运动在“会计沙盘模型”中表现为：沙

从平面之上代表货币资金的沙堆流出，但并没有直接流向平面之外的代表费用的沙堆，而是中途暂时停留下来，从而在平面之上形成一个新的沙堆，即“其他应收款”项目。其所引发的资金运动如图3-32中的B21段所示。

报销时，多退少补。这类业务引发的资金运动在“会计沙盘模型”中表现为：当出差人的借款大于应报销的金额时，平面之上原暂时停留的沙堆现在全部流向两个地方，一是流向平面之外代表“管理费用”的沙堆，二是流向平面之上代表“货币资金”的沙堆；当出差人的借款小于应报销的金额时，不仅平面之上原暂时停留的沙堆现在全部流向平面之外代表管理费用的沙堆，而且还有一部分沙从平面之上代表货币资金的沙堆流向平面之外代表管理费用的沙堆。其具体情况如图3-32中的B221段和B222段所示。其中，图3-32中B222段就反映多退少补，在借支的钱没有用完的情况下，其流量为正（退）；在借支的钱不足的情况下，其流量应该为负（补）。

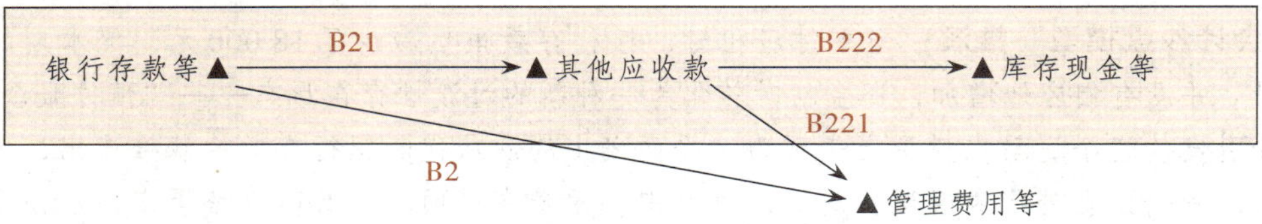

图3-32　差旅费所引起的资金运动分析

权责发生制与差旅费业务2

除了在差旅费业务中可能会使用“其他应收款”项目外，企业还可能在其他地方使用该项目。其他应收款是指除应收票据、应收账款和预付账款等以外的其他各种应收、暂付款项。它主要包括：应收的各种赔款、罚款；应收的出租包装物租金；应向职工收取的各种垫付款项；预付给企业内部单位或个人的备用金；存出保证金，如租入包装物支付的押金；预付账款转入；其他各种应收、暂付款项。

3.对“本期为受益期，但款项在未来支付”的项目进行分析

权责发生制与税费业务

（1）税费的先行确认与后期支付

按照权责发生制，企业需要确认本期的消费税、资源税、城市维护建设税、教育费附加等，也可能需要根据本期的利润确认所得税。这些税费的确认会引发企业利润的减少，从而形成企业的费用，前者称之为“税金及附加”项目，后者称之为“所得税费用”项目。但这些税费的实际缴纳可能发生在以后的会计期间，从而形成企业对国家的债务“应交税费”。

“会计沙盘模型”推演：这笔业务引发的资金运动在“会计沙盘模型”中表现为：平面之外代表费用的沙堆体积增大，但平面之上代表资产的沙堆体积却并没有减小，沙并没有从平面之上流出去；这说明平面之外沙堆体积的增大是因为平面之外的沙流进来了，因而会在平面之外形成一个新的沙坑，即“应交税费”项目。其所引发的资金运动如图3-33中的B21段所示。

以后实际缴纳时，冲掉“应交税费”这笔债务。这笔业务引发的资金运动在“会计沙盘模型”中表现为：沙从平面之上流出平面，从而导致平面上代表货币资金的沙堆体积减小，平面之外代表应交税费的沙坑容积等量减小。其所引发的资金运动如图3-33中的B22段所示。这样，将B21段和B22段结合起来看，就会发现，平面之外沙堆体积的增大最终还是来源于平面之上沙堆体积的减小。

(2) 利息费用的先行确认与后期支付

【例 3-4】 企业本月应付银行短期借款利息30 000元，估计下月支付。

对于本笔业务，根据权责发生制原则，企业本月因使用借入资金而产生的借款利息30 000元应作为本月的财务费用处理，但该利息尚未支付，从而形成对银行的债务“应付利息”。

权责发生制与利息业务

“会计沙盘模型”推演： 这笔业务引发的资金运动在“会计沙盘模型”中表现为：平面之外代表费用的沙堆体积增大，但平面之上代表资产的沙堆体积却并没有减小，沙并没有从平面之上流出去；这就说明平面之外沙堆体积的增大是因为平面之外的沙流转过来，因而会在平面之外形成一个新的沙坑，该沙坑即为“应付利息”项目。其所引发的资金运动如图3-33中B31段所示。

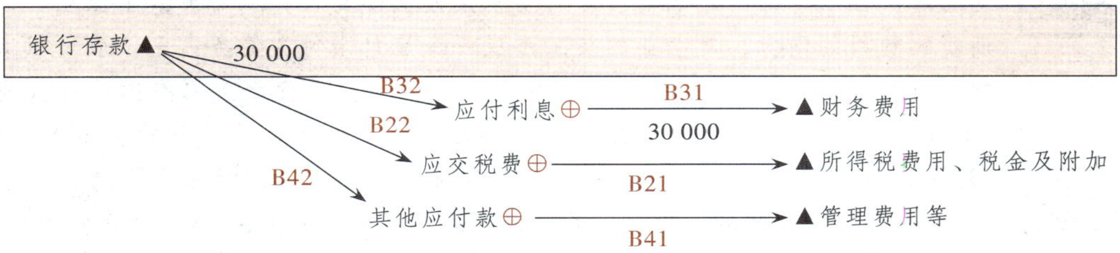

图3-33 “费用已在本期确认，支付却在未来”资金运动分析

以后支付【例3-4】中涉及的该笔利息，应冲掉“应付利息”中的该笔债务。这笔业务引发的资金运动在模型上表现为：沙从平面之上流到平面之外，从而导致平面之上代表货币资金的沙堆体积减小，平面之外代表应付利息的沙坑容积等量减小。其所引发的资金运动如图3-33中的B32段所示。这样，将B31段和B32段结合起来看，就会发现，平面之外的沙堆体积的增大最终还是来源于平面之上沙堆体积的减小。

“应付利息”等负债项目因支付期和受益期的脱节而产生，同时随着债务的偿还而减少；也就是说，“应付利息”等项目作为一种临时的资金来源，它是因管理的需要而主动设计的一道资金运动关卡，是技术处理的结果。

(3) 房租费、维修费等的先行确认与后期支付

“会计沙盘模型”推演： 企业按照权责发生制，需要确认本期的房租费、维修费等，但这些确认后的费用可能在以后期间才支付，从而形成应付未付的债务——“其他应付款（以前的预提费用）”，其所引发的资金运动如图3-33中的B41段所示。以后发生支出时冲掉这笔债务，其所引发的资金运动如图3-33中的B42段所示。这笔业务引发的资金运动在“会计沙盘模型”中的推演思路同上。

(4) 薪酬费用的先行确认与后期支付

职工薪酬是企业支付给职工的劳动报酬，包括工资、职工福利费、社保费等。按照权责发生制原则，不同工作岗位的员工，其薪酬的承担对象是不一样的，其具体情况见表3-16。

权责发生制与维修费、房租业务

表 3-16　**薪酬费用的分配对象与项目设置**

薪酬受益对象	项目与账户设置
生产车间生产人员薪酬	生产成本
生产车间管理人员薪酬	制造费用
企业销售部门人员薪酬	销售费用
企业管理部门人员薪酬	管理费用
从事其他业务人员薪酬	其他业务成本
从事在建工程人员薪酬	在建工程（最终形成固定资产）

“会计沙盘模型”推演：薪酬业务主要包括两项业务：

权责发生制与薪酬业务1

（1）企业应该按照权责发生制确认本期员工的薪酬，并按照受益对象在生产成本、制造费用、管理费用等项目之间进行分配。但由于薪酬的发放具有一定的滞后性，本期的薪酬需要等到下一期才实际支付，从而导致企业在确认本期薪酬费用的同时，对企业的员工形成一个应付未付的债务——“应付职工薪酬”。这笔业务引发的资金运动在模型上表现为：平面之上原有的沙堆（代表银行存款项目）体积并没有减小，但与此同时平面之上、之外其他沙堆（代表生产成本、制造费用、管理费用等）的体积却增大了；这些沙堆体积的增大来源于平面之外的一个新沙坑，该沙坑即为“应付职工薪酬”项目。其所引发的资金运动如图3-34中A段所示。

（2）企业以银行存款等支付职工薪酬，冲销应付职工薪酬这笔债务。在实际发放职工薪酬时，企业首先需要从工资中扣除相关的应代扣款项，由于该代扣的款项尚未代缴，由此形成新的债务——“其他应付款”等项目；其次，企业需要从工资中扣除已代垫的款项，收回所代垫的资金；最后，企业才以银行存款支付剩余部分的职工薪酬。这笔业务引发的资金运动在模型上表现为：对于代扣但尚未代缴的业务，平面之外代表应付职工薪酬的沙坑容积减小，但平面之上的沙堆（代表银行存款等）体积并未减小，这些导致沙坑容积减小的沙子来源于平面之外的新沙坑，该沙坑即为“其他应付款”等项目，其所引发的资金运动如图3-34中B段所示。对于代垫款项的收回，沙子从平面之上代表“其他应收款”项目的沙堆流出，流向平面之外代表“应付职工薪酬”项目的沙坑之中，导致平面之上沙堆的体积和平面之外沙坑的容积等量减小，其所引发的资金运动如图3-34中C段所示。关于薪酬的发放，沙子从平面之上流到平面之外，从而导致平面之上代表货币资金的沙堆体积减小，平面之外代表应付职工薪酬的沙坑容积等量减小，其所引发的资金运动如图3-34中D段所示。

权责发生制与薪酬业务2

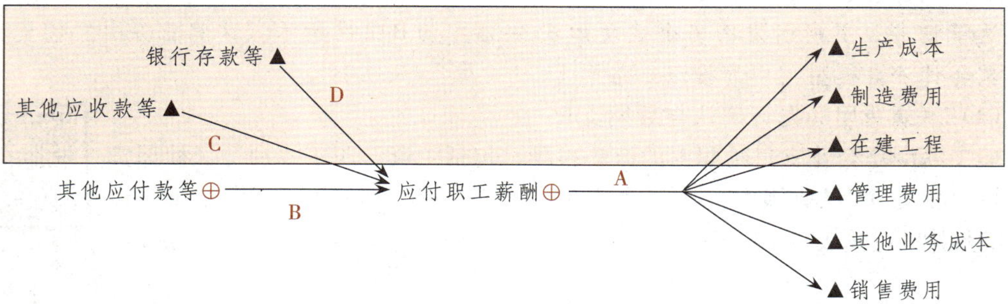

图 3-34　职工薪酬引起的资金运动分析

（九）销售环节资金运动分析总结

通过前面的分析，就可以得到销售环节的整体资金流程图，如图3-35所示。

这样，企业销售产品取得收入，原本只要一步就可以完成的资金运动，通过主动的管理与控制，现在却要分A、B、C、D四段才能全部完成。企业平时取得各种各样的收入，资金发生A段运动；平时发生各种相关的费用，资金会发生B段运动。到了期末，通过C段运动，企业将收入全部结转到“本年利润”项目；通过D段运动，企业将所费全部结转到“本年利润”项目。

销售环节资金运动综合分析

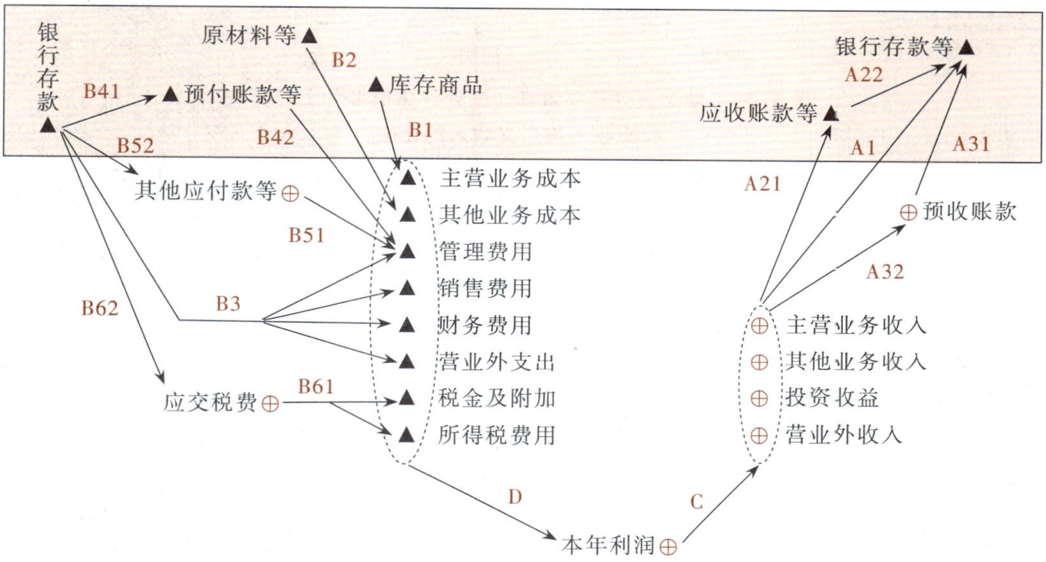

图3-35　销售环节资金运动整体流程图

“本年利润”项目资金流出与流入的余额就为本期企业总的净得。净得的具体情况视“本年利润”项目沙坑容积的大小而定；如果其沙坑没有被填满，则说明企业所得大于所费，企业有利润，其数量大小就等于该沙坑的容积；如果沙坑刚好被填满，则说明企业所得等于所费，企业无利润；如果沙坑不仅被填满，还有一部分费用没有被沙坑装下而凸出在平面之上变成一个沙堆，则说明企业总的所得小于所费，企业发生亏损，其亏损量就是“本年利润”项目沙坑中凸出在平面之上的部分。

二、收入、费用和利润动态会计三要素分析

（一）动态会计三要素在“会计沙盘模型”中的反映

借助于“会计沙盘模型”，通过对销售环节的资金运动进行分析，就可以对收入、费用和利润三大会计要素进行实体模拟。其具体情况如图3-36所示。

（二）动态会计三要素的概念与内涵

1.收入

收入是指企业在销售商品、提供劳务及让渡资产使用权等日常活动中所形成的经济利益的总流入。收入的概念有广义和狭义之分，其主要区别就在于对利得的处理。利得是企业偶然获得的，又称为营业外收入。狭义收入与广义收入的比较见表3-17。

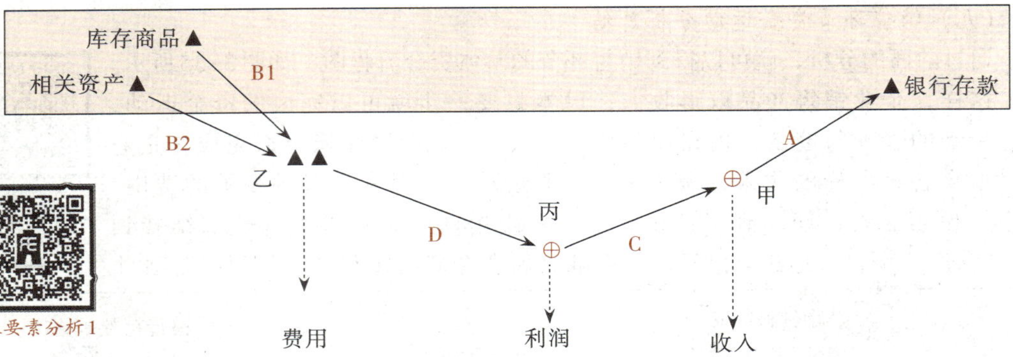

收入要素分析1

图3-36　动态会计三要素在“会计沙盘模型”上的反映

表3-17

狭义收入与广义收入的比较

种类	产生原因	主要内容	项目设置	可持续性	项目
狭义收入	日常活动（正常营业活动）	销售商品、提供劳务、让渡资产使用权等获得的	主营业务收入、其他业务收入、投资收益等	具备	广义收入
利得	偶发活动（营业外活动）	接受捐赠、罚没收入等	营业外收入或利得	不具备	

费用要素分析1

2. 费用

费用是指企业为销售商品、提供劳务等日常活动所发生的经济利益的流出。费用的概念有广义与狭义之分，其主要区别就在于损失的处理。损失是企业偶发的，又称为营业外支出。狭义费用和广义费用的比较见表3-18。

表3-18

狭义费用与广义费用的比较

种类	产生原因	主要内容	项目设置	可持续性	备注
狭义费用	日常活动（正常营业活动）	为销售商品、提供劳务、让渡资产使用权等付出的	主营业务成本、其他业务成本、税金及附加、管理费用、财务费用、销售费用、所得税费用等	具备	广义费用
损失	偶发活动（营业外活动）	对外捐赠、罚没支出、各种非正常支出等	营业外支出或损失	不具备	

3. 利润

利润是企业在某一会计期间的经营成果，其用来衡量企业在特定会计期间的财务业绩。利润主要包括营业利润和营业外收支净额。

（三）动态会计三要素账户的结构分析

1. 收入（广义的，含利得）类账户资金增减与资金运动关系分析（如图3-37所示）

收入要素分析2

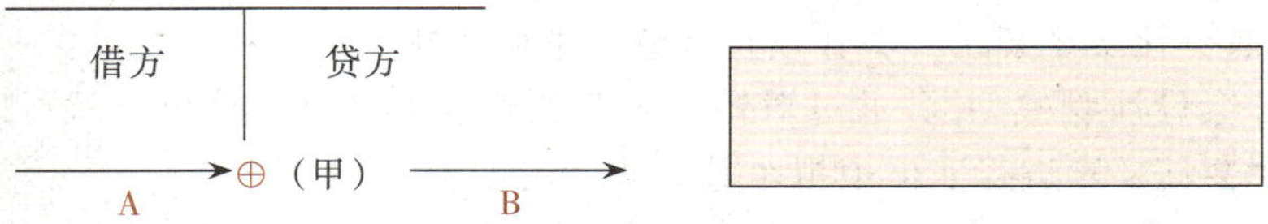

图3-37　收入类账户结构分析

发生A段资金运动，收入项目甲位于该资金运动的终点，因此相关资金流量金额应在甲账户的“借方”登记；同时，该资金运动导致“会计沙盘模型”中甲项目的容积减小，而该容积代表收入的金额，甲的容积减小即为收入的减少，所以收入（含利得）类账户借方反映减少额。

发生B段资金运动，甲位于资金运动的起点，因此相关资金流量金额应在甲账户的“贷方”登记；同时，该资金运动导致模型中甲项目的容积增大，甲的容积增大即为收入的增加，所以收入（含利得）类账户贷方反映增加额。

收入类项目期末必须全部转入“本年利润”项目，从而导致收入类项目的容积为零；相应的，收入类账户的期末余额也为零。

2.费用（广义的，含损失）类账户资金增减与资金运动关系分析（如图3-38所示）

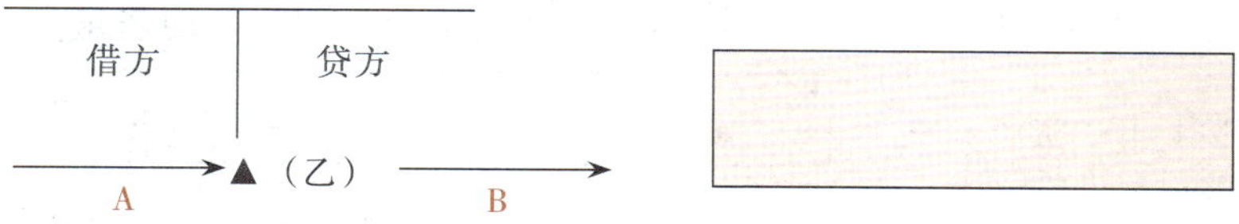

图3-38　费用类账户结构分析

费用要素分析2

发生A段资金运动，费用类项目乙位于该资金运动的终点，因此相关资金流量金额应在乙账户的“借方”登记。同时，该资金运动导致“会计沙盘模型”中乙项目的体积增大，而该体积代表费用的金额，乙的体积增大即为费用的增加，所以费用（含损失）类账户的借方反映增加额。

发生B段资金运动，乙位于资金运动的起点，因此相关资金流量金额应在乙账户的“贷方”登记；同时，该资金运动导致“会计沙盘模型”中乙的体积减小，乙的体积减小即为费用的减少，所以费用（含损失）类账户贷方反映减少额。

费用类项目期末必须转入“本年利润”项目，从而导致费用类项目体积为零；相应的，费用类账户的期末余额为零。

3.利润类账户资金增减与资金运动关系分析（如图3-39所示）

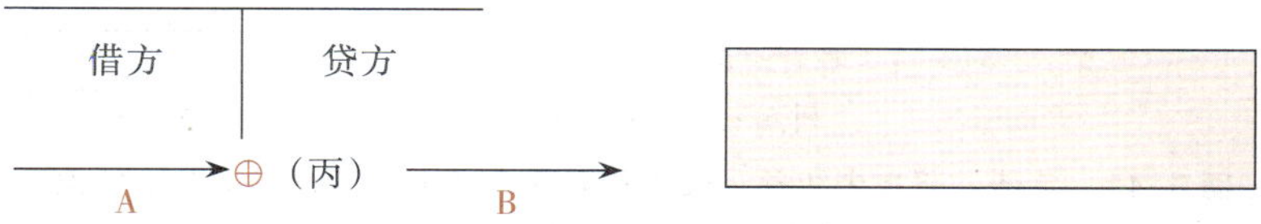

图3-39　利润类账户结构分析

利润要素分析

发生A段资金运动，利润类项目丙位于该资金运动的终点，因此相关资金流量金额应在丙账户的“借方”登记；同时，该资金运动导致模型中丙项目的容积减小，而该容积代表利润的金额，丙的容积减小即为利润的减少，所以利润类账户借方反映减少额。

发生B段资金运动，丙位于资金运动的起点，因此相关资金流量金额应在丙账户的“贷方”登记；同时，该资金运动导致“会计沙盘模型”中丙项目的容积增大，丙的容积增大即为利润的增加，所以利润类账户贷方反映增加额。

利润类项目期末必须转入所有者权益项目，从而导致利润类项目的容积为零；相应的，利润类账户的期末余额为零。

（四）动态会计三要素之间的关系

企业进行生产经营的目的就是获取收入，实现盈利。企业在取得收入的同时，必然要发生相应的费用。通过收入与费用的比较，才能确定一定期间的盈利水平，从而确定企业实现的利润总额。从狭义的角度来看，在不考虑利得和损失的情况下，它们之间的关系用公式表示为：

收入－费用＝利润

这一等式以广义收入与广义费用视角来看也是成立的，它反映了企业利润的实现过程，被称为经营成果等式或动态会计等式。收入、费用和利润之间的上述关系，是编制利润表的依据。

六大会计要素之间的数量关系分析

（五）动态会计要素与静态会计要素之间的关系分析

1.资产与费用（广义，包括损失）的关系

资产和费用在“会计沙盘模型”中的反映如图3-40所示。

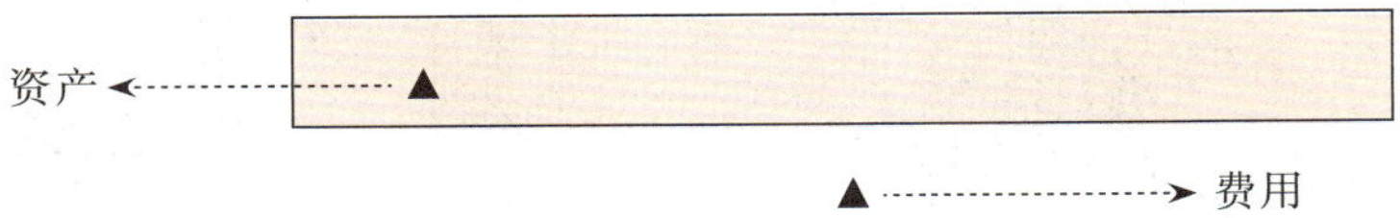

资产与费用的关系分析

图3-40　资产和费用要素在模型上的推演

其相同之处主要体现在两个方面：(1) 两者在模型中都是以相同的实体形态，即沙堆（▲）的形态出现。(2) 资产类账户和费用类账户的结构完全相同，都是账户的借方登记增加数，贷方登记减少数；只是两者的余额不同而已，资产类账户的余额一般在借方，而费用类账户的余额都为零。

其不同之处主要体现在三个方面：(1) 从“会计沙盘模型”上看，资产位于平面之上，而费用则位于平面之外。(2) 从产生与存在的角度看，资产要么是各经营环节的阶段所得，要么是过程所得，是企业经营活动正常产生的；而费用是人为地进行管理与控制所产生的。(3) 从性质上看，资产是企业现有的经济资源，而费用则是一种已耗的资产。

2.负债、所有者权益与收入（广义）、利润的关系

负债、所有者权益、收入和利润在模型上的反映如图3-41所示。

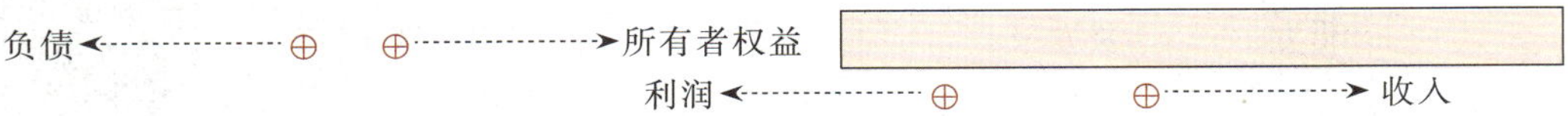

图3-41　负债、所有者权益、收入和利润在“会计沙盘模型”上的推演

其相同之处主要有两点：(1) 在模型上都是以相同的实体沙坑（⊕）的形式出现。(2) 结构相同。都是借方登记减少额，贷方登记增加额，只是账户的期末余额有所不同；负债和所有者权益账户的余额一般在贷方，而收入和利润的期末余额为零。负债、所有者权益、利润和收入，这四类会计要素账户统称为负债类账户。

收入、利润与负债、所有者权益的关系分析

其不同之处主要有两点：(1) 从产生与存在的角度看，负债和所有者权益是企业在正常的筹资活动中所产生的，而收入和利润是人为进行管理与控制所产生的。(2) 从性质上看，负债和所有者权益反映的是企业与企业投资者、债权人之间的关系，而收入和利润反映的是企业销售情况以及所产生的经营成果。

3.动态要素与静态要素的关系

资产、负债和所有者权益是三个静态的会计要素，它们反映的是某一时点企业的财务状况，包括资产的构成及分布、资金来源渠道及其构成，它们是余额数。收入、费用和利润是会计的动态三要素，它们反映的是企业在某一段时期的经营成果和经营业绩，它们是发生额，是时期数，其余额都为零。

收入、费用和利润动态会计三要素可以用资产、负债和所有者权益静态三要素来表示。其具体情况见表3-19。

表3-19　**动态要素与静态要素的关系**

动态要素	用静态要素来表示			举例
	产权归属（对其的影响）	存在形式		
	所有者权益	资产	负债	
收入	增加	增加	—	现金销售
	增加	—	减少	销售抵销预收款
	增加	资产增加和负债减少兼而有之		销售除抵销预收款外，还收到现金
费用	减少	减少	—	以现金支付招待费
	减少	—	增加	欠某酒店业务招待费
	减少	资产减少和负债增加兼而有之		以现金支付部分业务招待费，余款未付
利润	同收入			—

因此，在会计的六大要素中，资产、负债和所有者权益是最根本的要素，这三个静态会计要素又被称为“实账户”。而收入、费用和利润则是次要的，是人为创造出来的，是对销售环节资金运动进行管理与控制的结果，这三个动态会计要素又被称为“虚账户”。

六大会计要素的主次关系分析1　六大会计要素的主次关系分析2　六大会计要素的关系举例1　六大会计要素的关系举例2

三、销售环节资金运动与会计处理举例

【例3-5】甲企业发生下列业务，请对其进行确认与计量，并编制会计分录。

（1）向开开公司售出A产品80件，每件售价90元，货款已存入银行。（图3-42，A1段）

借：银行存款　7 200

　贷：主营业务收入　7 200

（2）向振兴公司售出B产品60件，每件售价180元，货款尚未收到。（图3-42，A21段）

借：应收账款——振兴公司　10 800

　贷：主营业务收入　10 800

（3）出租会场收到现金200元。（图3-42，A3段）

借：库存现金　200

　贷：其他业务收入　200

（4）出售材料，售价2 000元，货款收存银行。（图3-42，A3段）

借：银行存款　2 000

　贷：其他业务收入　2 000

销售环节业务举例1（1-6）

（5）企业收到华纳公司支付的所欠上月的购货款60 000元，款项已存入银行。（图3-42，A22段）

借：银行存款　60 000

　贷：应收账款——华纳公司　60 000

（6）企业收到大宇公司的包装物押金2 000元，款项已存入银行。（图3-42，A41段）

借：银行存款　　2 000

　贷：其他应付款——大宇公司　　2 000

（7）因大宇公司违约，企业没收其押金2 000元，全部作为营业外收入处理。（图3-42，A42段）

借：其他应付款——大宇公司　　2 000

　贷：营业外收入　　2 000

销售环节业务举例1（7-10）

（8）企业预收财大公司购货款20 000元。（图3-42，A51段）

借：银行存款　　20 000

　贷：预收账款——财大公司　　20 000

（9）企业销售C产品给财大公司，售价50 000元，冲销预收款20 000元，收到货款25 000元，余款尚未收到。（图3-42，A52、A1、A21段）

借：预收账款——财大公司　　20 000

　　银行存款　　25 000

　　应收账款——财大公司　　5 000

　贷：主营业务收入　　50 000

（10）结转已售产品生产成本（A产品每件40元，共3 200元；B产品每件100元，共6 000元）。（图3-42，B1段）

借：主营业务成本　　9 200

　贷：库存商品　　9 200

（11）以银行存款支付上述A、B两种产品的销售运费1 100元。（图3-42，B2段）

借：销售费用　　1 100

　贷：银行存款　　1 100

销售环节业务举例1（11-15）

（12）按5%的税率，计提上述A、B产品所应缴纳的消费税。（图3-42，B31段）

消费税金额=（7 200+10 800）×5%=900（元）

借：税金及附加　　900

　贷：应交税费　　900

（13）厂部李军出差预借差旅费500元，出纳以现金支票支付。（图3-42，B41段）

借：其他应收款——李军　　500

　贷：银行存款　　500

（14）企业以银行存款支付厂部本月水电费3 000元，以现金支付厂部办公费用1 800元，以现金支票支付厂部业务招待费2 400元。（图3-42，B5段）

借：管理费用　　7 200

　贷：银行存款　　5 400

　　　库存现金　　1 800

（15）将售出材料成本1 600元转账。（图3-42，B6段）

借：其他业务成本　　1 600

　贷：原材料　　1 600

（16）厂部李军出差归来，报销差旅费700元，其在出差前预借差旅费500元，差额部分以现金补足。（图3-42，B42、B5段）

借：管理费用 700

　贷：其他应收款——李军 500

　　库存现金 200

销售环节业务举例1（16-19）

（17）厂部王刚出差，报销差旅费400元，其未借差旅费，以现金支票支付。（图3-42，B5段）

借：管理费用 400

　贷：银行存款 400

（18）以银行存款支付本月环保罚款10 000元，支付社区送温暖活动费用3 000元。（图3-42，B7段）

借：营业外支出 13 000

　贷：银行存款 13 000

（19）企业以银行存款缴纳应支付的消费税税金10 000元。（图3-42，B32段）

借：应交税费 10 000

　贷：银行存款 10 000

（20）企业以现金支票支付下一季度厂部管理用房屋的租金9 000元。（图3-42，B81段）

借：预付账款 9 000

　贷：银行存款 9 000

销售环节业务举例1（20-22）

（21）企业预提厂部管理部门用机器维修费4 300元。（图3-42，B91段）

借：管理费用 4 300

　贷：其他应付款 4 300

（22）企业本月摊销厂部应承担的财产保险费3 000元。（图3-42，B82段）

借：管理费用 3 000

　贷：预付账款 3 000

销售环节业务举例1（23-24）

（23）厂部管理用机器发生维修费共计14 000元。其中原材料耗用4 000元，以存款购入修理用材料8 000元，直接以现金支付修理人工费2 000元，该维修费已预提。（图3-42，B92段）

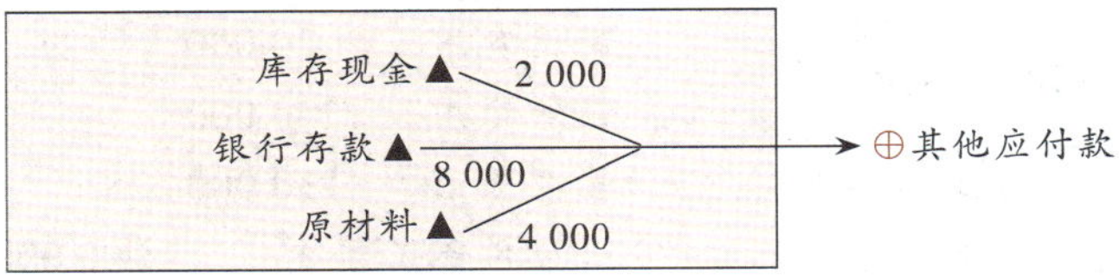

借：其他应付款 14 000

　贷：原材料 4 000

　　银行存款 8 000

　　库存现金 2 000

（24）厂部王涛出差，报销差旅费800元。其出差前已向企业预支差旅费1 000元，余额以现金退回。（图3-42，B42、B5段）

借：管理费用 800

　　库存现金 200

　贷：其他应收款——王涛 1 000

（25）对售出C产品的实际生产成本10 000元进行结转。（图3-42，B1段）

借：主营业务成本 10 000

贷：库存商品　　10 000

销售环节业务举例1（26）

（26）月末，将收入全部结转到“本年利润”账户。（图3-42，C1段）

借：主营业务收入　　68 000
　　其他业务收入　　2 200
　　营业外收入　　2 000
　贷：本年利润　　72 200

（27）月末，将费用全部结转“本年利润”账户。（图3-42，C2段）

销售环节业务举例1（27-29）

借：本年利润　　52 200
　贷：主营业务成本　　19 200
　　　税金及附加　　900
　　　其他业务成本　　1 600
　　　管理费用　　16 400
　　　销售费用　　1 100
　　　营业外支出　　13 000

（28）按25%的税率计提本月应交所得税，假设企业利润与税务利润一致。（图3-42，C3段）

借：所得税费用　　5 000
　贷：应交税费　　5 000

（29）将所得税费用结转至“本年利润”账户。（图3-42，C4段）

借：本年利润　　5 000
　贷：所得税费用　　5 000

【例3-6】乙公司发生下列经济业务，请对其进行确认与计量，并编制会计分录。

（1）企业以银行存款支付上月应付未付的工资98万元。

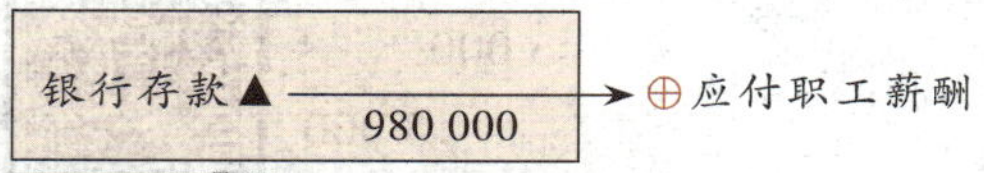

借：应付职工薪酬　　980 000
　贷：银行存款　　980 000

销售环节业务举例2

（2）企业本月确认应支付职工薪酬100万元，其中，生产人员薪酬60万元，车间管理人员薪酬2万元，销售人员薪酬25万元，管理人员薪酬13万元。

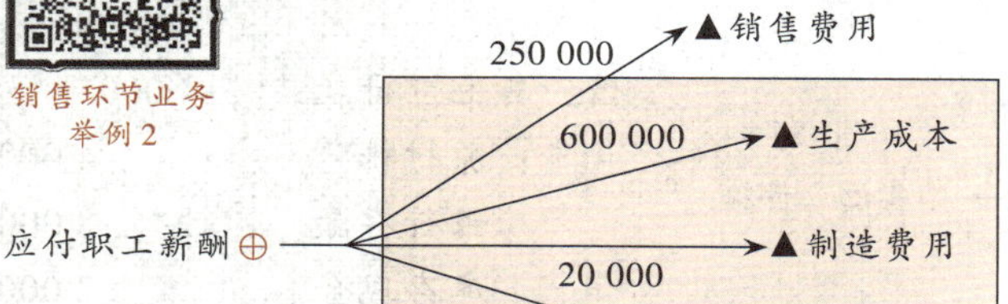

借：生产成本　　600 000
　　制造费用　　20 000
　　销售费用　　250 000
　　管理费用　　130 000
　贷：应付职工薪酬　　1 000 000

（3）企业计提本月固定资产折旧费20万元，其中，生产车间用固定资产折旧费15万元，厂部管理部门用固定资产折旧费4万元，销售部门用固定资产折旧费1万元。

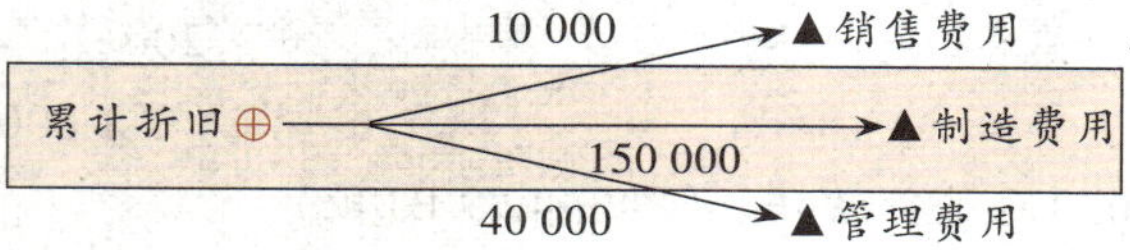

借：制造费用　　150 000
　　销售费用　　10 000
　　管理费用　　40 000
　贷：累计折旧　　200 000

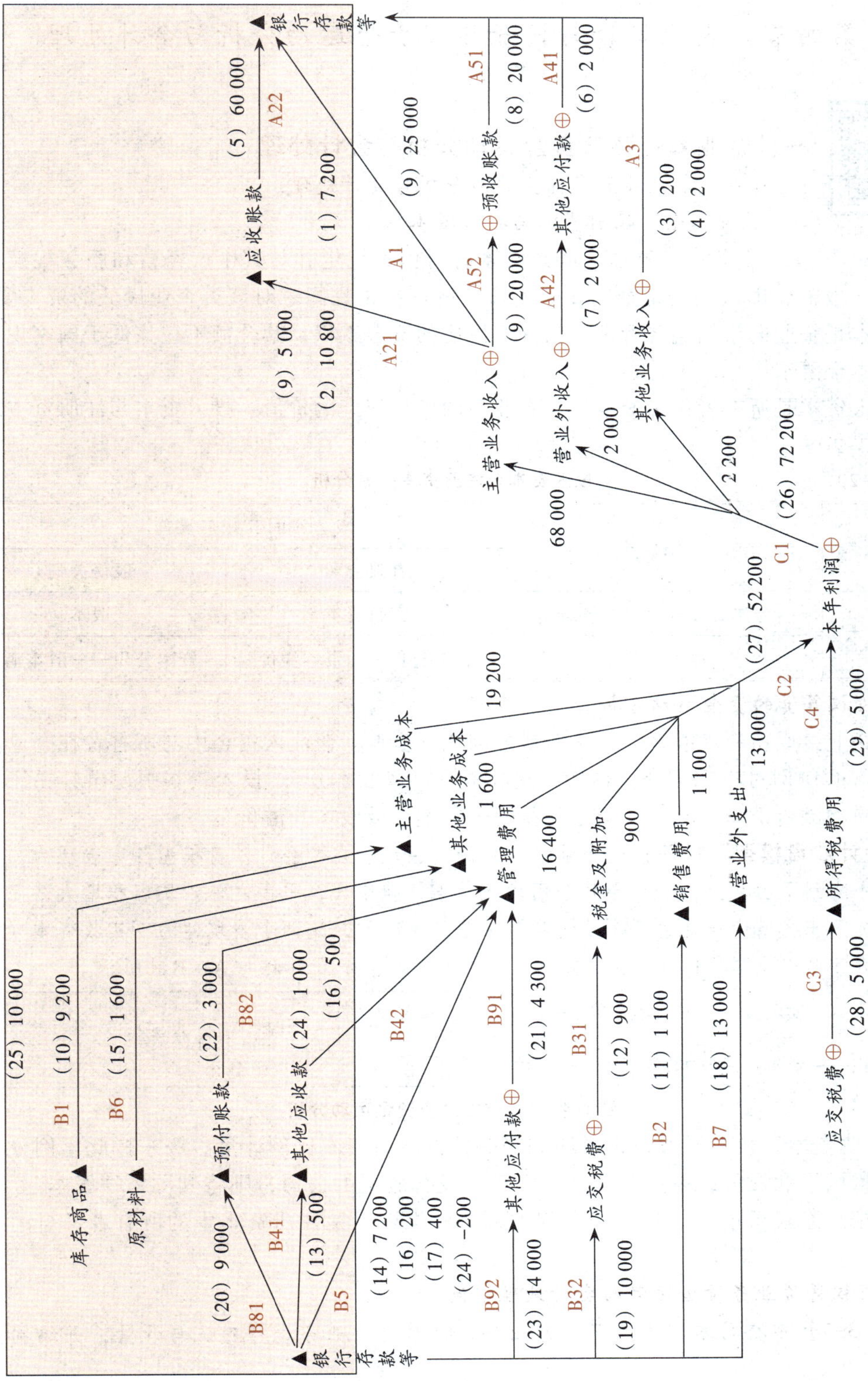

图3-42　销售环节资金运动与会计处理业务举例资金流程全景图

第四节　企业筹资与投资环节资金运动分析与会计处理

股权筹资业务分析

一、企业筹资环节资金运动分析与会计处理

（一）权益性筹资资金运动分析与会计处理

1.资本金、注册资本与投入资本

企业申请开业，必须具备符合国家规定并与其生产经营和服务规模相适应的资金数额，即满足资本金制度的要求。该资本金是国家对该类企业最低的资本要求。注册资本是企业向市场监督管理部门登记注册的资金数额，其金额不应该低于国家规定的最低资本金要求。

投入资本是所有者作为资本投入企业中的各种资产的价值。投入资本与注册资本的关系见表3-20。

表3-20　　投入资本与注册资本关系分析

项目	分类	项目与账户设置	
		有限公司	股份公司
投入资本	与注册资本对应的部分	实收资本	股本
	溢价部分	资本公积——资本溢价	资本公积——股本溢价

2.股权筹资的资金运动分析

当企业接受所有者投资时，资金从外部流入企业。该流入资金中与所有者在企业注册资本所占的比例对应的部分，称为“实收资本（或股本）”；投入资本中超出其在注册资本中对应的溢价部分，称为“资本公积——资本（或股本）溢价”。

“会计沙盘模型”推演：这类业务引发的资金运动在“会计沙盘模型”中表现为：沙从平面之外流到平面之上，从而导致平面之上沙堆体积增大，平面之外沙坑容积增大，而平面之外沙坑容积的增大是通过两个沙坑项目来分别反映的，这两个沙坑即为“实收资本（或股本）”项目和“资本公积”项目。其所引发的资金运动如图3-43中A、B段所示。

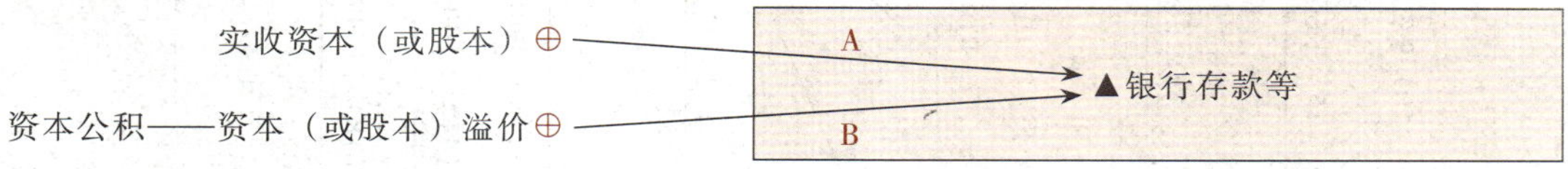

图3-43　权益性筹资资金运动分析

“实收资本”按公司股东设置明细账，并按注册资本比例计量。股东按此比例分享收益，分摊风险和损失，并参与公司的管理。发行股票的公司，则将其称为“股本”。资本公积不按股东设置明细，但其归属权的划分依据依然是注册资本中的所有者各自的持股比例。

3.股权筹资业务资金运动与会计处理举例

【例3-7】甲公司本期发生了下列业务，请对这些业务进行确认与计量，并编制会计分录。

（1）收到大华公司投资100万元，款项已存入银行。

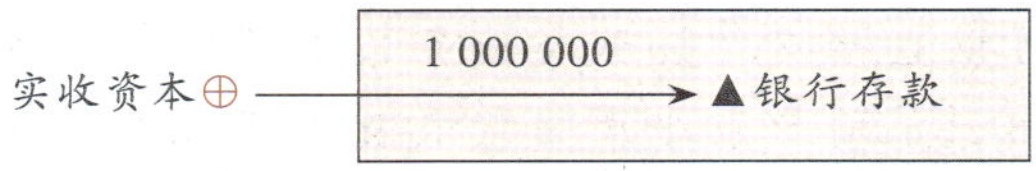

借：银行存款　　　　1 000 000

　贷：实收资本——大华公司　1 000 000

（2）收到天宇公司投资200万元，其中，以专利技术作价80万元，以一台设备作价100万元，货币资金为20万元。

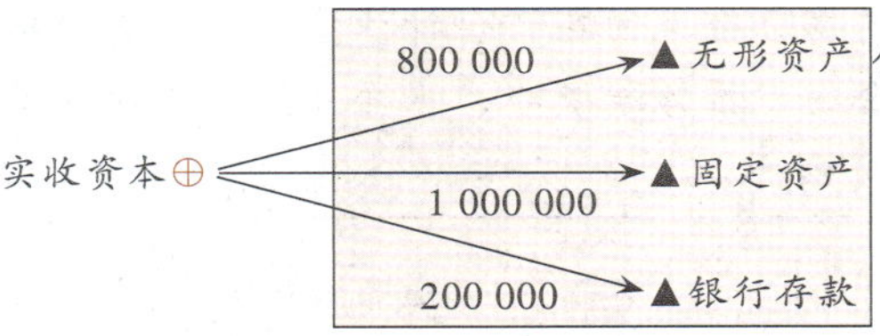

借：银行存款　　　　200 000

　　无形资产　　　　800 000

　　固定资产　　　1 000 000

　贷：实收资本——天宇公司2 000 000

股权筹资业务举例

（3）收到海欣公司以设备进行的投资，设备协商价为120万元，海欣公司的出资金额占本公司注册资本1 000万元的10%。

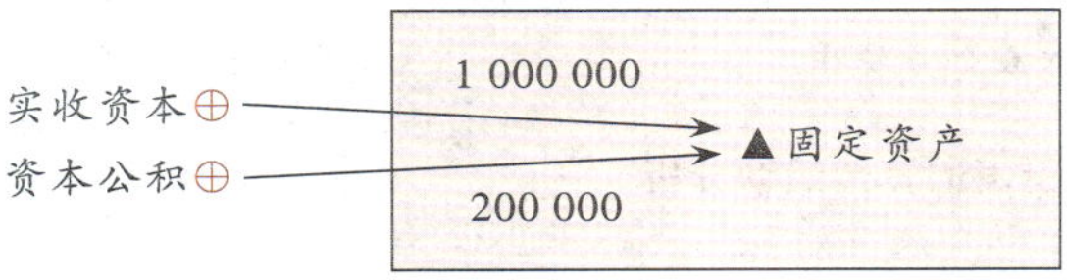

借：固定资产　　　　1 200 000

　贷：实收资本——海欣公司　　1 000 000

　　　资本公积——资本溢价　　200 000

（二）债务性筹资的资金运动分析与会计处理

1.债务性筹资的界定

债务性筹资是指企业在需要资金的情况下主动从资本市场借入资金而引发的债务，它不是企业在正常生产经营活动之中因应付未付而产生的负债。这种负债主要包括借款、发行债券、承租人因租赁业务引起的租赁负债等。

通常意义上来说，借款是指向银行借款。向银行借款具体可以分为短期借款与长期借款两种。短期借款是特指向银行借入的、借款期限在1年（含1年）以内的债务；长期借款是特指向银行借入的、借款期限在1年以上的债务。本书重点分析短期借款。

企业借款需要付出代价，如需要支付利息等，这就是借款费用。短期借款的利息费用，会计上一般可确认为公司的财务费用。

2.短期借款资金运动分析

短期借款业务包括：取得借款、计息和归还本息。

债务性筹资业务分析

“会计沙盘模型”推演： 当企业取得短期借款时，资金从外部流入企业。这类业务引发的资金运动在“会计沙盘模型”中表现为：沙从平面之外流入平面，从而导致平面之外沙坑容积增大，平面中沙堆体积等量增大；平面之外产生的沙坑即为“短期借款”项目。其资金运动如图3-44中A段所示。

企业应该在每期期末计算并提取本期的借款利息，确认财务费用。这类业务引发的资金运动在“会计沙盘模型”中表现为：平面上沙堆的体积没有减小，但平面外代表财务费用的沙堆体积却增大了；这说明平面外有沙流到了代表财务费用的沙堆之中，由此产生一个新的沙坑，即“应付利息”项目。其资金运动如图3-44中B1段所示。以后偿付利息时，用银行存款冲掉应付利息这个债务。这类业务引发的资金运动在“会计沙盘模型”中表现为：沙从平面流出，从而导致平面上代表货币资金的沙堆体积减小，平面外代表应付利息的沙坑容积等量减小。其资金运动如图3-44中B2段所示。

在某些情况下，本期的借款利息本期也可以直接支付。这类业务引发的资金运动在“会计沙盘模型”中表现为：沙从平面流出，从而导致平面中代表货币资金的沙堆体积减小，平面外代表财务费用的沙堆体积等量增大。其资金运动如图3-44中C段所示。

最后，企业偿还短期借款本金。这类业务引发的资金运动在“会计沙盘模型”中表现为：沙从平面流出，从而导致平面上代表货币资金的沙堆体积减小，平面外代表短期借款的沙坑容积等量减小。其资金运动如图3-44中D段所示。

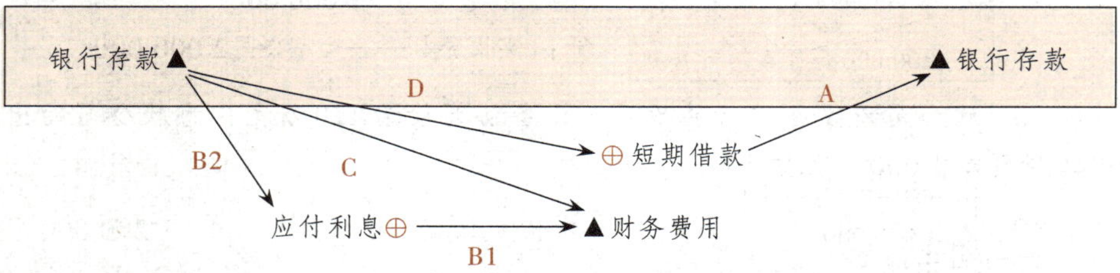

图3-44 短期借款所引发的资金运动分析

3.债务性筹资的资金运动与会计处理举例

下面，我们用一个例子来说明企业债务性筹资的资金运动和会计处理：

【例3-8】对甲公司下列业务进行确认与计量，并编制会计分录。

（1）企业从银行取得一笔3个月期限的短期借款，并陆续发生了下列业务：

①20×8年1月1日，向银行取得借款100万元，款项已存入银行。（图3-45，A段）

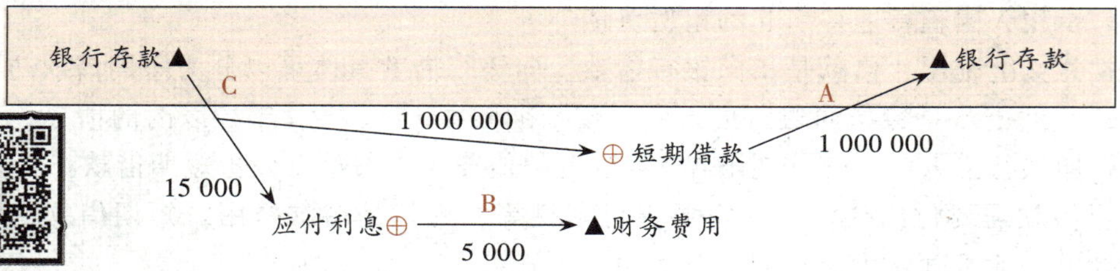

债务性筹资业务举例

图3-45 企业债务性筹资的资金运动推演

借：银行存款　　1 000 000

　贷：短期借款　　1 000 000

②20×8年1月31日、2月28日、3月31日，确认各月借款利息5 000元。（图3-45，B段）

借：财务费用　　5 000

　贷：应付利息　　5 000

③偿还已到期的临时性借款100万元，偿还应付未付的借款利息1.5万元。（图3-45，C段）

借：短期借款　　1 000 000

　　应付利息　　15 000

　贷：银行存款　　1 015 000

（2）向银行借入期限为3年的长期借款500万元，款项已存入银行。

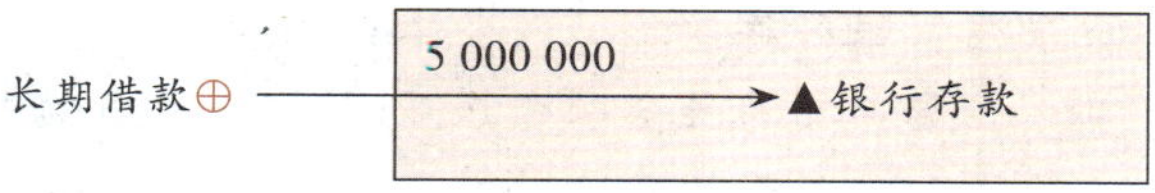

借：银行存款　　5 000 000
　贷：长期借款　　　5 000 000

（3）接到银行通知，已将本期应负担的短期借款利息1万元从本企业银行账户中扣除。

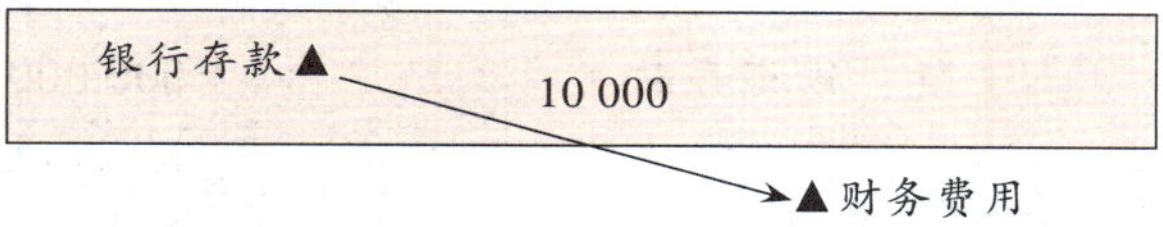

借：财务费用　　10 000
　贷：银行存款　　　10 000

二、企业投资环节（对外投资）资金运动分析与会计处理

企业可以对资金进行对外投资，从而获得一些金融资产，如“交易性金融资产”“长期股权投资”项目等。同时为了反映因对外投资可能会获取的收益或承担的损失，企业需要设置“投资收益”项目。

“会计沙盘模型”推演： 企业购买交易性金融资产项目。这笔业务引发的资金运动在模型上的表现为：平面之上沙从一个沙堆流动到另一个沙堆，平面之上沙堆的总体积没有改变。其资金运动如图3-46中A段所示。以后出售该交易性金融资产项目，售价与原成本之间的差额确认为投资收益。这笔业务引发的资金运动在模型上的表现为：在售价大于原成本的情况下，不仅平面之上一个沙堆全额转化为另一个沙堆，还使沙从平面之外流到平面之上，从而在平面之外产生一个新的沙坑，该沙坑即为“投资收益”项目；在售价小于原成本的情况下，平面之上原有的一个沙堆全部流出，一部分沙在平面之上形成一个新的沙堆，剩下的部分则流到平面之外，进而冲减代表投资收益的沙坑。其资金运动如图3-46中B1段和B2段所示。

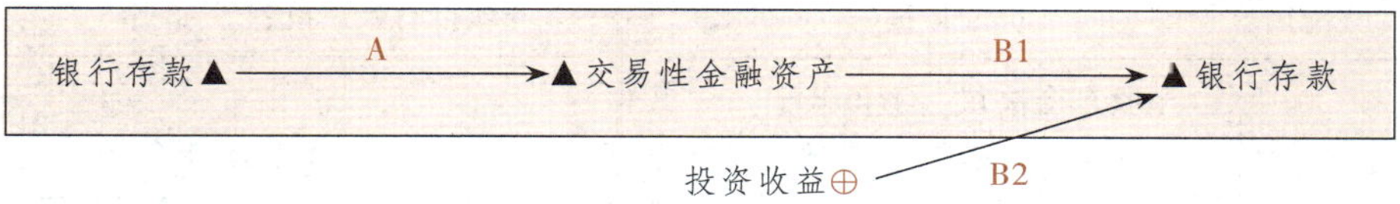

图3-46　交易性金融资产资金运动分析

企业取得长期股权投资项目。这笔业务引发的资金运动在模型上的表述为：平面之上的一个沙堆转化为另一个沙堆。其资金运动如图3-47所示。

投资环节业务分析

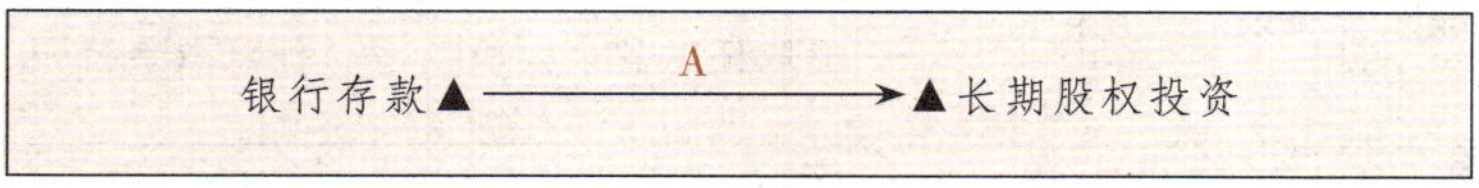

图3-47　长期股权投资资金运动分析

【例3-9】对甲公司下列业务进行确认与计量，并编制会计分录。

（1）企业以银行存款从股票交易市场购得股票30万元，以赚取差价。

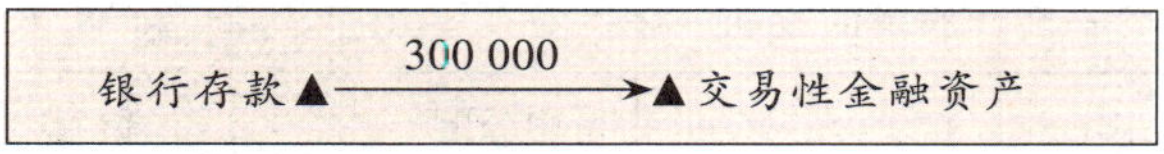

借：交易性金融资产　　300 000
　贷：银行存款　　　　300 000

（2）企业将上期购入的以交易为目的的股票抛售，获得价款40万元，其成本为30万元。款项已存入银行。

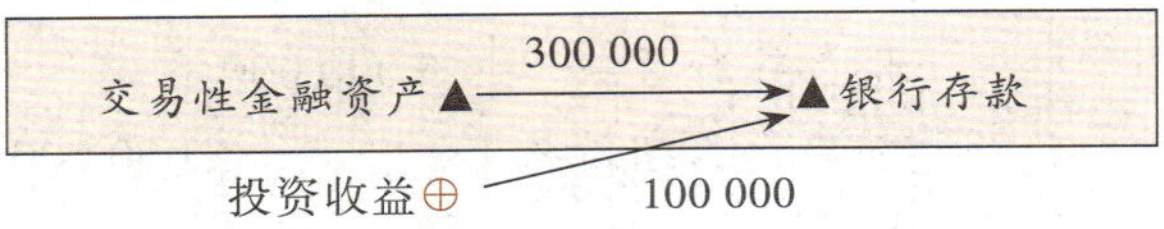

借：银行存款　　400 000
　贷：交易性金融资产　　300 000
　　投资收益　　100 000

（3）企业以货币资金100万元向彩虹公司投资，企业准备长期持有该股权。

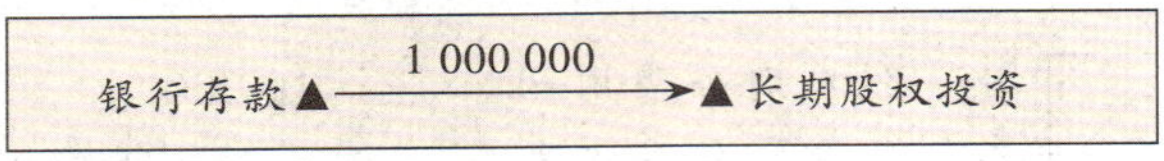

借：长期股权投资　　1 000 000
　贷：银行存款　　1 000 000

第五节　企业利润分配环节资金运动分析与会计处理

一、留存收益的概念、性质与构成

留存收益是指企业从历年实现的净利润中提取或形成的、留存于企业的内部积累，即企业在经营过程中已实现但由于企业经营发展的需要或法定的原因等而没有分配给所有者所积累的盈利。

留存收益主要包括两部分：盈余公积和未分配利润。盈余公积是企业按照有关规定从净利润中提取的积累资金。未分配利润是企业留存以后年度进行分配的留存利润，是企业实现自我发展的主要资金来源。

利润分配环节业务概述

二、利润分配顺序、依据与项目设置

利润分配顺序、分配依据以及相关的项目设置见表3-21。

表3-21　利润分配相关信息表

顺序	分配内容		分配依据	项目与账户设置		备注
1	提取盈余公积	法定的	股东会决议（不得低于10%；当其累计金额达到注册资本的50%以上时，可以不再提取）	利润分配——提取法定盈余公积	盈余公积——法定盈余公积	留存收益
2		任意的	股东会决议	利润分配——提取任意盈余公积	盈余公积——任意盈余公积	
3	分配给股东	现金股利	股东会决议	利润分配——应付现金股利	应付股利	
		股票股利	股东会决议	利润分配——转作股本的股利	股本	
4	未分配完的利润		—	—	利润分配——未分配利润	留存收益

三、利润分配资金运动分析

背景资料：甲企业本期净利润100万元。在未进行利润分配之前，企业的所有者权益总额为1 500万元，其中股本1 000万元，资本公积500万元。该公司有一位股东孙先生，投资额占本公司注册资本的10%。利润分配情况：现金股利30万元，盈余公积金40万元，股票股利20万元。

（一）现金股利分配引起的资金运动分析

1.现金股利分配业务的基本资金运动

“会计沙盘模型”推演： 企业本期净利润为100万元。企业以银行存款30万元支付现金股利。这笔业务引发的资金运动在“会计沙盘模型”中表现为：沙从平面流出，从而导致平面上代表银行存款的沙堆体积减小，平面外代表本年利润的沙坑容积等量减小。其资金运动如图3-48中A段所示。

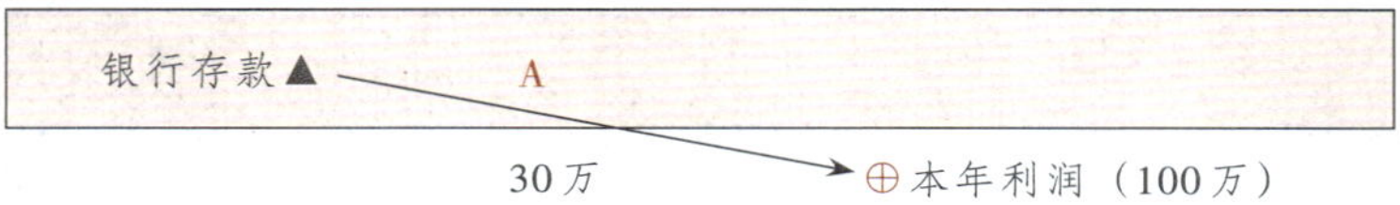

图3-48 现金股利分配基本资金运动分析

2.相关性原则对现金股利分配业务中基本资金运动的影响

从图3-48可知，在未进行现金股利分配时，本年利润项目100万元代表本期的净利润；现金股利分配之后，本年利润项目就只剩下70万元，代表尚未分配完的利润。这样，本年利润就具有了双重含义。

利润分配与相关性原则

为了确保本年利润项目完整地反映企业本年已实现的利润，同时又能提供本期已分配利润和本期未分完的利润信息，从而更好地达到决策有用性，需要对图3-48进行主动的管理与控制。

“会计沙盘模型”推演： 其具体的管控方法是：以银行存款分配的现金股利并没有直接冲销本年利润项目，而是新设一个“利润分配”项目来专门反映已分配的利润。这笔业务引发的资金运动在“会计沙盘模型”中表现为：沙从平面之上流向平面之外代表本年利润的沙坑时，中途暂时停留下来，从而在代表本年利润的沙坑附近形成一个新的沙堆，即“利润分配”项目。其所引发的资金运动如图3-49所示。

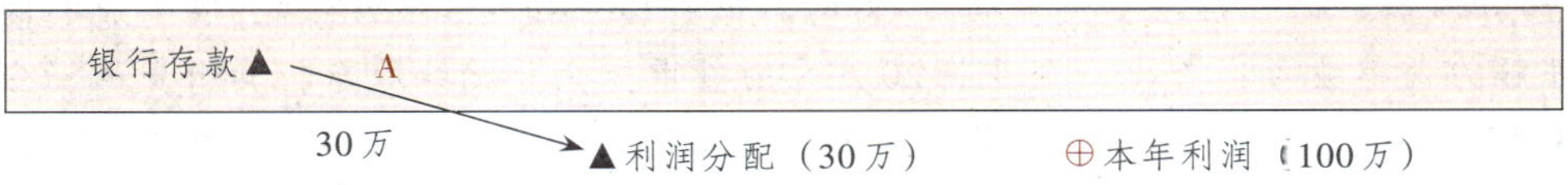

图3-49 相关性原则对现金股利分配资金运动的影响分析

这样，通过本年利润项目就可得知企业本期已实现利润，通过利润分配项目就可得知企业本期已分配的利润；通过两者之差就可以得出本期未分配完的利润。

利润分配是指企业根据国家有关规定和企业章程、投资者的决议等，对企业当年可供分配利润进行的分配。

虽然利润分配项目在“会计沙盘模型”中与资产、费用一样，都是以沙堆（▲）的形态存在的，但利润分配项目是利润项目（或者所有者权益项目），只不过是属于利润（或所有者权益）的抵减项目而已；“利润分配”抵减“本年利润”就可得出企业本期未分配完的利润。

3.现金股利实际支付的滞后性对其资金运动的影响分析

一般来说，企业从宣布分配现金股利到实际支付现金股利会有一段时间间隔。一旦宣布分配现金股利，企业就形成了对所有股东应付未付的债务——应付股利。

“会计沙盘模型”推演： 这类业务引发的资金运动在“会计沙盘模型”中表现为：平面之外代表利润分配的沙堆体积增大了，但平面之上代表资产的沙堆体积却没有减小；这说明平面之外沙堆体积的增大是由平面之外的沙流入造成的，因而会在平面之外形成一个新的沙坑，该新沙坑即为“应付股利”项目。其资金运动如图3-50中的A1段所示。

以后实际支付时，再用银行存款冲销这笔应付股利。这类业务引发的资金运动在“会计沙盘模型”中表现为：沙从平面之上流到平面之外，从而导致平面之上代表货币资金的沙堆体积减小，平面之外代表应付股利的沙坑容积等量减小。其资金运动如图3-50中A2段所示。

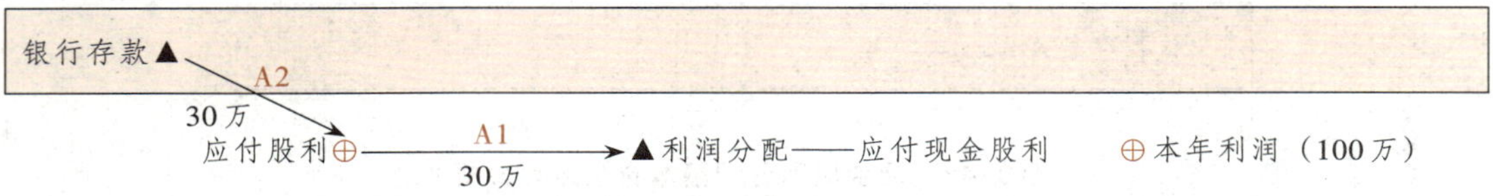

图3-50 现金股利支付的滞后性对其资金运动的影响分析

“应付股利”项目是指企业根据股东会或类似机构审议批准的利润分配方案确定分配给投资者的现金股利或利润，属于已宣告或已确定、但尚未支付的现金股利或利润，属于负债要素。

现金股利分配业务

（二）股票股利分配引起的资金运动分析

企业每10股分配0.2股，共1 000万股，共分配股票股利20万股；该股票每股面值1元，共分配20万元。其引起的资金运动如图3-51所示。

股票股利分配业务

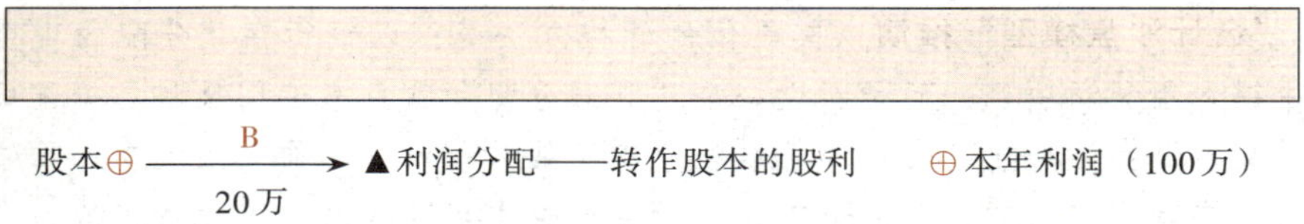

图3-51 股票股利支付资金运动分析

“会计沙盘模型”推演： 对于图3-50的具体解释可如图3-52所示。股票股利的分配可以理解为两笔业务：首先，企业将20万元的货币资金分配给股东，其引发的资金运动如图3-52中B1段所示；然后股东将这笔货币资金通过购买企业股票的方式又全部投入企业之中，其所引发的资金运动如图3-52中B2段所示；最后，将B1与B2两段运动简化为一段，即B段运动。

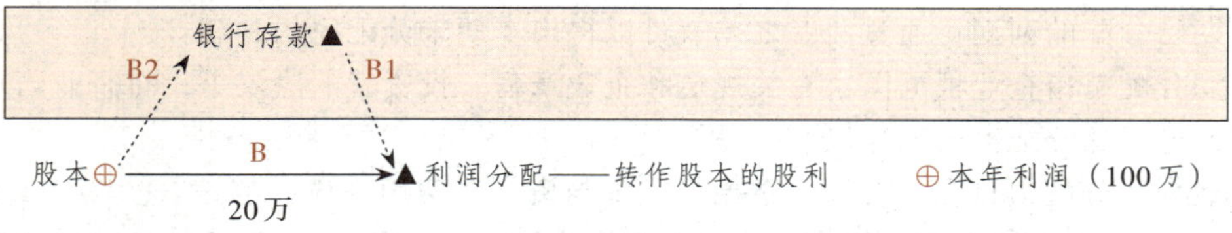

图3-52 股票股利支付资金运动的解释分析

从图3-52可知，分配股票股利业务所引发的资金运动在“会计沙盘模型”中表现为：平面之外代表利润分配的沙堆体积增大了，但平面之上代表资产的沙堆体积却没有减小；这说明平面之外沙堆体积的增大是由平面之外的沙流入造成的，因而会在平面之外形成一个新的沙坑，该新沙坑即为“股本”（或实收资本）项目。

（三）提取盈余公积引起的资金运动分析

企业提取盈余公积40万元，包括法定盈余公积和任意盈余公积。其所引发的资金运动如图3-53所示。

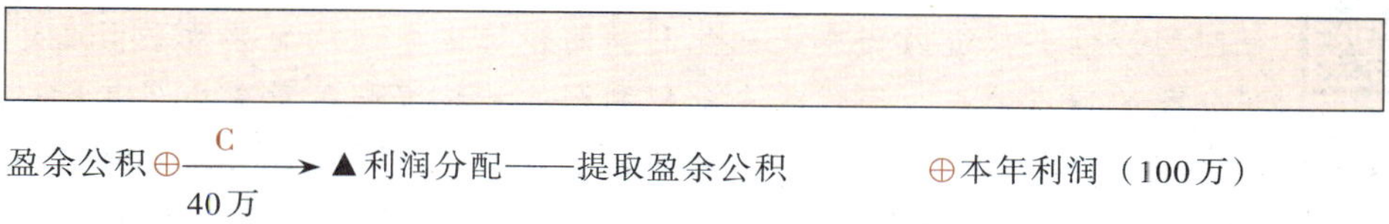

图3-53　提取盈余公积资金运动分析

“会计沙盘模型”推演： 对于图3-53的具体解释可如图3-54所示。我们可以将提取盈余公积金理解为两笔业务：首先，企业将40万元的货币资金分配给股东，其所引发的资金运动如图3-54中C1段所示；然后股东马上再将这笔资金又全部投入企业之中，其所引发的资金运动如图3-54中C2段所示；最后，将C1与C2两段运动简化为一段，即C段运动。

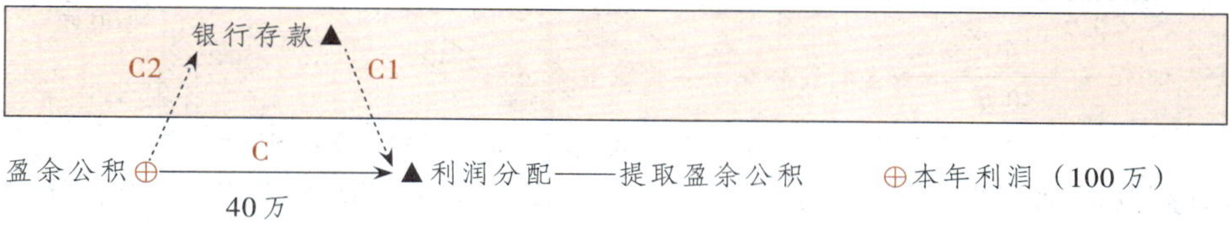

图3-54　提取盈余公积资金运动的解释分析

从图3-54可知，提取盈余公积金的业务所引发的资金运动在“会计沙盘模型”中表现为：平面之外代表利润分配的沙堆体积增大了，但平面之上代表资产的沙堆体积却没有减小；这说明平面之外沙堆体积的增大是由平面之外的沙流入造成的，因而会在平面之外形成一个新的沙坑，即“盈余公积”项目。

盈余公积金提取业务

需要注意的是，C2与B2的处理有细微的差异。在股票股利分配中，对于B2段股东投入的资金是通过“股本”项目来反映的。在提取盈余公积金的过程中，对于C2段股东投入的资金并没有通过“股本”反映，而是通过“盈余公积”来反映的；股东的权益没有受到任何损害，每个股东还是按其在注册资本中的持股比例分享盈余公积金。

盈余公积指企业从税后利润中提取形成的，存留于企业内部、具有特定用途的收益积累。其主要包括法定盈余公积和任意盈余公积金。法定盈余公积按照税后利润的10%提取，其累计额已达注册资本的50%时可以不再提取。任意盈余公积主要是企业按照股东大会的决议提取。企业提取的盈余公积可用于弥补亏损、扩大生产经营、转增资本（或股本）等。

（四）会计分期假设对利润分配引起的资金运动的影响分析

会计分期假设要求企业期末将其已实现利润总额和已分配利润总额结合起来，得出企业未分配完的利润总额，从而为下一期的利润实现和利润分配打下基础。

“会计沙盘模型”推演： 借助“未分配利润”项目，我们可以将已分配的利润和已实现的利润连接起来。首先，企业需要将本年已实现的利润100万元全部结转到“未分配利

会计分期假设与利润分配

利润分配综合分析

润”项目。该笔业务引发的资金运动在“会计沙盘模型”中表现为：平面之外的沙流向平面之外的代表本年利润的沙坑之中，并使其容积为零，使得平面之外代表本年利润的沙坑消失，同时在平面之外又产生了一个等容积的新沙坑，即“未分配利润”项目（或者“利润分配——未分配利润”）。其所引发的资金运动如图3-55中D段所示。

然后，再将本年已分配的利润90万元全部结转到“未分配利润”项目。该笔业务引发的资金运动在“会计沙盘模型”中表现为：平面之外代表利润分配的沙堆全部流入代表未分配利润的沙坑之中，从而导致平面之外代表利润分配的沙堆消失，而代表未分配利润的沙坑容积等量减小。其所引发的资金运动如图3-55中E段所示。这样，未分配完的利润10万元就通过“未分配利润”项目沉淀下来，沙坑容积的大小代表其金额。

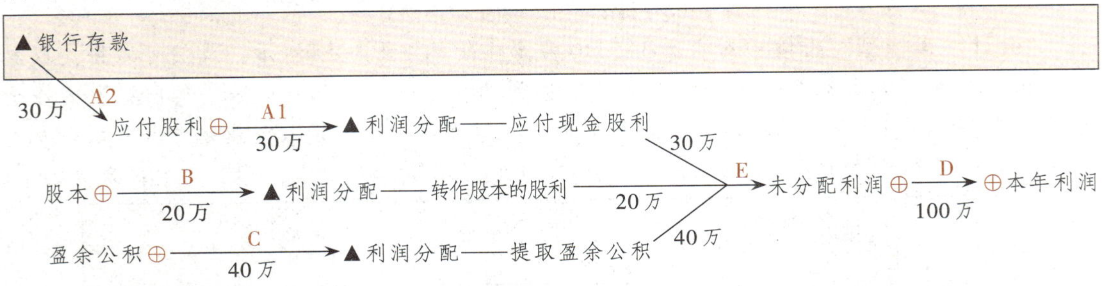

图3-55　分期假设对利润分配资金运动的影响分析

未分配利润是企业实现的净利润经过弥补亏损、提取盈余公积和向投资者分配利润后留存在企业的、历年结存的利润。未分配利润在以后年度可继续进行分配，在未进行分配之前，属于所有者权益的组成部分。

（五）法律法规对利润分配时点的影响

图3-55中，给各个资金运动编号只是为了方便推演。在实际工作中，由于法律法规的要求，各段资金运动发生的时间有先有后，其具体情况见表3-22。

表3-22　各段资金运动发生时点分析

<table>
<tr><th rowspan="2">案例资料</th><th rowspan="2" colspan="2">资金运动段落</th><th rowspan="2">经济业务</th><th colspan="2">发生时点</th></tr>
<tr><th>时点</th><th>举例</th></tr>
<tr><td rowspan="6">甲企业20×7年度的股东会在20×8年3月13日召开，现金股利支付是4月27日，办理好股票股利工商登记的时间为6月21日</td><td rowspan="2">A</td><td>A1</td><td>确认现金股利</td><td>股利宣告日（股东会决议日）</td><td>20×8年3月13日</td></tr>
<tr><td>A2</td><td>支付现金股利</td><td>股利支付日</td><td>20×8年4月27日</td></tr>
<tr><td colspan="2">B</td><td>确认股票股利</td><td>在市场监督管理部门办理好注册资本变更手续之日</td><td>20×8年6月21日</td></tr>
<tr><td colspan="2">C</td><td>提取盈余公积金</td><td>股东会决议日</td><td>20×8年3月13日</td></tr>
<tr><td colspan="2">D</td><td>将本年已实现利润全部结转至未分配利润</td><td>资产负债表日</td><td>20×7年12月31日</td></tr>
<tr><td colspan="2">E</td><td>将本年已分配利润全部结转至未分配利润</td><td>利润分配结束日</td><td>20×8年6月21日之后</td></tr>
</table>

法律法规与利润分配1　　法律法规与利润分配2

从余额角度看，“未分配利润”项目金额反映截至目前累计未分配完的利润或累计尚未弥补的亏损，其在“会计沙盘模型”中的形态是变化的。当“未分配利润”项目在模型上以沙坑的形态存在时，其金额代表截至目前累计尚未分配完的利润，相应的“未分配利润”账户的余额应该在贷方。当“未分配利润”在模型上以沙堆的形态存在时，其金额代表截至目前累计的、留待以后弥补的亏损，相应的“未分配利润”账户的余额应该在借方。

未分配利润项目属于所有者权益范畴，当未分配利润为负数时，该项目属于所有者权益抵减项目。

企业也可以不设置“未分配利润”项目，而是在“利润分配”项目下设“未分配利润”明细项目。在这种情况下，企业期末“利润分配”项目的余额就是企业未分配的利润余额，如图3-55中的E段资金运动所示，实际上只是在“利润分配”项目所属的几个明细项目之间进行转换。

利润分配业务小结1　　利润分配业务小结2　　盈余公积、应付股利项目分析　　利润分配项目分析　　未分配利润项目分析

四、企业利润分配资金运动分析与会计处理举例

下面，我们用一个例子来说明企业利润分配中的资金运动和会计处理：

【例3-10】某企业本期实现净利润1 000万元，有关利润分配业务如下：

（1）按净利润的10%计提法定盈余公积金，按15%计提任意盈余公积金。（图3-56，C段）

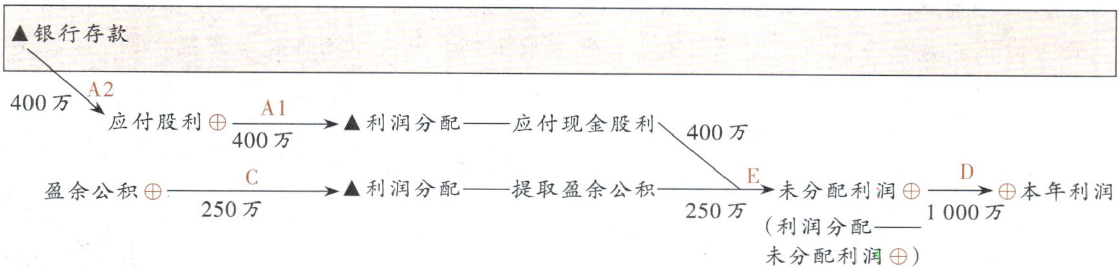

图3-56　企业利润分配中的资金运动推演

借：利润分配——提取盈余公积　　2 500 000

　贷：盈余公积　　2 500 000

（2）按净利润的40%计提应付给股东的现金股利。（图3-56，A1段）

借：利润分配——应付现金股利　　4 000 000

　贷：应付股利　　4 000 000

利润分配环节业务举例

(3) 将已实现的利润1 000万元全部结转至未分配利润。(图3-56，D段)

借：本年利润　　10 000 000

　贷：未分配利润（或利润分配——未分配利润）　　10 000 000

(4) 将已分配利润全部结转。(图3-56，E段)

借：未分配利润（或利润分配——未分配利润）　　6 500 000

　贷：利润分配——提取盈余公积　　2 500 000

　　　　　——应付现金股利　　4 000 000

(5) 企业以银行存款400万元支付应付未付的现金股利。(图3-56，A2段)

借：应付股利　　4 000 000

　贷：银行存款　　4 000 000

(6) 假设企业本期实现利润为-500万元，期末将已发生的亏损转入“未分配利润”账户。

未分配利润⊕ —(-5 00万)→ ⊕本年利润

借：未分配利润　　5 000 000

（或利润分配——未分配利润）

贷：本年利润　　5 000 000

五、留存收益使用业务资金运动分析与会计处理

留存收益主要由盈余公积和未分配利润两部分构成。未分配利润可以留待以后再进行分配或者留待以后进行弥补。企业提取的盈余公积可以用于弥补亏损和转增资本金。

“会计沙盘模型”推演：企业用盈余公积弥补亏损，在数量上并不影响所有者权益的总额，但改变了所有者权益的内部结构。这笔业务引发的资金运动在“会计沙盘模型”上表现为：平面之外代表亏损的沙堆流到平面之外代表盈余公积的沙坑之中，从而导致代表累计亏损的沙堆体积减小，代表盈余公积的沙坑容积等量减小。其所引发的资金运动如图3-57中A段所示。

企业用盈余公积转增资本金，必须有股东大会或类似机构的决议，在转增资本金后，还必须向原登记机关办理变更登记。这笔业务引发的资金运动在“会计沙盘模型”中表现为：沙从平面之外代表股本或实收资本的沙坑中流入平面之外代表盈余公积的沙坑之中，从而导致代表盈余公积的沙坑容积减小，代表股本或实收资本的沙坑容积等量增大。其所引发的资金运动如图3-57中B段所示。

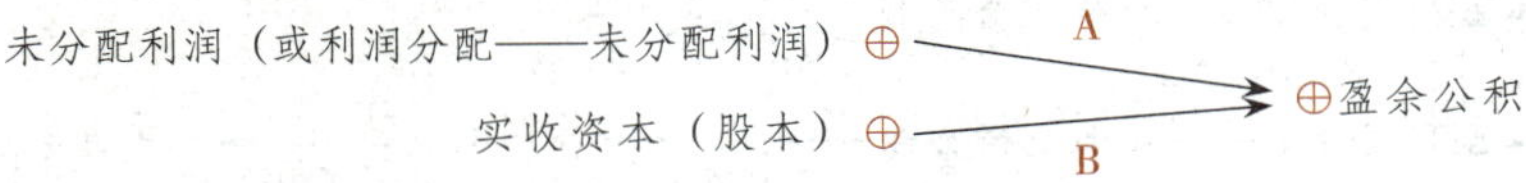

图3-57　盈余公积所引起的资金运动推演

留存收益使用会计处理

【例3-11】企业将盈余公积100万元转为企业的实收资本。

实收资本⊕ —(1 000 000)→ ⊕盈余公积

借：盈余公积　1 000 000

　贷：实收资本　　1 000 000

【例3-12】企业用盈余公积200万元弥补亏损。

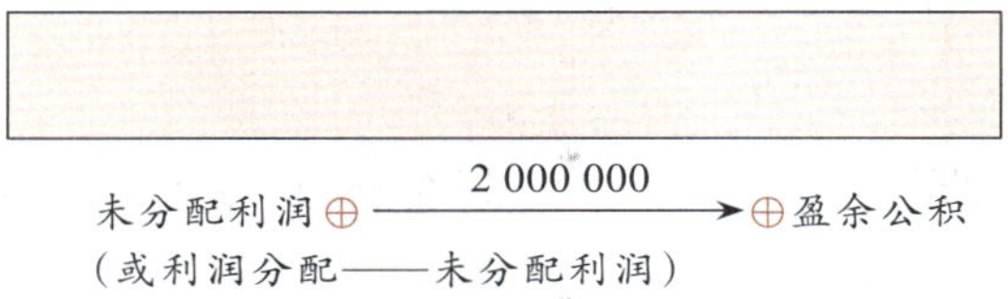

借：盈余公积　　　　2 000 000
　贷：未分配利润　　　　　　2 000 000
　　（或利润分配——未分配利润）

第六节　增值税常规业务资金运动分析与会计处理①

一、增值税业务概述

（一）增值税的计税方法与税率

增值税的计税方法主要有两种：一般计税方法和简易计税方法。

一般计税方法下，应纳税额是指当期销项税额抵扣当期进项税额后的余额。也就是说，在采购环节企业需要预缴增值税，在销售环节企业需要代收增值税；企业本期应缴纳的增值税税额就等于其代收的销项税额抵减当期所预缴的进项税额之后的余额。一般计税方法的应纳税额计算公式为：应纳税额=销项税额-进项税额。一般计税方法主要适用于增值税一般纳税人。

简易计税方法下，应纳税额是指按照销售额和增值税征收率计算的应交增值税税额。该金额不得抵扣进项税额。简易计税方法的应纳税额计算公式为：应纳税额=销售额×征收率。这种方法主要适用于增值税小规模纳税人。

就增值税一般纳税人而言，其增值税税率主要有13%、9%和6%三档。对于增值税小规模纳税人而言，其增值税征收率为3%。

增值税概述

（二）增值税一般纳税人增值税缴纳与企业经营环节

1.购买环节与增值税预缴

对于增值税一般纳税人，在购买环节，企业需要按照购买价的一定比率预缴增值税。该预缴的增值税又被称为增值税进项税额。具体来说，进项税额，是指纳税人购进货物，购买加工修理修配劳务、服务，购进无形资产或者不动产，支付或者承担的增值税税额。该进项税额的金额为：购买价×增值税税率。

2.销售环节与增值税代收

对于增值税一般纳税人而言，在销售环节，企业需要按照销售价的一定比率代国家向购买方收取增值税。该代收的增值税又称之为增值税销项税额。具体来说，销项税额，是指纳税人发生应税行为时按照销售额和增值税税率计算并收取的增值税税额。该销项税额的金额为：销售价×增值税税率。

3.应交税额

应交增值税=当期销项税额-当期进项税额

（三）增值税小规模纳税人缴纳增值税

增值税小规模纳税人缴纳增值税比较简单。在购进环节，支付的所有价款全部合并在一起，计入所购物资的成本。在销售环节，按照销售收入（不含增值税）乘以增值税征收

① 本节内容由老师根据课时情况选讲。

率，计算确认应缴纳的增值税税额。

增值税基本业务资金运动分析1

二、一般纳税人增值税一般性业务资金运动分析与会计处理

（一）企业一般性应交税费资金运动分析

1.一般性应交税费基本资金运动分析

一般企业应交税费所引发的资金运动如图3-58所示。

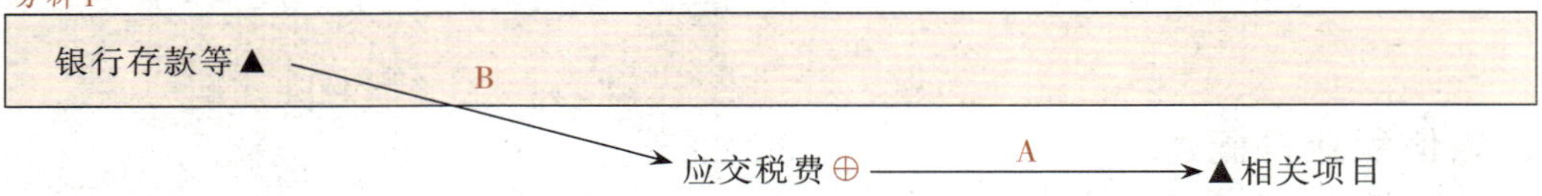

图3-58　一般性应交税费资金运动分析图

在图3-58中，企业首先需要确认相关税费，并同步确认应交税费，其所引发的资金运动如图3-58中A段所示。以后缴纳税款时，企业用银行存款直接冲销应交税费即可，其所引发的资金运动如图3-58中B段所示。

2.相关性原则对应交税费资金运动的影响分析

一般情况下，图3-58所展示的资金运动过程及其结果已经能够满足企业进行税费管控的需要。在静态的状况下（或在某一时点），图3-58反映了一个结果，即在某一特定时点企业的税负缴纳情况，该具体情况主要通过"应交税费"项目的余额表现出来。该项目在模型上若是一个沙坑，则其对应的账户余额为贷方余额，反映尚未缴纳的税费；该项目在模型上若是一个沙堆，则其对应的账户余额为借方余额，反映多缴或预缴的税费；该项目在模型上若没有实物形态，则其对应账户的余额为0，反映企业已结清所有税费。

但在某些情况下，在某一特定时点，我们不仅希望知道"应交税费"的余额情况，而且还想知道企业本期应该缴纳多少税费，本期已经缴纳了多少税费，从而更好地具备决策有用性。为此，我们需要对图3-58进行技术处理，从而得到图3-59。

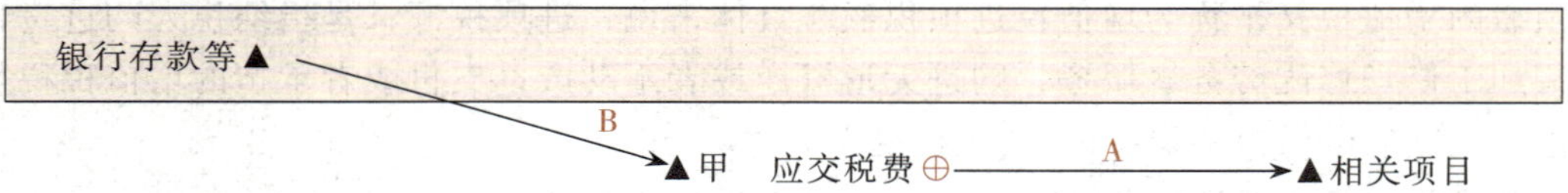

图3-59　相关性原则对其资金运动的影响分析图

从图3-59中可知，B段资金运动的终点原本是流向并冲减"应交税费"项目，但为了获取更多有价值的信息，我们对其进行了管理与控制，使其在"应交税费"项目的附近停留下来，从而形成一个新的项目"甲"。通过这种主动的管控，图3-59就能获取更多有价值的信息。通过"应交税费"项目就可以知道企业本期应该缴纳的税费；通过"甲"项目就可以知道企业本期实际已缴纳的税费；通过二者之差，就可以得出企业本期期末"应交税费"的余额情况。

资金运动发生的先后顺序体现了企业不同的缴税模式，其具体情况见表3-23。

表3-23　资金运动时间顺序与缴税模式关系表

种类	资金运动发生的时间先后	缴税模式
1	A、B同时发生	立即清缴模式
2	先有A，后有B	应缴模式
3	先有B，后有A	预缴模式

在表3-23中，如果A段和B段同时发生，这就是一种立即结清的方式。也就是说，企业在确认税费的同时立刻就以银行存款进行了支付，A、B两段运动就可以合并为一段。如先有A段，后才有B段运动，这就是一种应缴的方式。也就是说，企业先确认应该缴纳的税费，以后再进行缴纳。如先有B段，后才有A段运动，这就是一种预缴的方式。也就是说，企业先预缴税费，以后再确认应该缴纳的税费，多退少补。

如果孤立地看，B段运动反映企业缴税，但其到底是预缴还是应缴，就取决于A段运动是否已经发生。

（二）企业增值税一般性业务资金运动分析

下面通过一个例题来学习增值税预缴、代收与应缴所引起的资金运动。

增值税基本业务资金运动分析2

【例3-13】（1）企业20×7年3月10日购买材料100万元，增值税税率为13%，款项已用银行存款支付，材料已验收入库（见图3-60，A段）。

这笔业务需要预缴增值税13万元，其所引发的资金运动如图3-60中A1段运动所示。

（2）20×7年6月15日，企业将用该材料所生产的产品出售，售价300万元，增值税税率为13%，款项已收存银行（见图3-60，B段）。

这笔业务企业需要替国家代收增值税，由于代收但尚未代缴，因而形成对国家的债务。代收增值税引发的资金运动如图3-60中B1段运动所示。

（3）企业20×7年6月30日，以银行存款缴纳本期应缴的增值税26万元。

企业代收了39万元增值税，扣除其预缴的13万元增值税后，企业还需要缴纳增值税26万元。其所引发的资金运动如图3-60中C段所示。

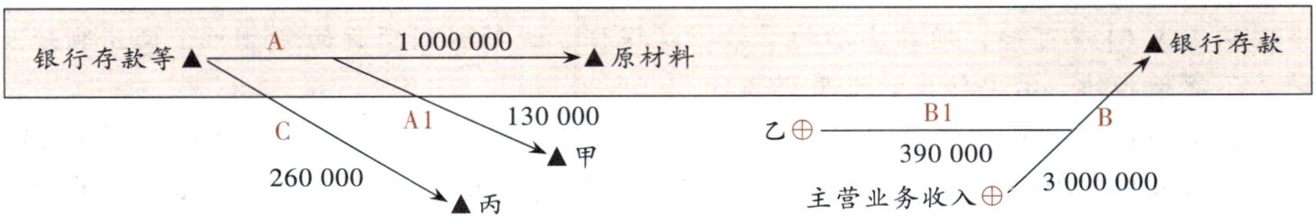

图3-60　增值税一般性业务资金运动分析图

为了方便学习，需要给“甲、乙、丙”三个项目比较规范的称呼。在这里，“甲”就代表“应交税费——应交增值税（进项税额）”；“乙”就代表“应交税费——应交增值税（销项税额）”；“丙”就代表“应交税费——应交增值税（已交税金）”。

就增值税的本意而言，进项税额要想抵扣销项税额，那二者之间一定要有因果关系。也就是说，进项税额之所以能够抵扣销项税额，是因为企业所销售的产品正是用这批材料生产的；企业将这批材料等项目作为投入，通过生产而获得相应的产品产出，投入与产出之间的差额就是增值部分，这部分增值的价值需要缴纳税金，即为增值税。

但在实际工作中，在进项税额与销项税额之间很难找到一一对应的因果关系，因为企业的原材料可能是多次购买的，材料在生产过程中可能混合使用，所生产的产品可能是多种多样的。因此，实际工作中，进项税额抵扣销项税额采用的是时间关系配比，即本期的进项税额可以抵扣本期的销项税额，未抵扣完的进项税额留待下一期继续抵扣。

（三）原材料等改变用途导致其进项税额不能抵扣的资金运动分析

增值税进项税额不能抵扣业务处理

在某些情况下，若原材料改变用途，从而导致购买这笔原材料所预缴的进项税额不能抵扣的，企业需要将其从进项税额中转出。

【例 3-14】企业领用原材料20万元投入集体福利性质的在建工程项目，该批原材料所预缴的进项税额不允许抵扣。企业的增值税税率为13%，其应转出的进项税额为2.6万元。假设在这笔业务发生之前，其销项税额为200万元，进项税额为120万元，已交税金为20万元。其具体情况如图3-61所示。

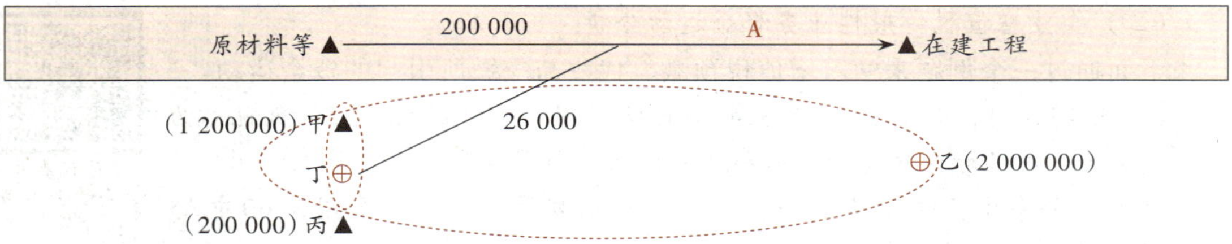

图3-61 进项税额不能抵扣的资金运动分析图

为了满足税务稽查的需要，企业需要保持所有增值税业务原始资料与数据的完整性，而不得对已有的增值税信息做任何修改。以本题为例，企业需要保证进项税额项目120万元的完整性。为此，企业并没有将这不能抵扣的2.6万元进项税额从总的进项税额120万元中直接扣除，而是采用了固化处理的管控方式，类似于对固定资产折旧费用的处理。从图3-61中可知，企业将甲固化为一个整体，资金2.6万元从甲项目的下方流出，从而导致甲项目整体下陷；然后将甲项目挪开，就会看到一个新的项目——“丁”。“丁”项目的名称为“应交税费——应交增值税（进项税额转出）”。

从图3-61中可知，通过主动的管控，既保证了进项税额项目的完整性，又清晰地反映了不能抵扣的、需要转出的进项税额。

在图3-61中，小圈内的金额反映了企业实际可以抵扣销项税额的进项税额，即117.4万元。大圈内的金额，就是企业销项税额抵减实际可以抵扣的进项税额后，企业应该缴纳的增值税税额，即为82.6万元。大圈内的金额82.6万元再扣除已交税金20万元，就得到62.6万元，该金额就是企业尚未缴纳的增值税税额。

（四）应交增值税期末余额结转资金运动分析

在资产负债表日，企业需要将“应交税费——应交增值税”项目的余额全部结转到“应交税费——未交增值税”项目。

1. 转出未交增值税资金运动分析

【例 3-15】接【例 3-14】，企业期末“应交税费——应交增值税”项目的相关明细资料如下：销项税额200万元，进项税额120万元，已交税金20万元，进项税额转出2.6万元，其具体情况如图3-62所示。企业需要将“应交税费——应交增值税”项目余额结转到“应交税费——未交增值税”项目。

期末转出未交增值税业务分析

在本例中，“应交税费——应交增值税”有四个明细项目，这四个明细项目合计抵销后的金额就为该项目的期末余额，即贷方余额为62.6万元。该金额对于企业而言是一项负债，反映企业应交未交的税费。

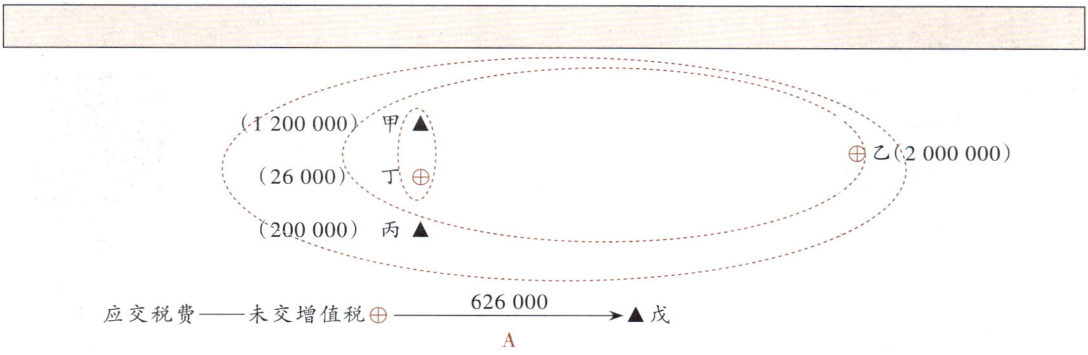

图 3-62　应交增值税期末余额结转资金运动分析图 1

从图 3-62 来看，“应交税费——应交增值税”项目的期末余额就为大圈内甲、乙、丙、丁四个项目抵销之后的余额。从总体上看，这四个项目抵销之后会在模型上形成一个新项目（以沙坑形态存在），该项目的“容积”为 62.6 万元，代表应交未交的税费。要将该余额转走，资金只需从“应交税费——未交增值税”项目流出 62.6 万元，并冲销这个新项目即可。但由于税务稽查的要求，企业需要保持这四个项目的完整性，不能对其相互进行抵销。这样，从“应交税费——未交增值税”项目流出的 62.6 万元资金并没有真正去冲销甲、乙、丙、丁这四个项目，而是暂时在其附近停留下来，从而产生了一个新的项目——“戊”。“戊”项目的名称为“应交税费——应交增值税（转出未交增值税）”。其具体资金运动如图 3-62 中 A 段所示。

从图 3-62 可知，“应交税费——应交增值税”项目有五个明细项目：甲、乙、丙、丁、戊。其中“戊”项目在这里起一个抵销的作用，该项目就是用来抵减大圈里甲、乙、丙、丁这四个项目的余额，从而使得“应交税费——应交增值税”项目的总体余额为零，最终达到对其余额进行结转的目的。

2. 转出多交增值税资金运动分析

【例 3-16】企业期末“应交税费——应交增值税”项目的相关明细资料如下：销项税额 130 万元，进项税额 120 万元，已交税金 20 万元，进项税额转出 3.2 万元，其具体情况如图 3-63 所示。企业需要将“应交税费——应交增值税”项目余额结转至“应交税费——未交增值税”项目。

在本例中，“应交税费——应交增值税”有 4 个明细项目，这 4 个明细项目合计抵销后的金额为该项目的期末余额，即借方余额 6.8 万元。该余额对于企业而言是一项资产，反映企业预缴的、留待以后抵扣税款的权利。

从图 3-63 来看，“应交税费——应交增值税”项目的期末余额就为大圈内甲、乙、丙、丁 4 个项目抵销之后的余额。从总体上看，这 4 个项目抵销之后会在模型上形成一个新项目（以沙堆形态存在），该项目的体积为 6.8 万元，代表预缴的、留待抵扣未来税款的权利。要将该余额转走，只需要将新项目 6.8 万元的资金流出，并冲销“应交税费——未交增值税”项目。但由于税务稽查的要求，企业需要保持这 4 个项目的完整性，不能将其相互抵销。因此，只能将这 4 个项目固化，资金 6.8 万元从其下方流出；

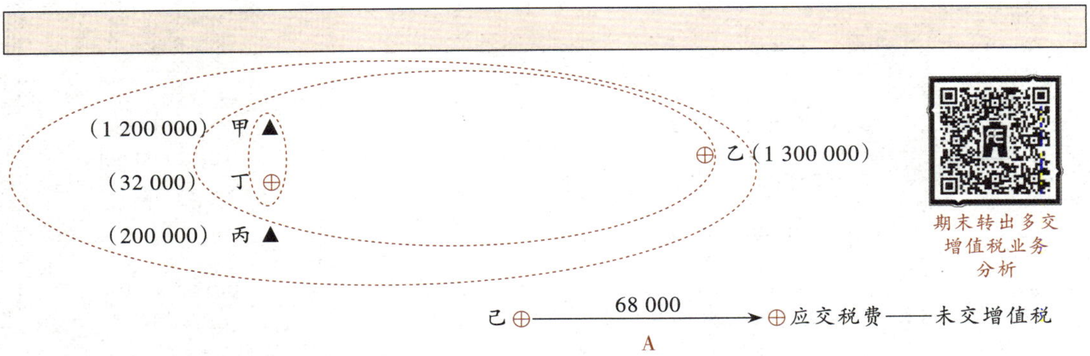

期末转出多交增值税业务分析

图3-63 应交增值税期末余额结转资金运动分析图2

相应的，这4个项目就会自动“下陷”。当我们把固化的甲、乙、丙、丁项目挪开时，就会产生一个新的项目（以沙坑形态存在）——“己”。“己”项目的名称为“应交税费——应交增值税（转出多交增值税）”。其具体资金运动如图3-63中A段运动所示。

从图3-63中可知，“应交税费——应交增值税”项目有5个明细项目：甲、乙、丙、丁、己。其中“己”项目在这里起一个抵销的作用，该项目用来抵减大圈里甲、乙、丙、丁的余额，从而使得“应交税费——应交增值税”项目的总体余额为零，最终达到对其余额予以结转的目的。

（五）增值税一般性业务资金运动整体流程图

企业增值税一般性业务资金运动整体流程如图3-64所示。

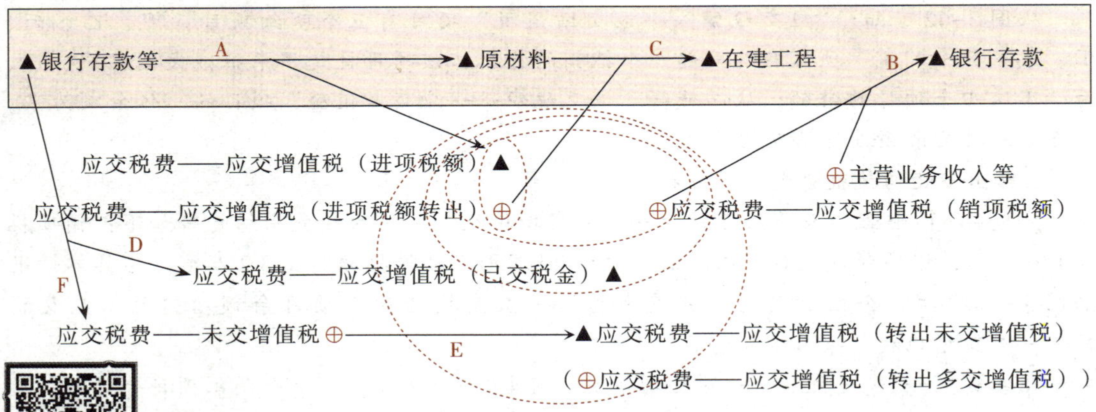

图3-64 增值税一般性业务资金运动整体流程图

增值税一般业务综合分析

从业务角度来看，图3-64中不同的资金运动反映不同的增值税业务。其具体情况为：（1）A段运动反映进项税额的发生；（2）B段运动反映销项税额的发生；（3）C段运动反映进项税额的转出；（4）D段运动反映企业缴纳本期增值税；（5）E段运动反映期末将“应交税费——应交增值税”余额转入“应交税费——未交增值税”；（6）F段运动反映缴纳上期应付未付的增值税。

从逻辑关系的角度来看，图3-64中大小不同的圈分别有着不同的经济含义。其具体情况为：（1）小圈内的总金额，反映企业实际可以抵扣的进项税额；（2）中圈内的总金额反映企业本期应缴纳的增值税税额；（3）大圈内的总金额反映企业期末应交增值税余额，该余额需要期末进行结转；（4）特大圈内的总金额反映“应交税费——应交增值税”项目的各子项目的余额抵销后为零，即特大圈内的总金额相互抵销后为零（虽然各子项目余额不一定为零）。

（六）增值税一般性业务举例

【例3-17】某企业某月发生的下列业务，请进行确认与计量，并编制会计分录。（运输费和装卸搬运费按材料重量比例分配，保险费按买价分配）

（1）企业向彩虹公司购进材料花费200 000元，增值税税率为13%，材料已验收入库，货款及增值税进项税额尚未支付。

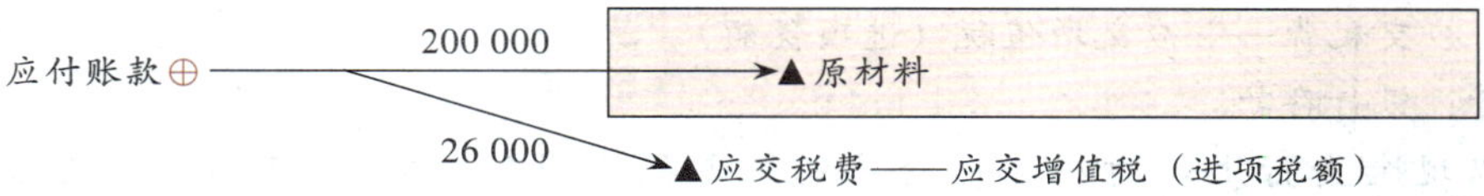

借：原材料　　200 000

　　应交税费——应交增值税（进项税额）　　26 000

　贷：应付账款——彩虹公司　　226 000

（2）企业向彩霞公司购进材料花费50 000元，增值税税率为13%，材料尚未验收入库，货款及增值税进项税额已以银行存款支付。

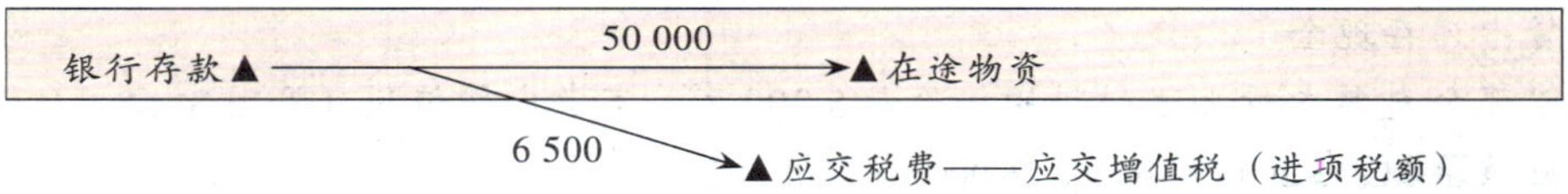

借：在途物资　　50 000

　　应交税费——应交增值税（进项税额）　　6 500

　贷：银行存款　　56 500

（3）企业向红星公司采购材料，陆续发生了下列业务：

①向红星公司购进下列原材料，但材料已运达企业，增值税税率为13%，货款及增值税进项税额尚未支付（见图3-65，A段）。

增值税业务举例（1-3）

甲种材料	2 000千克	单价　8.00	16 000元
乙种材料	1 000千克	单价　10.00	10 000元
合　计			26 000元

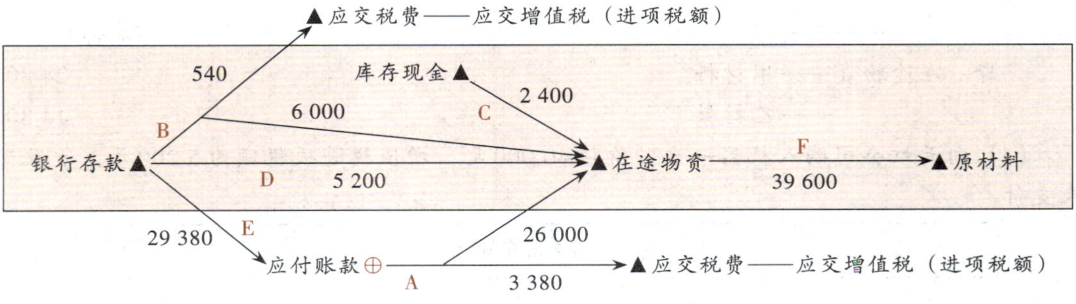

图3-65　企业采购原材料资金运动分析图

借：在途物资——甲材料　　16 000

　　　　　　——乙材料　　10 000

借：应交税费——应交增值税（进项税额） 3 380

　贷：应付账款——红星公司 29 380

②以银行存款支付上述材料的运费6 000元及其增值税进项税额540元（增值税税率为9%）（见图3-65，B段）。

甲应该承担：6 000×（2 000÷3 000）=4 000（元）

乙应该承担：6 000×（1 000÷3 000）=2 000（元）

借：在途物资——甲材料 4 000

　　　　　——乙材料 2 000

　　应交税费——应交增值税（进项税额） 540

　贷：银行存款 6 540

③以现金支付上述材料运达仓库的装卸搬运费2 400元，不考虑增值税（见图3-65，C段）。

甲应该承担：2 400×（2 000÷3 000）=1 600（元）

乙应该承担：2 400×（1 000÷3 000）=800（元）

借：在途物资——甲材料 1 600

　　　　　——乙材料 800

　贷：库存现金 2 400

④以现金支票支付上述材料的保险费5 200元，不考虑增值税（见图3-65，D段）。

甲应该承担：5 200×（16 000÷26 000）=3 200（元）

乙应该承担：5 200×（10 000÷26 000）=2 000（元）

借：在途物资——甲材料 3 200

　　　　　——乙材料 2 000

　贷：银行存款 5 200

⑤以银行存款偿付拖欠红星公司的材料货款29 380元（见图3-65，E段）。

借：应付账款——红星公司 29 380

　贷：银行存款 29 380

⑥上述所购材料均已验收入库，按其实际成本入账（见图3-65，F段）。

借：原材料——甲材料 24 800

　　　　——乙材料 14 800

　贷：在途物资——甲材料 24 800

　　　　　　——乙材料 14 800

（4）向天虹公司购入机器一台，价值40 000元，增值税进项税额为5 200元，货款尚未支付。

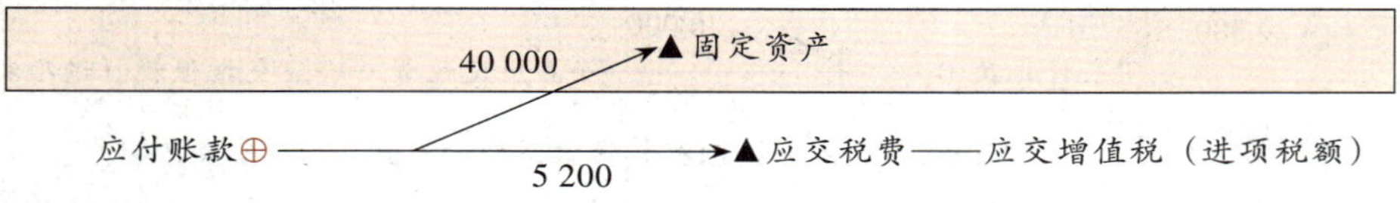

借：固定资产 40 000

借：应交税费——应交增值税（进项税额）　　5 200

　贷：应付账款——天虹公司　　45 200

（5）企业向蓝天公司购入材料，陆续发生了下列业务：

①向蓝天公司预付材料购货款30 000元，以转账支票支付（见图3-66，A段）。

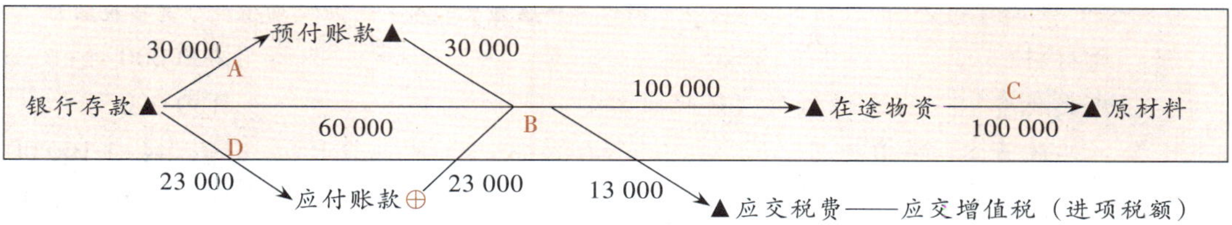

图3-66　企业采购原材料资金运动分析图

借：预付账款——蓝天公司　　30 000

　贷：银行存款　　30 000

②向蓝天公司购买丙材料10万元，冲销预付款3万元，以存款支付6万元。增值税税率为13%，余款（含增值税进项税额1.3万元）尚未支付（见图3-66，B段）。

借：在途物资——丙公司　　100 000

　应交税费——应交增值税（进项税额）　　13 000

　贷：预付账款——蓝天公司　　30 000

　　银行存款　　60 000

　　应付账款——蓝天公司　　23 000

增值税业务举例（4-7）

③该材料已验收入库，结转其实际采购成本（见图3-66，C段）。

借：原材料——丙公司　　100 000

　贷：在途物资——丙公司　　100 000

④以转账支票2.3万元偿还应付未付的蓝天公司购料款（见图3-66，D段）。

借：应付账款——蓝天公司　　23 000

　贷：银行存款　　23 000

（6）乙有限责任公司于设立时收到A公司作为资本投入的原材料。该批原材料投资合同或协议约定的价值（不含可抵扣的增值税进项税额部分）为1 000 000元，增值税进项税额为130 000元（由投资方支付该税款，并提供或开具增值税专用发票）。合同约定的价值与其公允价值相等，该材料已验收入库，不考虑其他因素。

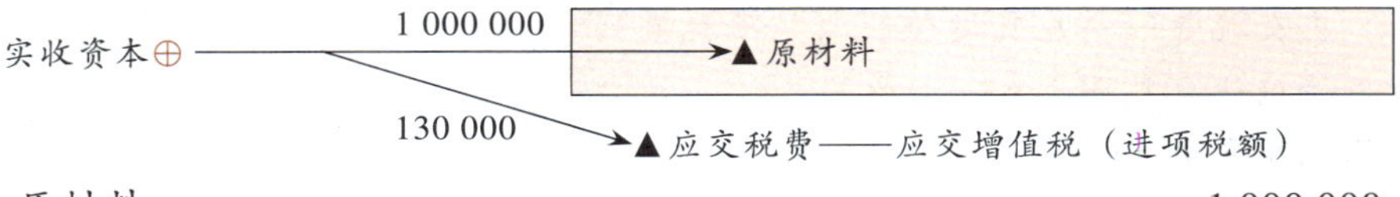

借：原材料　　1 000 000

　应交税费——应交增值税（进项税额）　　130 000

　贷：实收资本——A　　1 130 000

（7）乙有限责任公司于设立时收到B公司作为资本投入的原材料，投资后B公司占乙公司注册资本10 000 000元的11%。该批原材料投资合同或协议约定的价值（不含可抵扣的增值税进项税额部分）为1 000 000元，增值税进项税额为130 000元（由投资方支付该税款，并提供或开具增值税专用发票）。合同约定的价值与其公允价值相等，该材料已验收入库，不考虑其他因素。

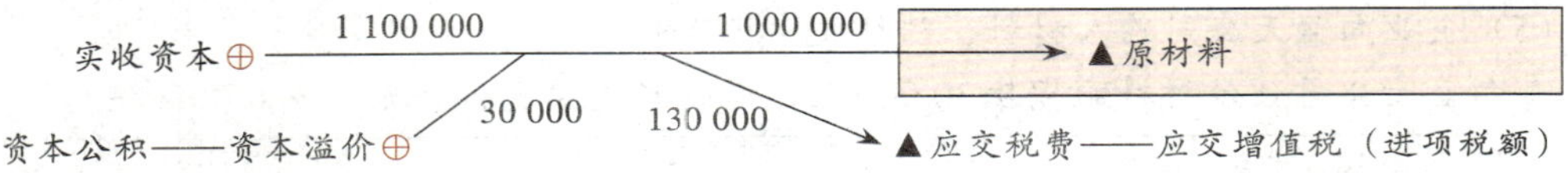

借：原材料　　1 000 000

　　应交税费——应交增值税（进项税额）　　130 000

　贷：实收资本——B公司　　1 100 000

　　　资本公积——资本溢价　　30 000

【例3-18】对下列业务进行确认与计量，并编制会计分录。

（1）彩虹公司向甲公司销售产品，售价为200 000元，增值税税率为13%，该产品成本为120 000元，贷款及增值税销项税额尚未收到。

图3-67　彩虹公司销售业务资金运动分析图

①收入的取得（见图3-67，A段）。

借：应收账款——甲公司　　226 000

　贷：主营业务收入　　200 000

　　　应交税费——应交增值税（销项税额）　　26 000

增值税业务举例（8-11）

②费用的确认（见图3-67，B段）。

借：主营业务成本　　120 000

　贷：库存商品　　120 000

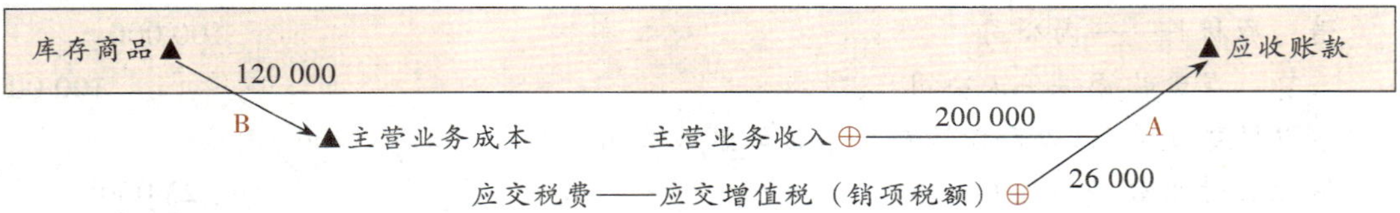

（2）彩霞公司向甲公司销售材料，售价为50 000元，增值税税率为13%，其采购成本为30 000元，贷款及增值税销项税额已收存银行。

①收入的取得（见图3-68，A段）。

借：银行存款　　56 500

　贷：其他业务收入　　50 000

　　　应交税费——应交增值税（销项税额）　　6 500

②费用的确认（见图3-68，B段）。

借：其他业务成本　　30 000

　贷：原材料　　30 000

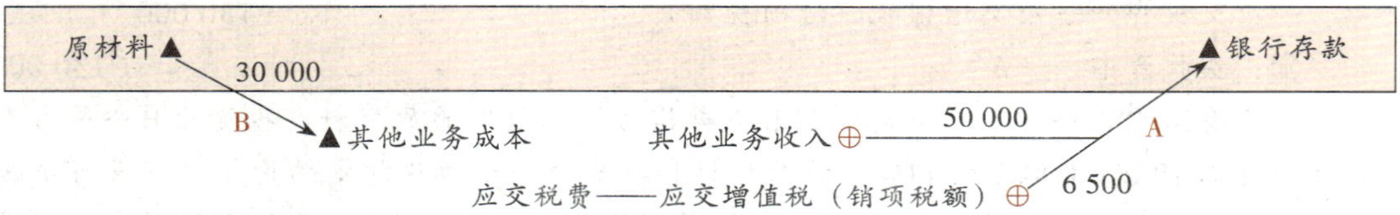

图3-68　彩霞公司销售业务资金运动分析图

(3) 天虹公司向甲公司销售产品，售价为4万元，增值税税率为13%，其成本为3万元，货款及增值税已收存银行。

①收入的取得（见图3-69，A段）。

借：银行存款　　45 200

　贷：主营业务收入　　40 000

　　　应交税费——应交增值税（销项税额）　　5 200

②费用的确认（见图3-69，B段）。

借：主营业务成本　　30 000

　贷：库存商品　　30 000

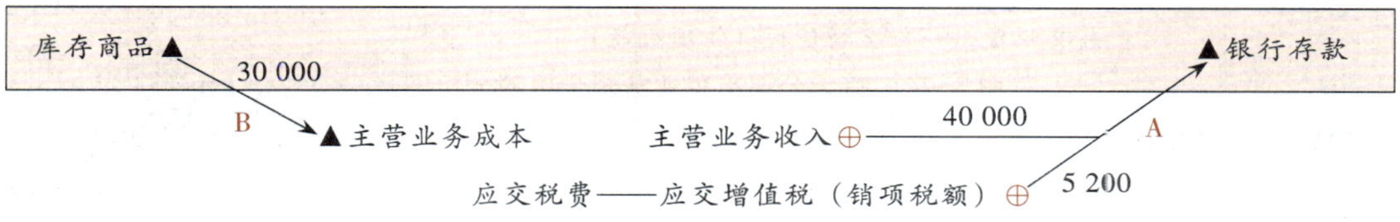

图3-69　天虹公司销售业务资金运动分析图

(4) 蓝天公司向甲公司销售一批产品，陆续发生了下列业务：

①收到甲公司预付的购货款30 000元，款项以转账支票形式收存银行（见图3-70，A段）。

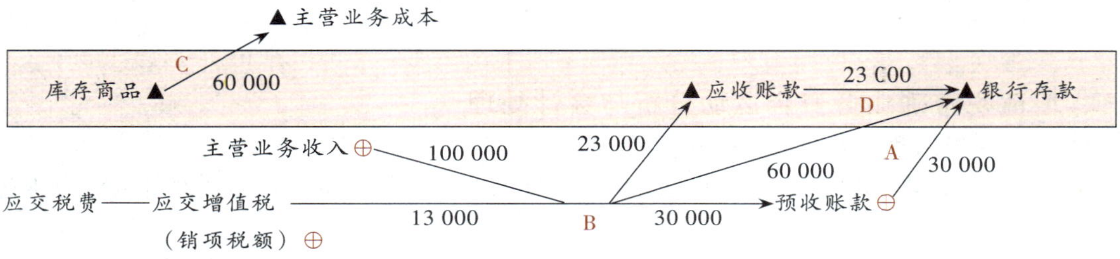

图3-70　蓝天公司销售业务资金运动分析图

借：银行存款　　30 000

　贷：预收账款——甲　　30 000

②向甲公司销售产品，售价为10万元，冲销预收款3万元，收到银行存款6万元。增值税税率为13%，余款（含增值税销项税额1.3万元）尚未收到。该产品成本为6万元。

收入的取得（见图3-70，B段）。

借：预收账款——甲　　30 000

　　银行存款　　60 000

　　应收账款——甲　　23 000

　贷：主营业务收入　　100 000

　　　应交税费——应交增值税（销项税额）　　13 000

费用的确认（见图3-70，C段）。

借：主营业务成本　　60 000

　贷：库存商品　　60 000

③以转账支票的形式收到甲公司偿还的购货款2.3万元（见图3-70，D段）。

借：银行存款　　23 000

　贷：预收账款——甲　　23 000

（5）蓝天公司向甲公司出租设备，获得租金收入10 000元，增值税税率为13%，款项已存入银行。该出租业务应承担的折旧费为6 000元。

收入的取得（见图3-71，A段）。

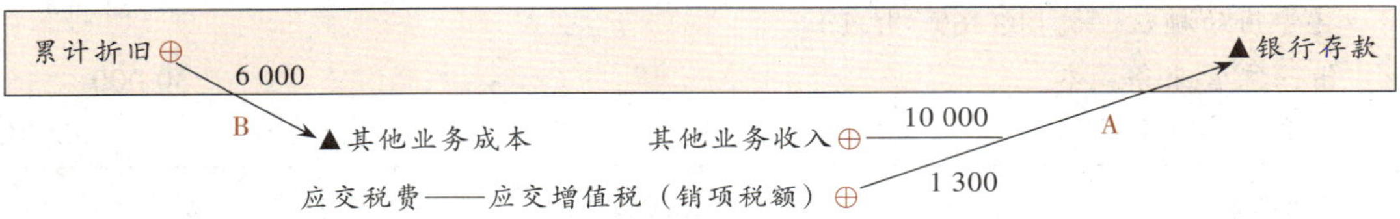

图3-71　蓝天公司出租业务资金运动分析图

借：银行存款　　11 300

　贷：其他业务收入　　10 000

　　　应交税费——应交增值税（销项税额）　　1 300

费用的确认（见图3-71，B段）。

借：其他业务成本　　6 000

　贷：累计折旧　　6 000

三、增值税特殊业务资金运动分析与会计处理

（一）一般纳税人购进货物，未取得增值税专用发票资金运动分析

一般纳税人购进货物，未取得增值税专用发票的，应将其所支付的全部价款作为所购物资的成本。

【例3-19】甲企业是一般纳税人，该企业向乙企业购入原材料一批，取得的普通销售发票上注明的金额为11.3万元，发票等结算凭证已到，货款尚未支付，材料已验收入库。

借：原材料　　113 000

　贷：应付账款　　113 000

（二）小规模纳税人增值税资金运动分析

小规模纳税人业务处理

按照现行税法的规定，增值税小规模纳税人不得抵扣进项税额，一般也不得对外开具增值税专用发票，其增值税采用简易计税核算方法。因此，即使取得了增值税专用发票，其增值税进项税额也应该与货物的买价一并计入其成本。

小规模纳税人购买货物时，无论是否取得增值税专用发票，一律将价税合并计入存货成本。其资金运动如图3-72中A段所示。小规模纳税人销售货物时，按销售额和一定的增值税征收率确认其应交增值税额。其资金运动如图3-72中B段所示。

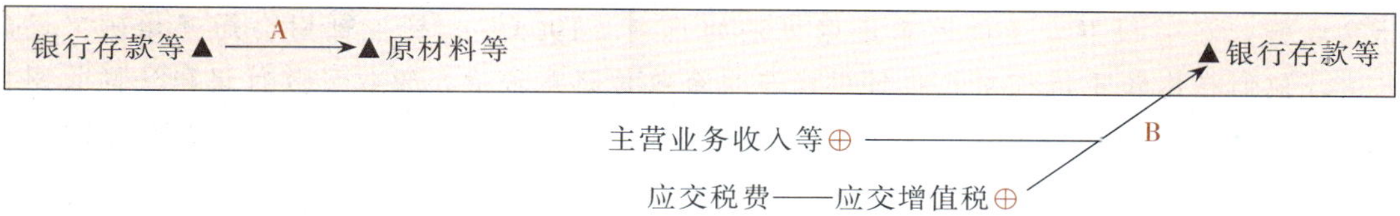

图 3-72　小规模纳税人增值税业务资金运动分析图

【例 3-20】丁公司是增值税小规模纳税人，公司购入材料一批，取得的增值税专用发票上注明的材料价款为 20 万元，增值税为 26 000 元，发票等结算凭证已到，货款通过银行转账支付，材料尚未收到（见图 3-73，A 段）。

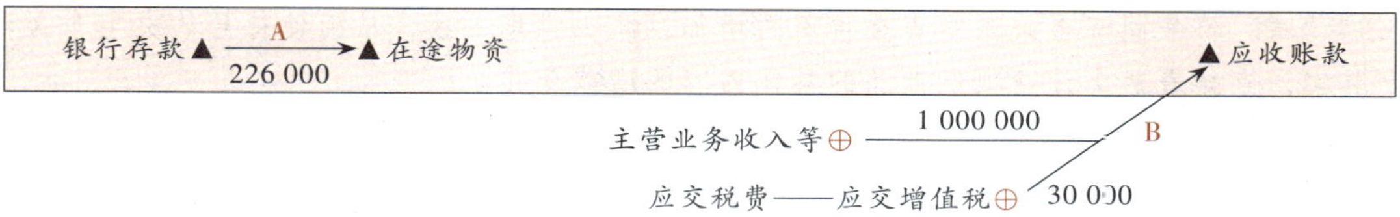

图 3-73　丁公司销售业务资金运动分析图

借：在途物资　　226 000

　贷：银行存款　　226 000

丁公司本期销售产品，取得销售收入（含增值税）103 万元。其增值税税率为 3%。货款尚未收到。

将含税收入换算为不含税收入：103÷（1+3%）=100（万元）。（见图 3-73，B 段）

借：应收账款　　1 030 000

　贷：主营业务收入　　1 000 000

　　应交税费——应交增值税　　30 000

思考题

1. 现行企业的经济业务一般包括哪几类？其各自的具体内容有哪些？
2. 企业销售环节需要设置哪些主要账户？它们各自在结构上具有什么特点？
3. 企业采购环节需要设置哪些主要账户？它们各自在结构上具有什么特点？
4. 企业生产环节需要设置哪些主要账户？它们各自在结构上具有什么特点？
5. 企业筹资和投资环节需要设置哪些主要账户？它们各自在结构上具有什么特点？
6. 企业利润分配环节需要设置哪些主要账户？它们各自在结构上具有什么特点？

立德树人

增减记账法

一、增减记账法概述

增减记账法是指以“增”“减”为记账符号，以“资金占用=资金来源”为理论基础来反映经济业务所引起的会计要素增减变化的一种复式记账方法，它也曾是我国会计实务中使用的一种特有的记账方法。

该方法源自 1963 年国务院颁布的《会计人员职权试行条例》。该条例颁布后，我国会计战线掀起了一股群众性的改革记账方法的热潮。1964年，商业部财会局开始研究记账方法，他们在比较了传统中式收付记账与现金收付记账法后，吸收了收付记账法同收同付与四柱清册结算法的优点，设计出一种新的记账方法——增减记账法。该方法从1966年起在全国商业系统全面推行。

二、增减记账法的特点

（一）记账符号

增减记账法以“增”“减”为记账符号，凡由经济业务引起的资金来源或资金占用增加，就在账户中记增；凡由经济业务引起的资金来源或资金占用减少，就在账户中记减。“增”“减”符号同资金来源与资金占用的增加、减少意思一致，从而使符号的文字含义名副其实，直接表达会计事项所涉及的具体内容的增减变化。

（二）理论依据

增减记账法的理论依据是“资金占用总额=资金来源总额”。

（三）账户设置

增减记账法下，将全部账户固定分为资金来源和资金占用两大类，不设置双重性账户。各账户的期末余额计算方法如下：

期初余额+本期增方发生额-本期减方发生额=期末余额

（四）记账规则

增减记账法的记账规则为：两类账户，同增同减，金额相等；同类账户，有增有减，金额相等。

（五）试算平衡方法

增减记账法的试算平衡包括发生额试算平衡和余额试算平衡。

发生额试算平衡是指：资金来源类账户本期增方发生额合计-资金来源类账户本期减方发生额合计=资金占用类账户本期增方发生额合计-资金占用类账户本期减方发生额合计。

余额试算平衡是指：资金来源类账户余额合计=资金占用类账户余额合计

研讨思路：以增减记账法作为研讨话题，引导学生了解自1949年以来我国会计理论研究发展的历史进程，熟悉会计前辈在记账方法领域所进行的卓有成效的研究以及对会计理论发展所做出的巨大贡献，树立向会计前辈学习的决心。

本章自测

第四章　会计确认与会计计量原理

本章思维导图

学习目标

通过本章学习，读者可了解会计确认与计量的基本原理；掌握会计确认的分类与标准；掌握会计假设的基本内容；掌握权责发生制与收付实现制的内容与区别；掌握会计计量的基本属性、基本计量单位与主要计量模式。

引导案例

如何搞定会计确认与计量？

从茶水间回到自己的工位后，小艾意犹未尽。她拿起桌上的票据，打算立即进行凭证录入工作。

她一张票据一张票据地看，发现大部分票据上罗列的都是费用：办公用品费88.5元、培训费2 000元、差旅费1 435元、印刷费600元、注册登记费480元、验资费2 500元……

这下小艾又蒙了，发现到底还是自己学艺不精，虽然经杜老师点拨，搞懂了会计要素和记账原理，但一遇到具体的会计科目划分，自己还是傻傻分不清楚。

正当小艾苦思冥想，试图区分各项费用时，杜云轩又神奇地出现了。他把手里的材料放在万总桌子上后，转身对小艾说："小艾，给你出道会计智力题？"

"哦？"

"听着啊，有3个人去投宿，服务生说要30元，于是每个人各出了10元。后来老板说今天特价，只要25元，并叫服务生把多余的5元拿给他们。然而，服务生悄悄留下其中2元钱，只把剩下的3元还给他们。那么问题来了：$10-1=9$（元），表示每人只出了9元，$9\times3+2=29\neq30$（元），这是怎么回事？"

"是噢，那1元去哪了？"

"你是会计师，你好好想想。"

……

"那你说说，会计的基本前提是什么？"

"会计主体、持续经营，还有货币计量、会计分期。"

"记得蛮清楚的嘛，那会计主体是什么？"

"会计主体是……。"

"会计主体是会计核算的空间范围，也就是企业。那你还记得我跟你讲过，会计报表的右边肯定等于左边，不然的话，钱跑到哪儿去了？"

“噢……我明白了，我现在是为那3个人记账，他们投入的资金是27元，这27元又去哪儿了？25元是住宿费，2元被服务生私吞了。钱根本就不差1元。”

“嗯，不错。那持续经营呢？”

“持续经营就是假设企业永远经营下去，不然，会计的‘游戏’就没法进行下去了。”

“嗯，那货币计量呢？”

“这个简单，计量肯定要用金钱，在这一点上，它是无可替代的。”

“不错不错，对货币计量理解得很透彻，那会计分期呢？”

“会计分期就是把持续不断的经营活动分成一个个期间。比如收入得附带期间，费用也一样。不过说到成本，有时好像还要带上产品。对不对，杜老师？”

“对，因为成本是有对象的耗费，而费用主要跟期间有关。”

“那杜老师，费用科目中还有制造费用、长期待摊费用，它们又是什么呢？”

“制造费用与生产有关，而计入长期待摊费用的主要是固定资产的改建支出或大修理支出。其实，企业还有一项不能忽视的支出。”

“什么支出？”

“与生产经营无关的、偶然的支出。”

“噢，是不是营业外支出呀？”

“对，比如罚款或者因天灾人祸造成的损失。”

“这下我懂了！谢谢杜老师！”

“其实，会计必须结合企业业务进行学习才能真正搞懂它的含义，即所谓的‘业财合一’。”

“嗯，杜老师，您说得太对了！能遇到您这样的师傅，真是我的幸运！”

杜老师笑着离开后，小艾从容地将票据根据具体科目进行了分类，这次她漂亮地完成了凭证录入。

【思考与讨论】

（1）什么是会计确认？如何理解会计确认的分类？

（2）什么是会计假设？基本的会计假设包括哪些内容？

（3）持续经营假设与会计期间假设是否存在联系？

（4）如何确认资产、负债和所有者权益要素？

（5）如何确认收入和费用要素？

（6）如何理解会计计量的含义？

资料来源：改编自陈艳红．小艾上班记：真账实操教你学会计［M］．3版．大连：东北财经大学出版社，2020，有改动（改编者：王玲）。

会计工作的主要内容包括会计确认、计量、记录和报告（披露）。会计确认与计量是会计工作的核心环节。会计确认是对经济活动的特定内容是否作为会计要素正式加以记录和报告进行判断与认定，而会计计量是对经济活动中的价值数量关系予以计算和衡量；会计确认侧重认定企业经济活动中资金运动的“质变”内容，而会计计量侧重认定企业经济活动中资金运动的“量变”结果。在会计实务中，会计确认与计量的结果需要记录在账户中，并于每一会计期末以财务报表的方式报告（披露）给会计信息使用者。本章主要阐述会计确认和计量的基本原理。

第一节　会计确认原理

一、会计确认的含义、分类与标准

（一）会计确认的含义

会计确认含义、分类与标准

会计确认（accounting recognition），是指对经济事项是否作为会计要素正式加以记录和报告所做的认定。就企业而言，会计确认是针对企业所发生的各项经济活动进行识别、判断，确定其是否应当进入会计系统（应否作为会计上的经济交易或事项进行处理），并确定其在哪些特定会计账户中进行记录，是否在财务报表中予以披露。如企业购买一批材料，会计上就应该根据相关标准进行判断，就记录而言，该笔业务是否影响企业的会计要素？如果是的话，影响哪一个或哪几个会计要素？应该在会计账簿的哪些具体项目中进行记录？就报告而言，该笔经济业务是否应该记入公司的报告之中？如果是的话，应该记入报告的哪一个或哪几个具体项目之中？

会计确认作为一种会计行为，其涉及确认的标准、会计的理论基础、确认的方法等一系列问题。财务会计信息处理过程，包括会计确认、计量、记录和报告等相互关联的基本环节。由于会计确认是会计信息处理过程的第一个基本环节，因此，会计确认结果的正确与否直接影响会计记录与会计报告中相关信息的结果。

会计确认是会计人员对经济交易与事项的识别、判断和分类过程，这种“专业判断”要求会计人员应当具有丰富的专业知识与优秀的应用能力，能够准确与恰当地理解和掌握企业会计准则与会计制度的精髓与实质，并具备融会贯通和综合分析的能力。

（二）会计确认的分类

会计确认贯穿于会计信息处理的全过程。从会计数据的收集、分析与加工，到会计信息的记录和披露，会计确认无处不在。

企业发生的经济业务，需要通过会计账户来进行记录；到了会计期末再通过会计报告对外进行披露。因此，从信息处理流程上看，会计确认主要包括“初始确认”和“再确认”。会计的初始确认是针对公司的会计账簿而言的，也就是说是针对账户记录而言的。它是指对于某项经济交易或事项，确定其是否被记录为资产、负债、收入或费用，以及在什么账户中进行记录。会计的再确认是针对公司的报告而言的，是指在初始确认的基础上按会计信息使用者的要求对各项数据进行筛选、浓缩，并确定是否最终作为财务报表相关项目的内容。

就被确认的具体经济事项本身而言，由该事项引起的相关项目在整个存续期内持续存在着确认的问题，这也就是说会计确认伴随着会计要素及其项目存在和变动的全过程。从该项目的整个存续期间来看，会计确认可分为“初始确认”、“后续确认”和“终止确认”。以企业取得的固定资产为例，其确认就应该包括固定资产取得时的初始确认、固定资产使用过程的后续确认（表现为固定资产折旧、后续支出、减值等确认）、固定资产处置或报废时的终止确认等。

（三）会计确认的基本标准

要进行会计确认，首先必须明确会计确认的标准。会计确认的标准可以分为两个层次：第一层次为会计确认的基本标准，该标准适用于所有会计要素的确认，它强调不同会计要素确认的共性内容，具有普遍适用性；第二层次为不同会计要素确认的具体标准，如资产确认的具体标准、收入确认的具体标准、费用确认的具体标准等，此类标准强调不同会计要素确认的特殊性，具有针对性。

会计确认的基本标准可归纳为以下四项：

1. 可定义性

可定义性（definability）是指被确认的项目必须符合某一会计要素的定义。例如，将企业某日购入的一批生产用的木材确认为企业资产，则这些“木材”必须符合资产的定义，具有资产要素的基本特征。也就是说，这些“木材”应当是企业由已经发生的交易或事项形成并由该企业拥有或控制、能在未来期间为企业带来经济利益的资源。又如，企业将收取的押金确认为企业的一项负债，则此项暂收款必须符合负债要素的定义。

2. 可计量性

可计量性（measurability）是指被确认的项目应当具有可靠的价值计量属性（计价标准）并能客观地用货币加以计量。被计量对象在计量特性方面往往具有多种计量属性，如长度、重量、体积、价值等，而会计意义的计量属性仅指计量客体能用货币计量的价值特征。

3. 相关性

相关性（relevance）是指所确认项目的相关信息能够导致决策差别。所谓“导致决策差别”，就是指项目所提供的信息能对信息使用者的决策产生实质性影响，能对投资者的决策行为产生加强或修订的作用。如果该项目的相关信息既不能使决策者坚信其决策方案，也不能改变其决策，那么，该项目的信息就是不相关的，该项目就不应该被加以确认。

4. 可靠性

可靠性（reliability）是指所确认项目的相关信息应如实反映经济活动，并且可验证，不偏不倚。具有可靠性的会计信息，可以保证会计信息使用者的经济决策具有可靠的依据。

一项经济活动必须同时符合上述四项基本标准才能够予以确认。但遗憾的是，企业有些资源由于不同时具备会计确认的四项基本条件，因而未能予以确认，如企业中缺乏可靠计量属性的“管理经验”“关键技术人才”“市场开发能力”“市场销售渠道”等资源，这也是会计需要进一步改进和完善的地方。

二、会计要素确认的理论基础

会计信息的载体是财务会计报告，财务会计报告由会计要素组成，对会计要素进行报告之前必须进行会计要素的确认。在对会计要素进行确认时，必须遵循一定的假设前提、要求、标准和基础。

（一）会计基本假设

会计核算的对象是资金运动，而在市场经济条件下，经济活动的复杂性决定了资金运动也是一个复杂过程。因此，面对复杂多变的经济环境，摆在会计人员面前的一系列问题必须首先得到解决。例如，会计核算的范围有多大，会计为谁核算，给谁记账？会计核算的资金运动能否持续不断地进行下去？会计应该在什么时候记账、算账、报账？会计在核算过程中应该采用什么计量手段？这些都是进行会计核算工作的前提条件。

会计基本假设是企业会计确认、计量和报告的基本前提，是指为了保证会计工作的正常进行和会计信息的质量，对会计核算所处的时间、空间环境所做的合理假定。会计基本假设是人们在长期的会计实践中逐步认识并总结而成的。结合我国实际情况，企业在组织会计核算时，应遵循的会计基本假设包括会计主体假设、持续经营假设、会计分期假设、货币计量假设。

会计基本假设概述

1.会计主体假设

我国现行的会计规范要求企业应当对其自身发生的交易或者事项进行会计确认、计量和报告，这是对会计主体假设的描述。

会计主体假设

会计主体，是指企业进行会计确认、计量和报告的空间范围，是会计工作为其服务的特定单位或组织。为了向财务会计报告使用者反映企业财务状况、经营成果和现金流量，提供对其决策有用的信息，会计核算和财务会计报告的编制应当集中反映特定对象的活动，并将其与其他经济实体区别开来，才能实现财务会计报告的目标。

在会计主体假设下，企业应当对其本身发生的交易或者事项进行会计确认、计量和报告，反映企业本身所从事的各项生产经营活动。明确界定会计主体是开展会计确认、计量和报告工作的重要前提。

首先，明确会计主体，才能划定会计所要处理的各项交易或事项的范围。在会计工作中，只有那些影响企业本身经济利益的各项交易或事项才能加以确认、计量和报告，那些不影响企业本身经济利益的各项交易或事项则不能加以确认、计量和报告。会计工作中通常所讲的资产、负债的确认，收入的实现，费用的发生等，都是针对特定会计主体而言的。会计主体假设明确了会计工作的空间范围。

其次，明确会计主体，才能将会计主体的交易或者事项与会计主体所有者的交易或者事项以及其他会计主体的交易或者事项区分开来。尽管企业本身的经济活动总是与其他企业、单位或个人的经济活动相联系，但对于会计来说，其核算的范围既不包括企业所有者的经济活动，也不包括其他企业的经济活动。企业所有者的经济交易或者事项是属于企业所有者主体所发生的，不应纳入企业会计核算的范围，但是企业所有者投入到企业的资本或者企业向所有者分配的利润，则属于企业主体所发生的交易或者事项，应当纳入企业会计核算的范围。

需要强调的是，会计主体与法律主体不是同一个概念。一般来说，法律主体必然是一个会计主体。例如，一家企业作为一个法律主体，应当建立财务会计系统，独立反映其财务状况、经营成果和现金流量。但是，会计主体不一定是法律主体。会计主体可以是一个有法人资格的企业，也可以是由若干家企业通过控股关系组织起来的集团公司，还可以是企业、单位下属的二级核算单位。个人独资、合伙形式的企业都可以作为会计主体，但都不是法人。例如，就集团公司而言，一个母公司拥有若干子公司，母、子公司虽然是不同的法律主体，但是母公司对子公司拥有控制权，为了全面反映企业集团的财务状况、经营成果和现金流量，就有必要将企业集团作为一个会计主体，编制合并财务报表。再如，对于基金管理公司而言，一方面，公司本身既是法律主体，又是会计主体，需要以公司为主体核算公司的各项经济活动，以反映整个公司的财务状况、经营成果和现金流量；另一方面，每只基金尽管不属于法律主体，但需要单独核算，并向基金持有人定期披露基金的财务状况和经营成果等，因此，每只基金也属于会计主体，应当对每只基金单独进行会计确认、计量和报告。

会计主体假设是持续经营假设、会计分期假设和其他会计核算基础的前提。因为如果不划定会计工作的空间范围，会计核算工作就无法进行，指导会计核算工作的有关要求也就失去了存在的意义。

2.持续经营假设

我国现行会计规范要求，企业会计确认、计量和报告应当以持续经营为前提。这是对持续经营假设的描述。

会计持续经营假设

持续经营，是指在可以预见的将来，企业将会按当前的规模和状态继续经营下去，不会停业，也不会大规模削减业务。在持续经营假设下，会计确认、计量和报告应当以企业持续、正常的生产经营活动为前提，而不考虑企业是否破产清算等，在此前提下选择会计程序及会计处理方法，并进行会计核算。

企业是否持续经营，在会计原则、会计方法的选择上有很大差别。一般情况下，应当假定企业将会按照当前的规模和状态继续经营下去，会计核算所使用的一系列方法和遵循的有关要求都是建立在会计主体持续经营的基础之上的。明确这个基本假设，就意味着会计主体将按照既定用途使用资产，按照既定的合约条件清偿债务，会计人员就可以在此基础上选择会计原则和会计方法。如果判断企业会持续经营，就可以假定企业的固定资产会在持续经营的生产经营过程中长期发挥作用，并服务于生产经营过程，固定资产就可以根据历史成本进行记录，并采用折旧的方法，将历史成本分摊到预计使用寿命期内各个会计期间或相关产品的成本中。如果判断企业不会持续经营，固定资产就不应采用历史成本进行计量，也不应按期计提折旧。

尽管客观上企业会由于市场竞争而面临被淘汰的风险，企业或会计主体通常不可能无限期地持续经营下去，但只有假定作为会计主体的企业是持续、正常经营的，会计的有关要求和程序及方法才能建立在非清算的基础之上，这样才能保持会计信息处理的一致性和稳定性。此外，持续经营假设明确了会计工作的时间范围。

如果一家企业在不能持续经营时还假定企业能够持续经营，并仍按持续经营基本假设选择会计确认、计量和报告的原则与方法，就不能客观地反映企业的财务状况、经营成果和现金流量，会误导会计信息使用者进行经济决策。所以，如果有足够的证据表明企业不能持续经营时，建立在持续经营假设基础之上的有关会计处理原则和方法也就不再适用了。

只有在持续经营的前提下，企业的资产和负债才区分为流动的和非流动的，企业对收入、费用的确认才能采用权责发生制，企业才有必要确立会计分期假设和配比原则、划分收益性支出与资本性支出、历史成本等会计确认、计量要求。

3.会计分期假设

我国现行会计规范要求，企业应当划分会计期间，分期结算账目和编制财务会计报告。会计期间分为年度和中期。中期是指短于一个完整的会计年度的报告期间，这是对会计分期假设的描述。

会计分期，是指将一家企业持续不断的生产经营活动划分为一个个较短的、连续的、长短相同的期间。会计分期的目的，在于通过会计期间的划分，将持续经营的生产经营活动划分为连续、相等的期间，据以分期结算账目，按期编制财务会计报告，从而及时向财务会计报告使用者提供有关企业财务状况、经营成果和现金流量的信息，满足有关方面的需要。

会计分期假设

根据持续经营假设，一家企业将按当前的规模和状态持续经营下去。所以理论上说，在企业持续经营的情况下，要反映企业的财务状况和经营成果，只有等到企业所有的生产经营活动结束后，才能通过收入和费用的归集与比较，进行准确的计算，但那时提供的会计信息已经失去了应有的作用。因此，必须人为地将这个过程划分为较短的会计期间。无论是出于企业的生产经营决策考虑，还是出于投资者、债权人等的决策考虑，都需要提供及时的信息，都需要将企业持续的生产经营活动划分为一个个连续的、长短相同的期间，以分期确认、计量和报告企业的财务状况、经营成果和现金流量。

在会计分期假设下，企业应当划分会计期间，分期结算账目和编制财务会计报告。会计分期假设是对会计工作时间范围的具体划分，主要是确定会计年度。各国所采用的会计年度一般都与本国的财政年度相同。我国以日历年度作为会计年度，即从每年的1月1日至12月31日为一个会计年度。会计年度确定后，一般按日历确定半年度、季度和月度。其中，凡是短于一个完整会计年度的报告期间均称为中期。

会计分期假设有着重要的意义。有了会计分期，才产生了当期与以前期间、以后期间的差别，才使不同类型的会计主体有了记账的基准，进而出现折旧、摊销等会计处理方法；才产生了收付实现制和权责发生制，以及划分收益性支出和资本性支出、配比等要求。只有正确地划分会计期间，才能准确地提供与财务状况和经营成果等有关的资料，才能进行会计信息的对比。

4.货币计量假设

我国现行会计规范要求，企业会计应当以货币计量，这是对货币计量假设的描述。货币计量，是指会计主体在财务会计确认、计量和报告过程中应采用货币作为计量单位，记录、反映会计主体的生产经营情况。

货币计量假设

企业使用的计量单位较多，在会计的确认、计量和报告过程中之所以选择货币为基础进行计量，是由货币的本身属性决定的。为了全面、综合地反映企业的生产经营活动，会计核算客观上需要一种统一的计量单位作为计量尺度。货币作为商品的一般等价物，是衡量一般商品价值的共同尺度，具有价值尺度、流通手段、贮藏手段和支付手段等职能，能用以计量一切资产、负债和所有者权益，以及收入、费用和利润，也便于综合处理。而其他计量单位如重量、长度、容积、台、件等，无法让众多企业在量上进行汇总和比较，不便于会计计量和经营管理。只有选择货币尺度进行计量，才能充分反映企业的生产经营情况。所以会计必须以货币计量为前提，会计确认、计量和报告应选择货币作为计量单位。

在我国，要求企业对所有经济业务采用同一种货币作为统一尺度来进行计量。若企业的经济业务有两种以上的货币计量，应该选用一种作为基准，称为记账本位币。记账本位币以外的货币则称为外币。我国有关会计法规指出，会计核算以人民币为记账本位币，业务收支以人民币以外的货币为主的单位，可以选定其中一种货币作为记账本位币，但是编制的财务会计报告应当折算为人民币。

需要说明的是，其他计量单位如实物量、劳动工时等，在会计核算中也会使用，但不占主要地位。在有些情况下，统一采用货币计量也有缺陷。某些影响企业财务状况和经营成果的因素，如企业经营战略、研发能力、市场竞争力等，往往难以用货币计量，但这些信息对于会计信息使用者的决策也很重要，因此，企业可以在财务会计报告中补充披露有关非财务信息来弥补上述缺陷。另外，货币本身也有价值，它是通过货币的购买力或物价水平表现出来的。但是，在市场经济条件下，货币的价值也在不断变动从而导致币值很不稳定，有些国家甚至出现了比较严重的通货膨胀，这对货币计量提出了挑战。因此，一方面，我们在确定货币计量假设时，必须同时确立币值稳定假设，即假设币值是稳定的，不会有大的波动，或前后波动能够抵销；另一方面，如果发生恶性通货膨胀，就需要采用特殊的会计原则（如物价变动会计原则）来处理有关的经济业务。

综上所述，会计基本假设虽然是人为确定的，但完全是出于客观的需要，有充分的客观必然性。否则，会计核算工作就无法进行。这四项假设缺一不可，既有联系又有区别，共同为会计核算工作的开展奠定了基础。

（二）会计要素的确认要求

会计要素确认要求

对会计要素进行确认不仅要符合一定的标准，而且在确认过程中还要遵循划分收益性支出与资本性支出、收入与费用配比和历史成本计量等基本要求。

1.划分收益性支出与资本性支出

会计核算应当合理划分收益性支出和资本性支出。凡支出的效用仅与本会计年度（或一个营业周期）相关的，应当作为收益性支出；凡支出的效用与几个会计年度（或几个营业周期）相关的，应当作为资本性支出。划分收益性支出和资本性支出的目的在于正确确定企业的当期（一般指一个会计年度）损益。具体来说，收益性支出是为取得本期收益而发生的支出，应当作为本期费用，计入当期损益，列于利润表中。例如，已销售商品的成本、期间费用、所得税费用等。资本性支出是为形成生产经营能力，为以后各期取得收益而发生的各种支出，应当作为资产反映，列于资产负债表中。例如，购置固定资产和无形资产的支出等。

如果一项收益性支出按资本性支出处理，就会造成少计费用而多计资产，出现当期利润虚增而资产价值偏高的现象；如果一项资本性支出按收益性支出处理，则会出现多计费用少计资产，导致当期利润虚减而资产价值偏低的结果。

2. 收入与费用相互配比

正确确定一个会计期间的收入和与其相关的成本、费用，以便计算当期的损益，这是配比的要求。

收入与费用配比包括两方面的配比问题：一是收入和费用在因果关系上的配比，即取得一定的收入时发生了一定的支出，而发生这些支出的目的就是取得这些收入；二是收入和费用在时间意义上的配比，即一定会计期间的收入和费用的配比。

3. 历史成本计量

历史成本，又称实际成本或原始成本，是取得或制造某项财产物资时所实际支付的现金或其他等价物。在历史成本计量下，资产按照其购置时支付的现金或现金等价物的金额，或者按照购置资产时所付出的对价的公允价值计量。负债按照其因承担现时义务而实际收到的款项或者资产的金额，或者承担现时义务的合同金额，或者按照日常活动中为偿还负债预期需要支付的现金或现金等价物的金额计量。

我国现行准则规定：企业在对会计要素进行计量时，一般应当采用历史成本，采用重置成本、可变现净值、现值、公允价值计量的，应当保证所确定的会计要素金额能够取得并可靠计量。以历史成本为一般计价基础有助于对各项资产、负债项目的确认和对计量结果的验证和控制；同时，按照历史成本原则进行核算，也使得收入与费用的配比建立在实际交易的基础上，防止企业随意改动资产价格造成经营成果虚假或任意操纵企业的经营业绩。

用历史成本计价比较客观，有原始凭证作依据，可以随时查证并防止随意更改。但这样做是建立在币值稳定假设基础之上的，如果发生物价变动导致币值出现不稳定的情况，则需要研究、使用其他计价基础，如重置成本等。

（三）会计要素确认基础

企业生产经营活动在时间上是持续不断的，不断地取得收入，不断地发生各种成本、费用，将收入和相关的费用相配比，就可以计算和确定企业生产经营活动所产生的利润（或亏损）。由于企业生产经营活动是连续的，而会计期间是人为划分的，所以在企业经济活动中，交易或事项的发生时间往往与相关货币收支时间并不完全一致，难免有一部分收入和费用出现收支期间和应归属期间不相一致的情况。例如，款项已经收到，但销售并未实现，或者款项已经支付，但并不是为本期生产经营活动而发生的。于是在处理这类经济业务时，应正确选择合适的会计确认基础，可供选择的会计确认基础包括收付实现制和权责发生制两种。

1. 收付实现制

收付实现制，亦称现金收付制或现金制，是以款项的实收实付作为确定本期收入和费用的标准。采用收付实现制会计确认基础，凡是本期实际收到的款项，都作为本期的收入处理；凡是本期付出的款项，都作为本期的费用处理。反之，凡是本期没有实际收到款项和付出款项，即使应归属于本期，但也不作为本期收入和费用处理。

会计要素确认基础1

【例 4-1】现举例说明收付实现制下会计处理的特点。

（1）甲公司于10月10日销售甲产品一批，价款为20 000元，10月25日收到货款，存入银行。

这笔销售由于甲公司在10月份收到了货款，按照收付实现制的处理标准，应作为10月份的收入入账。

(2) 甲公司于10月11日销售乙产品一批，价款为10 000元，11月10日收到货款，存入银行。

这笔销售收入虽然属于10月份实现的收入，但由于是在11月份收到货款，按照收付实现制的处理标准，应将其作为11月份的收入入账，10月份不确认收入。

(3) 甲公司于10月12日收到某购货单位一笔15 000元的货款，存入银行，但按合同的规定于12月份交付商品。

这笔货款虽然属于12月份实现的收入，但由于甲公司是在10月份收到了款项，按照收付实现制的处理标准，应将其作为10月份的收入入账。

(4) 甲公司于10月30日以银行存款2 000元预付明年全年的管理部门保险费。

这笔款项虽然属于明年各月应负担的费用，但由于在本年10月份支付了款项，按照收付实现制的处理标准，应将其作为本年10月份的费用入账。

(5) 甲公司于10月30日购入管理部门用办公用品一批，价款为5 000元，但款项在明年3月份支付。

这笔费用虽然属于本年10月份应负担的费用，但由于款项在明年3月份支付，按照收付实现制的处理标准，应将其作为明年3月份的费用入账。

(6) 甲公司于10月31日用银行存款1 000元支付本月管理部门水电费。

这笔费用由于在本年10月份支付，按照收付实现制的处理标准，应作为本年10月份的费用入账。

从【例4-1】可以看出，无论收入的权利和支出的义务归属于哪一期，只要款项的收付在本期，就应确认为本期的收入和费用，不考虑预收收入和预付账款，以及应计收入和应计费用的存在。会计期末根据账簿记录确定本期的收入和费用时，因为实际收到和付出的款项必然已经登记入账，所以不存在对账簿记录于期末进行调整的问题。这种会计确认基础核算手续简单，同时由于收入和费用的确认时间与现金的收支时间一致，核算的经营成果与现金流量一致，便于会计信息使用者理解。但是，以收付实现制为基础进行会计核算，可能导致当期收到的现金是以前期间的经营成果，而当期支付的现金又可能在以后期间才能带来成果，因此，按照现金实际收支时间确定的损益并不代表企业当期的真正经营成果，不同时期缺乏可比性。

2.权责发生制

权责发生制，亦称应收应付制或应计制，是指企业以收入的权利和支出的义务是否归属于本期为标准来确认收入、费用的一种会计确认基础。也就是以应收应付为标准，而不是以款项的实际收付是否在本期发生为标准来确认本期的收入和费用。在权责发生制下，凡是属于本期已经实现的收入和应当负担的费用，不论款项是否实际收到或实际付出，都应作为本期的收入和费用入账；凡是不属于本期的收入和费用，即使款项在本期收到或付出，也不作为本期的收入和费用处理。以【例4-1】中的（1）至（6）项为例，说明在权责发生制下的会计处理：

（1）项和（6）项中，收入与费用的归属期和款项实收实付属于相同的会计期间，确认的收入与费用和收付实现制相同。

（2）项应作为10月份的收入，因为商品已经销售，企业已经取得收回款项的权利，收入在10月份就实现了。

（3）项应作为12月份的收入，因为10月份只是收到款项，商品没有交付，并没有取得收到款项的权利，收入没有在10月份实现。

（4）项应作为下一年的费用，因为这笔保险费虽然在本年10月份支付，但这笔费用应该由下一年负担。

（5）项应作为本年10月份的费用，因为企业已经在10月份购入了办公用品，虽然款项没有在本年10月份实际支付，但10月份已经发生支出的义务了。

会计要素确认基础2

表4-1列示的是前述（1）～（6）项分别在收付实现制和权责发生制下确认收入、费用的情况以及甲公司10月份利润结果的比较。

表4-1　**收付实现制与权责发生制的比较**　单位：元

业务内容	收付实现制		权责发生制	
	收入	费用	收入	费用
（1）	20 000		20 000	
（2）			10 000	
（3）	15 000			
（4）		2 000		
（5）				5 000
（6）		1 000		1 000
合计	35 000	3 000	30 000	6 000
利润	32 000		24 000	

由上可见，权责发生制与收付实现制的共同之处在于都是会计确认收入和费用归属期的基本原则，但收付实现制是以实际收付款项为基本标准确认收入和费用，而权责发生制是以权利的取得与责任的承担为基本标准确认收入和费用，即取得了收取款项的权利或产生了承担费用的责任就应该确认收入和费用。所以在权责发生制下，必须依据持续经营和会计分期两个基本假设来正确划分不同会计期间资产、负债、收入、费用等会计要素的归属期，必须考虑预收预付和应收应付。由于企业日常的账簿记录不能完全反映本期的收入和费用，需要在会计期末对账簿记录进行调整，使未收到款项的应计收入和未付出款项的应付费用，以及收到款项而不完全属于本期的收入和付出款项而不完全属于本期的费用，归属于相应的会计期间，以便正确地计算本期的经营成果。

企业经营不是一次而是多次，而损益的计算又要分期进行，每期的损益计算理应反映所有归属于本期的真实经营业绩，收付实现制显然不能完全做到这一点。所以，与收付实现制相比较，权责发生制的核算虽然比较复杂，但其反映本期的收入和费用比较合理、真实，能够更加准确地反映特定会计期间实际的财务状况和经营成果，所以适用于企业会计核算。同时根据收入和费用的定义，一项收入的确认必然同时导致一项资产的增加或负债的减少，一项费用的确认必然同时导致一项资产的减少或负债的增加，所以权责发生制可应用于所有会计要素的确认，成为会计要素的确认基础。我国《企业会计准则——基本准则》第九条明确规定："企业应当以权责发生制为基础进行会计确认、计量和报告。"

当然，需要注意的是，尽管权责发生制在反映企业的经营业绩方面具有其合理性，成为了当前绝对主流的会计要素确认基础，但是权责发生制也存在一定的局限性，其最大的缺陷在于一家利润很高的企业很可能因没有相应的变现资金而陷于财务困境。例如，某企业本期销售了2 000万元的商品，按照权责发生制原则，企业应该确认这笔2 000万元的收入，但是企业若在本期不能收到这笔2 000万元的销售款，而其各项成本费用却仍需用现金支付，则企业就可能出现利润虽然较高却没有足够现金支付的财务危机。所以在市场经济条件下，企业应该以权责发生制为基础确认收入、费用、资产和负债，但是也不能忽略现金流动状况，即需要以收付实现制为基础考察现金流量情况，以弥补权责发生制的局限性。

三、会计要素的确认方法及其运用

会计要素的确认（特别是初始确认），必须符合会计确认的四项基本条件（或标准），即可定义性、可计量性、相关性和可靠性。同时，由于各个会计要素本身具有不同的特点，因而不同会计要素的确认还可以具有自身的具体标准。

资产、负债的确认

（一）资产、负债和所有者权益要素的确认

1. 资产的确认条件

将一项资源确认为资产，需要符合资产的定义，还应同时满足以下两个条件：

第一，与该资源有关的经济利益很可能流入企业。从资产的定义来看，能否带来经济利益是资产的一个本质特征。但在现实生活中，由于经济环境瞬息万变，与资源有关的经济利益能否流入企业或者能够流入多少实际上带有不确定性。因此，资产的确认还应与经济利益流入的不确定性程度的判断结合起来。如果根据编制财务报表时所取得的证据，与资源有关的经济利益很可能流入企业，那么就应当将其作为资产予以确认；反之，不能确认为资产。

第二，该资源的成本或者价值能够可靠地计量。财务会计系统是一个确认、计量和报告的系统，其中计量起着枢纽作用，可计量性是所有会计要素确认的重要前提，资产的确认也是如此。只有当有关资源的成本或者价值能够可靠计量时，资产才能予以确认。在实务中，企业取得的许多资产都是发生了实际成本的，例如企业购买或者生产的存货，企业购置的厂房或者设备等，对于这些资产，只要实际发生的购买成本或者生产成本能够可靠计量，就视为符合资产确认的可计量条件。在某些情况下，企业取得的资产没有发生实际

成本或者发生的实际成本很小，例如企业持有的由某些衍生金融工具形成的资产，对于这些资产，尽管它们没有实际成本或者发生的实际成本很小，但是如果其公允价值能够可靠计量，也被认为符合资产可计量性的确认条件。

2.负债的确认条件

将一项现时义务确认为负债，需要符合负债的定义，还应当同时满足以下两个条件：

第一，与该义务有关的经济利益很可能流出企业。从负债的定义可以看到，预期会导致经济利益流出企业是负债的一个本质特征。在实务中，履行义务所需流出的经济利益带有不确定性，尤其是与推定义务相关的经济利益通常需要依赖于大量的估计。因此，负债的确认应当与经济利益流出的不确定性程度的判断结合起来。如果有确凿证据表明，与现时义务有关的经济利益很可能流出企业，就应当将其作为负债予以确认；反之，如果企业承担了现时义务，但导致经济利益流出企业的可能性若已不复存在，就不符合负债的确认条件，不应将其作为负债予以确认。

第二，未来流出的经济利益的金额能够可靠地计量。负债的确认在考虑经济利益流出企业的同时，对于未来流出的经济利益的金额应当能够可靠计量。对于与法定义务有关的经济利益流出金额，通常可以根据合同或者法律规定的金额予以确定。考虑到经济利益流出的金额通常在未来期间，有时未来期间较长，有关金额的计量需要考虑货币时间价值等因素的影响；对于与推定义务有关的经济利益流出金额，企业应当根据履行相关义务所需支出的最佳估计数进行估计，并综合考虑有关货币时间价值、风险等因素的影响。

3.所有者权益的确认条件

所有者权益体现的是所有者在企业中的剩余权益，因此，所有者权益的确认主要依赖其他会计要素，尤其是资产和负债的确认；所有者权益金额的确定也主要取决于资产和负债的计量。例如，企业接受投资者投入的资产，在该资产符合企业资产确认条件时，就相应地符合了所有者权益的确认条件；当该资产的价值能够可靠计量时，所有者权益的金额也就可以确定了。

所有者权益的确认

所有者权益反映的是企业所有者对企业资产的索取权，负债反映的是企业债权人对企业资产的索取权，两者在性质上有本质区别。因此企业在会计确认、计量和报告中应当严格区分负债和所有者权益，以如实反映企业的财务状况，尤其是企业的偿债能力和产权比率等。在实务中，企业某些交易或者事项可能同时具有负债和所有者权益的特征，在这种情况下，企业应当将属于负债和所有者权益的部分分开核算和列报。例如，企业发行的可转换公司债券，企业应当将其中的负债部分和权益性工具部分进行分拆，分别确认负债和所有者权益。

（二）收入、费用、利润要素的确认

1.收入要素的确认

收入是指企业在销售商品、提供劳务及让渡资产的使用权等日常活动中所形成的经济利益的总流入，其包括主营业务收入（如商品或产品销售收入）和其他业务收入（如生产企业少量的材料销售收入）。收入要素的确认，除满足会计要素确认的四项基本标准外，还具有自身的确认标准。

按照我国会计准则的规定，企业应当在履行了合同中的履约义务，即客户取得相关商品（或服务）控制权时确认收入。取得相关商品（或服务）控制权，是指能够主导该商品（或服务）的使用并从中获得几乎全部的经济利益。具体而言，当企业与客户之间的合同同时满足下列条件时，企业应当在客户取得相关商品（或服务）控制权时确认收入：（1）合同各方已批准该合同并承诺将履行各自义务；（2）该合同明确了合同各方与所转让商品或提供劳务（以下简称“转让商品”）相关的权利和义务；（3）该合同有明确的与所转让商品相关的支付条款；（4）该合同具有商业实质，即履行该合同将改变企业未来现金流量的风险、时间分布或金额；（5）企业因向客户转让商品而有权取得的对价很可能收回。

动态会计要素的确认

企业确认收入的同时，应当确认相应的资产或负债项目。由于特定期间收入的确认直接影响当期利润数额，而利润数额又会波及企业的所得税以及衡量企业财务业绩的每股收益，因此，企业会计实务中的收入确认问题十分敏感。为确保特定期间企业收入信息的可靠性，企业不得提前或延迟确认收入，同时，应严格区分收入与利得。

2.费用要素的确认

费用是指企业为销售商品、提供劳务等日常活动所发生的经济利益的流出。费用要素的确认，除前述会计要素确认的基本标准外，还必须遵循收入与费用之间的配比性要求。

企业特定会计期间的费用的确认方法如下：

（1）根据与收入的因果关系来确认费用。费用的发生和收入的形成具有内在联系，费用是取得收入的必要代价。企业要取得收入，就必须花费这种代价，如消耗资产、发生人工成本等。在企业所发生的全部费用中，有些费用与取得的收入之间具有明显的因果关系。因此，可以根据与收入的因果关系来确认费用。如主营业务成本等的确认与计量，就是这种方法确认费用的典型例子。

（2）合理、系统地分摊费用。在企业中，有些费用的发生与收入取得之间并不存在显性因果关系，但这些费用同样是取得收入的一种代价。在会计上，对于那些与若干会计期间或若干受益对象相关的费用，应采用合理、系统的方法予以分摊。如固定资产折旧费用的确认，就是将固定资产的实际成本按一种合理的标准分摊于固定资产的整个使用期间。

（3）费用发生时立即予以确认，如商品广告费用。这些费用既不与特定会计期间的收入具有非常明显的数量上的“因果关系”，也不与特定会计期间或受益对象直接相关，因而在其发生时直接确认为当期费用并计入当期损益。

确认费用的同时，应当确认相应的资产或负债项目。同时，还应当注意区分费用与损失。

3.利润要素的确认

利润是企业在一定会计期间的经营业绩。利润反映的是收入减去费用、利得减去损失后的净额。因此，利润的确认主要依赖于收入和费用以及利得和损失的确认，其金额的确定也主要取决于收入、费用、利得、损失金额的计量。

第二节　会计计量原理

一、会计计量的含义与内容

（一）会计计量的含义

会计计量概念与属性1

会计不仅要对经济活动中经济现象的内容予以确认，同时还要对经济现象内含的价值数量关系进行计量。计量之意，是指“用一个规定的标准已知量作单位，和同类型的未知量相比较而加以检定的过程。通常利用一种计量器具来测量未知量的大小，用数值和单位表示出来”。会计中的计量是从会计的角度，运用会计上特定的计量标准（即计量属性），对经济活动中财产物资的价值变化进行计算和衡量。简言之，会计计量（accounting measurement）是对经济交易与事项的价值数量关系进行计算和衡量的过程，其实质是以数量（主要是以货币表示的价值量）关系揭示经济事项之间的内在联系。

会计计量是会计的核心内容，其贯穿于财务会计过程的始终。会计确认是会计计量的前提和基础，而会计计量是会计确认的归宿，并且会计确认和会计计量的结果都由会计账户加以记录、由财务报表加以报告。

（二）会计计量的内容

会计计量以企业经济活动的全部价值变化为客体。由于会计上将企业的经济活动划分为若干相互关联的会计要素，包括资产、负债、所有者权益、收入、费用和利润，因此会计计量包含对资产、负债、所有者权益、收入、费用和利润等要素的计量。其中，资产要素计量是会计计量的重心，因为其他会计要素的计量都直接或间接地依赖或体现资产计量的结果。如所有者权益在数量上是资产与负债之差，收入和费用最终都表现为资产的增加或减少，利润实质上是非产权事项导致的资产的净增减数量。

从表现形式上看，会计计量主要包括资产计价（assets valuation）和收益决定（income determination）两大部分内容。前者就是资产价值计量，后者就是利润计量。

二、会计计量的构成要素

会计计量包含计量属性和计量单位两个基本要素，而计量属性和计量单位的选择与运用，会形成不同的会计计量模式。

（一）会计计量属性

计量属性（measurement attributes）是指被计量客体的数量特性或外在表现形式。如测量水杯的容量、高度、口径等时，水杯所具有的数量方面的特性。在会计中，由于会计主要是借助于货币形式来反映企业的经济活动，因此，计量属性是指企业经济活动所表现的价值数量特性。企业的经济交易或事项，可以从多个方面予以货币量化，因而其具有不同的会计计量属性。会计计量属性也称“计量基础”或“计价标准”。

可供选择的会计计量属性主要包括历史成本、重置成本、可实现净值、现值和公允价值等。

1.历史成本

历史成本（historical cost）又称“实际成本”，是指企业为了取得或制造某项财产物资时所实际支付的现金或现金等价物。采用历史成本计量时，资产按照其购置时支付的现金或现金等价物的金额，或者按照购置时所付出对价的公允价值计量。负债按照其因承担现时义务而实际收到的款项或者资产的金额，或者承担现时义务的合同金额，或者按照日常活动中为偿还负债预期需要支付的现金或者现金等价物的金额计量。其内容包括资产的原始交易价格和以其为基础的“调整项目”（如取得后的费用摊销）。如我国会计实务中，外购材料的实际成本包括材料购买价格和发生的采购费用，生产产品的实际成本包括实际耗用的材料费用、人工费用和应当负担的制造费用，外购机器设备等固定资产的实际成本（即原始价值）包括机器设备的购买价格和其后发生的运杂费、安装费、调试费等。在财务会计中，由于历史成本客观且可核实，因而被公认为是一切资产项目计价的基础，也是进行成本计算的依据。历史成本是会计计量中最重要和最基本的计量属性，其一直是国际会计惯例中的基础性计价标准。以历史成本计量属性为基础的财务会计模式，被称为历史成本会计模式。在物价较为稳定的经济环境中，历史成本会计信息具有相关性、可靠性，有利于会计信息使用者的各种决策，但在物价变动幅度较大的经济环境中，历史成本会计信息的质量会大大降低。

2.现行成本

重置成本（replacement cost）又称“现行成本”（current cost）或“现时投入成本”，是指按照当前市场条件，重新取得同样一项资产所需支付的现金或现金等价物金额。在重置成本下，资产按照现在购买相同或相似资产所需支付的现金或现金等价物的金额计量。负债按照现在偿付该项负债所需支付的现金或现金等价物的金额计量。现行成本属性常被用于对现有资产价值的重新计量和“表述”上。例如，企业盘盈一批材料，假设企业购买这批材料，依据当前市场上该材料的价格估计需要支出18 000元，则说明该批材料的现行成本（重置成本）为18 000元。现行成本可以衡量企业持有资产当前的市场价格水平，较为准确地反映维持资产再生产能力所需的物质补偿。在市场价格发生较大波动时，按现行成本计量资产的价值，能够真实地衡量资产的消耗，增强收入与费用之间的配比性，避免利润虚计，从而提高会计信息的相关性。但是，现行成本的确定往往缺乏客观性。

会计计量概念与属性2

3.可实现净值

可实现净值（net realizable value）也称“预期脱手价值”（expected exit value），是指在生产经营的过程中，以预计售价减去进一步加工成本和销售所必需的预计税金、费用后的净值。在可变现净值计量下，资产按照其正常对外销售所能收到的现金或现金等价物的金额扣减该资产至完工时估计将要发生的成本、估计的销售费用以及相关税费后的金额计量，也就是资产的销售价格减去在销售过程中支付的各种费用后的金额。例如，企业某项资产的出售价格为1 200元，支付运杂费等计30元，则该项资产的可实现净值为1 170元。运用可实现净值计量属性时，不考虑相关现金流入与流出的货币时间价值问题。可实现净值计量属性提供的会计信息，具有较强的决策相关性，但其实际操作难度较大。

4.现值

现值（present value）是“未来现金流量的现在价值”的简称，是指对未来现金流量以恰当的折现率进行折现后的价值，是考虑货币时间价值等因素的一种计量属性。在现值计量属性下，资产按照预计从其持续使用和最终处置中所产生的未来净现金流入量的折现金额计量。负债按照预计期限内需要偿还的未来净现金流出量的折现金额计量。如果在可实现净值计量属性确定方法的基础上，考虑货币的时间价值即贴现，这就是现值的确定方法。例如，企业1年后才能收到的应收款项10 000元，在利率（或贴现率）为5%的条件下，其现值为9 524元。

5.公允价值

公允价值，是指市场参与者在计量日发生的有序交易中，出售一项资产所能收到或者转移一项负债所需支付的价格，即脱手价格。

企业以公允价值计量相关的资产或负债，应该考虑该资产或负债的特征以及该资产或负债是以单项还是以组合的方式进行计量。企业应该假定市场参与者在计量日出售资产或者转移负债的交易，是在当前市场条件下的有序交易。企业应该假定出售资产或转移负债的有序交易在该资产或负债的主要市场进行；不存在主要市场的，应当假定该交易在该资产或负债的最有利市场进行。企业以公允价值计量相关资产或负债，应当采用市场参与者在对该资产或负债定价时为实现其经济利益最大化所使用的假设，包括有关风险的假设。企业应该根据交易性质和相关资产或负债的特征等，判断初始确认时的公允价值是否与其交易价值相等。企业以公允价值计量相关资产或负债，应当使用在当前情况下适用并且有足够可利用数据和其他信息支持的估值技术。企业应当根据估值技术中所使用的输入值确定公允价值计量结果所属的层次。

企业在对会计要素进行计量时，一般采用历史成本的计量属性，这主要是因为其具有可靠性较高、易于取得相关原始凭证、容易被验证等优点。然而随着经济的发展，历史成本计量越来越显现出其固有的缺陷，即相关性和及时性差，这就限制了现代市场经济中历史成本计量属性的应用。我国现行会计规范规定：企业在对会计要素进行计量时，一般应当以历史成本作为会计计量基础。法律、行政法规和企业会计准则规定允许采用其他会计计量基础的，也可以采用其他会计计量基础，但应当保证所确定的会计要素金额能够取得并可靠计量。

（二）会计计量单位

财务会计本身作为一个计量过程，其除了选择计量属性外，还必须采用特定的计量单位（measurement unit）。在商品经济条件下，货币是衡量商品经济活动的基本计量尺度。基于货币计量假设，会计上通常以货币作为计量尺度（如美元、人民币等）。因此，财务会计计量的结果会导致大量满足决策者需要的货币化会计信息的产生。作为一种会计计量尺度，货币量度单位（货币购买力）应当具有自身的统一性，即货币量度单位在不同时期应当保持稳定，具有可比性。然而，现实经济环境往往使得货币量度单位经常发生变动。现实生活中，物价的上涨或下跌，正说明货币的实际购买力在不断发生变化。基于此，会计上采用名义货币单位和不变货币单位作为会计计量单位。

名义货币单位也称“面值货币单位”，是指以面值表示的流通货币量度单位，其不考虑不同时期货币购买力的变化。以名义货币单位作为会计计量单位，与财务会计中的货币计量假设正好呼应。货币计量假设限定了会计信息的记录和报告以“币值稳定”为条件，因此会计计量中可以认为名义货币单位的购买力没有发生变化，或者尽管名义货币单位的购买力发生了变化（上升或下降），但其变动幅度较小或在一定时期内可以相互抵消，以至于可以认为货币单位是相对稳定的。使用名义货币单位进行会计计量，已经成为财务会计中的普遍做法。

不变货币单位也称“一般购买力单位”，是指以一般购买力表示的货币量度单位，其考虑了不同期间货币实际购买力的变动。针对不同时期货币购买力的变化，可以一定时期内的货币购买力（通常用一般物价指数表示）调整或折算不同时期的名义货币单位，从而使得不同时期的货币单位保持在不变的计量基础上。不变货币单位的应用，以非持续经营状态为前提，因此，不变货币单位会计是一种特殊的会计程序与方法。

例如，假设企业某项设备20×6年的价格为50 000元，截至20×8年，商品价格平均上涨幅度为10%。在会计上，如果不考虑商品价格上涨因素，20×8年度的财务报表中该设备的价格仍为50 000元，则意味着该企业是以名义货币单位作为会计计量单位的，其未考虑货币购买力的实际变化；企业如果考虑物价变动水平，将该设备的价格反映为55 000元，则意味着该企业是以不变货币单位作为会计计量单位的，其已经考虑了货币实际购买力的变化。

（三）会计计量模式

会计计量单位与模式

会计计量模式是指进行会计计量时所采用的计量属性和计量单位的组合方式。根据会计计量对象的特征和会计信息使用者的需求，会计计量属性主要有历史成本、现行成本、可变现净值、现值和公允价值，而会计计量单位包括名义货币单位和不变货币单位，因此，理论上的会计计量模式类型见表4-2。

表4-2 会计计量模式的类型

计量属性 计量单位	历史成本	现行成本	可变现净值	现值	公允价值
名义货币单位	√	√	√	√	√
不变货币单位	√	√	√	√	√

选择会计计量模式，除了依据不同的资本保全理论（财务资本保全或实物资本保全）外，主要应当考虑现实经济环境中的物价变动程度以及会计信息使用者的信息需求等因素。在这些模式中，历史成本-名义货币单位模式（通常所说的历史成本会计模式）和公允价值-不变货币单位模式（通常所说的公允价值计量模式）是企业运用得最多的会计计量模式。

思考题

1. 什么是会计确认？如何理解会计确认的分类？
2. 举例说明会计确认的基本标准。

3. 什么是会计假设？基本的会计假设包括哪些内容？
4. 按权责发生制与收付实现制分别如何确认收入和费用？试评价二者的利弊。
5. 持续经营假设与会计期间假设之间是否存在联系？为什么？
6. 会计假设与权责发生制之间是否存在联系？请举例说明。
7. 如何确认资产、负债和所有者权益要素？
8. 如何确认收入和费用要素？
9. 如何理解会计计量的含义？
10. 会计计量属性有哪些？为什么说历史成本（实际成本）是最基本的计量属性？
11. 选择不同的计量属性会对会计计量结果产生什么影响？
12. 如何理解会计确认与会计计量的关系？

立德树人

会计师的职责

会计师的职责，在于处理数字和发现事实之后，对数字加以综合，并清楚、简明和合理地说明它们之间的内在联系，以便管理者阅读。我希望，从事会计师职业的人们要有直率的性格、睿智的头脑和不屈不挠的精神，去探索和说明真相。我们的职业使我们一直有一个信念，即去探索和说明真相。我们必须坚持这一信念，并为实现它而持续努力。

——罗伯特·希斯特·蒙哥马利（美国著名会计学家）

研讨思路：以会计师的职责为研讨话题，引导学生分析会计师职责的主要内容，探讨会计师所应该具备的人格魅力和品格；帮助学生树立会计人所应该具备的直率的性格、睿智的头脑和不屈不挠的精神，去探索和说明真相。

本章自测

第五章　资产计价与收益决定

本章思维导图

学习目标

通过本章学习，读者可了解资产计价的内涵及内容；掌握永续盘存法和定期盘存法两种存货盘存制度的特点，以及发出存货与期末存货计价的常用办法；掌握固定资产折旧的内涵及其折旧额的计算办法；掌握应收款项减值准备计提的常用方法。

引导案例

存货盘点初体验

万总出差归来恰逢月底，看到小艾的凭证录入工作进行得有条不紊，遂命小艾去代理记账的公司进行存货实地盘点。

接洽上之后，公司的刘总、库管小丁与小艾一行人很快就来到了仓库，因为它就在办公室楼上。一开库房大门，小艾就看到里面堆放着好多西装。

和万总一起做审计的时候，万总曾叮嘱过她，一定要严格把关，不仅要确认存货的数量，更要确认存货的真实价值。所以小艾一进仓库就开始查看这些货物是否损坏，是否丢失，顺便再看看仓库的管理情况和维护情况。

突然，小艾拿着一套衣服叫了起来："这西装怎么破了个洞？"

刘总连忙拿过衣服一看，还真的破了，便问道："小丁，这是怎么回事？"

"我们平日里主要负责收发，慎防偷盗，我也没想到……"

刘总想了想说道："看起来应该是老鼠咬的。可看管仓库是你的职责呀，你没发现老鼠？"

"我们的仓库楼层这么高，我万万没想到会有老鼠。"小丁看起来很委屈的样子。

"刘总，这老鼠神出鬼没的，难管得很。"小艾连忙打圆场。

"那这样，小丁，你先把这些西服一套一套地挂起来，不要堆放在一起。明天开始，你负责着手把这里改成衣架间，弄好之后务必把西服一套套挂好。"

小丁连连答应。

终于将西装一套套清点完毕了，数量刚好与小艾账上结存的数量相吻合。美中不足的是，有两套西装被老鼠咬破了。

小艾便问刘总："刘总，这被老鼠咬破的两套衣服怎么处理？"

刘总叹了口气，说道："小丁这事虽有疏忽，但平日里也算尽心尽力，这次损失就记入管理费用吧。小丁，再有下次，就记入其他应收款由你赔偿咯！"

"是是是，谢谢领导体谅。"小丁赶忙说。

【思考与讨论】

（1）什么是存货盘存制度？

（2）有关损益应如何处理？应分别计入哪些会计账户？

（3）如何理解资产计价的内容？

（4）资产计价与收益决定是什么关系？

资料来源：陈艳红．小艾上班记：真账实操教你学会计［M］．3版．大连：东北财经大学出版社，2020，有改动（改编者：王玲）。

会计计量是以货币作为主要计量尺度，对企业经济活动过程及其结果进行数量化描述的过程。会计计量贯穿整个财务会计的全过程。从理论上讲，会计六大要素都需要进行计量，但其重心应该是资产计量和利润计量。本章主要讲授资产计量（资产计价）和利润计量（收益决定）。

第一节　资产计价

由于会计上将企业的经济活动划分成相互关联的会计要素，包括资产、负债、所有者权益、收入、费用、利润。因此，会计计量包括对资产、负债、所有者权益、收入、费用、利润等要素的计量。其中，资产要素的计量也称为资产计价。

资产计价就是以货币来计量企业各种资产的实际价值，它不仅决定着企业资产数额的大小，也会直接影响负债、所有者权益、收入、费用等其他会计要素的计量结果。资产计价在会计计量中居于核心地位，而其他要素的计量从属于资产计价及其结果。资产计价涉及的范围很广，它包括各种资产取得时的计价、耗损计价和期末计价三个方面。资产在使用过程中所处的经济环境、技术环境以及其他环境的不断变化可能致使与该项资产有关的预期经济利益的流入情况发生重大改变，一旦预期经济利益的流入因资产所处环境的变化而流入量减少或者无法流入，则表明该项资产价值减少。

一、资产计价的基本原则与内容

资产计价的原则与内容

（一）资产计价的基本原则

资产价值计量的最终目的在于为会计信息使用者提供既相关又可靠的企业经济活动信息，因此，进行企业资产价值的计量应遵循以下基本原则：

1.以历史成本作为基本的计量属性

计量属性是用来衡量企业资产及其变动的价值标准。以历史成本（实际成本）计量属性作为资产计价的基本标准，意味着对于全部资产及其变动均按历史成本予以反映，即无论是流动资产还是非流动资产，无论是资产的取得（增加）还是资产的耗用（减少），均按历史成本标准进行计量。

以历史成本作为基本的计量属性，并不排除根据会计信息使用者的特殊要求对某些资产项目按非历史成本予以计量，比如按公允价值计量企业持有的股票、债券等有价证券的价值。在现行会计实务中，企业往往以历史成本为基础，结合其他计量属性（如现行成本、现行市价等）来进行资产价值计量，以提高会计信息的相关性。

2.保持资产计价方法的一致性

一致性（一贯性）会计原则要求企业所选择的会计程序与方法在前后期间保持不变，以提高同一企业不同期间会计信息的可比性。在市场经济条件下，由于商品及劳务的市场价格取决于市场供求关系，因此同一种商品或劳务在不同时点的市场价格往往并不相同。在这种情况下，会计上使用不同的价值计量方法对同一会计期间同一资产的价值进行计量，可能得出不同的计量结果。比如，使用年限平均法计提固定资产折旧与使用年数总和法计提固定资产折旧，其计算结果不同。因此，同一资产的计价方法应当保持一致性。只有当有关法规制度要求予以改变或者具有充足的理由改变时，企业才能变更资产的计价方法。

（二）资产计价的内容

从资产要素的构成来看，资产包括库存现金、银行存款、应收款项、存货等流动资产和固定资产、无形资产等非流动资产。实质上，资产要素的每一构成项目都存在如何计量其价值数量的问题。然而，对于库存现金和银行存款而言，由于其不同计量属性的衡量结果不存在差异，因此，库存现金和银行存款的计价不是重点。同时，尽管无形资产具有特殊性，但其价值计量方法与固定资产的价值计量方法基本相似（甚至更为简单）。因而，资产计价主要是存货、固定资产和债权的价值计量问题。

从特定的资产项目来看，某一资产项目从取得并进入企业到被耗用或销售为止，其价值计量问题包括取得资产的计价、耗用资产的计价以及期末持有资产的计价等问题（如图5-1所示）。因此，资产在取得、耗用（或销售）、期末持有（结存）等不同时点均存在价值计量问题。其中，由于资产的取得有外购和自制等不同方式，其在不同取得方式下的资产计价方法也不一样。

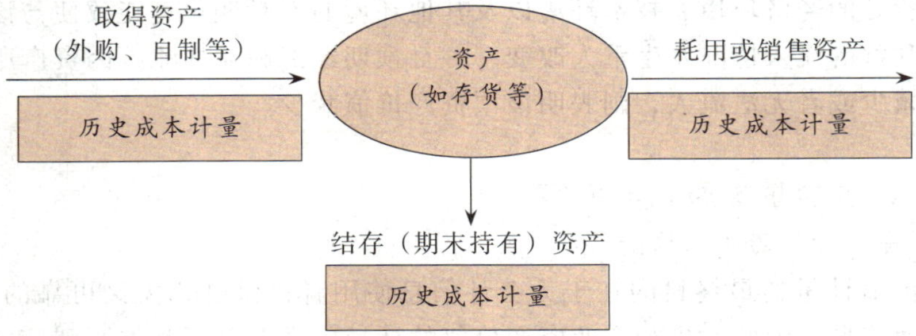

图5-1 特定资产的计价内容

在特定会计期间，对于同一资产而言，资产数量的变动具有以下规律：

期初持有资产数+期内取得资产数-期内耗用资产数=期末持有资产数

或：期初持有资产数+期内取得资产数=期内耗用资产数+期末持有资产数

在这一关系中，“期初持有资产数”实际上是上一会计期间的“期末持有资产数”。因此，一旦“期内取得资产数”确定，所谓计算“期内耗用资产数”和“期末持有资产数”，实际上就是将一个固定数值在此二者之间进行分配或分摊。“期内耗用资产数”和

“期末持有资产数”之间是一种互补关系。按照资产流动性的强弱，本节介绍3种典型的资产计价，即债权计价、存货计价和固定资产计价。

二、债权计价

企业的债权主要包括应收账款、应收票据和其他应收款。相对而言，应收票据资产面临的价值损失风险较低，因此此处仅以应收款项为例，阐述债权性资产应收款项计价的理论基础及计价方法。

（一）债权计价的理论基础

应收账款计价的目的在于确定应收账款能够收回的实际数额（应收账款净额）。应收账款是企业因为销售商品、提供劳务等而应该向客户收取但尚未收到的款项。应收账款是市场经济条件下商业信用存在的一种客观结果。由于市场的激烈竞争，那些经营管理不善、无力偿债的企业会终止其生产经营活动（如破产清算），从而使得这些企业的债权人面临难以收回应收账款的风险。在现实经济环境中，许多企业的应收账款因为种种原因或多或少会有一部分不能收回。在会计上，将不能收回的应收账款称为“坏账”（bad debts）。企业的应收账款账面数扣除其坏账数，即为应收账款净额。由于应收账款账面数一般可以根据账簿记录确定，因此，应收账款计价的核心问题是确定坏账损失数额。

企业在每一会计期间结账时，必有一部分应收账款尚未收回，而这些款项在未来是否能够全部收取，并不确定。因此，如果会计期末不考虑这一问题，当下一会计期间实际发生坏账损失时，将使两个期间的财务报表中的相关会计信息产生不合理的偏差。从另一方面来看，稳健性会计信息质量特征要求企业采用较为稳健的会计方法（包括资产计价方法），按规定核算企业可能发生的损失或费用。在市场经济环境中，企业有应收账款就可能发生坏账损失，合理计列坏账损失是企业财务会计的基本要求。并且，由于特定会计期间的利润（损益）必须由该期的收入与为获得收入而发生的费用相配比所决定，因此，会计期末如不考虑应收账款的可能损失也是不符合配比性会计原则的。

（二）债权计价方法

应收款项期末实际价值（净额）的计量，是以其本期坏账损失数额的确定为基础的。坏账损失的处理有两种方法：一种是直接转销法，即在实际发生坏账时，将其一次性计入当期利润（损益）；另一种是备抵法，即平时分期预提坏账准备计入各期利润（损益），实际发生坏账损失时冲抵已提的坏账准备。企业每期计提坏账准备的基本要求是，对其数额的估计要合理，估计得过高会造成期间成本人为升高，估计得过低则会造成坏账准备不足以抵减实际发生的坏账，起不到坏账准备的应有作用。下面以应收账款为例，详细阐述备抵法下应收款项坏账损失的估计方法。应收账款坏账损失的估计方法主要有应收账款余额百分比法、赊销净额百分比法和账龄分析法等三种。

1.应收账款余额百分比法

应收账款余额百分比法要求企业以会计期末应收账款的账面余额为基础，估计可能的坏账损失占应收账款余额的百分比（坏账率），并据以计算坏账损失的数额。其坏账率一般根据近几年的平均水平估计确定。应收账款余额百分比法下估计坏账损失额的计算公式如下：

债权计价 1

估计坏账损失额=应收账款期末账面余额×坏账损失准备计提率（%）

【例 5-1】春风公司 20×9 年期末应收账款的账面余额为 1 000 000 元，根据近 3 年的经验确定坏账损失的比例为 1%。按照应收账款余额百分比法确定其坏账损失额。

按照应收账款余额百分比法，根据春风公司坏账损失的估计比例，该期末应累计计提坏账损失准备额的计算如下：

期末应累计计提的坏账损失准备额=1 000 000×1%=10 000（元）

运用该法计提坏账准备时，要注意两个问题：第一，每年年末根据“应收账款”账户期末余额与计提比例求出的坏账损失准备额，是其累计应当计提的数额，由于该项计提具有连续性，因此应当考虑前期已经计提与本期已经冲销“坏账准备”金额等综合因素后再确定当期具体的计提数。第二，应当合理确定其计提比例。由于不同行业应收账款是否能及时收回的风险程度不一，故其比例亦不尽一致。

2.赊销净额百分比法

企业销售商品或提供劳务，以是否收到现金为标准可分为现销和赊销两类。现销是指在销售时就收到了货币资金的销售行为，赊销则是指销售时未收到货币资金而形成应收款项的销售行为。

赊销净额百分比法是企业以各个会计期间的赊销净额为基础，根据其过去的经验（如前 3 个年度的平均坏账程度）估计每期的坏账占赊销净额的百分比，并以此来计算确定各会计期间可能的坏账损失额。当然，企业坏账损失的赊销净额，应当是当期商品或劳务的赊销总额扣除赊销退回、折扣与折让后的赊销净额。赊销净额百分比法下估计坏账损失额的计算公式如下：

估计坏账损失额=当期赊销净额×坏账损失准备率（%）

【例 5-2】光华公司 20×9 年的赊销净额为 1 600 000 元，前 3 年的坏账率约为 0.2%。按照赊销净额百分比法确定其应收账款的坏账损失。

按照赊销净额百分比法，根据前 3 年的坏账率，该期末其应计提的坏账损失的计算如下：

期末应计提的坏账损失准备额=1 600 000×0.2%=3 200（元）

3.账龄分析法

债权计价 2

应收账款余额百分比法和赊销净额百分比法应用简便，但它们都没有考虑各项应收账款所欠时间的长短。通常情况下，款项拖欠的时间越长，其收回的可能性越小，发生坏账损失的可能性就越大。因此，为了尽可能准确、合理地确定坏账损失的数额，应当考虑每笔应收账款赊欠时间的长短。应收账款账龄分析法就是根据每一项应收账款已欠时间的长短来分别估计其坏账损失的比例，从而确定坏账损失数额的一种方法。

运用账龄分析法，首先，应当根据应收账款明细账查明每项欠款的已欠时间（天数），并按赊欠时间的长短进行分组。其次，根据不同赊欠期确定各组应收账款的坏账损失率。再次，以各组赊欠应收账款的金额乘以各组的坏账损失率，计算出各组的坏账金额。最后，对各组坏账损失金额进行加总，即可得出该会计期间的坏账损失数额。账龄分析法下估计坏账损失额的计算公式如下：

某期应提坏账损失额 $=\sum$（不同期限应收账款额×计提百分比）

【例 5-3】光华公司20×9年期末应收账款的账面金额为1 800 000元，采用应收账款账龄分析法计算其坏账损失估计数额。

按照应收账款账龄分析法，其应计提的坏账损失的计算见表5-1。

表 5-1 应收账款账龄分析及坏账损失计算表 金额单位：元

组序	赊欠时间	账面金额	坏账率	坏账损失金额
1	1～30天	1 000 000	0	0
2	31～90天	600 000	0.01	6 000
3	91～360天	150 000	0.03	4 500
4	1～3年	45 000	0.05	2 250
5	3年以上	5 000	0.6	3 000
合计		1 800 000		15 750

以上三种坏账损失的估计方法中，应收账款余额百分比法和赊销净额百分比法计算出来的结果准确性要差一些。而应收账款账龄分析法由于充分考虑了不同应收款的拖欠时间，其计算出来的结果准确性更高一些。坏账损失估计方法的比较见表5-2。

表 5-2 坏账损失估计方法的比较

应收账款坏账损失的估计方法	计算依据	坏账率	备注
应收账款余额百分比法	年末余额（综合）	近几年平均（综合）	较简单
赊销净额百分比法	当期赊销净额	近几年平均	
账龄分析法	年末余额（分项）	视欠款期长短而定	较准确

三、存货计价

存货是指企业在生产经营过程中为销售或耗用而储存的各种有形资产，包括各种原料、燃料、包装物、低值易耗品、委托加工材料、在产品、产成品和商品等。凡在企业盘点日法定所有权属于企业的所有一切物品，不论其存放地点在哪或处于何种状态，都应视为企业的存货。不同行业的企业，其存货的内容和分类有所不同。如制造业的存货，一般包括原材料、委托加工材料、包装物、低值易耗品、在产品、自制半成品以及产成品等；而商品流通企业，其存货则一般包括商品、材料物资、低值易耗品以及包装物等。作为企业资产的重要组成部分，存货一般在一年内或一个营业周期内可以出售或被生产耗用，因此被视为流动资产。适量的存货对维持企业生产经营的正常进行具有重要意义，但是过多的存货会占用企业较多的资金，增加仓储保管费，而存货不足又往往会影响企业正常生产或失去销售机会。

（一）取得存货的计价

取得存货（包括外购材料、制造产品或商品等）的计价，也被称为存货的“初始计量”。制造型企业的存货主要包括材料和产成品，而商品流通企业的存货主要是库存商品。以下以制造型企业为例，说明外购材料和生产产品的初始计量方法。

1.外购材料实际成本的确定

以历史成本属性计量所采购材料的价值，就是计算确定材料的采购成本。材料的采购成本包括材料的买价和采购费用。材料的买价是指购货发票上注明的材料交易价格，采购费用包括企业在材料采购过程中支付的材料运费、装卸费、运输途中的材料保险费、专设材料采购机构的经费、材料入库前的挑选整理费用等。材料采购成本计算的目的，是确定各种材料的总成本和单位成本。一般而言，材料的买价能够直接归属于各种材料，但材料的采购费用则应区别对待。对于采购单一品种材料所发生的各种采购费用或某项采购费用的发生只与某一种材料相关（如某一种材料保险费），则应将采购费用直接计入该种材料的采购成本；对于采购几种材料共同发生的采购费用，则应按一定标准将其合理分配至各种材料。某种材料的买价与其应该负担的采购费用之和，即为该种材料的总成本；某种材料的总成本除以该种材料的数量，即可计算出该种材料的单位成本。

【例5-4】蓝天公司20×9年11月11日从白云公司同时购入甲、乙两种材料。其中，甲材料2 000千克，单价为5元/千克；乙材料4 000千克，单价为6元/千克。两种材料共计发生运杂费1 200元，甲材料发生运输保险费600元。两种材料已经验收入库。要求计算甲、乙两种材料的实际成本（包括总成本和单位成本）。

经分析，甲材料的买价10 000元、乙材料的买价24 000元可以直接计入其材料采购成本，为甲材料支付的运输保险费用600元也可以直接计入甲材料的采购成本。甲、乙两种材料共同发生的运杂费需要在二者之间进行分摊，费用分配标准的选择应当合理。由于材料的运杂费一般按照运输重量和运输里程计算，因此，按材料重量和运输里程分摊运杂费较为合理[①]。运杂费的分摊过程及结果如下：

每千克材料应当分摊的运杂费=1 200÷（2 000+4 000）=0.2（元）

甲材料应负担的运杂费=0.2×2 000=400（元）

乙材料应负担的运杂费=0.2×4 000=800（元）

取得存货的计价

则：甲材料实际总成本=10 000+（400+600）=11 000（元）

甲材料实际单位成本=11 000÷2 000=5.5（元/千克）

乙材料实际总成本=24 000+800=24 800（元）

乙材料实际单位成本=24 800÷4 000=6.2（元/千克）

2.生产产品实际成本的确定

确定生产产品的实际成本，就是计算产品的生产成本。产品生产成本也称产品制造成本，其由生产产品直接耗用的材料费用、生产产品工人的人工费用（工资及福利费用）和应负担的制造费用构成。产品生产成本计算的目的，是确定生产产品的总成本和单位成本。与材料采购成本计算方法相似，凡是与某种产品直接相关的费用，应当直接计入该种产品的生产成本；而与几种产品相关的费用（如车间制造费用），则需经过分摊计入相关产品的生产成本。同一生产单位（如车间）生产多种产品时，一般以生产工人工资、生产工人工时、机器工时或直接原材料成本等为标准来分摊制造费用。当然，选用某一标准分摊制造费用时，应当注意该标准与制造费用的发生是否具有“显著关系”，以保证产品成

① 本例中，由于两种材料从同一公司同时购入，因而其运输里程相同，差别在于材料的重量，故运杂费可按材料重量标准进行分摊。

本计算的准确性。

【例 5-5】假设大地公司第一车间生产甲、乙两种产品，本期投产的产品全部完工。20×9 年 8 月，该车间共计生产甲产品 7 000 件、乙产品 5 500 件。生产甲、乙产品分别投入原材料 10 000 千克（实际成本 20 000 元）和 20 000 千克（实际成本 30 000 元）。生产甲、乙产品耗用的人工成本分别为 40 000 元和 60 000 元。该车间当月发生的制造费用共计 30 000 元（按甲、乙两种产品所耗用的机器工时比例进行分配，分别为 1 000 工时和 2 000 工时）。要求计算甲、乙产品的总成本和单位成本。

经分析，该企业当月生产甲、乙产品所发生的直接材料费用和直接人工费用可以直接计入甲、乙两种产品的生产成本，而制造费用需要在甲、乙产品之间按一定标准进行分摊。制造费用的分摊过程及结果如下：

制造费用分配率=30 000÷（1 000+2 000）=10

甲产品应负担的制造费用=1 000×10=10 000（元）

乙产品应负担的制造费用=2 000×10=20 000（元）

则：甲产品生产总成本=20 000+40 000+10 000=70 000（元）

甲产品单位生产成本=70 000÷7 000=10（元/件）

乙产品生产总成本=30 000+60 000+20 000=110 000（元）

乙产品单位生产成本=110 000÷5 500=20（元/件）

（二）期末持有存货与期内耗用存货的计价

1. 存货盘存制度

存货盘存制度是指确定企业在某一时日存货结存数量的方法，主要有永续盘存制和定期盘存制两种。

存货的盘存制度

（1）永续盘存制

永续盘存制（perpetual inventory system），亦称“账面盘存制”，它是指通过详细设置存货（如材料、产成品等）明细账户，逐日或逐笔地记录存货的收入和发出数，并随时结出存货结存数量和金额的一种盘存方法。采用永续盘存制时，存货的结存数量依据下式确定：

期末结存数=期初结存数+本期收入数-本期发出数

在永续盘存制下，存货的收入、发出以及结存情况能在账面上得到全面、完整和连续的反映。在各种存货明细账户中，可以随时反映出每种存货的收入、发出和结存情况，并能从数量和金额两方面对存货进行反映和控制；可以通过存货明细账户中的结存数与实地盘点得到的实存数量进行核对，及时发现存货的溢余和短缺，便于查明原因并及时纠正。另外，还可以随时将明细账户中存货的结存数与既定的最高和最低库存限额进行比较，获得存货库存积压或不足的信息，以便及时组织存货的购入或处理。因此，这种方法能起到对存货加强控制和管理的作用。不过，正是由于永续盘存制要全面、详细地记录每一种存货的收入、发出和结存情况，因而其核算工作量比较大，尤其是当企业的存货品种繁杂时会相应增加其会计核算成本。

（2）定期盘存制

定期盘存制（periodic inventory system），又称“实地盘存制”，它是指定期或在期末通过现场实地盘点实物确定存货结存数量，并据以计算当期存货耗用（或销售）数量的一种存货盘存方法。在实际工作中，又称之为“以存计耗（或销）法”或“盘存计耗（或销）法”。

为加强对存货的控制与管理，虽然采用永续盘存制能随时结出存货的账面结存数量和金额，但还需采用实地盘存制定期或不定期地对实物进行实地盘点，以便核对存货的账面结存数和实有数是否相符。

在定期盘存制下，平时只在明细账中记录存货的购入或收入数，不记录其发出数，期末通过实地盘点实物确定其实际结存数，然后再据以计算本期存货的耗用（或销售）数。其基本计算公式如下：

本期发出数=期初结存数+本期收入数-期末结存数

与永续盘存制相比，定期盘存制平时不记录存货的发出情况，期末在确定存货结存数后一次计算耗用（或销售）存货的成本，其会计核算工作量大大降低。但是，由于定期盘存制不能随时反映存货收发存动态，从而削弱了对存货的控制和监督。另外，由于是以存计耗（或销）来倒轧耗用成本或销售成本，这样就把非耗用或非销售的存货损耗、短缺或差错等全部计入耗用或销售成本，从而影响了企业成本计算的准确性。

鉴于上述两种存货盘存制度各有利弊，因此，在实际工作中，企业应根据存货的特点选择不同的盘存制度。会计实务中，对那些价值低、品种杂、交易极其频繁的存货和一些损耗大、数量不稳定的鲜活商品，一般采用定期盘存法。

2.期末持有存货与期内耗用存货的计价方法

企业应当根据各类存货的实物流转方式、企业管理的要求和存货的性质等实际情况，合理地选择发出存货成本的计算方法，以确定当期发出存货的实际成本。对于性质和用途相似的存货，应当采用相同的成本计算方法确定发出存货的成本。企业在确定期末持有存货与期内耗用存货成本时，目前可以采用的方法主要有先进先出法、加权平均法和个别计价法等三种，之前会计中还有后进先出法，我们在本书中也将予以介绍。

（1）先进先出法

先进先出法（first in, first out，FIFO）是以先购入的存货先发出（销售或耗用）这样一种存货实物流转假设为前提，对发出存货进行计价。采用这种方法，先购入的存货成本在后购入存货成本之前转出，据此确定发出存货成本。

【例 5-6】光华公司 20×9 年 10 月初库存 A 商品 300 件，单位成本为 8 元/件；10 月 8 日，购入 A 商品 1 000 件，单位成本为 10 元/件；10 月 11 日，发出 A 商品 900 件；10 月 20 日，购入 A 商品 400 件，单位成本为 12 元/件；10 月 25 日，发出 A 商品 500 件。光华公司对 A 商品的销售单价均为 20 元/件。

先进先出法

依据先进先出法的原理，光华公司 20×9 年 10 月发出 A 商品、期末库存 A 商品的成本可计算如下：

本期发出 A 商品成本=300×8+600×10+400×10+100×12=13 600（元）

期末库存 A 商品成本=300×12=3 600（元）

或　期末库存 A 商品成本=2 400+14 800-13 600=3 600（元）

销售毛利=（900+500）×20-13 600=14 400（元）

在实际工作中，会计是通过登记库存商品明细账的方式来完成上述工作的，其结果见表5-3。

表5-3　　库存商品明细账（先进先出法）　　总×页　分第×页

总账科目：库存商品　　　　计量单位：件　金额单位：元

明细科目：A商品　　　　存放地点：第×号仓库

20×9年		摘要	收入			发出			结存		
月	日		数量	单价	金额	数量	单价	金额	数量	单价	金额
10	1	期初结存							300	8	2 400
	8	购入	1 000	10	10 000				300 1 000	8 10	12 400
	11	发出				300 600	8 10	8 400	400	10	4 000
	20	购入	400	12	4 800				400 400	10 12	8 800
	25	发出				400 100	10 12	5 200	300	12	3 600
10	31	本期合计及结存	1 400		14 800	1 400		13 600			

在实际运用此法核算时，成本的流动与存货的实际流动无关，因此无论企业存货本身是否先进先出，均可采用此种方法。

（2）加权平均法

加权平均法（weighted average method）有月末一次加权平均法和移动加权平均法两种。月末一次加权平均法，是指以当月全部进货数量加上月初存货数量作为权数，去除当月全部进货成本与月初存货成本之和，计算出存货的加权平均单位成本，以此为基础计算当月发出存货成本的一种方法。有关计算公式如下：

$$加权平均单位成本=\frac{期初结存存货成本+本期收入存货成本}{期初结存存货数量+本期收入存货数量}$$

本期发出存货成本=本期发出存货数量×加权平均单位成本

期末结存存货成本=期末结存数量×加权平均单位成本

=期初结存存货成本+本期收入存货成本−本期发出存货成本

加权平均法

【例5-7】沿用【例5-6】的资料，采用月末一次加权平均法，计算出光华公司20×9年10月发出A商品的成本及期末库存A商品的成本如下（计算加权平均单位成本时，四舍五入保留两位小数；尾差由期末结存成本负担）：

本期A商品加权平均单位成本=（300×8+1 000×10+400×12）÷（300+1 000+400）

=10.12（元/件）

本期发出A商品成本=（900+500）×10.12=14 168（元）

期末结存A商品成本=2 400+14 800−14 168=3 032（元）

销售毛利=（900+500）×20−14 168=13 832（元）

在实际工作中，人们是通过登记库存商品明细账的方式来完成这一工作的，其结果见表5-4。

表5-4　　库存商品明细账（月末一次加权平均法）　　总×页　分第×页

总账科目：库存商品　　计量单位：件　金额单位：元

明细科目：A商品　　存放地点：第×号仓库

20×9年		摘要	收入			发出			结存		
月	日		数量	单价	金额	数量	单价	金额	数量	单价	金额
10	1	期初结存							300	8	2 400
	8	购入	1 000	10	10 000				1 300		
	11	发出				900			400		
	20	购入	400	12	4 800				800		
	25	发出				500			300	10.12	3 032
10	31	本期合计及结存	1 400		14 800	1 400	10.12	14 168			

在此种方法下，存货明细账平时只记录增加的数量与金额，发出的数量虽也可以及时记录，但因其单位成本未定，其总成本则不能随时记录，只有到月末，才能一次性计算发出存货成本与库存存货成本。可见这种方法给管理者了解与控制某种存货库存金额带来了不便。

移动加权平均法，是指以每次进货的成本加上原有库存存货的成本，除以每次进货数量与原有库存存货的数量之和，据以计算加权平均单位成本，并将其作为在下次进货前计算各次发出存货成本依据的一种方法。

移动加权平均法下，有关成本计算公式如下：

$$移动加权平均单位成本=\frac{以前结存存货成本+本次收入存货成本}{以前结存存货数量+本次收入存货数量}$$

本次发出存货成本=本次发出存货数量×移动加权平均单位成本

$$本次结存存货成本=本次结存数量\times移动加权平均单位成本=以前结存存货成本+本次收入存货成本-本次发出存货成本$$

【例5-8】沿用【例5-6】的资料，采用移动加权平均法的原理，计算出光华公司20×9年10月各批次发出A商品的成本及期末库存A商品的成本如下（计算移动加权平均单位成本时，四舍五入保留两位小数；尾差由期末结存成本负担）：

10月8日，A商品平均单位成本=（300×8+1 000×10）÷（300+1 000）=9.54（元/件）

10月11日，当日发出A商品成本=900×9.54=8 586（元）

10月20日，A商品平均单位成本=（400×9.54+400×12）÷（400+400）=10.77（元/件）

10月25日，当日发出A商品成本=500×10.77=5 385（元）

10月31日，期末库存A商品成本=2 400+14 800−13 971=3 229（元）

销售毛利=（900+500）×20−（8 586+5 385）=14 029（元）

在实际工作中，会计是通过登记库存商品明细账的方式来完成这一工作的，其结果见表5-5。

表5-5　　库存商品明细账（移动加权平均法）　　总×页 分第××页

总账科目：库存商品　　计量单位：件　金额单位：元

明细科目：A商品　　存放地点：第×号仓库

20×9年		摘要	收入			发出			结存		
月	日		数量	单价	金额	数量	单价	金额	数量	单价	金额
10	1	期初结存							300	8	2 400
	8	购入	1 000	10	10 000				1 300	9.54	12 400
	11	发出				900	9.54	8 586	400	9.54	3 814
	20	购入	400	12	4 800				800	10.77	8 614
	25	发出				500	10.77	5 385	300	10.77	3 229
10	31	本期合计及结存	1 400		14 800	1 400		13 971			

（3）后进先出法[①]

后进先出法（last in, first out，LIFO）是假定后取得的存货先行耗用或销售的条件下对存货价值进行计量的方法。这种方法与先进先出法正好相反，其期末持有存货总是由最早取得的存货所组成。后进先出也是会计上计算存货成本的一种假设，所以存货实际流动不是后进先出的企业亦可采用这种方法。

后进先出法等

【例5-9】沿用【例5-6】的资料，依据后进先出法的原理，光华公司20×9年10月发出A商品及期末库存A商品的成本可计算如下：

本期发出A商品成本=900×10+400×12+100×10=14 800（元）

期末库存A商品成本=300×8=2 400（元）

或　期末库存A商品成本=2 400+14 800−14 800=2 400（元）

销售毛利=（900+500）×20−14 800=13 200（元）

在实际工作中，会计是通过登记库存商品明细账的方式来完成这一工作的，其结果见表5-6。

① 虽然目前会计准则不允许使用该方法，但从理论完整性的角度考虑，本书对该方法予以讲解。

表 5-6　　库存商品明细账（后进先出法）　　总×页 分第×页

总账科目：库存商品　　计量单位：件　金额单位：元

明细科目：A 商品　　存放地点：第×号仓库

20×9 年		摘要	收入			发出			结存		
月	日		数量	单价	金额	数量	单价	金额	数量	单价	金额
10	1	期初结存							300	8	2 400
	8	购入	1 000	10	10 000				300 1 000	8 10	12 400
	11	发出				900	10	9 000	300 100	8 10	3 400
	20	购入	400	12	4 800				300 100 400	8 10 12	8 200
	25	发出				100 400	10 12	5 800	300	8	2 400
10	31	本期合计及结存	1 400		14 800	1 400		14 800			

（4）个别计价法

个别计价法，亦称个别认定法、具体辨认法或分批实际法等，其特征是注重所发出存货具体项目的实物流转与成本流转之间的联系，逐一辨认各批发出存货和期末存货所属的购进批别或生产批别，分别按其购入或生产时所确定的单位成本计算各批发出存货成本，即把每一种存货的实际成本作为计算发出存货成本的基础。相比计算发出存货成本的其他方法，个别计价法确定的存货成本最为准确。对于不能替代使用的存货、为特定项目专门购入或制造的存货以及提供的劳务，通常采用个别计价法确定发出存货的成本。随着计算机信息系统在会计处理实际工作中日益被广泛应用，越来越多的企业采用个别计价法用于发出存货的计价。

在个别计价法下，需要逐一记录每一特定存货单位的取得价格，需要了解耗用或出售的存货属于哪一特定单位（或批次）以及期末持有存货属于哪一特定单位，只有在此基础上，才能计算其实际价值。因此，采用此方法的前提是要求单一存货的“成本流动”和其存货“实物流动”相一致，且能够确知每种、每批存货的期末持有或耗用情况。由于现实中存货的品种繁多，且其收、发、存核算工作相当繁杂，采用这种方法会给会计人员带来相当大的工作量。

存货发出计价方法的综合分析

由此可见，在物价发生变化时，针对同样资料按不同计价方法所计算的存货成本结果不同，其结果见表 5-7。当物价上涨时，按加权平均法求得的期末持有存货成本，必定小于先进先出法的计算结果；当物价下跌时，结果正好相反。由于选择不同的存货成本计价方法会影响成本、损益等一系列财务会计指标，因此，企业在确定存货成本计价方法时，应遵循会计准则的规定。

表 5-7　　物价持续上涨情况下存货计价方法选择对会计信息的影响

信息类别 / 计量方法	收入（销货收入）	费用（销货成本）	利润（销货毛利）	资产（期末存货）
先进先出法	无影响	最低	最高	最高
加权平均法	无影响	居中	居中	居中
后进先出法	无影响	最高	最低	最低

四、固定资产计价

固定资产是指使用期限较长，单位价值较高，并且在使用过程中保持原有实物形态的资产。但是，并非所有的劳动资料都可作为企业的固定资产。作为固定资产核算或管理的劳动资料一般具有使用时间较长、单项价值较高、实物形态永存和价值逐渐减少等特点。该类资产主要用于生产、提供商品或服务、出租或用于企业行政管理等目的，其成本及其为企业提供的未来经济利益能够可靠地计量，且预计使用年限在1年以上。

具体而言，企业使用的期限在1年以上的房屋、建筑物、机器、设备、运输工具等资产，均应作为固定资产。不符合上述条件的劳动资料，企业应将其作为低值易耗品管理和核算。

固定资产计价的内容包括三个方面：一是取得时的计价，即要计算确定固定资产的原始价值（历史成本）；二是耗用时的损耗计价，即要计算确定固定资产的折旧价值；三是期末持有计价，即计算确定固定资产净值。

固定资产的损耗是由于使用、自然力作用或技术进步等原因而使固定资产逐渐丧失使用价值或发生贬值，在会计上将其称为折旧。实际工作中固定资产的损耗来自两个方面：一是有形损耗（又称物理损耗），它主要是自然力作用和机械力作用的结果，如机器设备的磨损和房屋建筑物的陈旧；二是无形损耗（又称精神损耗），它主要来自劳动生产率提高而使原有的机器设备相应地发生贬值，以及由于出现新的设备使原设备使用效率相对下降提前报废而失去其价值。

固定资产计价概述1

（一）固定资产原始价值计量

固定资产原始价值，简称原价或原值。企业为了使用的目的而取得固定资产，并使固定资产达到可供使用状态的一切合理支出，都应列为固定资产原始价值的内容。分析各项支出是否应当作为固定资产原始价值的内容时，要着重研究每项支出是否必要，是否合理。例如，机器的安装费用是使机器达到可供使用状态的必不可少的支出，所以应该作为机器原始价值的一部分。假如在安装机器时，由于工作上的疏忽而使得机器损坏，其支付的修理费用就不应当列作机器的原始价值。又如，购建固定资产的借款利息，在固定资产尚未交付使用或者虽已投入使用但尚未办理竣工决算之前发生的，应计入固定资产原始价值；而在此之后发生的利息则不应列作固定资产原始价值的内容。

企业取得固定资产的主要方式是外购和建造。以外购方式取得的固定资产，其实际成本（原始价值）的确定方法类似于外购材料实际采购成本的计算方法；而以建造方式取得固定资产，相当于企业"制造"了一件产品，因而其实际成本（原始价值）的确定方法类似于企业产品生产成本的计算方法。

固定资产取得以后，在其持续的使用期间内还可能发生一些其他支出，如增添、更换、改建和扩建、改良、修理等支出。对于这些支出，应当依据"划分收益性支出与资本性支出"会计原则进行分析和处理（进行相关的后续确认和计量）。资本性支出是指其效益涉及几个会计年度的支出，而收益性支出则是指效益仅涉及一个会计年度的支出。资本性支出发生后，企业会形成新的非流动资产或提高非流动资产的使用效率（或获利能力)；收益性支出仅与当年度生产经营活动有关，应当从当年度收入中补偿（计入当年度损益）。就固定资产而言，应予资本化的支出（资本性支出）将会改变固定资产的原始价值。

（二）固定资产折旧价值计量

固定资产计价概述2

固定资产折旧是指固定资产在使用过程中由于损耗而逐步转移掉的那部分价值。通过一定方法计算确定的不同时期应当计入当期损益的数额为固定资产折旧额。固定资产折旧额的计算涉及使用期间应提折旧总额和特定会计期间应计提折旧额两项内容。

1.固定资产应提折旧总额的计量

计算确定某项固定资产应当计提的折旧总额，需要考虑其原始价值、预计残值和预计清理费等基本因素。固定资产的原始价值又称“固定资产原价”，是指取得固定资产时发生的全部支出。固定资产的预计残值，是指固定资产达到其预计使用年限按照规定报废时其残存物品可能收回的价款，这一指标需要在计算应当计提折旧总额时扣除。固定资产的预计清理费，是指固定资产达到其预计使用年限按照规定报废时其可能追加的清除与拆卸费用。而固定资产的预计残值收入与预计清理费之差则为预计净残值。上述三个要素之间的关系如下：

固定资产应提折旧总额=固定资产原价-（预计残值收入-预计清理费）

=固定资产原价-预计净残值

2.固定资产折旧额的计算方法

计算某项固定资产特定期间应计提的折旧额时，还需要考虑固定资产的预计使用时间这个因素。在此基础之上，固定资产折旧额的计算可以分解为年折旧额和月折旧额两个指标，其具体数额因不同的折旧计算方法而定。企业应当根据与固定资产有关的经济利益的预期实现方式合理地选择折旧计算方法。可选用的折旧方法包括年限平均法、工作量法、双倍余额递减法和年数总和法等。

（1）年限平均法

年限平均法又称直线法，它是指将固定资产的应计提折旧总额均衡地分摊到固定资产预计使用寿命内的一种方法。采用这种方法，是假定固定资产提供效用和获取收益的潜力随时间的推移而下降，与其使用程度无关，固定资产的折旧费可以均衡地分摊于其使用寿命内的各个期间。因此，采用这种方法计算的每期折旧额均相等。年限平均法下，折旧额的计算公式如下：

$$\text{固定资产年折旧额}=\frac{\text{应提折旧总额}}{\text{预计使用寿命(年)}}$$

直线法折旧计算

【例5-10】春风公司拥有某项固定资产的原值为100万元，预计可使用10年，预计残值5万元，预计清理费用1万元。利用年限平均法计算公司各年的折旧额。

应提折旧总额=100-（5-1）=96（万元）

年折旧额=96÷10=9.6（万元）

年限平均法适用于各个时期使用程度和使用效率大致相同的固定资产。但是，在实际工作中，由于年限平均法侧重固定资产使用时间的长短，该种方法未能考虑固定资产使用的强度和效率，故每期折旧费用总是相等的。如果某期使用率高，生产产品产量增多，那么每一单位产品分摊的折旧费用势必降低，产品单位成本就下降；反之，则上升。所以用年限平均法分摊固定资产成本，看似各年平均，其实并不平均。

（2）工作量法

工作量法，是指企业根据实际工作量计算每期应计提折旧额的一种折旧计提方法。它是将固定资产的应提折旧总额按照固定资产的预计总工作量进行平均分摊。工作量法下，折旧额的计算公式如下：

$$\text{单位工作量折旧额}=\frac{\text{固定资产原价}-\text{预计净残值}}{\text{预计工作量总数}}$$

$$\text{某项固定资产月折旧额}=\text{该项固定资产当月工作量}\times\text{单位工作量折旧额}$$

固定资产工作量，主要有行驶里程和工作时数两种表示方法，前者常用于运输工具，如汽车、飞机和船舶等，后者主要用于专用机器设备。

【例 5-11】光华公司有载货卡车一辆，原值为160 000元，预计净残值为8 000元，预计总行驶里程为100万千米，某月行驶8 000千米。运用工作量法计算该载货卡车的单位折旧额和该月的折旧额。

单位里程折旧额=（160 000−8 000）÷1 000 000=0.152（元/千米）

该月折旧额=8 000×0.152=1 216（元）

采用工作量法计算的折旧额，由于月折旧额的多少与工作量完成的多少相联系，因此，在各个使用年份或月份中不是等额的，这种折旧计算方法适用于各期完成的工作量不均衡的固定资产。

（3）双倍余额递减法

双倍余额递减法属于加速折旧法。加速折旧法的所谓“加速”，是相对于按使用年限平均计算而言的。年限平均法下，固定资产在各年（各期）计算的折旧价值完全相同，而采用加速折旧法时，在使用固定资产的初期计提折旧较多，以后逐年减少，其递减速度越来越快。

加速折旧法理论分析

企业采用加速折旧法的理由，归纳起来主要有：①采用加速折旧法，可以促进企业加快技术进步，并加快固定资产投资回收速度，减少财产风险；②固定资产在使用初期工作性能处于最佳状态，生产产品的质量高、产量多，给企业创造相对较多的收益，因此多提折旧计入成本或费用，更符合会计上的配比性原则；③固定资产在使用期限内，维修费用是由少到多递增发生的，采用加速折旧法递减地计提折旧，可以使企业各期负担的固定资产使用成本（维修费与折旧费之和）趋于均衡；④采用加速折旧法才真正考虑了固定资产的无形损耗。

双倍余额递减法，是指在不考虑固定资产预计净残值的情况下，根据每期期初固定资产原价减去累计折旧后的金额和双倍的直线法折旧率计算固定资产折旧的一种方法。在双倍余额递减法下，不同时期的折旧是按照固定资产账面成本而不是折旧基础（原始成本−预计净残值）计提的，其残值不是在计提折旧时事先扣除，而是在最后一年确定的，即表现为最后一年的折余价值。双倍余额递减法的计算误差，有可能使最后一年的折旧费用过高或过低而与以前的折旧费用产生重大差异，与整体递减趋势不相称，故通常在计算固定资产折旧额时，在其折旧年限到期前两年内采用直线法，即将固定资产净值扣除预计净残值后的余额平均摊销。双倍余额递减法下，折旧额的计算公式如下：

$$年折旧率=\frac{2}{预计使用寿命(年)}$$

年折旧额=固定资产期初净值×年折旧率

【例 5-12】光华公司拥有的某项固定资产的原始价值为100 000元，预计使用年限为5年，预计净残值为4 000元。采用双倍余额递减法计算该项固定资产各年的折旧额。

折旧方法-年数总和法

年折旧率=2÷5×100%=40%

第1年应提折旧额=100 000×40%=40 000（元）

第2年应提折旧额=（100 000-40 000）×40%=24 000（元）

第3年应提折旧额=（100 000-40 000-24 000）×40%=14 400（元）

第4年应提折旧额=（100 000-40 000-24 000-14 400-4 000）÷2

=8 800（元）

第5年应提折旧额=第4年应提折旧额=8 800元

（4）年数总和法

年数总和法也是一种加速折旧法，其基本原理是先确定计提基数，再确定一个每年减少的计提比率，故其也称变率递减法。年数总和法是指将固定资产的原价减去预计净残值后的余额，乘以一个以固定资产尚可使用寿命为分子、以预计使用寿命逐年数字之和为分母的逐年递减的分数，来计算固定资产每年折旧额的一种折旧计提方法。年数总和法下，折旧额的计算方法如下：

$$年折旧率=\frac{尚可使用年限}{预计使用寿命的年数总和}$$

某年折旧额=（固定资产原值-预计净残值）×该年折旧率

折旧方法-双倍余额递减法

【例 5-13】光华公司拥有的某项固定资产原始价值为100 000元，预计使用年限为5年，预计净残值为4 000元。试采用年数总和法计算该项固定资产各年的折旧额。

采用年数总和法计算该项固定资产各年的折旧额，计算结果见表5-8。

表5-8　年数总和法计算固定资产各年的折旧额　金额单位：元

年份	应计提折旧总额	尚可使用年限	折旧率	折旧额	累计折旧
1	96 000	5	5/15	32 000	32 000
2	96 000	4	4/15	25 600	57 600
3	96 000	3	3/15	19 200	76 800
4	96 000	2	2/15	12 800	89 600
5	96 000	1	1/15	6 400	96 000

在使用过程中，由于固定资产所处的经济环境、技术环境等因素不断变化，有可能对其使用寿命和预计净残值产生较大影响，因此，企业至少应当于每年年度终了，对固定资产的使用寿命、预计净残值和折旧方法进行复核，并做相应的账务处理。

企业选用不同的固定资产折旧方法，将影响固定资产使用寿命期间内不同时期的折旧费用，因此，固定资产的折旧方法一经确定，不得随意变更。

固定资产在使用过程中所处经济环境和技术环境等因素的变化也可能致使与固定资产有关的经济利益的预期实现方式发生重大改变，因此，若固定资产给企业带来经济利益的方式发生重大变化，企业也应相应改变固定资产折旧方法。例如，某企业以前年度采用年限平均法计提固定资产折旧，而在当年度复核中发现，与该固定资产相关的技术发生很大变化，年限平均法已很难反映该项固定资产给企业带来经济利益的方式，因此决定变年限平均法为加速折旧法。

折旧法选择的综合分析

在确定计提折旧的范围时还应注意以下问题：（1）固定资产折旧的计提一般是以期初固定资产账面价值为基础进行的。当月增加的固定资产，当月不计提折旧，从下月起计提折旧；当月减少的固定资产，当月仍计提折旧，从下月起不计提折旧。（2）固定资产提足折旧后，不论能否继续使用均不再计提折旧，提前报废的固定资产也不再补提折旧。（3）已达到预定可使用状态但尚未办理竣工决算的固定资产，应当按照估计价值确定其成本并计提折旧，待办理竣工决算后再按实际成本调整原来的暂估价值，但不需要调整原已计提的折旧额。

第二节　收益决定

收益决定（income determination）是会计计量的核心问题之一。收益决定实际上就是利润计量。

一、收益决定的理论基础

收益（利润）来自企业的经济活动，是一种“资本的增值”。企业经营管理者利用从投资者和债权人手中所获得的资金，有效地从事经营活动、投资活动及筹资活动，从而获得超过其资本的“利润”。从产权关系上看，企业实现的利润与投资者投入的资本一样，归属于投资者，并构成所有者权益的一个重要组成部分。实际上，在现代会计的发展历程中，如何区分“资本”与“收益（利润）”一直是会计学者（包括很多经济学者）研究的重要课题。从亚当·斯密认为收益是“财富的增加”，到希克斯把收益解释为“一个人在某一时期可能消费的数额，并且他在期末的状况保持与期初一样好”，以及会计学者普遍将收益（利润）视为企业所实现的收入在扣除相关费用后的余额，说明只有在企业原有资本已得到保全或成本已得到补偿后才能确认所实现的收益。因此，企业收益（利润）的确定应当以“资本保全”（capital maintenance）为基础。

收益决定-资本保全1

资本保全是指企业在特定会计期间通过其经济活动而使得其期末资本与期初资本保持一致的状况。如果企业期末资本数超过期初资本数，则超出部分的金额就是企业的利润；如果企业期末资本数少于期初资本数，则短缺部分的金额就是企业发生的亏损。国际会计准则认为，“资本保全的概念关系到企业如何定义其力求保全的资本，因为它提供了计量利润的参照，从而也就规定了资本概念与利润概念的联系”。也就是说，对资本含义的界定不同，资本保全的含义与要求也会不同，从而使得基于资本保全基础所确定的利润不一样。

现行会计理论中确立了财务资本保全和实物资本保全两种资本保全的概念。财务资本保全概念将资本视为投资者投入的货币，其认为企业期末的资本只要等于期初资本的货币数额即为资本保全。实物资本保全概念中，人们将资本视为企业的“营运能力”或“实物生产能力”，其认为企业营运能力或实物生产能力的期末数等于期初数时方为资本保全。企业的实物生产能力，实际上就是指资本实物形态的“重置能力”，即恢复原有实物生产能力所需的资金或资源。因此，采用实物资本保全概念作为收益（利润）计量的理论基础时，一般要求选择“现行成本”（重置成本）作为计量属性。

收益决定-资本保全2

假设企业某会计期间期初的资本（或净资产）数额为200万元，当期没有发生与产权有关的交易与事项。期末，该企业的净资产数额为300万元。按财务资本保全概念，企业期末净资产中相当于期初资本的200万元是“保全资本数”，因此，该企业当期的收益（利润）数额应当为100万元。如果在期末，假设恢复相当于期初200万元资本的实物生产能力需要花费240万元，则按照实物资本保全概念确定的期末“保全资本数”应当是240万元，因此，该企业当期的收益（利润）数额为60万元。

在历史成本会计计量模式下，企业确认与计量收益（利润）通常以货币资本保全为理论基础。

二、收益决定模式

收益的计量模式取决于对收益（利润）本质的理解。会计学家与经济学家对收益本质的见解存在差异。会计学家侧重以会计期间假设为基础根据期间收入与费用的配比结果来理解收益（利润），而经济学家则强调收益（利润）的产生以资本或资源的存在为基础，收益（利润）是资本保全条件下的一种资本增值。实际上，经济学家关于收益（利润）本质的研究成果，已经影响并渗透到会计学者的研究及其成果中。会计学中所确立的收益（利润）的净资产法计量模式，就是这种影响的结果。收益（利润）计量模式包括交易法计量模式和净资产法计量模式。

（一）交易法计量模式

收益决定-计量模式与计算方法

收益（利润）计量的交易法（transaction approach）是指根据特定会计期间企业实现的收入与其相关的费用来计算当期收益（利润）的方法。如果当期收入大于当期费用，则为净收益（利润）；如果当期收入小于当期费用，则为亏损。由于交易法是根据收入和费用来确定收益（利润）的，因此在这种方法下，关键问题是收入和费用的确认、计量及其配比。

交易法计量收益（利润）的基本模型是：

利润（收益）= 收入 - 费用

假设某企业11月份实现收入8 000万元，当月费用为6 837万元，根据交易法计算，则当月实现的利润（收益）为1 163万元（8 000-6 837）。

（二）净资产法计量模式

收益（利润）计量的净资产法（net assets approach）是指根据特定会计期间期初与期末企业净资产的变动来计算当期收益（利润）的方法。如果企业期末净资产大于期初净资产，则为净收益（利润）；如果企业期末净资产小于期初净资产，则为亏损。净资产法实际上是把净收益（利润）看作企业在一定期间资本的增值。由于企业的净资产数额取决于其总资产数和总负债数，因此在净资产法下，对利润的计量实质上转化为对期初、期末资产及负债要素的计量。

净资产法下，计量收益（利润）的基本模型是：

利润（收益）=期末净资产－期初净资产

假设某企业某年年初的资产总额为5 300万元，负债总额为2 100万元；年末的资产总额为6 900万元，负债总额为2 500万元。在此期间，企业没有发生与所有者有关的任何业务。根据净资产法计算，该企业当年实现的净收益（利润）为：（6 900−2 500）－（5 300−2 100）=1 200（万元）。

三、我国企业利润的计算方法

在我国会计实务中，企业按交易法计量所实现的利润，即根据“利润=收入−费用”体现的计量模式来确定利润。企业计算利润一般分为三个步骤，即计算营业利润（经营收益）、计算利润总额、计算净利润。其中，净利润是指企业实现的利润总额按规定扣除企业所得税后的净额，也称“税后利润”。

1. 营业利润的计算

营业利润=营业收入−营业成本−税金及附加−期间费用(销售费用、管理费用、财务费用)−资产减值损失+公允价值变动收益+投资收益

2. 利润总额的计算

利润总额=营业利润+营业外收入−营业外支出

3. 净利润的计算

净利润=利润总额−所得税费用

四、资产计价与收益决定的关系

交易法计量模式是根据特定会计期间的收入和费用来确定收益（利润）的，因此，交易法下的收益（利润）计量取决于收入和费用的计量。就收入而言，作为一种因企业销售商品、提供劳务等日常活动所导致的“经济利益”的总流入，其最终的表现形式必然是“资产的增加”。例如，企业销售商品取得收入，具体体现在企业收到了现金或暂时形成了应收账款类债权资产。因此，收入实现的物质基础实质上是因“经济利益”流入企业而形成的新资产。从这一点上看，收入的计量实际上是以相应资产的价值计量作基础，或者进一步来说，收入的计量结果直接体现在相应资产的计量结果上。例如，企业某日销售商品2 000件，收到现金80 000元，据此可以确定此项交易使得企业资产增加80 000元，企业同时“实现”收入80 000元。收入的实现数额实质上取决于“流入”企业的现金数额或债权资产数额。

就费用而言，作为一种因企业销售商品、提供劳务等日常活动所导致的“经济利益”的总流出，其最终的表现形式必然是“资产的减少”。例如，企业支付产品广告费用，必然会减少企业的现金资产；企业出售商品，必然会耗用商品存货。因此，费用的发生以耗用资产为前提，正是资产的减少（耗用）“成就”了费用的发生。同样道理，费用的计量以相应资产的价值计量作基础。基于费用与资产的特殊关系，甚至可以说，资产计价方法同

时也是费用的计量方法。例如，根据期末持有存货成本确定本期耗用或销售存货成本；反之，亦然。例如，根据折旧价值确定固定资产净值，根据坏账损失确定应收账款净额等。

净资产法计量模式更直接地从形式上说明了资产计价与收益（利润）计量的内在关系。依据净资产法计量收益（利润），就是将某一会计期间期末净资产的计价结果与期初净资产的计价结果进行比较。而净资产的价值计量包含了资产价值的计量和负债价值的计量。与资产比较而言，负债的价值计量相对明确和简化，因为负债的形成是以条款明确的契约为基础的。因此，净资产计量模式下对收益（利润）的确定，便演变为了一个资产计价问题。

正是由于资产计价与收益（利润）计量的这种关系，选择不同的资产计价方法，会直接影响特定期间企业的收益（利润）数额。

思考题

1. 试分析为何资产计价和收益决定是会计计量的核心问题。
2. 企业资产为什么应按实际成本计价？
3. 如何理解资产计价的内容？试举例说明。
4. 应收账款计价的核心是什么？如何确定坏账损失数额？
5. 什么是存货盘存制度？试比较永续盘存制和定期盘存制。
6. 以原材料或产品为例，说明取得存货、耗用存货与期末持有存货在实物数量和价值数量方面的内在联系。
7. 企业存货的不同计价方法是怎么影响企业的资产和损益的？
8. 如何确定固定资产的原始价值？
9. 加速折旧法与平均折旧法有何异同？其对企业资产、收益（利润）信息的影响有何不同？
10. 如何计算企业的利润数额？
11. 资产计价与收益决定（利润计量）是什么关系？资产计价是否影响收入、费用的计量？

立德树人

聚餐费的分配

小王、小李和小张三位同学周末聚餐，产生聚餐费300元。该聚餐费需要在三位同学之间进行分配。

讨论：可以采用哪些方法进行分配？这些方法各有什么优点与缺点？你认为哪种方法是最合理、最公平的？你能够找到绝对公平与合理的分配方法吗？

研讨思路：以聚餐费如何分配作为研讨话题，引导学生分析该聚餐费有哪些分配的方法，每一种分配方法的合理性和不足之处，并进一步探讨有没有最合理、最公平的完美分配方法；让学生了解现实生活中没有绝对公平和合理，只有相对的公平和合理，并以这种态度去正确处理日常工作和生活中所遇到的事情。

本章自测

第六章　会计凭证

本章思维导图

学习目标

通过本章学习，读者可理解会计凭证的概念，并认识其在会计核算方法体系中的地位和作用；掌握会计凭证的种类，掌握原始凭证和记账凭证填制和审核的基本技术与方法。

引导案例

记账凭证ABC

小艾完成对代理公司的存货盘点，回到事务所已是下午。她立即跟万总汇报了盘点的具体情况，万总微笑着点了点头，并交代小艾把之前完成的功课拿给她看一下。

于是，小艾把之前已认真填好的凭证找出来交给万总。

万总一张张凭证地看，过了会儿说道："填得不错，就是有些细节还是要注意一下。"

小艾赶紧带着笔记本站到万总身旁，准备认真记录。

"有明细科目的，要尽量写上明细科目，比如这张：总账科目为实收资本，要写上明细科目为×××，好说明具体是谁出资，这就跟做会计分录一样。"

"嗯嗯。"

"附件有几张也要写上，后续的审核等环节还要用到。然后，在制证的地方，签上你的名字。"

"好的，万总，那记账栏用不用我一起签名？"

"这个环节还不用，因为你录入好凭证以后还要往下传，也就是传给审核的人，一般来说审核人会是个比较资深的会计。

等他审核完了，会再传给出纳，出纳才能根据所附的单据登记'银行存款日记账'。

出纳登记好银行存款日记账后，再把这个记账凭证及后面的附件传给下一个会计。她会根据你做的记账凭证及附件来登记'实收资本明细账'。她登记完后，会在凭证'记账'那一栏里打勾，以表示这张凭证已入账，从而防止重复入账。"

"记账那栏原来是这个用途呀。"

"接着，这个会计会把凭证传给下一个人由其来登记'总账'，出具'报表'，这个人一般是会计主管。"

"这样传来传去，会不会搞丢呀？"

"当然有可能呀，所以为了以防万一，在实际工作中要学会'留底'。万一哪个凭证找不到了，自己手里还有复印件，从而避免很多麻烦。”

“噢……万总，现在我明白了，您其实用心良苦……您是想让我通过熟悉凭证录入的程序和方法，来了解会计的整个记账流程。”

“孺子可教。小艾，只要你一个岗位一个岗位地用心学，很快就能掌握记账方法啦。”

“谢谢万总，我一定会加倍努力的！”

【思考与讨论】

(1) 如何理解会计凭证的内涵？它的作用有哪些？

(2) 记账凭证应该具备哪些基本要素？其填制要求有哪些，审核要点又包括哪些？

资料来源：陈艳红．小艾上班记：真账实操教你学会计［M］．3版．大连：东北财经大学出版社，2020，有改动（改编者：王玲）。

第一节　会计凭证概述

不同单位必须根据实际发生的经济业务事项进行会计核算，填制会计凭证，登记会计账簿，编制财务会计报告。通过会计确认和会计计量程序而纳入会计信息系统处理的经济业务在会计账户中得以反映，从而完成了由经济信息向会计信息转换的过程，此过程即为会计记录。其具体表现为两个步骤：分录记录和账户记录，而分录记录在我国会计实践中则是通过编制会计凭证来实现的。

一、会计凭证的概念

会计凭证概述

（一）经济活动信息与原始证据

当企业发生各种经济交易时，经办人员一般需办理相关的凭证手续。例如，企业购买设备时，采购人员会从销货方取得“增值税专用（或普通）发票”；企业生产部门为生产产品而向材料仓库申请领用原材料时，领料人会从发料人处取得“领料单”；当产品生产完工并验收入库时，仓库保管人员需填制“商品入库单”；当产成品随后被销售时，销货企业可能会从购货方处收到“商业（或银行）承兑汇票”。伴随经济交易而产生的上述凭证单据，详细记载了与经济交易有关的各项信息，加之经济交易参与单位及人员在上面的签章，从而形成具有法律效力的经济业务原始证据。由于这些原始证据所记载的经济活动性质的差异性和其内容表述方式的非系统性，其所反映的原始经济信息无法直接提供给企业利益相关者。企业需借助特定的会计程序与方法将这些纷繁复杂的原始经济信息转化为一种系统而精简的会计信息，使之便于企业利益相关者使用。

（二）原始经济信息与会计凭证

如前所述，这一由原始经济信息向会计信息转换的过程，是通过运用借贷记账法将经济业务所引起的会计要素具体项目增减变化情况预设在会计账户中加以记录来完成的。因此，登记会计账户便成为会计记录工作的核心内容。在会计实务工作中，不同原始凭证表述经济信息的方式存在着显著的差异，而经济业务的复杂性也会导致某项业务需要多张原始凭证予以记录，在此情况下，直接依据原始凭证信息在账户中记录经济业务，通常会增加账户记录工作，而且容易出现重记、漏记或错记等问题。因此，在将经济业务记入相关账户之前，首先需要对各项经济业务应当登记的账户名称、账户方向（借或贷）以及记录金额，予以确定并集中做出书面记录，即会计分录。作为对经济业务的初步记载，会计分录集中反映了应借记、贷记的账户名称及其金额，通过检验其中各账户对应关系的逻辑性以及借、贷方金额的平衡性，可以较为有效地保证随后进行的账户记录的完整性与正确性。因此，根据原始凭证所记载的经济信息，运用特定的会计确认和计量程序编制会计分录，就构成了会计记录基本程序的第一步。然而，在我国会计实务中，会计分录通常被标注在具有一定格式的记账凭证上，所以上述过程就具体表现为根据原始凭证编制记账凭证。原始凭证和记账凭证均属于会计凭证。

作为会计记录程序的起点，会计凭证是用来记录经济业务整体内容、明确经济责任并作为记账依据的书面证明文件。具体表现为：原始凭证是编制记账凭证（分录记录）的依据；记账凭证是登记会计账簿（账户记录）的依据。

二、会计凭证的作用

作为会计信息处理的起点，会计凭证事关整个企业会计信息的质量，其作用体现在以下三个方面：

（一）反映与经济活动相关的信息

经济交易与事项发生时所取得或填制的原始凭证记载了诸如经济业务发生的时间、内容、经办单位或个人等原始经济信息；而随后据此编制的记账凭证则记载了按照特定会计确认和计量程序对原始经济信息进行处理而得到的会计信息，从而形成了对经济交易与事项的初步记录。

（二）提供会计记录的依据

如前所述，会计记录的第一步骤是以原始凭证为依据编制会计分录（即：编制记账凭证），而会计记录的第二步骤则是根据记账凭证中标明的会计分录登记相关的会计账户（账簿）。因此，经审核无误的会计凭证（特别是记账凭证）便成为会计记录的重要依据，并有效保证了会计记录的核心内容——账户记录的真实性和完整性。

（三）明确相关经济责任

一方面，会计内部管理人员和企业外部相关的监督主体（如财政部门、税务部门、国有资产管理机构、注册会计师等）可以通过分析会计凭证的内容，对经济业务的合法性与合理性进行监督，检查其是否符合国家相关的法律、法规以及准则、制度的规定，是否符合企业内部章程和经营管理的要求；另一方面，通过相关经办人员在会计凭证上的签字或者盖章，明确了其对相关经济业务所承担的经济责任，从而为防止违纪行为、保护企业财产的安全完整、减少裁决差错和纠纷提供了重要保障。

三、会计凭证的分类

按填制程序和功能不同，会计凭证分为原始凭证和记账凭证两类。原始凭证由经济业务的相关经办人员填制或取得，其用来作为在记账凭证上编制会计分录的依据；记账凭证由企业会计人员根据所取得的原始凭证填制，其用来作为登记会计账簿的依据。

第二节　原始凭证的填制与审核

在超市购物的时候，顾客通常会收到一张购物发票，上面详细记录了购买商品的日期，所购商品的名称、数量、金额等信息。该发票一方面可以作为消费者维护自身合法权益的凭据；另一方面，由于该发票记录了商品销售业务的详细信息，所以作为证明经济业务已经发生的原始证据，其便成为超市会计部门进行相关会计记录的初始依据。这种在经济业务发生时取得或填制、用来记录经济业务具体内容和实际执行情况、明确经济责任且具有法律效力，并以此作为记账依据的凭证或单据，称为原始凭证，它是进行会计核算的原始资料和重要依据。

一、原始凭证的分类

会计凭证的填制与审核

不同来源、不同用途的原始凭证，其对经济业务内容的记载方式和填制方式也有所不同：

（一）原始凭证按来源分类

原始凭证按其来源不同，可以分为外来原始凭证和自制原始凭证。

外来原始凭证是指与其他单位发生经济业务时，从对方单位取得的原始凭证。如购货业务中取得的购货发票（见表6-1），企业人员出差时支付交通、住宿费用后取得的火车票、住宿费发票和餐饮费发票等。

表6-1　普通发票票样

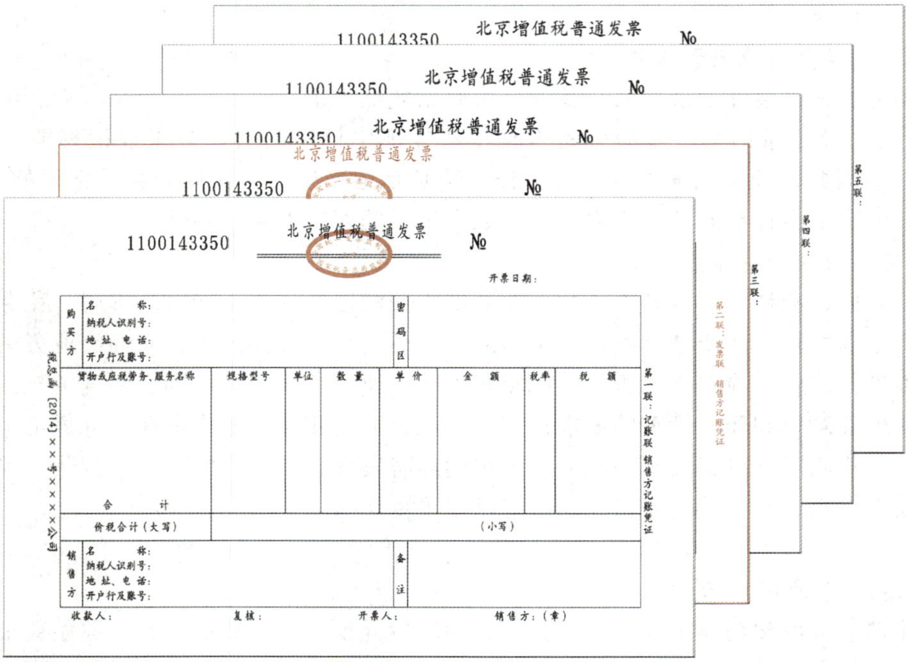

1100143350　北京增值税普通发票　№

开票日期：

购买方	名称： 纳税人识别号： 地址、电话： 开户行及账号：			密码区			
货物或应税劳务、服务名称	规格型号	单位	数量	单价	金额	税率	税额
合计							
价税合计（大写）				（小写）			
销售方	名称： 纳税人识别号： 地址、电话： 开户行及账号：			备注			

收款人：　复核：　开票人：　销售方：（章）

税总函[2014]××号××××公司

第一联：记账联 销售方记账凭证

自制原始凭证是指由本单位经办业务的相关人员在办理经济业务时自行填制的原始凭证。如领料单（见表6-2）、商品入库单、工资计算单、差旅费报销单（见表6-3）等。

表6-2　　领料单

领料部门：　　　　年　月　日　　　　字第　号

用途：　　　　　　　　　　　　　　　发料仓库：

材料			单位	数量		成本								材料账页
编号	名称	规格		请领	实发	单价	总价							
							万	千	百	十	元	角	分	

第二联：会计部门记账

主管：　　会计：　　记账：　　保管：　　发料：　　领料：

表6-3　　差旅费报销单

年　月　日填报　　　　第__页

单位：__________　　　　共__页

姓名：						出差事由：							
起止时间及地址						交通费	通宵乘车	出差补助		住宿费		其他	
月	日	起点	月	日	终点	金额	金额	天数	金额	天数	金额	摘要	金额
小计													
合计币（大写）										预支__核销__退补__			

附单据共　张

主管负责人：　　单位负责人：　　审核：　　出差人：

（二）原始凭证按填制手续分类

原始凭证按其填制手续的不同，可以分为一次原始凭证、累计原始凭证和汇总原始凭证。

一次原始凭证的填制手续一次性完成且一次性使用，如销货发票、收料单、领料单、银行支票（如图6-1所示）等。

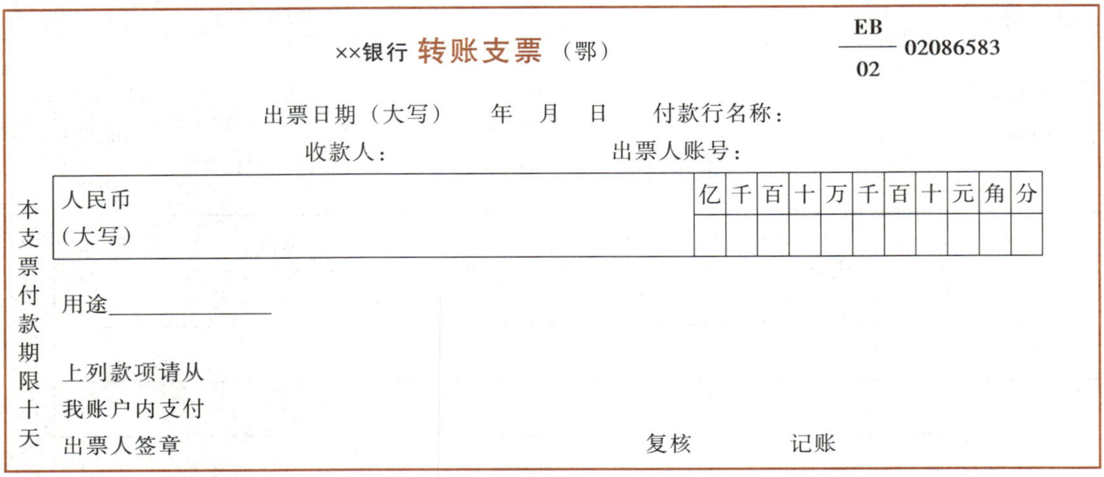
××银行 转账支票（鄂）

EB/02 02086583

出票日期（大写） 年 月 日 付款行名称：

收款人： 出票人账号：

本支票付款期限十天

人民币（大写） | 亿 | 千 | 百 | 十 | 万 | 千 | 百 | 十 | 元 | 角 | 分

用途______

上列款项请从
我账户内支付
出票人签章 复核 记账

图6-1 银行支票

累计原始凭证是针对一定时期内不断重复发生的若干项同类经济交易进行连续登记，其填制程序也需要重复多次才能完成的凭证，如生产制造企业使用的限额领料单（见表6-4）。通过计算累计发生额，并与定额、计划数或预算数相比较，从而起到考核定额完成情况、促进增收节支的作用。

表6-4 限额领料单

领料部门： 凭证编号：

领料用途： 年 月 发料仓库：

材料编号	材料名称	规格	计量单位	领用限额	实际领用			备注
					数量	单价	金额	

日期	申领		实发			退回			限额结余
	数量	负责人	数量	发料人	领料人	数量	发料人	领料人	
合计									

汇总原始凭证是对一定时期内若干项同类经济交易的原始凭证进行汇总而编制的凭证，如发出材料汇总表（见表6-5）、工资结算汇总表、商品销售汇总表等。汇总原始凭证既可提供经营管理所需的总量指标，在手工记账的情况下，也可简化随后进行的记账凭证的编制手续。

表6-5　**发出材料汇总表**

编制人：　　　　　　　　　　　　年　　月

审核人：　　　　　　　　　　　　　　　　　　　　　　　　单位：元

用料单位	原材料		辅助材料		合计金额
	橡胶	钢锭	煤炭	润滑剂	
生产车间					
甲产品					
乙产品					
一般耗用					
供暖车间					
厂部					
合计					

二、原始凭证的内容填制

（一）原始凭证的内容

作为企业收集经济信息的起点，原始凭证详细记载了经济活动的发生过程与具体内容。企业通常将对原始凭证种类、格式、内容及传递程序等的设计，与对经济活动过程的控制方式有机结合起来，以期有效控制经济活动、实施严格的内部控制。由于经济业务具体内容的多样性，各类原始凭证所包含的项目内容存在着一定的差异。

为了实现真实完整反映经济业务和明确经济责任的目标，原始凭证一般需包含以下八项基本要素：（1）出证单位，即出证单位的名称，如××公司；（2）凭证类型，即凭证名称，如销货发票；（3）凭证顺序，即凭证编号，如No.023567；（4）接受此凭证的单位，即购货单位名称，如××公司；（5）发生时间，即年、月、日，此为填制凭证的时间；（6）业务内容，如品名、数量、规格、单价、金额、付款方式等，但不同的原始凭证有不同的内容；（7）出证单位公章，如出证单位公章和税务通用章等；（8）负责并承担其真实性的责任人，如开票人、收款人和审核人等。原始凭证的基本结构见表6-6。

（二）原始凭证的填制

不论原始凭证的来源、填制手续以及格式如何安排，均应根据经济业务的实际情况，据实填列相关的货物或劳务名称、用途、金额、经济业务发生时间、交易单位的名称、相关经办人员的签章等信息。原始凭证的填制要求可以归纳为：一是事项真实，要有依据且实际发生；二是内容完整，即凭证的相关项目要按照要求填列；三是书写规范，即文字、数据、大写、小写和改错等要符合相关技术规范的要求；四是填制及时，即强调要在经济业务发生时取得或者填制；五是责任清楚，即各种签单手续一定要完备无缺。原始凭证填制的主要技术性要求如下所述①。

① 此处叙述的技术性要求也适用于记账凭证的填写、账簿的登记与报表的填写。

表 6-6　　　　　　　　　原始凭证基本结构表

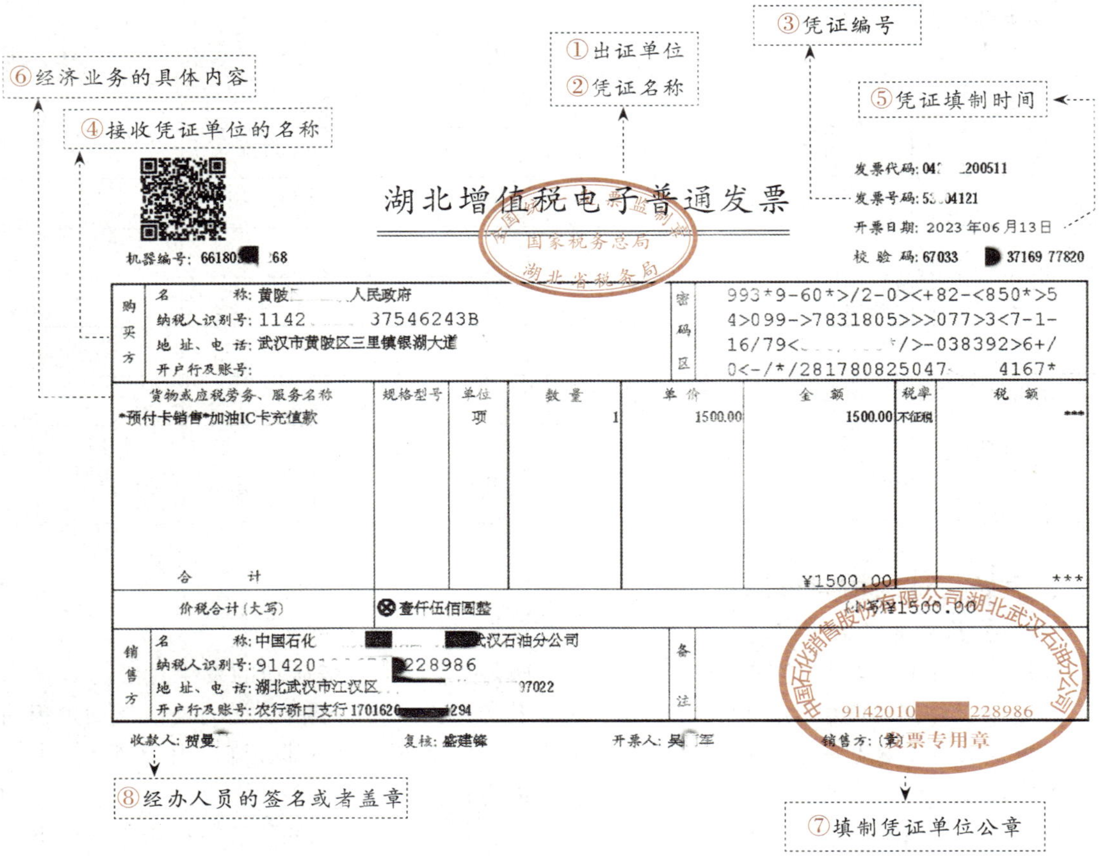

1. 金额填写

（1）阿拉伯数字的填写要求

阿拉伯数字是在会计凭证中必然会涉及的数量记录符号，必须按照规范的技术要求书写。所有以元为单位的阿拉伯数字，除表示单价等情况外，一律填写到角分；无角分的，角位和分位可写“00”，或者符号“—”；有角无分的，分位应当写“0”，不得用符号“—”代替。

（2）汉字大写数字的填写要求

汉字大写数字金额，要用零、壹、贰、叁、肆、伍、陆、柒、捌、玖、拾、佰、仟、万、亿，以及元、角、分、零和整（正）等，不得用一、二、三、四、五、六、七、八、九、十、〇（或“另”）等简化字代替，一律要用正楷或者行书体书写，不得任意自造简化字。

大写金额数字到元或者角为止的，在“元”或者“角”字之后应当写“整”字或者“正”字；大写金额数字有分的，分字后面不写“整”或者“正”字。

阿拉伯金额数字中间有“0”时，汉字大写金额要写“零”字；阿拉伯数字金额中间连续有几个“0”时，汉字大写金额中可以只写一个“零”字；阿拉伯金额数字元位是“0”，或者数字中间连续有几个“0”、元位也是“0”但角位不是“0”时，汉字大写金额可以只写一个“零”字，也可以不写“零”字。

（3）金额数货币名称的限定与书写要求

大写金额数字前未印有货币名称的，应当加填货币名称，如“人民币”，货币名称与金额数字之间不得留有空白，若有关票据上无“人民币”三字，应当加写“人民币”三字；在票据上不得预留万、千、百、十、元、角、分等空格，应当直接书写。

阿拉伯金额数字前面应当书写货币币种符号或者货币名称简写和币种符号（如人民币为“¥”、美元为“$”、英镑为“£”等），币种符号与阿拉伯金额数字之间不得留有空白。但需要注意的是，若数字前用了“¥”符号，则后面不再写“元”。

2.防弊措施

凡填有大、小写金额的原始凭证，大、小写金额必须相符。购买实物的原始凭证，必须有验收证明。支付款项的原始凭证，必须有收款单位和收款人的收款证明。

一式数联的发票和收据，必须套写，并连续编号。作废时应当加盖“作废”戳记，连同存根一起保存，不得撕毁。

3.凭证管理

职工出差时填写的借款凭据，必须附在记账凭证之后。收回借款时，应当另开收据或者退还借据副本，不得退还原借款收据。

经上级有关部门批准的经济业务，应当将批准文件作为原始凭证附件。批准文件需要单独归档的，应当在凭证上注明批准机关名称、日期和文件字号。

三、原始凭证的审核

作为随后进行的会计记录程序的重要依据，原始凭证的真实性、合法性与完整性直接影响着企业会计账户与财务报表信息的质量。因此，会计人员应及时对所取得的原始凭证进行审核，并据以编制记账凭证（会计分录）。原始凭证的审核分为两个方面的内容：一是形式上的审核，即看其内容与项目的完整性；二是实质上的审核，即看其真实可靠性。原始凭证的审核具体要求包括：

（一）审核原始凭证所记载的经济活动是否合法合理

企业的经济活动必须符合国家有关法律法规的要求，不能与政府各项经济政策相违背。同时，企业的经济活动必须依照企业相关管理部门设定的经济活动计划进行，不能随意逾越项目方案、活动计划以及预算和控制额度的边界，以切实保证企业整体经济活动的有序和效率。《中华人民共和国会计法》规定，会计机构、会计人员必须按照国家统一的会计制度的规定对原始凭证进行审核，对不真实、不合法的原始凭证有权不予接受，并向单位负责人报告。

（二）审核原始凭证的内容是否真实和准确

一方面，会计人员应当注意审查原始凭证所反映的经济交易与事项是否真实，是否存在弄虚作假或其他舞弊行为。现行会计规范也为此就某些特定业务进行了规范，例如其规定，若发生销货退回，除填制退货发票外，还必须有退货验收证明；退款时，必须取得对方的收款收据或者汇款银行的凭证，不得以退货发票代替收据。

另一方面，会计人员应检查原始凭证对经济交易与事项内容的描述是否准确，数量关系是否清晰、正确。《中华人民共和国会计法》规定，会计人员对记载不准确、不完整的原始凭证应予以退回，并按照国家统一的会计制度的规定更正、补充。此外，原始凭证记载的各项内容均不得涂改，原始凭证有错误的，应当由出具单位重开或者更正，更正处应当加盖出具单位印章。原始凭证金额有错误的，应当由出具单位重开，不得在原始凭证上更正。

（三）审核原始凭证的填制是否完整

审核原始凭证的填制是否符合规定的要求，包括审核原始凭证上各项目的填列是否齐全、规范与正确，相关责任人是否明确（签字）等。按现行会计规范的规定，从外单位取得的原始凭证，必须盖有填制单位的公章；从个人取得的原始凭证，必须有填制人员的签名或者盖章。自制原始凭证必须有经办单位领导人或者其指定人员的签名或盖章。对外开出的原始凭证，必须加盖本单位公章。

第三节　记账凭证的填制与审核

一、记账凭证的分类

企业会计机构与会计人员应当根据审核无误的原始凭证填制记账凭证。记账凭证是一种专门根据原始凭证或原始凭证汇总表的信息内容，采用会计科目和复式记账方法加以归类整理和编制以作为记账依据的会计凭证。在记账凭证中，必须体现应借记和应贷记的会计账户名称、记账金额等会计分录的基本内容。

在企业日常经济活动中，有大量的经济业务都会涉及货币资金（现金和银行存款）的增减。例如，企业销售一批商品并且收到对方以银行转账的方式支付的货款，这项经济业务使企业的银行存款增加，而以现金预支职工差旅费的经济业务则使企业的现金减少。有些经济业务的发生则不会直接引起现金或银行存款发生增减变化，如赊购原材料、赊销商品、生产产品领用原材料等。会计上，从与货币资金的关系出发将经济业务划分为收款业务、付款业务和转账业务三种类型，正基于此，记录经济业务的记账凭证也相应分为收款凭证、付款凭证和转账凭证三类。

收款凭证是专门用来记录导致企业现金、银行存款发生增加变动的经济业务的记账凭证，其基本格式见表6-7。需要说明的是，为了防止重复记录，当库存现金与银行存款之间互相转化时，以编制付款凭证为主，即只编制付款凭证，不编制相对应的收款凭证。

付款凭证是专门用来记录导致企业现金、银行存款发生减少变动的经济业务的记账凭证，其基本格式见表6-8。

记账凭证的填制与审核1

表6-7 **收款凭证基本格式说明**

收款凭证反映的经济业务涉及现金或银行存款的增加，所以会计分录中的借方科目比较单一：“库存现金”或“银行存款”。因此在收款凭证中，通常将借方科目单独列示。

对记账凭证进行连续编号，主要是为了方便查找，同时也可防止散失、抽换。

通过打“√”来表示相关金额已经登记入账。

收款凭证

借方科目： 年 月 日 收字第 号

摘要	贷方科目		金额										记账符号
	总账科目	明细科目	千	百	十	万	千	百	十	元	角	分	
合计													

附件 张

会计主管： 记账： 出纳： 审核： 制单：

通过签章，以明确相关会计人员的责任，实施内部牵制制度。

据以编制记账凭证的原始凭证，须附在记账凭证背面，以便核查。

表6-8 **付款凭证**

贷方科目： 年 月 日 付字第 号

摘要	借方科目		金额										记账符号
	总账科目	明细科目	千	百	十	万	千	百	十	元	角	分	
合计													

附件 张

会计主管： 记账： 出纳： 审核： 制单：

转账凭证是专门用来记录没有导致企业现金、银行存款在当期发生变化的经济业务的记账凭证，其基本格式见表6-9。

表 6-9　　　　　　　　　　　　**转账凭证**

年　月　日　　　　　　　　　　　　转字第　号

摘要	总账科目	明细科目	√	借方金额										√	贷方金额									
				千	百	十	万	千	百	十	元	角	分		千	百	十	万	千	百	十	元	角	分
合计																								

附件　张

会计主管：　　　　记账：　　　　审核：　　　　制单：

在实际工作中，特别是在实现会计电算化的企业中，可以不区分收、付、转记账凭证，而采用通用格式的记账凭证。其基本格式见表6-10。

表 6-10　　　　　　　　　　　　**记账凭证**

年　月　日　　　　　　　　　　　　第　号

摘要	总账科目	明细科目	√	借方金额										√	贷方金额									
				千	百	十	万	千	百	十	元	角	分		千	百	十	万	千	百	十	元	角	分
合计																								

附件　张

会计主管：　　　　记账：　　　　出纳：　　　　审核：　　　　制单：

二、记账凭证的内容及填制

（一）记账凭证的内容

在记账凭证中，针对特定经济业务应予确定的会计科目、记账方向以及金额均应详细列示，并以此作为登记会计账户的依据。在内容设置上，记账凭证既要满足登账的要求，又要便于证证核对、账证核对，同时还要有助于企业各项内部控制措施的执行。

记账凭证必须具备以下九项基本要素：（1）什么单位的记账凭证，即企业名称（若为企业专门印制的则有，外购的商品性凭证则没有）；（2）什么类型的凭证，即记账凭证的名称，如“收款凭证”、“付款凭证”、“转账凭证”和“记账凭证”等；（3）什么顺序，即凭证编号；（4）什么时间，即记账凭证的填制日期；（5）什么内容，即经济业务的内容摘要；（6）什么分录，即记录经济业务和事项所涉及的记账方向、账户（包括总账和明细账）名称以及金额；（7）什么依据，即所附原始凭证的张数；（8）什么去向，即记入账页的顺序；（9）什么人负责，即有关人员（如凭证填制人员、复核人员、记账人员、出纳人员、会计主管等）的签名或者盖章。

（二）记账凭证的填制

1.基本方法

记账凭证必须以经审核无误的原始凭证所载明的经济交易与事项的具体内容为依据，运用已设置的会计账户和借贷记账法，确定应借记、贷记的账户名称及其金额，并将据此编制的会计分录在记账凭证上予以标明或记录。在我国会计实务中，发生有关错账更正、期末账项调整以及损益结转事项等，可以直接填制记账凭证。下面举例予以说明：

记账凭证的填制与审核2

【例6-1】春风公司于20×9年8月20日向光华公司赊购乙商品50 000元（假设春风公司设置了收款、付款和转账凭证，下同）。

由于这项经济业务没有导致企业货币资金发生增减变化，所以春风公司应通过转账凭证进行处理，见表6-11。

表6-11 转账凭证

20×9年8月20日 转字第57号

摘要	总账科目	明细科目	√	借方金额										√	贷方金额									
				千	百	十	万	千	百	十	元	角	分		千	百	十	万	千	百	十	元	角	分
赊购商品	库存商品	乙商品					5	0	0	0	0	0	0											
	应付账款	光华公司																5	0	0	0	0	0	0
合计						¥	5	0	0	0	0	0	0				¥	5	0	0	0	0	0	0

附件2张

会计主管：王娜 记账：郝梦 审核：钱城 制单：胡旭

【例6-2】春风公司于20×9年9月5日支付上述赊购款50 000元。

该经济业务导致企业银行存款减少，所以春风公司应通过付款凭证进行处理，见表6-12。

表6-12 付款凭证

贷方科目：银行存款 20×9年9月5日 付字第6号

摘要	借方科目		金额										记账符号
	总账科目	明细科目	千	百	十	万	千	百	十	元	角	分	
归还赊购款	应付账款	光华公司				5	0	0	0	0	0	0	
合计					¥	5	0	0	0	0	0	0	

附件3张

会计主管：王娜 记账：郝梦 出纳：喻涛 审核：钱城 制单：胡旭

【例6-3】春风公司于20×9年11月8日从硕丰公司处收回上月销售商品款230 000元。

由于该经济业务导致企业银行存款的增加，所以春风公司应采用收款凭证进行处理，见表6-13。

表 6-13　收款凭证

借方科目：银行存款　　20×9 年 11 月 8 日　　收字第 8 号

摘要	贷方科目		金额										记账符号
	总账科目	明细科目	千	百	十	万	千	百	十	元	角	分	
收回赊销款	应收账款	硕丰公司			2	3	0	0	0	0	0	0	
合计				¥	2	3	0	0	0	0	0	0	

附件 2 张

会计主管：王娜　　记账：郝梦　　出纳：喻涛　　审核：钱城　　制单：胡旭

记账凭证的填制与审核 3

对于现金与银行存款之间相互转化的经济业务，包括企业从银行提取现金备用和将现金存入开户银行，由于其既可以填制收款凭证，也可以填制付款凭证，若将两者同时填制，则会造成重复记账。因此，为避免重复记账，只需填制付款凭证，而无须同时填制收款凭证。

2. 技术规范

根据经济交易与事项及其原始凭证填制记账凭证，是会计记录程序的首要步骤，账户记录以及财务报表信息的产生皆以此为基础。此外，会计分录的编制与记账凭证的填制过程还包含了对经济活动的初始确认与计量。因此，记账凭证的填制对整个会计信息系统至关重要，其直接影响到整个财务报表的信息质量。为此，我国现行会计规范对记账凭证的填制程序也做了相应的规定：

（1）编制依据

记账凭证可根据每一张原始凭证填制，或者根据若干张同类原始凭证汇总填制，也可以根据原始凭证汇总表填制。但是，不得将不同内容和类别的原始凭证汇总填制在一张记账凭证上。

除结账和更正错误的记账凭证可以不附原始凭证外，其他记账凭证必须附有原始凭证。如果一张原始凭证涉及几张记账凭证，那么可以把原始凭证附在一张主要的记账凭证后面，并在其他记账凭证上注明附有与该原始凭证对应的记账凭证的编号或者附原始凭证复印件。若一张原始凭证所列支出需由几个单位共同负担，则应就其他单位负担的部分，开给对方原始凭证分割单以进行结算。

（2）凭证编号

填制记账凭证时，应当对记账凭证进行连续编号。记账凭证的编号涉及以下几个问题：

第一，一定会计期间记账凭证的编号方式，均需采用顺序编号以便查核与控制，即各种记账凭证按不同的类别编排为第 1～×号。在具体方式上有一月一编号与一年一编号两种，前者为每月编号均为第 1～×号，后者为全年编号为第 1～×号。

第二，一定会计期间记账凭证编号形式的覆盖范围，可采用分类编号和总编号。分类编号方式又有五类编号法和三类编号法，它一般在记账凭证分为收、付、转三种凭证的情况下采用。五类编号法即现金收款类记账凭证编为“现收字第 1～×号”、银行收款类记账凭证编为“银收字第1~×号”、现金付款类记账凭证编为“现付字第1~×号”、银行付款类记账凭证编为“银付字第1~×号”、转账类凭证编为“转字第1~×号”，三类编号法即所有收款类记账凭证编为“收字第1~×号”、所有付款类记账凭证编为“付字第1~×号”、所有转账类凭证编为“转字第1~×号”。总编号方式适用于两种情况：①只使用一种通用记账凭证时即将全部记账凭证按时间顺序统一编号为“记字第1~×号”；②运用“汇总记账凭证”和“记账凭证汇总表（或称科目汇总表）”时则分别用“汇记字第1~×号”和“记（科）汇字第1~×号”等。

第三，当一项经济业务需填制两张（或两张）以上记账凭证时，一般采用分数编号法。如一笔经济业务需编制4张记账凭证且凭证的顺序号为“记字第27号”时，就可将这4张记账凭证分别编号为“记字第$27\frac{1}{4}$号”、“记字第$27\frac{2}{4}$号”、“记字第$27\frac{3}{4}$号”和“记字第$27\frac{4}{4}$号”。

(3) 错误更正

如果在填制记账凭证时发生错误，则应当重新填制。对于已经登记入账的记账凭证，在当年内发现填写错误时，可以用红字填写一张与原内容相同的记账凭证，在摘要栏注明“注销某月某日某号凭证”字样，同时再用蓝字重新填制一张正确的记账凭证，注明“订正某月某日某号凭证”字样。如果会计科目没有错误，只是金额错误，也可以将正确数字与错误数字之间的差额，另编一张调整的记账凭证，调增金额用蓝字，调减金额用红字。发现以前年度记账凭证有错误的，应当用蓝字填制一张用于更正的记账凭证。

(4) 防弊措施

记账凭证填制完经济事项信息后，如有空行，应当自金额栏最后一笔金额数字下的空行处至合计数上的空行处画斜线予以注销。

三、记账凭证的审核

记录各项经济业务的记账凭证填制完成后，应当据以登记有关账户（即过账）。为保证账户（账簿）记录的准确性，《中华人民共和国会计法》及相关会计规范均规定会计人员应以经审核无误的会计凭证为依据登记会计账簿。

记账凭证的审核要点包括：(1) 审核记账凭证与所附原始凭证的内容是否一致；(2) 审核记账凭证与所附原始凭证的张数信息是否一致；(3) 审核记账凭证所标明的账户名称（包括总账和明细账）、借贷方向及金额是否正确；(4) 审核记账凭证的内容是否完整、控制手续是否齐备，并核对有关人员的签章是否真实。

思考题

1. 如何理解会计凭证的内涵？它的作用有哪些？

2. 会计凭证的基本类别如何划分？其各自具有什么特点？如何理解原始凭证与记账凭证的关系？

3. 什么是原始凭证？如何按照不同的标准对原始凭证进行分类？

4.原始凭证应当具备哪些基本要素？其填制要求有哪些？其审核要点包括哪些？

5.什么是记账凭证？如何对记账凭证进行分类？

6.记账凭证应当具备哪些基本要素？其填制要求有哪些？其审核要点包括哪些？

7.在设置收、付、转凭证的情况下，发生现金与银行存款之间相互划转的业务时应编制何种凭证？

立德树人

会计小张与企业诚信文化的践行

在一家快速发展的高新技术民营企业——蓝天科技有限公司中，财务部新来的会计小张，以其扎实的专业知识和敏锐的职业嗅觉，很快在团队中脱颖而出。作为一个科技创新型企业，蓝天科技有限公司一直将“诚信、创新、共赢”作为企业的核心价值观，尤其重视财务工作的透明度与准确性，将其视为企业可持续发展的基石。

正值公司筹备年度财务审计的关键时期，小张负责审核过去一年内所有报销凭证的合规性与合理性。在这一过程中，小张发现了一笔来自研发部门的高额差旅费报销单据。该报销单显示，一名高级工程师因参加海外技术交流会产生的交通、住宿费用总计5万元，虽然相关发票、会议邀请函等附件齐全，但小张凭借丰富的行业经验和对费用标准的敏感，察觉到报销金额与常规估算存在较大偏差。

面对这一异常情况，小张并没有急于下结论，而是采取了一系列细致入微的查证措施。他首先比对了同类型会议的历史报销记录，发现平均费用远低于此次报销金额；随后，小张通过网络资源查询了会议举办地的酒店价格及航班费用，进一步确认了费用偏高的事实。

小张深知，处理此类敏感问题需谨慎且公正。他决定先与提交报销的高级工程师进行一对一沟通，以了解详情。交谈中，工程师解释道，由于临时变更行程，不得不购买高价机票，并误选了超出公司标准的高档酒店，导致总费用超出预期。对此，小张耐心解释了公司的报销政策与财务纪律的重要性，同时建议工程师重新整理报销资料，剔除非合规部分，并承诺将协助其与人力资源部门沟通，寻求合理的解决方案。

小张的严谨态度和妥善处理赢得了工程师的理解与尊重，对方主动调整了报销申请，避免了违规报销的发生。此事被低调但有效地处理，不仅维护了公司的财务秩序，也增强了员工对财务规定的理解和遵守意识，公司管理层对此事给予了高度评价。

研讨思路：通过小张的案例，引导学生认识到，在复杂多变的商业环境中，每一位会计人员都应成为企业诚信文化的守护者，以专业的态度和严谨的方法，确保每一份会计凭证都能真实反映企业的经济活动，为企业的持续健康发展保驾护航。

本章自测

第七章　会计账簿

本章思维导图

学习目标

通过本章学习，读者可认识账簿在会计核算方法体系中的地位与作用；了解我国企业的会计账簿体系；掌握会计账簿的种类和基本结构，总账、明细账和日记账的格式、登记依据和登记的基本方式；掌握账簿登记的基本技术规则；掌握账簿记录核对的内容与技术方法；掌握账簿记录差错的更正方法；熟悉结账的内容与方法。

引导案例

几步搞定明细账与总账

“小艾，其实搞定了上面的凭证录入，就意味着你已经搞定了一半的记账业务。接下来，你要做的就是登记明细账，然后汇总登记总账，最后就是出报表啦！

我刚回来，有点事要去处理一下。这样，小艾，你先自己琢磨一下，看看怎么登记账簿。哪里不懂，也可以问问其他老师。”万总耐心地说道。

“好的，万总，您先忙。”

说完，小艾回到自己的工位。坐定后，她先把凭证按照万总的讲解修改完善，并按类别一摞摞放在桌面上，然后拿出万总之前让她备好的几大本明细账簿，摩拳擦掌，准备好尝试下一回合的记账工作了。

首先，她拿出银行存款日记账和库存现金日记账，因为通过录入凭证，她发觉企业频繁发生的，同时也是比较简单的业务大抵就是与现金和银行存款有关的业务，所以应该先搞定这些业务。果真，小艾很快就把有关凭证信息登记到了日记账上。

然后，她取出固定资产明细账，开始按照有关凭证上的资产种类一一登记。当然，折旧等信息也要在确认后登记完整。

接着，她取出实收资本明细账，并按股东姓名一一分类登记。

再有就是往来明细账了，也就是其他应付款之类的明细账。小艾按会计账户做了分类后，进行了登记。

最后，小艾认真登记了记录存货的进销存明细账及费用式明细账。

忙到这儿，小艾停下了手里的工作，明细账相对容易些，她基本搞定了，可是总账又该如何登记呢？

她一边喝水，一边重新梳理头绪。她想起上大学时，老师是借助科目发生额汇总表完成总账登记的，也就是分别对各类明细账进行汇总并试算平衡，然后将汇总好的各项数额登记到总账有关会计账户中。

至此，小艾不禁感叹，看来要学会记账，必须做到以下两点：第一，掌握会计业务逻辑，能够根据票据快速录入凭证；第二，细致认真地完成明细账与总账的登记，为最后的编制报表作准备。

【思考与讨论】

(1) 我国账簿体系的具体构成是什么？各账簿间的关系如何？

(2) 总账、明细账和日记账在登记上各有什么特点？其各自的登账依据有哪些？

资料来源：陈艳红．小艾上班记：真账实操教你学会计［M］．3版．大连：东北财经大学出版社，2020，有改动（改编者：王玲）。

第一节 会计账簿概述

一、会计账簿的概念与结构

（一）会计账簿的作用

会计账簿作为会计账户在实务工作中的具体形态，它是以会计凭证为依据，连续、系统、分类地记录各种经济业务的簿籍。会计账簿由若干张具有特定格式的账页组成，账页的格式实际上是账户结构的具体体现。一张或若干张账页用来记录某一会计要素具体项目的增减变化及结存金额，由此形成一个会计账户，会计账簿便是由多个会计账户所形成的“集合”。账簿记录提供的有关经济项目的分类信息，是企业编制财务报表的基础。

会计凭证的编制使得经济信息向会计信息的转变过程变得更加准确、便捷，同时，会计凭证还有其独特的存在价值，即能够完整地反映各项经济交易与事项的来龙去脉，而这恰恰是随后的账户记录难以做到的。但是，从会计信息的角度看，凭证记录所显示的会计信息过于分散而缺乏条理性或系统性。比如，会计凭证虽然记录了某项经济交易引起库存现金的增加或减少，但却无法反映特定期间库存现金增减变动的总体情况。即会计凭证能够反映某一项特定经济交易所引起的会计要素具体项目的金额变化，却无法反映某一会计要素具体项目在特定期间的增减变化过程和结果，而后者则恰恰是会计信息使用者在了解企业财务状况、经营成果和现金流量时所要关注的首要问题。例如，会计信息使用者一般只会对企业期末结存的固定资产价值感兴趣，而很少会去深究当初固定资产是现购的还是赊购的；再如，企业内部管理人员一般都会非常关注企业现金资产在本期的收入、支出与结余的情况，因为这将有助于加强他们对现金的管理和控制。

因此，通过账户记录来系统反映各个会计要素具体项目在特定期间的增减变动及其结果，便构成了会计记录工作的重要组成部分，而该项工作则是以会计凭证的记录结果为基础进行的。由此，会计记录基本程序的第二步便是根据已经编制的会计凭证登记相关会计账户，即“过账”（posting）。作为会计记录的核心内容，账户记录可以提供关于各个会计要素具体内容的分类信息，从而为编制财务报表并向信息使用者传递会计信息奠定基础。

（二）会计账簿的设置要求

单位内部账簿设置的基本要求为：一是要满足需要；二是要体系严密；三是要精简灵便；四是要结合单位的实际情况。

（三）会计账簿的结构

会计账簿概述

由于各种账簿所记录的经济业务不同，实际工作中账簿格式可以多种多样，但各种主要账簿应当具备的基本内容亦即会计账簿的结构，一般要由三个基本部分构成。(1) 账簿名称，即在封面列明账簿名称和记账单位名称。(2) 账簿的使用记录，即扉页上要有关于谁使用，何时开始使用的记录和账户目录表。(3) 具体格式的账页，即如何记的问题。因反映经济业务的具体内容和功能不同，账簿的格式有所不同，但其基本内容主要包括账户的名称（总账科目、二级或明细科目）、总页次和分户页次、登账日期栏、凭证种类和号数栏、摘要栏（记录经济业务内容的简要说明）和金额栏（记录经济业务的增减变动及结余情况）等内容。

二、会计账簿的分类

为了满足企业各类利益相关者的信息需求，企业应当按照国家统一会计制度的规定和会计业务的需要设置会计账簿，会计账簿可以从以下不同角度进行分类：

（一）会计账簿按照用途分类

会计账簿按照用途的不同，可以分为分类账、日记账和辅助账三类。

1. 分类账

总账和明细账属于分类账，强调按企业经济业务所涉及经济项目的类别进行分类记录。基于各类会计信息使用者对于会计信息的详略程度要求的差异性，分类账包括总分类账（简称“总账”）和明细分类账（简称“明细账”）。总账是由总分类账户组成的账簿，用以全面提供关于各个会计要素及其具体项目增减变动的系统化信息，这些信息是编制财务报表的基础。任何进行会计核算的企业，均需设置完整的总账体系，以使其能够反映企业各类经济业务的全貌。因此，总账是企业最重要的会计账簿，在整个账簿体系中居于核心地位。明细账主要是为了满足企业内部财产与财务管理等的特殊需要而设立，其提供的信息是对总账所提供信息的一种补充或详细说明。明细账的设置与否取决于企业内部经营管理的需要，因此其设置并不像总账那样具有必须性。

2. 日记账

日记账属于序时账，强调按经济业务发生时间的先后顺序进行记录。日记账分为普通日记账和特种日记账。普通日记账将针对各项经济业务所编会计分录，按照经济业务发生的先后顺序依次填列，由于已使用记账凭证作为会计分录的载体，因此我国企业一般情况下未再单设普通日记账记录经济业务。为了加强对流动性较强的库存现金和银行存款的日常管理，预防舞弊行为的发生，我国企业一般会设立两种特种日记账（即库存现金日记账和银行存款日记账），用以逐日、逐笔记录导致库存现金、银行存款发生金额变动的收款与付款业务。

总账和明细账均由会计人员登记，日记账则通常由出纳人员登记。总账是对明细账的综合，而明细账则是对总账的具体化，两类账簿记录之间形成相互对照、相互牵制的关系。由于总账和日记账由不同的人员登记，两类账簿之间也会形成相互牵制的关系并因此有助于保证账户记录的准确性。

3. 辅助账

辅助账又称备查账，它主要是对在总账和序时账中没有记录的内容所进行的辅助记录账，其格式、内容可以灵活处理。辅助账与明细账的区别就在于它没有特定规范。

我国企业现行会计账簿的基本结构体系如图 7-1 所示。

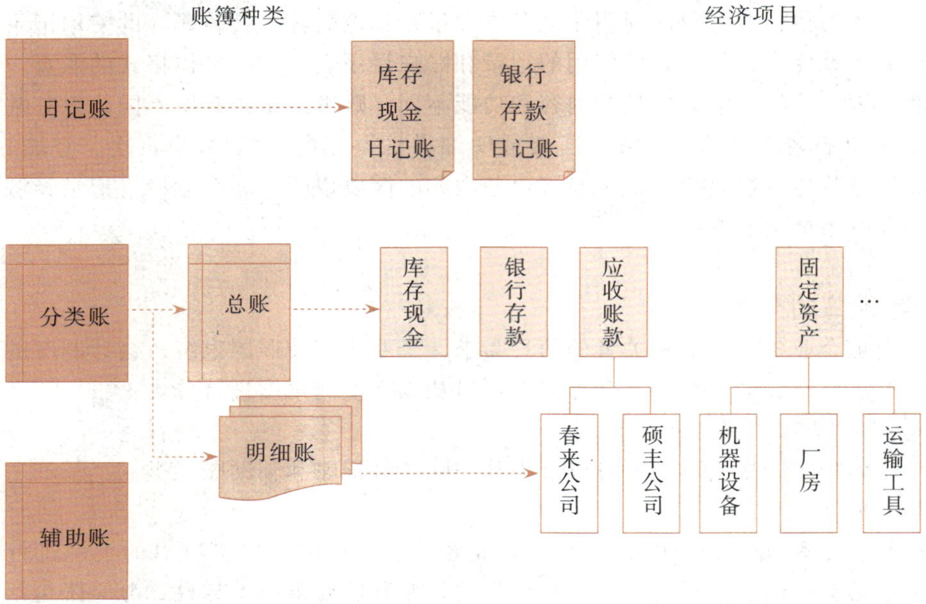

图 7-1　我国企业会计账簿体系图

（二）会计账簿按外表形式分类

会计账簿按外表形式的不同，可分为订本式账簿、活页式账簿和卡片式账簿三类。

1. 订本式账簿

订本式账簿，简称订本账，它是在账簿启用前就将各个账页按照顺序进行编号并固定装订成册的一种账簿。这种账簿的账页固定，既可以防止散失，又可以防止抽换账页，较为安全，但若分类账采用这种账簿，就要为每一账户预留若干空白账页，若留页不够就会影响账户的连续记录，留页过多又会造成浪费，而且这种账簿，在同一时间内只能由一人登记，不便于记账人员分工，使用起来不灵活。因此，订本式账簿，一般适用于具有统驭性作用的账簿。我国会计制度规定，诸如库存现金日记账、银行存款日记账以及总分类账等只能或只需一人登记的账簿，必须使用订本式账簿。

2. 活页式账簿

活页式账簿，简称活页账，它是将不同的账页装在账夹内便于随时取放的一种账簿。这种账簿在启用前没有编写账页顺序号，在使用过程中将各张账页放置在活页账夹内，或者临时装订成册。采用这种账簿，可以根据实际情况增减账页，不会造成浪费，使用比较灵活，便于分工记账。但是，这种账簿的账页容易散失和被抽换。因此，在采用这种账簿时，空白账页在使用时也必须连续编号，并应定期装订成册，以防发生舞弊，活页式账簿一般适用于明细分类账。

3.卡片式账簿

卡片式账簿，简称卡片账，它是由某些具有专门格式的、分散的卡片作为账页组成的一种特殊用途的账簿。这些卡片通常放置于专设的卡片箱中，其数量可根据经济业务的需要进行增减，并且可以跨年度使用而无须更换账页，不必结旧转新，可以使记录的内容详细具体，也便于分类汇总和根据管理的需要转移卡片。使用卡片账时，应将卡片连续编号；使用完毕不再登记时，应将卡片穿孔固定保管。但是，这种账簿的账页也容易散失和被抽换，故使用时应采取一定的措施保证其安全。卡片式账簿一般适用于账页需要随着物资使用或存放地点的转移而重新排列的明细账，如固定资产明细分类账、低值易耗品登记卡等。

（三）会计账簿按账页格式分类

会计账簿按账页格式的不同，可分为三栏式账簿、数量金额式账簿和多栏式账簿三类。

会计账簿概述2

1.三栏式账簿

三栏式明细账簿是指通过设置借方、贷方和余额三个栏目，用以分类核算各项经济业务，提供详细核算资料的一种账簿。这种账簿适用于总分类账和只进行金额核算、不需要进行数量核算的结算类账户的明细分类核算，如“应收账款”、“应收票据”、“预收账款”、“应付账款”和“预付账款”等总账账户的明细分类核算，就可采用三栏式明细账，其具体格式见表7-1。三栏式账页体现了账户的基本结构，是账页的基本格式，其他格式的账页均是在三栏式账页格式的基础上演变而来的。

表7-1　　明细分类账（三栏式）

总　页　分　页

总账科目：

明细科目：

年		凭证		摘要	借方										贷方										借或贷	余额									
月	日	字	号		千	百	十	万	千	百	十	元	角	分	千	百	十	万	千	百	十	元	角	分		千	百	十	万	千	百	十	元	角	分

2.数量金额式账簿

数量金额式账簿是指在账页的“借方（收入）”“贷方（发出）”“余额（结存）”三栏下均设置“数量”栏和“金额”（含单价和金额）栏，同时使用货币量度和实物量度来记录会计要素的具体内容，以核算某类会计要素项目具体变化过程和结果的一种账簿。它主要适用于既要进行金额核算，又要进行数量核算的各种财产物资类科目的明细分类核算，如“原材料”、“库存商品”和“固定资产”等总账账户的明细分类核算，就可采用数量金额式明细账，其具体格式见表7-2。

表7-2　　明细分类账（数量金额式）

总　页　分　页

总账科目：　　　　计量单位：

明细科目：　　　　存放地点：

年		凭证		摘要	借方													贷方													余额												
月	日	字	号		数量	单价						金额						数量	单价						金额						数量	单价						金额					
						千	百	十	元	角	分	千	百	十	元	角	分		千	百	十	元	角	分	千	百	十	元	角	分		千	百	十	元	角	分	千	百	十	元	角	分

3. 多栏式账簿

多栏式账簿是指在账页的借方或者贷方，依据核算对象的具体内容而划分为各个不同的专门栏目对其变动过程和结果进行核算的一种账簿。它有时是将属于同一个总账账户的各个明细项目合并在一张账页上进行登记，如那些要求对金额进行分析的有关费用成本、收入成果类账户的明细分类核算，包括“管理费用”、“财务费用”、“销售费用”、“营业外收入”和“营业外支出”等明细账户；有时是将某一明细账户的具体项目设专栏进行登记，如“产品生产成本明细账”和“材料采购明细账”等。通过上述方式，其账页的某一栏（通常为借方栏）需要细分为若干专栏，以反映费用成本的具体构成，为管理当局寻求降低成本的途径提供依据。多栏式账簿的具体格式见表7-3。

表7-3　　明细分类账（多栏式）

总　页　分　页

总账科目：

明细科目：

																													余额					
																							合计											
					千	百	十	元	角	分	千	百	十	元	角	分	千	百	十	元	角	分	千	百	十	元	角	分	千	百	十	元	角	分

第二节　会计账簿的登记

一、会计账簿的启用程序

会计账簿启用时需要填写封面并填写两个表格，即账簿启用表（或账簿交接表）和账户目录表。

（一）填写账簿名称

填写账簿名称，即在封面列明账簿名称和记账单位名称。如“××公司总账”、“××公司××××明细账”和“××公司日记账”等。

（二）填写账簿使用记录

账簿使用记录的填写，即扉页上要有关于谁使用，何时开始使用的记录，包括填列账簿启用日期、页数、册次、账簿经管人员一览表、交接记录等信息。新账簿启用时，需要有关人员填写账簿启用表并签章。若会计人员更换，接任的会计人员和会计账务监交人员则需要填写账簿交接表，其基本格式见表7-4。

（三）填写账簿内的账户目录

账户目录是由记账人员在账簿中开设账页户头后，按顺序将每个账户的名称和页数进行登记，以便于查阅账簿中登记的内容。如果是活页账簿，在账簿启用时因暂时无法确定页数，可先将账户名称填写好，待年终装订归档时，再填写页数。账户目录的格式见表7-5。

会计账簿的登记1

二、会计账簿登记的基本方法

企业会计人员应当根据审核无误的会计凭证登记会计账簿，其中，记账凭证是主要的登账依据，而由于某些会计账簿（如数量金额式明细账）需要提供数量信息，因此原始凭证有时也会成为会计账簿的登记依据。

（一）总账的登记

1.总账的登记方式

在会计账簿体系中居于核心地位的总账账簿，其外表形式采用订本式，账页格式采用三栏式。会计人员登记总账的方式有两种：（1）根据记账凭证直接在总分类账中逐项记录所发生的经济业务；（2）先定期（如10天、15天等）对所发生的经济业务进行汇总，并以此编制汇总记账凭证，然后再将汇总结果记入总账。根据记账凭证（包括收款凭证、付款凭证和转账凭证）直接登记总账，是总账登记的基本方法。

2.总账的账页格式与登记方法

【例7-1】将相关经济业务计入总账的过程示例如图7-2所示。

表 7-4

账 簿 启 用 表

单位名称		（加盖公章）	负责人	职务	姓名
账簿名称		账	单位主管		
账簿编号	年 共 册 第 册	启用日期 年 月 日	财会主管		
账簿页数	本账簿共计 页		主办会计		

经管本账簿人员一览表

记账人员			接管			移交			监交人员		备注
职务	姓名	盖章	年	月	日	年	月	日	职务	姓名	

表 7-5　　　　　　　　　　　　**账户目录**

科目编号	账户名称	页序	科目编号	账户名称	页序	科目编号	账户名称	页序

转账凭证

20×9 年 12 月 31 日　　　　转字第 32 号

摘要	总账科目	明细科目	√	借方金额										√	贷方金额									
				千	百	十	万	千	百	十	元	角	分		千	百	十	万	千	百	十	元	角	分
计提税费	税金及附加		√				3	0	0	0	0	0	0											
	应交税费													√				3	0	0	0	0	0	0
合计						¥	3	0	0	0	0	0	0				¥	3	0	0	0	0	0	0

附件 2 张

会计主管：王娜　　　记账：李明　　　审核：吴冬　　　制单：刘丽

总分类账

会计科目：税金及附加　　　　　　　　　　　　　　　　第 55 页

20×9 年		凭证		摘要	借方										贷方										借或贷	余额									
月	日	字	号		千	百	十	万	千	百	十	元	角	分	千	百	十	万	千	百	十	元	角	分		千	百	十	万	千	百	十	元	角	分
12	31	转	32	计提税费				3	0	0	0	0	0	0											借				3	0	0	0	0	0	0

总分类账

会计科目：应交税费　　　　　　　　　　　　　　　　　第 28 页

20×9 年		凭证		摘要	借方										贷方										借或贷	余额									
月	日	字	号		千	百	十	万	千	百	十	元	角	分	千	百	十	万	千	百	十	元	角	分		千	百	十	万	千	百	十	元	角	分
12	1			月初余额																					贷					5	0	0	0	0	0
12	31	转	32	计提税费														3	0	0	0	0	0	0	贷				3	5	0	0	0	0	0

图 7-2　总账的登记程序图

（二）明细账的登记

1. 明细账的设置与登记方式

明细账是根据企业内部经营管理的要求、对某一总账的内容进行细分而设立的账户。明细账一般由会计人员依据标有明细科目的记账凭证并参考相关原始凭证（例如，从原始凭证中获取数量金额式明细账所需要的相关存货的“数量”信息）的内容进行登记，其具体登记方法与总账基本相同。为了便于分工记账，明细账簿通常采用活页式，并根据会计信息使用者对各种会计要素具体内容的不同信息需求而设置。例如，企业对其在赊销商品过程中形成的“应收账款”，可按赊购单位的名称设立“春来公司”“硕丰公司”“东阳公司”等明细账户；“固定资产”总账可按其具体种类设置“机器设备”“建筑物”“运输工具”等明细账。明细账提供的信息是对相关总账的进一步说明，以满足企业经营管理的特定需求。

2.明细账的账页格式

明细账的账页则为“三栏式”（见表7-1）、“数量金额式”（见表7-2）和“多栏式”（见表7-3）。例如，企业的债权债务如“应收账款”“应付账款”等明细账户、所有者权益如“实收资本（或股本）”“资本公积”等明细账的账页格式通常采用三栏式。而“原材料”“库存商品”“周转材料”等存货类明细账的账页格式则通常采用数量金额式。诸如“生产成本”“制造费用”“管理费用”等成本费用类明细账的账页格式通常采用多栏式。

（三）日记账的登记

为加强对容易导致舞弊的货币资金的管理，我国企业一般设置了库存现金日记账和银行存款日记账等特种日记账。其按时间顺序逐笔记录了有关经济业务所引起的库存现金或银行存款的增减变动金额。

会计账簿的登记2

库存现金日记账和银行存款日记账应当由出纳根据收款记账凭证和付款记账凭证参照相应的原始凭证逐日逐笔登记并及时结出余额。日记账的外表形式通常采用订本式，而其账页格式则一般采用三栏式（见表7-6、表7-7）。

表7-6 库存现金日记账

第　页

年		凭证		摘要	借方										贷方										余额									
月	日	字	号		千	百	十	万	千	百	十	元	角	分	千	百	十	万	千	百	十	元	角	分	千	百	十	万	千	百	十	元	角	分

表7-7 银行存款日记账

第　页

年		凭证		支票		摘要	借方									贷方									余额								
月	日	字	号	种类	号数		百	十	万	千	百	十	元	角	分	百	十	万	千	百	十	元	角	分	百	十	万	千	百	十	元	角	分

库存现金日记账用来序时、逐项地记录库存现金的增加和减少，因此，其根据现金收款凭证和现金付款凭证登记，而从银行提取现金的经济业务，则根据银行存款付款凭证记入库存现金日记账（记入“借方”栏）。同样，银行存款日记账用来序时、逐项记录银行存款的增减变动金额，因此，其根据银行存款收款凭证和银行存款付款凭证登记；对于将现金存入银行的经济业务，则根据现金付款凭证记入银行存款日记账（记入“借方”栏）。

【例7-2】将相关经济业务计入总账、明细账和日记账的过程示例如图7-3所示。

付款凭证

贷方科目：银行存款　　　　20×9年12月6日　　　　付字第2号

摘要	借方科目		金额										记账符号
	总账科目	明细科目	千	百	十	万	千	百	十	元	角	分	
购买材料	原材料	A材料			2	4	4	8	0	0	0	0	√
		B材料				8	1	9	0	0	0	0	√
合计				¥	3	2	6	7	0	0	0	0	

附件3张

会计主管：王娜　　记账：李明　　出纳：余梦　　审核：吴冬　　制单：刘丽

总分类账

会计科目：银行存款　　　　第3页

20×9年		凭证		摘要	借方											贷方											借或贷	余额										
月	日	字	号		亿	千	百	十	万	千	百	十	元	角	分	亿	千	百	十	万	千	百	十	元	角	分		亿	千	百	十	万	千	百	十	元	角	分
12	1			月初余额																							借		9	0	0	0	0	0	0	0	0	0
12	6	付	2	购买材料															3	2	6	7	0	0	0	0		1	6	5	2	6	3	3	0	0	0	0

总分类账

会计科目：原材料　　　　第10页

20×9年		凭证		摘要	借方										贷方										借或贷	余额									
月	日	字	号		千	百	十	万	千	百	十	元	角	分	千	百	十	万	千	百	十	元	角	分		千	百	十	万	千	百	十	元	角	分
12	1			月初余额																					借			5	9	0	0	0	0	0	0
12	6	付	2	购买材料			3	2	6	7	0	0	0	0											借			9	1	6	7	0	0	0	0

明细分类账

总90页　分第6页

总账科目：原材料

明细科目：A材料　　　　计量单位：千克

20×9年		凭证		摘要	借方									贷方									余额								
					数量	金额								数量	金额								数量	金额							
月	日	字	号			十	万	千	百	十	元	角	分		十	万	千	百	十	元	角	分		十	万	千	百	十	元	角	分
12	1			月初余额																			1000	4	9	7	0	0	0	0	0
12	6	付	2	购买材料	500	2	4	4	8	0	0	0	0										1500	7	4	1	8	0	0	0	0

明细分类账

总90页　分第8页

总账科目：原材料

明细科目：B材料　　　　量单位：千克

20×9年		凭证		摘要	借方									贷方									余额								
					数量	金额								数量	金额								数量	金额							
月	日	字	号			十	万	千	百	十	元	角	分		十	万	千	百	十	元	角	分		十	万	千	百	十	元	角	分
12	1			月初余额																			1000		9	3	0	0	0	0	0
12	6	付	2	购买材料	800		8	1	9	0	0	0	0										1800	1	7	4	9	0	0	0	0

银行存款日记账

第16页

20×9年		凭证		支票		摘要	借方											贷方											借或贷	余额										
月	日	字	号				亿	千	百	十	万	千	百	十	元	角	分	亿	千	百	十	万	千	百	十	元	角	分		亿	千	百	十	万	千	百	十	元	角	分
12	1			种类	号数	月初余额																							借		9	0	0	0	0	0	0	0	0	0
12	6	付	2	转账	15	购买材料															3	2	6	7	0	0	0	0		1	6	5	2	6	3	3	0	0	0	0

图7-3　总账、明细账和日记账的登记程序图

三、会计账簿登记的技术规范

为了保证账簿登记的规范性和准确性，会计账簿登记时，需要遵循的主要技术规范如下。

（一）凭证记账，随做符号

登记会计账簿时，应将会计凭证日期、编号、业务内容摘要、金额和其他有关资料逐项记入账内，即在记账凭证上记录该笔业务所实际记入总账、明细账的账页数，而在账页中“凭证种类”与“凭证号数”的相应栏目下，记录登记该笔账所依据的凭证号数，以便于建立勾稽关系并核查。登记完毕后，还要在记账凭证上签名或者盖章，表示该笔业务已经结束记账（过账）。

（二）字迹清楚，账面整洁

账簿登记要做到数字准确、摘要清楚、登记及时、字迹工整。在账页上严禁出现对不正确记录采用挖、擦、刮、补以及使用褪色墨水进行更正的错误方式。依据凭证记账时，若出现错误，要按照规定的方法更正，并要注意保持原记录出现错误时的痕迹。

（三）数据书写，注意倾斜

账簿中书写的文字和数字上面要留有适当的空格，不要写满格，一般应占格距的1/2。书写数据时，需保持15至45度的倾斜度。

（四）主用蓝黑，慎用红墨

登记账簿要用蓝黑墨水或者碳素墨水书写，不得使用圆珠笔或者铅笔书写。红色墨水只是在错账更正、结账划线、列记负数余额、空行和空页的划销、在不设借贷等栏的多栏式账页中登记减少数等特殊情况下才可使用。

（五）顺序登记，不空行页

各种账簿按页次顺序连续登记、不得跳行和隔页。若无意跳行，则应当在所空行中划双红线注销该行；若无意隔页（特别是账页背面），则应当在所空页面划交叉红线注销。或者是在空行与空页处注明“此行空白”“此页空白”字样，并由记账人员签名或者盖章。

（六）承上启下，日清月结

每一账页登记完毕结转下页时，应当结出本页借方发生额合计数、贷方发生额合计数及余额，并将金额分别写在本页最后一行和下页第一行有关栏内，并在本页最后一行摘要栏内注明“过次页”，在下页第一行摘要栏内注明“承前页”字样；也可以将本页合计数及金额只写在下页第一行有关栏目内，并在摘要栏内注明“承前页”字样。

第三节　会计账簿的核对

账户记录是财务报表的编制依据，为了保证财务报表编制的准确性，企业应当定期对会计账簿记录的有关数字与库存实物、货币资金、有价证券、往来单位或者个人等进行相互核对，以保证账证相符、账账相符和账实相符，这即为对账工作。对账工作每年至少进行一次。

一、账证核对

账簿记录中的数据来源于记账凭证及其所附的原始凭证，因此，定期将账簿记录与相关会计凭证进行核对，有助于发现过账中可能所存在的错误。对于所发现的记账错误，应根据错账的具体情况采取相应的措施予以更正，以确保账证相符。一般来讲，账证核对包括以下内容：（1）总账与相关的记账凭证相互核对；（2）明细账与相关的记账凭证及所附的原始凭证相互核对；（3）库存现金、银行存款日记账与相关的收、付款凭证相互核对。在进行账证核对时，应逐项检查账簿记录和会计凭证在所记账户名称、记账方向、记账金额以及凭证字号等方面是否一致。在核对方法上，账证核对既可以采用全面检查的方法（逐项对每项经济业务的账簿记录进行检查），也可以采用抽查的方法（随机选取部分经济业务的账簿记录进行检查）；既可以采用顺查法（根据记账凭证检查账簿记录的正误），也可采用逆查法（根据账簿记录检查作为记账依据的会计凭证的正误）。

二、账账核对

为满足会计信息使用者的要求，企业建立了以总账为主体的账簿体系。会计期末，企业应当根据账簿之间的关联关系检查账簿记录的正确性。账账核对包括总账本身的核对和总账与明细账、日记账之间的核对。

（一）总账与总账的核对

作为企业会计核算的核心账簿，完整的总账体系应能涵盖企业各项经济业务的所有方面。针对每一项经济业务，都必须在两个或两个以上的总账中按照“有借必有贷，借贷必相等”的记账规则进行登记，由此使得某一特定会计期间全部账户的本期借方发生额合计数必然等于其本期贷方发生额合计数。依据该试算平衡原理，可通过编制试算平衡表（见表7-8）对总账记录的准确性进行检验。

会计账簿的核对1

表7-8 朝阳公司试算平衡表

20×9年12月 单位：元

总分类账户	期初余额		本期发生额		期末余额	
	借方	贷方	借方	贷方	借方	贷方
库存现金	112 600				112 600	
银行存款	90 000 000		83 810 000	4 646 225	169 163 775	
交易性金融资产			3 700 000	3 700 000		
应收账款	1 260 000		1 040 000	800 000	1 500 000	
预付账款	2 002 400			2 000 200	2 200	

续表

总分类账户	期初余额		本期发生额		期末余额	
	借方	贷方	借方	贷方	借方	贷方
其他应收款			1 800		1 800	
在途物资			500 000	500 000		
原材料	590 000		826 700	1 130 950	285 750	
库存商品	1 170 000		2 430 000	2 700 000	900 000	
固定资产	186 000 000		3 900 000		189 900 000	
累计折旧		71 000 000		644 000		71 644 000
无形资产			210 000		210 000	
短期借款				600 000		600 000
应付票据				490 000		490 000
应付账款		300 000	300 000	1 600 000		1 600 000
预收账款		335 000	335 000			
应付职工薪酬		120 000		816 000		936 000
应交税费		5 000		628 588		633 588
应付利息				2 250		2 250
应付股利				1 000 000		1 000 000
股本		160 000 000		20 000 000		180 000 000
资本公积		30 000 000		55 000 000		85 000 000
盈余公积		9 400 000		1 138 728.6		10 538 728.6
本年利润		2 000 000	7 386 800	5 386 800		
利润分配		8 014 525	4 277 457.2	5 934 490.6		9 671 558.4
生产成本	39 525		2 430 475	2 430 000	40 000	
制造费用			680 000	680 000		
主营业务收入			4 160 000	4 160 000		

续表

总分类账户	期初余额		本期发生额		期末余额	
	借方	贷方	借方	贷方	借方	贷方
其他业务收入			126 800	126 800		
投资收益			800 000	800 000		
营业外收入			300 000	300 000		
主营业务成本			2 700 000	2 700 000		
其他业务成本			100 000	100 000		
税金及附加			30 000	30 000		
销售费用			40 000	40 000		
管理费用			50 200	50 200		
财务费用			2 250	2 250		
营业外支出			70 000	70 000		
所得税费用			598 588	598 588		
合计	281 174 525	281 174 525	120 806 070.2	120 806 070.2	362 116 125	362 116 125

表7-8列示了20×9年12月朝阳公司各总账的月初余额、本月发生额和月末余额。运用这种方法进行总账账户记录正确性的核对，可以发现相应的错误。

（二）总账与明细账的核对

在运用总分类账户和明细分类账户记录某类会计要素时，其反映对象相同，但其在提供指标的详略程度上和运用指标的计量尺度不同，登记的依据有时也不同，在实际工作中，登记明细账的依据一般是原始凭证或记账凭证，而登记总账的依据主要是记账凭证。

根据记账规则，总账的期初（末）余额与其下属各明细账期初（末）余额合计数相等；总账的本期借（贷）方发生额总额等于其下属各明细账本期借（贷）方发生额的合计数。依据数据间的勾稽关系可进行总账与明细账的核对：首先，编制“明细账记录汇总表”（或称“明细账发生额与余额明细表”），再将其与总账的本期发生额与期末余额进行核对，验证其是否一致。

例如，对“应收账款”总账和明细账的登记结果进行核对，如图7-4所示[①]。

① 图中粗线为红线，下同。

朝阳公司“应收账款”账户与明细账户发生额与余额核对表

20×9年12月　　　　单位：元

明细账户	期初余额	本期发生额		期末余额
		借方	贷方	
	金额	金额	金额	金额
春来公司	1 000 000	400 000	800 000	600 000
硕丰公司	260 000	640 000	0	900 000
合　计	1 260 000	1 040 000	800 000	1 500 000

总分类账

会计科目：应收账款　　　　第10页

20×9年		凭证		摘要	借方										贷方										借或贷	余额									
月	日	字	号		千	百	十	万	千	百	十	元	角	分	千	百	十	万	千	百	十	元	角	分		千	百	十	万	千	百	十	元	角	分
12	1			月初余额																					借		1	2	6	0	0	0	0	0	0
12	3			收回春来欠款													8	0	0	0	0	0	0	0	借			4	6	0	0	0	0	0	0
12	31			12月硕丰欠款			6	4	0	0	0	0	0	0											借		1	1	0	0	0	0	0	0	0
12	31			12月春来欠款			4	0	0	0	0	0	0	0											借		1	5	0	0	0	0	0	0	0
12	31			本月合计		1	0	4	0	0	0	0	0	0			8	0	0	0	0	0	0	0											

明细分类账

总60页　分第7页

总账科目：应收账款

明细科目：春来公司

20×9年		凭证		摘要	借方										贷方										借或贷	余额									
月	日	字	号		千	百	十	万	千	百	十	元	角	分	千	百	十	万	千	百	十	元	角	分		千	百	十	万	千	百	十	元	角	分
12	1			月初余额																					借		1	0	0	0	0	0	0	0	0
12	3			收回欠款													8	0	0	0	0	0	0	0	借			2	0	0	0	0	0	0	0
12	31			12月欠款			4	0	0	0	0	0	0	0											借			6	0	0	0	0	0	0	0
12	31			本月合计			4	0	0	0	0	0	0	0			8	0	0	0	0	0	0	0											

明细分类账

总60页　分第14页

总账科目：应收账款

明细科目：硕丰公司

20×9年		凭证		摘要	借方										贷方										借或贷	余额									
月	日	字	号		千	百	十	万	千	百	十	元	角	分	千	百	十	万	千	百	十	元	角	分		千	百	十	万	千	百	十	元	角	分
12	1			月初余额																					借			2	6	0	0	0	0	0	0
12	31			12月欠款			6	4	0	0	0	0	0	0											借			9	0	0	0	0	0	0	0
12	31			本月合计			6	4	0	0	0	0	0	0																					

图7-4　总账与明细账核对图

（三）总账与日记账的核对

总账和日记账分别由会计人员和出纳人员登记，定期将这两类由不同人员登记的账簿进行核对，可以起到相互牵制的作用。核对时，将库存现金或银行存款日记账中计算出的本期发生额及期末余额分别与“库存现金”“银行存款”总账的相应记录进行对比，以确定两类账簿的金额是否相符。总账与日记账核对图如图7-5所示。

总分类账

会计科目：银行存款　　　　第3页

20×9年		凭证		摘要	借方											贷方											借或贷	余额										
月	日	字	号		亿	千	百	十	万	千	百	十	元	角	分	亿	千	百	十	万	千	百	十	元	角	分		亿	千	百	十	万	千	百	十	元	角	分
12	1			月初余额																							借		9	0	0	0	0	0	0	0	0	0
12	31			…																							借	1	6	9	1	6	3	7	7	5	0	0
12	31			本月合计		8	3	8	1	0	0	0	0	0	0			4	6	4	6	2	2	5	0	0												

银行存款日记账

第16页

20×9年		凭证		支票		摘要	借方											贷方											借或贷	余额										
月	日	字	号	种类	号数		亿	千	百	十	万	千	百	十	元	角	分	亿	千	百	十	万	千	百	十	元	角	分		亿	千	百	十	万	千	百	十	元	角	分
12	1					月初余额																							借		9	0	0	0	0	0	0	0	0	0
12	31					…																							借	1	6	9	1	6	3	7	7	5	0	0
12	31					本月合计		8	3	8	1	0	0	0	0	0	0			4	6	4	6	2	2	5	0	0												

图7-5　总账与日记账核对图

三、账实核对

（一）账实核对的目的

账证相符和账账相符的检验结果并不能完全保证账户记录的准确性，例如，记账凭证未能反映经济业务的真实情况，或者因为保管不善造成商品数量发生了账簿记录未能反映的变化，都会使账簿记录无法反映企业相关财产物资的实际状况。因此，为确保会计信息的真实可靠，企业应定期对有关财产物资进行清理检查，并做到账实相符，以加强对财产的管理与控制，切实解决账实不符的问题。

（二）账实不符的原因

对企业实体性资产与货币性资产而言，由于会计账簿记录是依据会计凭证做出的，因而在理论上讲，账实应当是相符的。

会计账簿的核对2

但是，由于企业经营活动的复杂性，实际工作中账实不符是很常见的一种现象，出现这种情况的主要原因在于以下两个方面：第一，是正常原因导致的账实不符，这主要是指消耗性资产的自然损耗（如热电厂发热用的煤、房地产开发企业的砂石等建筑材料）和银行与企业结算过程的未达账项等。第二，是非正常原因导致的账实不符，这主要是指材料物资收、发、领、退过程的计量差错、登记差错，以及人为原因引起的管理不善和营私舞弊等。

（三）账实核对的方法

账实核对通常是结合企业的财产清查工作进行的，其技术方法主要有以下三种：

1. 实地盘点法

实地盘点法是指在财产物资存放现场通过逐一清点其数量或用计量仪器确定其实存数的一种方法。它主要适用于容易清点或计量的财产物资以及现金等货币资金的清查，如对原材料、包装物、库存商品、固定资产的清查。这种方法的特点是数字准确可靠，但其清查的工作量较大。

2. 技术推算法

技术推算法是指利用一定的技术方式，按照一定标准推算出某一财产物资实存数量的一种方法。从本质上讲，技术推算法是实地盘点法的一种补充方法。这种方法适用于对大量堆放、物体笨重、不便一一清点且单位价值又比较低的实物进行清查。如露天堆放的燃料用煤和建筑砂石等，就可以将其实物整理成近似某种几何体，通过量方、计尺等方法，然后按其计量结果与该类物资的比重来计算其数量或者重量。

3. 调整核对法

调整核对法是通过对某些应当记账而暂没有记账或者因为结算凭证传递原因未能记录的事项进行调整，以确定其应有实际数额的一种方法，它一般是在核对企业银行存款与债权、债务款项时使用。

（四）账实核对的技术方式

由于财产物资的内容不同、特征各异，针对不同的财产物资应当采用不同的技术方式进行账实核对。

1. 库存现金日记账余额与库存现金实有数核对

对库存现金应采用实地盘点法，即每日将库存现金日记账的账面余额与库存现金的实际存量进行核对。核对时应注意是否存在“白条抵库”（即将未经批准的借条、收据等充抵现金）的现象。同时，还要定期对出纳经管的各种有价证券进行盘查与清点核对。对清点的结果，必要时应当编制“库存现金盘点结果报告表”，其基本格式见表7-9。

表7-9　　库存现金盘点结果报告表

单位名称：　　　　年　月　日　　　　单位：元

库存现金账面余额	实存现金数额	对比结果		备注
		盘盈	盘亏	

出纳员：　　　　　　　　盘点人：

在盘点现金时，需要注意以下问题：（1）盘点要突击进行，不得预告欲盘点库存现金的管理人员；（2）当事人要在场，即盘点现金时，主管库存现金的出纳员必须到场，且应有三人或三人以上在场进行盘点；（3）要及时记录盘点结果；（4）有关人员要及时在盘点结果上签字。

2.银行存款日记账余额与银行对账单核对

对银行存款的清查，应采用与银行核对账目的方法，即将企业的银行存款日记账与银行定期发出的对账单逐笔进行核对，以查找出相应的未达账项并进行相应的调整。实际工作中，企业的上述调整工作通过编制“银行存款余额调节表”的方式来完成。

3.实体型财产明细账余额与实有财产数核对

对于诸如原材料、存货、固定资产等具有实物形态的资产，通常采用实地盘点法对其进行清查。对于清查的结果应当及时编制“财产物资盘点记录表”和“财产物资盘点结果报告表”。上述两表的基本格式见表7-10和表7-11。

表7-10　财产物资盘点记录表

单位名称：　　　　财产类别：

存放地点：　　　　盘点时间：　　年　月　日

编号	名称	规格	计量单位	数量	单价	金额（元）	备注

实物保管人：　　　　盘点人：

表7-11　财产物资盘点结果报告表

单位名称：　　　　年　月　日　　　　单位：元

编号	名称	规格	计量单位	单价	实存		账存		对比结果				备注
									盘盈		盘亏		
					数量	金额	数量	金额	数量	金额	数量	金额	

主管人：　　　　会计：　　　　制表人：

4.债权债务明细账与相对应的债务债权单位核对

对债权、债务等往来账项的清查，应采取同对方单位核对账目的方法。具体做法是定期编制对账单（函证），并送交对方进行核对。若出现未达账项，其调节原理与上述银行存款调节的原理相同。

第四节　会计账簿记录差错的更正

在对账过程中，若发现账证不符、试算不平衡、账实不符等情况，则意味着账簿记录程序出现了差错。按照规定，账簿记录发生错误，不准涂改、挖补、刮擦或者用药水消除字迹，不准重新抄写。此时，应对原账簿记录进行调整，以使其反映企业的真实状况。对账簿记录差错的更正取决于产生错账的具体原因，根据账簿记录产生差错的环节，其可分为三种情况，并应采用不同的更正方法：

一、原始凭证的非如实反映导致的账簿记录差错

（一）适用范围

原始凭证的非如实反映导致的账簿记录差错是指因某种原因致使原始凭证未能反映相

关财产物资的真实情况，从而导致随后的记账凭证和会计账簿均未能实现如实反映。例如，企业购买原材料并从销售方取得销售发票一张，若该原始凭证的填制与传递均符合相关规定并如实反映了购料业务的具体内容，则该原始凭证及据此形成的账簿记录就准确反映了原材料的真实价值。但若此后在财产清查过程中发现原材料因保管不善、自然损耗、自然灾害等原因发生耗蚀或毁损，则表明原凭证与账簿记录不再能反映原材料的现时状况。此时，需根据前述相关财产物资的变化情况以及确认与计量后而填制的新原始凭证（如“库存现金盘点结果报告表”“财产物资盘点结果报告表”等），做出新的凭证记录和账簿记录，该新会计记录结合原有会计记录，便能正确反映相关财产物资的实际结存状况。

错账更正处理——账实不符分析1

（二）更正程序与方法

若相关财产物资因某种原因发生了后续减少变化，则会使其实存数小于账存数，即盘亏；若相关财产物资发生了后续增加变化，则会使其实存数大于账存数，即盘盈。

如果存在账实不符，则企业需要按规定的程序处理。一般来说，从发现问题到处理问题之间存在一个时间差。当发现账实不符时，相关的工作人员可能没有处理该问题的权限；即使有立即处理该问题的权限，企业也应该将该问题记录下来，认真分析产生账实不符的原因和差异的性质，总结经验教训，提出改进工作的措施，建立和健全企业财产管理制度。这样就必然会导致财产清查从发现问题到最终的处理有一定的时间间隔。为了反映、控制和监督整个财产清查的过程与结果处理，企业需要设置“待处理财产损溢”项目。该项目既可能反映盘盈也可能反映盘亏，是一个双重账户性质的项目。该项目可以设置“待处理流动资产损溢”和“待处理非流动资产损溢”两个明细项目。

一旦处理完毕，“待处理财产损溢”项目的余额为0，因此“待处理财产损溢”是一个过渡性项目。在对外提供报表时，如该项目还有余额，企业财务部门应提请相关部门进行处理，或者由财务部门先自行处理，以后再根据实际的处理情况另行调整。

“会计沙盘模型”推演： 发生盘亏时，企业需要将盘亏资产的账面价值转为待处理财产损溢。这笔业务引起的资金运动在“会计沙盘模型”中表现为：沙从平面之上代表盘亏资产的沙堆流出，并中途停留下来，从而形成一个新的沙堆，即为“待处理财产损溢”项目。其资金运动如图7-6中A段所示，以后处理时再根据处理结果进行相应的处理。应由相关责任人或保险公司赔偿的转为其他应收款，资金发生B1段运动；应由企业承担的通过管理费用计入当期损益，其资金运动如图7-6中B2段所示；自然灾害或非正常损失造成的应计入营业外支出，其资金运动如图7-6中B3段所示。该处理业务引起的资金运动在“会计沙盘模型”中表现为：平面之上原暂时停留的沙堆继续流向相对应的沙堆之中。

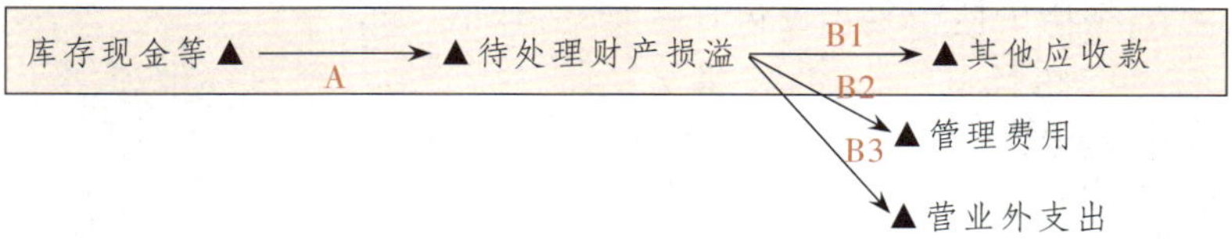

图7-6　盘亏所引起的资金运动分析

发生盘盈时，企业需要将盘盈的财产按现行价值确认为企业的资产，同时确认待处理财产溢余。这笔业务引起的资金运动在“会计沙盘模型”中表现为：平面之上代表盘盈资产的沙堆体积增加，但尚不清楚沙到底是从哪里流过来的，暂定这个流出沙子的沙堆为“待处理财产损溢”项目，其资金运动如图7-7中A段所示。以后根据其具体情况分别处理：属于应付未付的，记入“其他应付款”项目，其资金运动如图7-7中B2段所示；属于一般性支出或无法查明原因的，冲减企业的管理费用，其资金运动如图7-7中B1段所示；属于营业外非正常原因造成的，计入营业外收入，其资金运动如图7-7中B3段所示。该处理业务引起的资金运动在“会计沙盘模型”中表现为：现在终于弄清楚沙流过来的源头了；根据相应的情况，沙可能是从平面之外的沙坑或沙堆流过来的。

错账更正处理——账实不符分析2

图7-7 盘盈所引起的资金运动分析

【例7-3】朝阳公司在20×9年12月29日的财产清查中发现，B材料短缺20千克，价值1 860元。12月31日，经调查认定，盘亏的原材料属于自然损耗，有关部门将其列作管理费用。

（1）12月29日，发现材料盘亏时。（图7-8，A段）

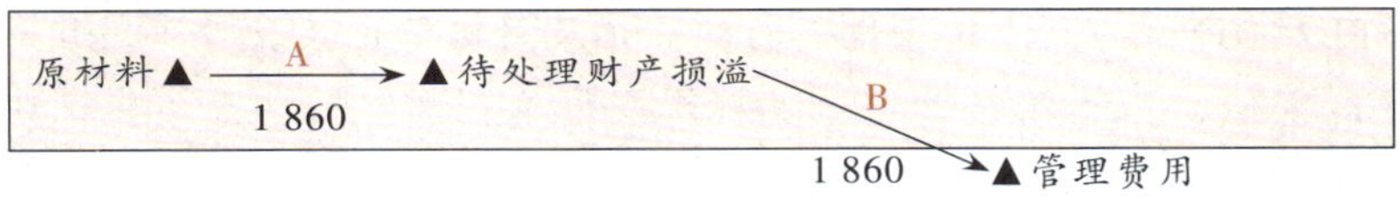

图7-8 盘亏所引起的资金运动推演

借：待处理财产损溢　　1 860

　贷：原材料——B材料　　1 860

（2）12月31日，形成处理结论时。（图7-8，B段）

借：管理费用　　1 860

　贷：待处理财产损溢　　1 860

错账更正处理——账实不符举例1

【例7-4】朝阳公司在20×9年12月30日的财产清查中发现现金溢余300元。12月31日，经调查认定，该款项属于应归还给职工张亮的押金。

（1）12月30日，发现现金盘盈时。（图7-9，A段）

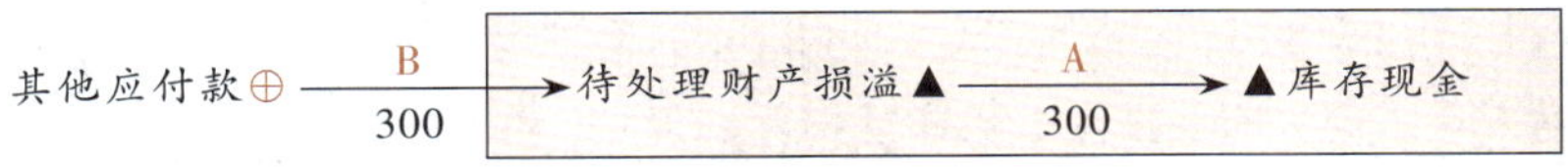

图7-9 盘盈所引起的资金运动推演

错账更正处理——账实不符举例2

借：库存现金　　300

　贷：待处理财产损溢　　300

（2）12月31日，形成处理结论时。（图7-9，B段）

借：待处理财产损溢　　300

　贷：其他应付款——张亮　　300

二、记账凭证的非如实反映导致的账簿记录差错

（一）适用范围

记账凭证的非如实反映导致的账簿记录差错是指原始凭证如实反映了相关财产物资的真实情况，但记账凭证的编制发生错误，从而导致账簿记录的差错，包括记账凭证的借贷方会计科目错误和记账凭证金额错误导致的错账。

错账更正处理——其他错误

（二）更正程序与方法

1.记账凭证中借贷方会计科目错误导致错账的更正方法

针对该类错账，应当采用“红字更正法”予以更正。其具体方法是：先用红字（在会计上，用红字表示冲销）填制一张与原错误记账凭证内容完全相同的记账凭证，并据以用红字登记入账，以冲销原错误的凭证记录与账簿记录。然后，以蓝字填制一张正确的记账凭证，并据以用蓝字登记入账。

【例 7-5】20×9 年 12 月 31 日，会计师刘雨检查发现，12 月 12 日生产车间一般性耗用 B 材料 20 475 元的经济业务，据其编制的记账凭证为“借记‘生产成本——乙产品’20 475 元，贷记‘原材料——B 材料’20 475 元”，并据以登记入账。

上述会计记录中，由于借方账户使用错误而导致了错账，更正该错账的步骤如下：

第一步，用红字填制一张与原错误记账凭证内容完全相同的记账凭证，并据以用红字登记入账（如图 7-10 所示），冲销原错误的凭证记录与账簿记录。

转账凭证

20×9 年 12 月 31 日　　　　转字第 162 号

摘　要	会计科目		借方金额	贷方金额	√
	总账科目	明细账科目			
更正错账	生产成本	乙产品	20 475		√
	原材料	B 材料		20 475	√
合　计			¥20 475	¥20 475	

附件　张

会计主管：王娜　　记账：郝梦　　审核：刘雨　　制单：胡旭

图 7-10　冲销原错误会计记录结果图

第二步，用蓝字填制正确的记账凭证，并据以用蓝字登记入账（如图 7-11 所示），由此形成正确的凭证记录与账簿记录。

转账凭证

20×9 年 12 月 31 日　　　　转字第 163 号

摘　要	会计科目		借方金额	贷方金额	√
	总账科目	明细账科目			
更正错账	制造费用		20 475		√
	原材料	B 材料		20 475	√
合　计			¥20 475	¥20 475	

附件　张

会计主管：王娜　　记账：郝梦　　审核：刘雨　　制单：胡旭

图 7-11　更正会计记录结果图

2. 记账凭证中借贷方金额错误导致错账的更正方法

记账凭证中的借贷方账户名称正确，但所记金额出现错误，从而导致了错账。根据金额错误的情况，可分为两种类型：

（1）所记金额大于应记的正确金额

针对该类错账，应采用“红字更正法”予以更正。其具体方法是：将多记的金额用红字填制一张与原错误记账凭证所记载的借贷方账户名称相同的记账凭证，并据以用红字登记入账，以冲销多记的金额。

【例 7-6】20×9 年 12 月 31 日，会计师刘雨检查发现，12 月 3 日从春来公司收回上月赊销款 800 000 元的经济业务，据其编制的记账凭证为“借记‘银行存款’8 000 000 元，贷记‘应收账款——春来公司’8 000 000 元”，并据以登记入账。

上述会计记录中，借贷方会计账户均正确，金额被多记 7 200 000 元，为更正该错账，将多记的金额 7 200 000 元以红字编制记账凭证，该凭证中，借贷方会计账户与原错误记账凭证相同，然后用红字登记入账（如图 7-12 所示）。

收款凭证

借方科目：银行存款　　　　20×9 年 12 月 31 日　　　　收字第 95 号

摘　要	会计科目		金额	√
	总账科目	明细账科目		
更正错账	应收账款	春来公司	7 200 000	√
合　计			¥7 200 000	

附件　张

会计主管：王娜　　记账：郝梦　　出纳：喻涛　　审核：刘雨　　制单：胡旭

图 7-12　冲销多记金额结果图

（2）所记金额小于应记的正确金额

针对该类错账，应采用“补充登记法”予以更正。其具体方法是：将少记的金额用蓝字填制一张与原错误记账凭证所记载的借贷方账户名称相同的记账凭证，并据以用蓝字登记入账，以补充记载少记的金额。

【例 7-7】20×9 年 12 月 31 日，会计师刘雨检查发现，12 月 9 日以银行存款 210 000 元购入专利技术的经济业务，据其编制的记账凭证为“借记‘无形资产’21 000 元，贷记‘银行存款’21 000 元”，并据以登记入账。

上述会计分录中，借贷方会计账户均正确，金额被少记 189 000 元，为更正该错账，将少记的金额 189 000 元以蓝字编制记账凭证，该凭证中，借贷方会计账户与原错误记账凭证相同，然后用蓝字登记入账（如图 7-13 所示）。

付款凭证

贷方科目：银行存款　　　　20×9 年 12 月 31 日　　　　付字第 76 号

摘　要	会计科目		金额	√
	总账科目	明细账科目		
更正错账	无形资产		189 000	√
合　计			¥189 000	

附件　张

会计主管：王娜　　记账：郝梦　　出纳：喻涛　　审核：刘雨　　制单：胡旭

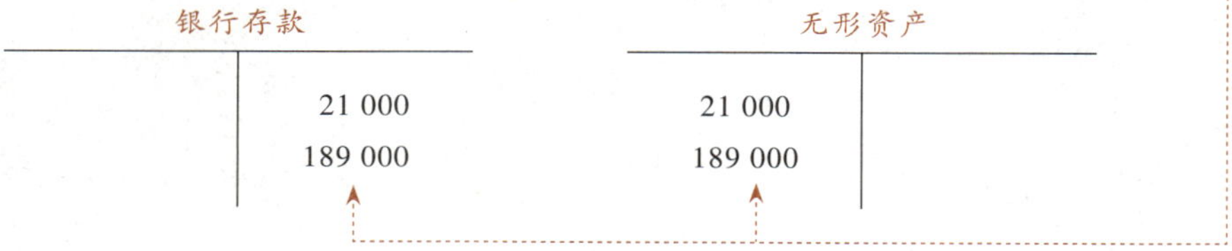

图 7-13　补充登记结果图

三、登账错误导致的账簿记录差错

（一）适用范围

该种情况是指原始凭证和记账凭证均如实反映了相关财产物资的真实情况，但登账环节的错误导致账簿记录的差错。可总结为“凭证未错账记错，结账之前发现错”。

（二）更正程序与方法

针对该类错账，应采用“划线更正法”进行更正。与前两类错账情况不同的是，此处记账凭证的编制是正确的，所以无需对记账凭证进行更正，而只需对账簿记录进行调整。按照要求，应当将错误的文字或者数字划红线注销，但必须使原有字迹仍可辨认；然后在划线上方填写正确的文字或者数字，并由记账人员在更正处盖章，以明确责任。在使用“划线更正法”时需注意：对于错误的数字，应当全部划红线更正，不得只更正其中的错误数字。对于文字错误，可只划去错误的部分。

【例7-8】20×9年12月31日，会计师刘雨检查发现，在根据正确的记账凭证登记“利润分配”账户时，将应记入贷方栏的金额3 795 762元误记为3 795 672元。采用划线更正法更正，如图7-14所示。

总分类账

会计科目：应收账款　　　　　　　　　　　　　　　　　　　　　　第8页

20×9年		凭证		摘要	借方	贷方	借或贷	余额
月	日	字	号					
12	1			月初余额			借	8 014 525
12	31	转	182	结转本年利润		刘雨 3 795 762 ~~3 795 672~~	借	刘雨 11 810 287 ~~11 810 197~~

图7-14　划线更正会计记录结果图

第五节　会计账簿的结算

一、结账的主要内容

为了保证能及时为会计信息使用者提供对其决策有用的会计信息，需要定期对企业“持续”性的经营活动及其成果进行总结，特别是计算确定企业本期实现的损益。因此，在将对账过程中发现的错账予以更正之后，就需在会计期末（如月末、季末、年末）对各个账户的本期发生额和期末余额进行结算，即结账（closing）。结账的主要内容包括：（1）结账前，检查当期发生的各项经济业务是否已经全部入账。（2）按照权责发生制调整有关账项

会计账簿的结算1

（如对递延项目和应计项目的确认），从而为正确计算当期损益奠定基础。（3）将各损益类账户的本期发生额结转至"本年利润"账户。（4）计算各个账户的本期借方和贷方发生额合计数和期末余额（年终结账时应将各账户余额转记至下一年启用的新账簿中）。（5）结束旧账。

会计账簿的结算2

二、结账的主要技术

（一）各账户结出余额的记录方式

凡需结出余额的账户，在结出余额后，应当在"借或贷"栏内写明"借"或"贷"字样。没有余额的账户，应当在"借或贷"等栏内写"平"字，并在"余额"栏内的元、角、分三栏用"θ"表示，而不能仅用"0"表示。库存现金和银行存款日记账必须逐日、逐笔结出余额，以便随时核对。

（二）账户的月结

凡是需要结出当月发生额的账户，应当在最后一笔账下摘要栏内注明"本月合计"字样，并在该行的借方与贷方栏分别结出本月借方发生额合计与本月贷方发生额合计，且在下面划通栏单红线；凡是需要结出本年累计发生额的账户，在各月结出当月的发生额与余额后，应当在"本月合计"行下的摘要栏内注明"本年累计"字样，并在该行的借方与贷方栏分别结出本月止累计借方发生额合计与本月止累计贷方发生额合计，并在下面再划一条通栏单红线。

（三）账户的年结

会计结账技术

年度终了结账时，所有总账账户都应当结出全年发生额和年末余额。而12月末的"本年累计"就是全年累计发生额，应当在此行数据下面划通栏双红线（封账线）。

（四）结束旧账

年度终了，应当把不同账簿下各账户的期末余额结转到下一会计年度相同账簿、相同账户的相应方向，并在各账户"本年累计"行下摘要栏注明"结转下年"字样；在下一会计年度新建相同会计账簿、相同账户的第一行余额栏内填写上年结转的余额，并在新账户第一行摘要栏注明"上年结转"字样。新旧账户之间余额的转录属于账户间对转，不必编制记账凭证。

以朝阳公司"原材料"总账为例，其全年各月份的月度结账如图7-15所示，年度结账程序如图7-16所示。

总分类账

会计科目：原材料　　　　编号：1211　　　　第8页

20×9年		记账凭证		摘　要	借方								贷方								借或贷	余额								√
月	日	种类	号		十	万	千	百	十	元	角	分	十	万	千	百	十	元	角	分		十	万	千	百	十	元	角	分	
1	1			上年结转																	借		3	9	0	0	0	0	0	
1	5	转	8	入库A材料		8	6	0	0	0	0	0																		
1	22	转	23	入库C材料		4	0	0	0	0	0	0																		
1	22	转	35	出库D材料										2	0	0	0	0	0	0										
1	31	转	42	生产耗A、B材料										9	5	0	0	0	0	0	借		5	0	0	0	0	0	0	
				本月合计	1	2	6	0	0	0	0	0	1	1	5	0	0	0	0	0										
2	1	转	3	入库A材料		2	0	0	0	0	0	0																		
2	10	转	13	入库B材料		3	0	0	0	0	0	0																		
2	28	转	36	生产耗材料										4	5	0	0	0	0	0	借		5	5	0	0	0	0	0	
				本月合计		5	0	0	0	0	0	0		4	5	0	0	0	0	0										
				本月止累计	1	7	6	0	0	0	0	0	1	6	0	0	0	0	0	0										
				过次页	1	7	6	0	0	0	0	0	1	6	0	0	0	0	0	0	借		5	5	0	0	0	0	0	

图7-15　月度结账示意图

总分类账

会计科目：原材料　　　　编号：1211　　　　第12页

20×9年		记账凭证		摘要	借方								贷方								借或贷	余额								√
月	日	种类	号		十	万	千	百	十	元	角	分	十	万	千	百	十	元	角	分		十	万	千	百	十	元	角	分	
3	1			承前页																	借		5	5	0	0	0	0	0	
3	2	转	14	入库材料		6	0	0	0	0	0	0																		
				…																										
				…																	借		6	5	0	0	0	0	0	
				本月合计		8	0	0	0	0	0	0		7	0	0	0	0	0	0										
				本月止累计	2	5	6	0	0	0	0	0	2	3	0	0	0	0	0	0										
				…																										
				…																										
12	31			…																	借		8	0	0	0	0	0	0	
				本月合计	1	0	0	0	0	0	0	0		8	0	0	0	0	0	0										
				本年累计	9	5	0	0	0	0	0	0	9	0	9	0	0	0	0	0										
				结转下年										8	0	0	0	0	0	0	平									

图7-16　年度结账示意图

思考题

1. 什么是账簿？账簿在会计核算体系中具有什么作用？

2. 我国账簿体系的具体构成是什么？各账簿之间的关系是什么？

3. 会计账簿按用途不同可以分为哪几类？各类账簿具有什么特点？

4. 会计账簿按外表形式不同可以分为哪几类？各类账簿具有什么特点？

5. 会计账簿按账页格式不同可以分为哪几类？各类账簿具有什么特点？

6. 总账、明细账和日记账在登记上各自有什么特点？其各自的登账依据分别包括哪些？会计账簿登记有哪些基本的技术规则？

7. 对账的内容包括哪些？

8. 总账与总账的相互核对、总账与明细账的相互核对、总账与日记账的相互核对分别是依据什么原理？

9. 账实核对包括哪些主要内容？其各自的基本方法有哪些？

10. 账簿记录差错包括哪几种主要类型？发生差错的更正方法包括哪些？分别适用于哪些类型的错账？

11. 结账的内容包括什么？月结、年结与结旧转新有哪些技术性的要求？

立德树人

红色账簿：全景展示中共革命史中的货币战争（1921—1927）

《红色账簿：全景展示中共革命史中的货币战争（1921—1927）》（作者：马祥林）是一本极具特色的中共党史通俗性读物，运用较为通俗的语言，阐述革命与经济相互之间的联系。当年，不拿薪饷的队伍，如何战胜了拿着高福利的“正规军”？建党经费从何而来？革命运动带来什么效益？战斗的消耗如何补给？没有薪饷的军队如何激发斗志？红色革命怎样创造了红色经济学？本书还原历史，运用财富思维、经济视角解读早期革命史，把红色革命的“财务账本”公示于众，揭秘伟大的中国共产党在1921年至1927年的“创业史”，破译红色革命的财富密码。全书运用财富与经济的视角，对中国共产党从1921年到1927年的革命历程进行了纪实性的叙述，展示了真实的货币与战争之间那些曲折动人的故事。

研讨思路：以“红色账簿：全景展示中共革命史中的货币战争（1921—1927）”为研讨话题，鼓励学生去阅读这本书籍，通过这本“账簿”去了解中国共产党在当时恶劣的环境下如何发展经济，如何通过发展经济来支持革命事业；引导学生不忘红色基因，继承中国共产党节约闹革命的优良传统，学好本领，为祖国、为人民奉献青春。

本章自测

第八章　会计报告

本章思维导图

学习目标

通过本章学习，读者可理解财务会计报告、资产负债表、利润表和现金流量表的概念与作用；掌握财务会计报告的构成、表述与报表列报；掌握资产负债表、利润表和现金流量表的内容与结构；熟悉资产负债表和利润表编制的基本方法；了解财务会计报告分析的主体、分析目的和基本方法。

会计信息系统对企业经济交易与事项的处理，是通过会计确认、计量、记录、报告四个环节来完成的。会计报告是会计信息系统运行的最后一个环节，也是最为重要的环节之一，因为其担负着满足会计信息使用者需要、实现会计目标的“重任”。会计报告以财务会计报告为信息载体，向企业的利益相关者提供关于企业财务状况、经营成果和现金流量的信息。

引导案例

报表的奥秘

为了不辜负万总的良苦用心，能够自己独立记账出报表，小艾一大早就来到了事务所。

她摊开资产负债表，先填了起来。报表第一项是“货币资金”，于是她把“库存现金”“银行存款”“其他货币资金”三个总账科目的期末余额进行加总，填到报表里。

然后，根据凭证和账簿资料，她需要填写的栏目是“应收账款”。她找到“应收账款”和“预收账款”明细账，将其期末借方余额的合计数填入报表。

她按照资料，填报了“预付款项”“存货”等栏目。

当填到“长期借款”时，她发现自己不仅需要参考“长期借款”的总账数额，还要扣减相应的明细科目中“将在一年内到期的长期借款”的金额，然后填列报表。

就这样，小艾一项项认真地计算填列着。这时，大家陆陆续续来到事务所，杜老师也不例外。

“小艾早呀，这么快就进入工作状态啦？”杜老师关心道。

“早，杜老师！万总留给我的功课，还差一点没有完成，我正在努力。”

“嗯……你在出报表吧？”

“是的，杜老师，资产负债表我刚刚填完了，这就开始填利润表。”

“嗯，那小艾考考你，利润表怎么填制？”

“利润表比较简单，先搞定主营业务收入、其他业务收入，就得到营业收入了，减去营业成本、日常税费，再加上其他收益，就是营业利润。

再去除营业外收支，上缴所得税费用，剩下的就是净利润。”

“不错，看来你已经掌握了它的业务逻辑。那你知道资产负债表与利润表之间有趣的联系吗？”

“哦？这个……”

“你看，企业拿钱买商品，钱就从资产负债表的右边跑到左边；把商品卖出去，它就成了成本，又到了利润表上面，同时企业取得了收入，而收入一般会大于成本，这就意味着企业创造了利润，利润减去费用和所得税后，就是净利，也就是企业赚的钱。

如果赚的利润没有被分给各个股东，仍留在企业，就成了当年的未分配利润，也就是说，它又从利润表跑到了资产负债表的右下角，成为企业经营资金的一个来源。

然后，资金多了，企业又可以购买更多的资产，然后赚更多的钱，这样资产负债表和利润表就构成了一个资金的循环。

企业的资金就是这样不断地积累，像滚雪球一样，企业也就这样发展壮大了，你说是不是？”

“原来是这样?!”

“其实整个报表体系，资产负债表是基础，利润表和现金流量表只是它的一个具体说明。年初资产跟年末资产不一样，为什么多或者为什么少，利润表会告诉你答案。而现金流量表是资产负债表中‘货币资金’这一个项目的具体展开。”

“杜老师，您一语点醒梦中人！我之前听万总说会计身负重要使命，要为企业甚至国家管理资产，我还似懂非懂的。今天我终于明白了自己作为会计的重大使命和责任。谢谢您，杜老师！”

【思考与讨论】

（1）财务会计报告由哪些内容组成？

（2）什么是资产负债表？如何编制资产负债表？

（3）什么是利润表？如何编制利润表？

（4）利润表与资产负债表有何联系？

（5）什么是现金流量表？其与资产负债表有何联系？

资料来源：陈艳红．小艾上班记：真账实操教你学会计［M］．3版．大连：东北财经大学出版社，2020，有改动（改编者：王玲）。

第一节　财务会计报告概述

会计报告又称财务会计报告，财务会计报告包括财务报表和其他应当在财务会计报告中披露的相关信息及资料。财务报表是对企业财务状况、经营成果和现金流量的结构性表述。财务报表至少应当包括下列组成部分：资产负债表、利润表、现金流量表、所有者权益（或股东权益）变动表和附注。

财务报告概述

一、财务会计报告的概念

在企业日常的会计核算中，企业所发生的各项经济业务都已按照一定的会计程序在有关的账簿中进行了全面、连续、分类、汇总的计算和记录。但是，这些日常核算资料数量大且过于分散，不能集中、概括地反映企业的财务状况和经营成果。企业的投资者、债权人、政府部门以及其他与企业有利害关系的单位和个人，不能直接使用这些分散的会计记录来分析评价企业的财务状况和经营成果，并据以做出正确的决策。为此，有必要定期对日常会计核算资料进行分类汇总，通过一定的方式来总括、综合地反映企业经济活动的过程和结果，为有关各方提供决策和管理所需的信息。财务会计报告是企业会计核算的最终成果，是用于综合反映企业一定日期的财务状况以及一定时期经营成果和现金流量的书面文件。

二、财务会计报告的作用

会计信息系统要向企业的利益相关者提供企业的会计信息，而财务会计报告正是会计信息系统对外输出的结果，因此，它必须满足企业各利益相关者（包括投资者、债权人、政府有关部门以及社会公众等）的信息需求，为社会资源的合理配置提供会计信息，反映管理层受托责任的履行情况，并有助于财务会计报告使用者做出合理的经济决策。

对不同的利益相关者而言，财务会计报告的具体作用也不尽相同，主要表现为以下几方面：

（一）对投资者和债权人的作用

从投资行为的角度看，投资者（即企业的所有者）主要关心其投资风险与投资报酬，要通过了解企业的获利能力、股利支付能力、未来现金流量等情况来判断投资风险与投资报酬。企业的债权人主要关心其债权本金及利息能否按期得到偿还和支付，要通过了解企业的偿债能力、利息支付能力等来判断其债权的受偿程度。财务会计报告可以向投资者和债权人提供他们所关心的信息，进而有助于投资者和债权人做出正确的经济决策。

（二）对政府宏观管理部门的作用

政府要基于整个社会经济资源优化配置的需要对企业经济活动实施有效的调节、控制和监督。因此，财政、税务和审计等有关机构可以通过财务会计报告所提供的信息，检查企业的资金运用情况以及财务成果状况，并督促企业合理使用资金，遵守财经纪律。

（三）对企业自身加强管理的作用

财务会计报告通过提供全面的会计信息，可以帮助企业内部管理者及企业职工了解企业的财务状况、经营成果及现金流量情况，掌握企业经济活动的进程，并及时总结经验教训，以便采取措施加强经营管理。此外，财务会计报告所提供的信息也为企业进行预测、决策和编制财务计划提供了重要的参考依据。

三、财务会计报告的构成

财务会计报告是全面披露企业财务活动信息的对外报告，具有一个较完整的体系。根据我国有关法规，财务会计报告包括财务报表及其附注，以及其他应当在财务会计报告中披露的相关信息和资料。

（一）财务报表

财务报表至少应当包括资产负债表、利润表、现金流量表以及所有者权益变动表等报表。

1.财务报表的含义

财务报表是财务会计报告的主体和核心，财务会计最有用的信息就集中于财务报表之中。它是企业向会计信息使用者提供的关于企业财务状况、经营成果和现金流量信息的书面文件。财务状况是指企业在特定日期的资产规模与结构、产权关系及权益构成的基本状况；经营成果是指企业在一定会计期间所发生的费用、取得的收入以及实现的利润或亏损，反映企业的盈利情况；现金流量则是指企业在经营活动、投资活动和筹资活动等经济活动中形成的现金流入与现金流出及现金流量净额情况，反映企业的资金周转情况及理财能力。财务报表是财务会计报告形成的基础，财务会计报告正是在财务报表基础上的拓展。

财务报表的各个组成部分是相互联系的，它们从不同角度说明企业的财务状况、经营成果和现金流量情况。资产负债表主要反映企业一定时点全部资产、负债和所有者权益的情况；利润表主要提供企业在一定期间的经营成果，即盈利或亏损的情况；现金流量表则反映企业现金及现金等价物的来源、运用以及增减变动的原因等；所有者权益（或股东权益）变动表反映企业年末所有者权益的具体构成及其变动原因。因此，资产负债表、利润表、现金流量表和所有者权益（或股东权益）变动表是企业基本的财务报表，通过对这些报表的阅读、分析，可以使会计信息使用者有效了解其所需要的会计信息。

2.财务报表的分类

财务报表根据不同的标准可以进行不同的分类，其分类情况如下：

（1）按照财务报表反映的经济内容，可以分为财务状况报表和经营成果报表。财务状况报表是反映企业在一定时点财务状况或一定时期财务状况的报表，如资产负债表、现金流量表等。经营成果报表是反映企业在一定时期收入的实现、费用成本的耗费和利润形成情况的报表，如利润表。

（2）按照财务报表报送的对象，可以分为内部报表和外送报表。内部报表是企业根据内部管理的需要而编制的供本单位内部使用的财务报表，如管理费用明细表、产品生产成本表等。内部报表的种类、格式、内容和报送时间由企业自行决定。外送报表是企业按照国家统一会计制度的规定，编制和向外报送给外部会计信息使用者的报表，如资产负债表、利润表、现金流量表、所有者权益变动表等。外送报表的种类、格式、内容和报送时间由国家有关会计制度统一规定。

（3）按照编制报表的会计主体，可以分为个别报表和合并报表。个别报表是指企业编报的仅反映企业本身的财务状况、经营成果和现金流量的报表。合并报表是指以母公司与子公司组成的企业集团为会计主体，由母公司编制的综合反映整个企业集团财务状况、经营成果和现金流量的报表。

（4）按照财务报表编制的时间，可以分为月份、季度、半年度和年度报表。月份报表是月份终了后利用月度内有关资料所编制的财务报表，如资产负债表和利润表均应按月编制；季度报表是在每季结束时利用季度内各月份资料所编制的财务报表；半年度报表是企业在每个会计年度的前6个月结束后所编制的财务报表；年度报表是年度终了后所编制的财务报表，如现金流量表、利润表等。

（二）财务报表附注

财务报表本身具有一定的局限性，使得其提供的信息受到一定的限制。为了提供更详尽有用的会计信息，企业往往在财务报表附注中对财务报表的某些项目做进一步的补充说明。财务报表附注是为了便于财务报表使用者理解财务报表的内容而对财务报表的编制基础、编制依据、编制原则和编制方法及主要项目等进行的解释和补充说明。财务报表附注是财务报表不可或缺的组成部分，财务报表使用者要了解企业的财务状况、经营成果和现金流量，应当全面阅读附注，相对于财务报表而言，附注同样不可忽视。

财务报表附注应当包括所有在财务报表正文中未提供但与企业财务状况、经营成果和现金流量密切相关、有助于会计信息使用者更好地理解企业的财务报表且可以公开的重要信息。财务报表附注的主要内容包括：(1) 财务报表的编制基础；(2) 遵循企业会计准则的声明；(3) 重要会计政策的说明，包括财务报表项目的计量基础和会计政策的确定依据等；(4) 重要会计估计的说明，包括下一会计期间内很可能导致资产、负债账面价值重大调整的会计估计的确定依据等；(5) 会计政策和会计估计变更以及差错更正的说明；(6) 对已在资产负债表、利润表、现金流量表和所有者权益变动表中列示的重要项目的进一步说明；(7) 或有和承诺事项、资产负债表日后非调整事项、关联方关系及其交易等需要说明的事项。此外，企业还应当在附注中披露在资产负债表日后、财务会计报告批准报出日前提议或宣布发放的股利总额和每股股利金额（或向投资者分配的利润总额）。

此外，企业还应当在附注中披露：(1) 企业注册地、组织形式和总部地址；(2) 企业的业务性质和主要经营活动；(3) 母公司以及集团最终母公司的名称。

（三）其他应当在财务会计报告中披露的相关信息和资料

其他应当在财务会计报告中披露的相关信息和资料主要是指根据会计相关法规的要求，在财务会计报告中应当予以披露的信息和资料。这些信息不一定是可以用货币计量的定量信息，但这些信息对于投资者、债权人等进行相关经济决策具有重要价值，因此也应在财务会计报告中予以披露。

四、财务报表列报要求

企业财务报表的列报应遵循以下原则：

1.符合规定。企业编报财务报表，应当根据相关会计规范中有关信息披露与列报的规定进行。

2.编制有据。企业编报财务报表，应当根据真实经济交易与事项以及完整、准确账户（账簿）记录等资料，以全面的资产清查和债务核实为基础，以确保报表信息真实可靠、记录正确、内容完整，不得遗漏或者任意取舍相关数据。

3.口径统一。企业编报财务报表时，不得随意改变相应的会计确认和计量的标准与方法，注意保持不同会计期间的口径统一，以便保持不同时期会计信息的可比性并方便会计信息使用者理解与使用。其具体要求如下：

第一，财务报表项目的列报应当在各个会计期间保持一致，不得随意变更。但是，下列情况除外：①会计准则要求改变财务报表项目的列报；②企业经营业务的性质发生重大变化后，变更财务报表项目的列报能够提供更可靠、更相关的会计信息。

第二，对于性质或功能不同的项目，应当在财务报表中单独列报，但不具有重要性的项目除外。性质或功能类似的项目，其所属类别具有重要性的，应当按其类别在财务报表中单独列报。

第三，财务报表中的资产项目和负债项目的金额、收入项目和费用项目的金额不得相互抵销，但其他会计准则另有规定的除外。

第四，当期财务报表的列报，至少应当提供所有列报项目在上一可比会计期间的比较数据，以及与理解当期财务报表相关的说明，但其他会计准则另有规定的除外。

第五，财务报表项目的列报发生变更的，应当对上期比较数据按照当期的列报要求进行调整，并在附注中披露调整的原因和性质，以及调整的各项目金额。对上期比较数据进行调整不切实可行的，应当在附注中披露不能调整的原因。

4.要素齐全。企业至少应于财务报表的显著位置披露下列事项：①编报企业的名称；②资产负债表日或财务报表涵盖的会计期间；③人民币金额单位；④财务报表是合并财务报表的，应当予以标明。上市公司的财务报告需要经具有执业资格的注册会计师审计，并在中国证券监督管理委员会指定的披露上市公司信息的报刊刊登。

5.编报及时。企业披露财务报表信息，必须符合及时性要求。企业应当按照规定的结账日进行结账，不得提前或者延误，以保证财务报表真实可靠 。企业至少应当按年编制财务报表。年度财务报表涵盖的期间短于一年的，应当披露年度财务报表的涵盖期间，以及短于一年的原因。上市公司的年度财务报表应当于报告年度结束后不超过4个月的时间内报出；半年度中期财务报表应当于报告期结束后在不超过2个月的时间内报出。

第二节　资产负债表

资产负债表的建立以会计等式“资产=负债+所有者权益”为基础，反映企业在某一特定日期所拥有或控制的经济资源、所承担的现时义务和所有者对净资产的要求权。

一、资产负债表的概念

资产负债表是反映企业某一特定日期财务状况的财务报表，也被称为“财务状况表”。它是根据“资产=负债+所有者权益”的会计等式，按照一定的分类标准和顺序，把企业在一定日期的资产、负债、所有者权益各项目予以适当排列，并对日常工作中形成的大量数据进行高度浓缩整理后编制而成。

资产负债表

资产负债表属静态报表，反映了企业在某一特定日期的资产、负债和所有者权益等财务状况。资产负债表上的数字为时点数，表明了企业在特定日期所拥有或控制的经济资源、所承担的现有债务以及所有者对企业净资产的要求权，是企业基本的财务报表。

二、资产负债表的作用

作为企业基本的财务报表，资产负债表能够反映资产、负债和所有者权益的全貌，它所提供的会计信息，对于各种不同的会计信息使用者都具有十分重要的作用，具体体现在以下几个方面：

（一）反映企业所掌握的经济资源及其分布与结构

资产是企业的经济资源。通过资产负债表，会计信息使用者可以了解企业在某一特定日期拥有或控制的经济资源及其构成，获悉其经济资源占用形态、分布状况等信息。由于企业总的生产规模可以通过企业资产总额来反映，因此资产负债表还可反映企业的生产规模。

（二）反映企业的资金来源及其构成

企业的资金来源包括企业举债筹资所形成的负债以及吸收所有者投资所形成的所有者权益。资产负债表列示了企业在某一特定日期的资产、负债和所有者权益，通过对企业的债务状况与所有者权益信息的分析，报表使用者可了解企业资金来源及其构成情况。资本结构是指企业资金来源中负债与所有者权益的相对比例，通过对负债与所有者权益的构成及其相互关系的分析，报表使用者可以衡量和评价企业的资本结构是否合理。

（三）帮助评估企业的流动性及财务弹性

资产负债表可以反映企业资产与负债的数量关系，从而有利于分析和评价企业资产的流动性及偿债能力。流动性是指资产能够以合理价格顺利变现的能力。企业是否有足够的资产及时转换成现金以清偿短期负债，是短期债权人最关心的。若资产的短期流动性不佳，长期债权人和股东的安全也会受到影响。资产负债表的流动资产和流动负债能够提供短期流动性方面的信息。

资产负债表还可以反映不同类别资产的变现能力和不同负债的偿还顺序，进而有助于分析评估企业的财务弹性。财务弹性是指企业在面临突发性的现金需求时，能够在资金调度上采取有效行动、做出迅速反应的能力。

（四）帮助评估企业的经营绩效

债权人和股东共同关注企业的经营绩效，因为绩效好坏影响到企业向债权人还本付息和对股东支付股利的能力。投资报酬率是用来评价企业经营绩效的常用指标，如总资产报酬率、所有者权益报酬率等，因此，资产负债表提供了一个评价企业经营绩效的基础。

（五）帮助评估企业财务状况的变动情况

将本期期末的资产负债表与上期或者以前各期期末的资产负债表进行比较，可以了解不同时点企业资产、负债和所有者权益的变化情况，从中分析变化的规律，并预测企业未来财务状况的发展趋势。

三、资产负债表的格式

资产负债表由表头、表体和表尾三部分组成。表头概括地说明报表名称、编制单位、编制日期、报表编号、货币名称、计量单位等；表体是资产负债表的主体部分，包括资产、负债和所有者权益各项目的名称及其金额；表尾则主要是各项附注资料。

就资产负债表的表体部分而言，其结构包括两层含义：一是资产负债表所体现出的资产、负债、所有者权益三者之间的基本关系，即资产负债表的基本结构；二是资产负债表所揭示的各个会计要素具体内容的逻辑与结构关系，即资产负债表各会计要素具体项目的排列顺序。

资产负债表表体的基本结构分为“报告式”和“账户式”两种。我国资产负债表采用的是账户式结构。

（一）报告式资产负债表

报告式资产负债表又称为垂直式资产负债表，即采用上下结构，将资产、负债、所有者权益项目采用垂直形式分别列示，体现的是“资产－负债=所有者权益”会计等式的基本关系，其格式见表8-1。

表8-1　资产负债表（报告式）

编制单位：　　　　年　月　日　　　　单位：元

项目	期末金额	期初金额
资产 流动资产 … 资产合计		
负债 流动负债 … 负债合计		
所有者权益 实收资本 … 所有者权益合计		

报告式资产负债表便于编制比较资产负债表，即可以在一张表中平行列示相关的若干期资产负债表。但是，报告式资产负债表也存在缺陷，即资产与负债及所有者权益间的平衡关系不够清晰，并且因资产、负债及所有者权益的项目太多，使报表显得太长，不便于编制与使用。

（二）账户式资产负债表

账户式资产负债表也称为水平式资产负债表，为左右结构，是按照分类账户的格式将资产列示在报表的左方，负债和所有者权益列示在报表的右方，体现的是会计等式“资产=负债＋所有者权益”的基本关系。

资产项目按照流动性排序，即先列示流动资产及项目，再列示非流动资产及项目；负债项目按债务偿还期的长短排列，偿还期短的债务排序在前，偿还期长的债务排序在后；所有者权益项目按稳定程度排序，稳定性强的排列在前，按实收资本、资本公积、盈余公积、未分配利润的顺序依次排列。

在资产负债表的金额栏下，分别列示“期初数”与“期末数”两个数额，以便比较其变动情况。

账户式资产负债表的优点是资产、负债和所有者权益的平衡关系一目了然。资产负债表的格式见表8-2。

表8-2　　资产负债表（账户式）

编制单位：　　年　月　日　　单位：元

资产	期末数	期初数	负债及所有者权益	期末数	期初数
			负债		
			流动负债		
			…		
流动资产			负债合计		
…			所有者权益		
非流动资产			实收资本		
…			…		
			所有者权益合计		
资产总计			负债及所有者权益总计		

无论是账户式还是报告式的资产负债表，所有项目都要按一定的标准进行分类，并以适当的顺序加以排列。国际通行的分类是按照流动性对资产和负债进行分类，我国也不例外。

资产项目的流动性是指资产变现的时间或期限的长短。能够快速变现的资产（如货币资金、应收账款等）被视为流动性强的资产，而变现时间或期限较长的资产（如固定资产等）则被视为流动性弱的资产。在确定资产负债表中资产具体项目的顺序时，一般按照先列示流动资产后列示非流动资产的顺序确定。对于资产的具体项目而言，流动资产按货币资金、交易性金融资产、应收票据及应收账款、存货等顺序排列；非流动资产按债权投资、其他债权投资、长期应收款、长期股权投资、固定资产、在建工程、无形资产和其他非流动资产等顺序排列。

负债项目的流动性是指偿还到期债务的时间或期限长短。在短期内就需偿还的负债被视为流动性强的负债，反之就是流动性弱的负债。负债据此可分为流动负债和非流动负债，负债项目的排列也是先列示流动负债，后列示非流动负债。

所有者权益则是在资产负债表的最后部分，一般排列顺序是实收资本（或股本）、资本公积、盈余公积和未分配利润等。

四、资产负债表的编制

资产负债表是财务报表体系中的一张最主要的财务报表，编制资产负债表需要了解资产负债表的信息来源，掌握资产负债表的列报方法。

（一）资产负债表信息的来源

资产负债表的编制过程是对日常会计核算记录的数据进行归类、整理和汇总，并进一步加工成报表项目的过程。资产负债表主体部分的各项目均设有“期初余额”和“期末余额”两栏，其目的是便于将各项目的期末余额与期初余额进行对比，以分析企业财务状况的纵向变化趋势。

资产负债表所提供的数量信息包括“期末余额”和“期初余额”，而账户信息是资产负债表的信息来源。每一个会计账户都能提供账户发生额和账户余额的信息，其中账户发生额又可分为本期借方发生额和本期贷方发生额，账户余额包括期初余额和期末余额。因此，资产负债表各项目“期末余额”栏的金额就可以根据各相关账户的期末余额确定，而资产负债表的“期初余额”则是上一年年末资产负债表的“期末余额”。

（二）资产负债表的填列方法

资产负债表的列报包括“期初余额”与“期末余额”的填列方法，下面介绍资产负债表中各项目的填列方法。

1.“期初余额”的填列方法

资产负债表中“期初余额”栏内各项目的数字，应根据上一年度末资产负债表的“期末余额”栏内的数字填列。

如果本年度资产负债表中各项目的名称和内容与上一年度不一致，则应按照本年度的规定，对上年年末资产负债表各项目的名称和数字进行调整，按调整后的数字填入本年度资产负债表中“期初余额”栏内。

2.“期末余额”的填列方法

资产负债表中“期末余额”是指某一会计期末的数字，即月末、季末、半年末或年末的数字，总括地反映企业在某一会计期末的财务状况。资产负债表各项目的“期末余额”主要以各相关账户的期末余额为基础进行填列，但资产负债表各项目反映的内容更加概括和集中，因此，这一填列过程是一个“再确认”的过程。资产负债表各项目“期末余额”的填列方法包括：

（1）根据总账科目余额直接填列。资产负债表中有些项目反映的内容和计算口径与总分类账户完全相同，这些项目就可根据相应的总分类账户的期末余额直接填列。如“短期借款”“应付职工薪酬”等项目。

（2）根据明细科目余额计算填列。资产负债表中有些项目反映的内容是由几个明细分类账户分类反映的，应根据这几个明细分类账户的期末余额计算填列，如“应收票据及应收账款”等项目。

（3）根据总账科目余额和明细科目余额分析计算填列。资产负债表中有些项目不能根据有关总分类账的期末余额直接填列或计算填列，也不能根据有关明细分类账户的期末余额计算填列，而需根据有关总分类账户和明细分类账户的期末余额分析计算填列。如“长期借款”项目，应根据“长期借款”总分类账户的期末余额扣除其中将于1年内（含1年）到期且企业不能自主地将清偿义务展期的长期借款后的金额计算填列。

（4）根据有关科目余额减去其备抵科目余额后的净额填列。有些项目需要根据账户余额减去备抵项目后的净额填列。如“长期股权投资”“固定资产”“无形资产”等项目。

(5) 综合运用以上方法填列。资产负债表中有些项目的填列，需要综合运用以上各种方法。如“存货”项目，需要根据“原材料”“库存商品”“委托加工物资”“周转材料”“材料采购”“在途物资”“发出商品”“材料成本差异”等总账科目期末余额的分析汇总数，再减去“存货跌价准备”科目余额后的净额填列。

(三) 资产负债表编制实例

【例 8-1】武汉华新公司 20×9 年 12 月 31 日全部总账和有关明细账余额见表 8-3。

表 8-3　武汉华新公司总账和有关明细账余额

20×9 年 12 月 31 日　　单位：元

总账	明细账	期末余额		总账	明细账	期末余额	
		借方	贷方			借方	贷方
库存现金		15 000		短期借款			1 000 000
银行存款		300 000		应付票据			200 000
其他货币资金		5 000		应付账款			200 000
交易性金融资产		280 000			朝霞公司		240 000
					东阳公司	40 000	
应收账款		510 000		预收账款			70 000
	春风公司	500 000			朝阳公司		30 000
	朝阳公司	10 000			硕丰公司		40 000
预付账款		94 000		其他应付款			180 000
	春来公司	100 000					
	硕丰公司		6 000	应付职工薪酬			700 000
其他应收款		160 000		应交税费			1 200 000
原材料		500 000		应付股利			400 000
生产成本		200 000		长期借款			1 280 000
库存商品		400 000		应付债券			4 500 000
长期股权投资		5 000 000		长期应付款			3 500 000
长期股权投资减值准备			314 000	实收资本			6 000 000
固定资产		14 000 000		资本公积			1 200 000
累计折旧			1400 000	盈余公积			100 000
无形资产		1 500 000		利润分配			800 000
长期待摊费用		80 000					

根据上述资料，编制该企业 20×9 年 12 月 31 日的资产负债表，见表 8-4。

表 8-4

资产负债表

编制单位：武汉华新公司　　20×9 年 12 月 31 日　　单位：元

资　产	期末余额	年初余额	负债及所有者权益	期末余额	年初余额
流动资产：			流动负债：		
货币资金	320 000		短期借款	1 000 000	
交易性金融资产	280 000		交易性金融负债		
衍生金融资产			衍生金融负债		
应收票据			应付票据	200 000	
应收账款	510 000		应付账款	246 000	
应收款项融资			预收款项	70 000	
预付款项	140 000		合同负债		
其他应收款	160 000		应付职工薪酬	700 000	
存货	1100 000		应交税费	1 200 000	
合同资产			其他应付款	580 000	
持有待售资产			持有待售负债		
一年内到期的非流动资产			一年内到期的非流动负债		
其他流动资产			其他流动负债		
流动资产合计	2 510 000		流动负债合计	3 996 000	
非流动资产：			非流动负债：		
债权投资			长期借款	1 280 000	
其他债权投资			应付债券	4 500 000	
长期应收款			其中：优先股		
长期股权投资	4 686 000		永续债		
其他权益工具投资			租赁负债		
投资性房地产			长期应付款	3 500 000	
固定资产	12 600 000		预计负债		
在建工程			递延所得税负债		
生产性生物资产			其他非流动负债		
油气资产			非流动负债合计	9 280 000	
使用权资产			负债合计	13 276 000	
无形资产	1500 000		所有者权益（或股东权益）：		
开发支出			实收资本（或股本）	6 000 000	
商誉			其他权益工具		
长期待摊费用	80 000		其中：优先股		
递延所得税资产			永续债		
其他非流动资产			资本公积	1 200 000	
非流动资产合计	18 866 000		减：库存股		
			其他综合收益		
			专项储备		
			盈余公积	100 000	
			未分配利润	800 000	
			所有者权益合计	8 100 000	
资产总计	21 376 000		负债及所有者权益总计	21 376 000	

第三节　利润表

利润表是根据“收入－费用=利润”的基本关系来编制的。利润表的列报必须充分反映企业经营业绩的主要来源和构成，有助于使用者判断净利润的质量及其风险，有助于使用者预测净利润的持续性，从而做出恰当的决策。

一、利润表的概念

利润表是反映企业一定会计期间（如月度、季度、半年度或年度）生产经营成果的会计报表。企业一定会计期间的经营成果既可能表现为盈利，也可能表现为亏损，因此利润表也被称为损益表。它全面揭示了企业在某一特定时期实现的各种收入、发生的各种费用、成本或支出，以及企业实现的利润或发生的亏损情况。

利润表是一种反映企业经营资金运动动态表现的报表，主要提供有关企业经营成果方面的信息，属于动态会计报表。

利润表

二、利润表的作用

利润表可以反映企业一定会计期间的收入实现情况和费用耗费情况，以及企业一定会计期间生产经营活动的成果，并据以判断资本保值增值情况。利润表提供的会计信息对于信息使用者而言，具有以下几方面作用：

（一）帮助分析和评估企业的经营成果

利润表提供了企业在一定会计期间所取得的营业收入信息。同时，利润表还提供了企业在一定会计期间的营业成本以及管理费用、销售费用、财务费用等费用信息，会计信息使用者可以据此确定企业的费用水平，比较费用的增长幅度以判断企业对费用的控制能力。企业的经营成果是指企业利用其所拥有或控制的经济资源所取得的报酬，通常用各种收入扣除相关的成本费用及税金等后的一个绝对数指标表示。利用利润表所提供的会计信息，人们可以分析和评价企业的经营成果。结合资产负债表数据，可以通过资产利润率等指标对企业的获利能力进行分析。

（二）帮助评价和考核企业管理当局的经营业绩

在企业所有权与管理权相分离的背景下，管理者应履行其受托经营责任，合理运用所有者委托其经营管理的财产并为其谋取经济利益。利润表的各项数据，体现了企业在生产经营、融资和投资等活动中的管理效率及经济效益，综合反映了企业的经营业绩。通过比较前后期利润表中各种收入、费用和利润的增减变动情况，以及对其差异原因的分析，可以较为客观地评价和考核各职能部门和管理人员的业绩。

（三）帮助预测企业未来期间的盈利趋势

利润表提供的收入、费用等信息能够反映企业的生产经营成果，通过不同时期的利润表所提供的不同信息（如本月发生额、本年累计金额、上年金额），可以比较企业前后期利润的变化情况，了解投资者投入资本的完整性，分析企业利润的发展趋势及获利能力，并预测企业未来期间的盈利情况。

三、利润表的格式

利润表分为表头、表体和表尾三个基本部分。表头包括报表名称、编制单位名称、编表时间和货币计量单位等要素；利润表作为时期报表反映的是企业在某一特定会计期间的经营过程及结果，因此编表时间应为时期数（如某月份、某季度、某年度等）。表体是利润表的主体部分，包括收入、费用和利润等各项目的名称及其金额。表尾主要是各项附注资料。

利润表表体部分有两种基本形式：单步式和多步式。

单步式是将计入利润的各种“收入”项目和各种“费用”项目分别汇集，最后将“收入”总额与“费用”总额加以比较并计算出利润数额。因其只有一个相减的步骤，故称为单步式。单步式利润表的简表格式见表8-5。单步式利润表的优点在于比较直观、简单，易于编制；其缺点则在于不能提供较为详细的分类利润信息，不利于对利润各组成部分的结构分析，无法完全满足报表使用者的需要。

表8-5　　利润表（单步式）

编制单位：　　　　年　月　　　　单位：元

项目	本月数	本年累计数
收入		
营业收入		
…		
收入合计		
费用		
营业成本		
…		
费用合计		
利润（或亏损）总额		

多步式利润表是依据利润的构成，按照利润的计算程序（或步骤）来确定利润表的结构及各项目的次序。多步式利润表将损益的内容做出多项分类，以产生一些中间信息，因此可以提供比较详细的分类利润信息。一般情况下，多步式利润表将损益的计算过程划分为四部分：（1）反映企业营业利润的形成情况；（2）反映企业利润总额的形成情况；（3）反映企业的净利润；（4）反映每股收益。多步式利润表的优点在于便于报表使用者对企业生产经营情况进行结构性分析，有利于正确评价企业的经营业绩和获利能力以及盈利的稳定性。由于多步式利润表比单步式利润表能够提供更为有用的信息，其结构更为科学，因此各国企业使用得较为普遍的是多步式利润表，我国企业也不例外。我国企业现行利润表采用了多步式利润表的格式，其具体情况见表8-6。

表 8-6　　**利润表（多步式）**

编制单位：　　　　年　月　　　　单位：元

项　目	本月金额	本年累计金额
一、营业收入		
减：营业成本		
税金及附加		
销售费用		
管理费用		
研发费用		
财务费用		
其中：利息费用		
利息收入		
加：其他收益		
投资收益（损失以“-”号填列）		
其中：对联营企业和合营企业的投资收益		
以摊余成本计量的金融资产终止确认收益（损失以“-”号填列）		
净敞口套期收益（损失以“-”号填列）		
公允价值变动收益（损失以“-”号填列）		
信用减值损失（损失以“-”号填列）		
资产减值损失（损失以“-”号填列）		
资产处置收益（损失以“-”号填列）		
二、营业利润（亏损以“-”号填列）		
加：营业外收入		
减：营业外支出		
三、利润总额（亏损总额以“-”号填列）		
减：所得税费用		
四、净利润（净亏损以“-”号填列）		
（一）持续经营净利润（净亏损以“-”号填列）		
（二）终止经营净利润（净亏损以“-”号填列）		
五、其他综合收益的税后净额		
（一）不能重分类进损益的其他综合收益		
1. 重新计量设定受益计划变动额		
2. 权益法下不能转损益的其他综合收益		
3. 其他权益工具投资公允价值变动		
4. 企业自身信用风险公允价值变动		
…		
（二）将重分类进损益的其他综合收益		
1. 权益法下可转损益的其他综合收益		
2. 其他债权投资公允价值变动		
3. 金融资产重分类计入其他综合收益的金额		
4. 其他债权投资信用减值准备		
5. 现金流量套期储备		
6. 外币财务报表折算差额		
…		
六、综合收益总额		
七、每股收益：		
（一）基本每股收益		
（二）稀释每股收益		

表8-6中的利润表主要反映如下四方面的内容：

（1）构成营业利润的各项要素。这些要素主要包括主营业务、其他业务、公允价值变动、对外投资等所产生的收入，并扣除相应的营业成本、税金及附加、销售费用、管理费用和财务费用，以及资产减值损失等成本、费用、税费后的余额。

（2）构成利润总额的各项要素。这些要素主要包括营业利润和营业外收支净额。

（3）构成净利润的各项要素。这些要素主要包括利润总额和扣除本期计入损益的所得税费用。

（4）构成每股收益的要素。这些要素主要包括基本每股收益和稀释每股收益。

此外，企业应当在利润表中增列“其他综合收益”项目和“综合收益总额”项目。“其他综合收益”项目反映企业根据企业会计准则规定未在损益中确认的各项利得和损失扣除所得税影响后的净额，“综合收益总额”项目反映企业净利润与其他综合收益的合计金额。企业还应当在附注中详细披露其他综合收益各项目及其所得税的影响，以及原计入其他综合收益、当期转入损益的金额等信息。

四、利润表的编制

利润表主要提供企业经营成果方面的信息，读者应该理解编制利润表的信息来源，掌握利润表各项目的列报方法。

（一）利润表信息的来源

利润表信息的数据源自损益类账户的日常记录及其结果。另外，由于构成会计期间利润总额具体内容的各项收入、费用、成本、支出等，其发生数额均被记录为相关损益类账户的“本期发生额”，因而，利润表各项目的货币数量信息应当根据损益类账户的本期发生额确定。

与资产负债表相同，利润表的编制也是对日常会计核算记录的数据进行归类、整理和汇总，并进一步加工的过程。利润表作为企业主要财务报表之一，应按月编制，同时一般还应编制比较利润表。

月度利润表的表体一般设两个栏次，即“本月金额”和“本年累计金额”，其中“本月金额”反映各项目的本月实际发生数，“本年累计金额”则反映自年初起至本月末止的累积实际发生数。但是，在编报中期利润表和年度利润表时，不设“本月金额”栏次，而改设“上年金额”栏，分别填列上年同期累计实际发生额和上年全年累计实际发生额。

（二）利润表各项目的填列方法

在我国企业编制的利润表中，需要提供“本月数”“本年累计数”等货币数量信息。利润表各项目的“本月数”，根据相关损益类账户的本月发生额确定。利润表项目“本年累计数”的确定，应当以上一会计期间的利润表为基础，分项加计“本月数”求得。如果是企业编制的年度利润表，则应将“本月数”栏视同（并更改为）“上年数”，并填列上一年度全年实际发生的累计数额。

（三）利润表编制实例

【例8-2】武汉华新公司20×9年11月有关损益类账户的当月发生额见表8-7，该公司20×9年10月利润表中各项目“全年累计数”栏的金额见表8-8。

表 8-7　　**武汉华新公司损益类账户本月发生额**

20×9 年 11 月　　单位：元

总　账	借方发生额	贷方发生额
主营业务收入	100 000	5 100 000
主营业务成本	3 100 000	50 000
税金及附加	750 000	
其他业务收入		900 000
其他业务成本	300 000	
销售费用	560 000	
管理费用	440 000	
财务费用	100 000	
投资收益	200 000	1 600 000
营业外收入		325 000
营业外支出	100 000	
所得税费用	98 000	
资产减值损失	0	
公允价值变动损益	0	

表 8-8　　**武汉华新公司利润表相关项目累计金额**

20×9 年 10 月　　单位：元

总　账	本年累计金额	
	借　方	贷　方
主营业务收入		61 000 000
主营业务成本	20 350 000	
税金及附加	6 800 000	
其他业务收入		2 900 000
其他业务成本	1 000 000	
销售费用	7 000 000	
管理费用	4 000 000	
财务费用	800 000	
投资收益		8 200 000
营业外收入		1 400 000
营业外支出	850 000	
所得税费用	8 800 000	
资产减值损失	0	
公允价值变动损益	0	

根据上述资料，编制该企业20×9年11月份的利润表，见表8-9。

表8-9　**利润表**

编制单位：武汉华新公司　　20×9年11月　　单位：元

项　目	本月金额	本年累计金额
一、营业收入	5 900 000	69 800 000
减：营业成本	3 350 000	24 700 000
税金及附加	750 000	7 550 000
销售费用	560 000	7 560 000
管理费用	440 000	4 440 000
研发费用		
财务费用	100 000	900 000
其中：利息费用		
利息收入		
加：其他收益		
投资收益（损失以"−"号填列）	1 400 000	9 600 000
其中：对联营企业和合营企业的投资收益		
以摊余成本计量的金融资产终止确认收益（损失以"−"号填列）		
净敞口套期收益（损失以"−"号填列）		
公允价值变动收益（损失以"−"号填列）		
信用减值损失（损失以"−"号填列）		
资产减值损失（损失以"−"号填列）		
资产处置收益（损失以"−"号填列）		
二、营业利润（亏损以"−"号填列）	2 100 000	34 250 000
加：营业外收入	325 000	1 725 000
减：营业外支出	100 000	950 000
三、利润总额（亏损总额以"−"号填列）	2 325 000	35 025 000
减：所得税费用	98 000	8 898 000
四、净利润（净亏损以"−"号填列）	2 227 000	26 127 000
（一）持续经营净利润（净亏损以"−"号填列）		
（二）终止经营净利润（净亏损以"−"号填列）		
五、其他综合收益的税后净额		
（一）不能重分类进损益的其他综合收益		
1. 重新计量设定受益计划变动额		
2. 权益法下不能转损益的其他综合收益		
3. 其他权益工具投资公允价值变动		
4. 企业自身信用风险公允价值变动		
…		
（二）将重分类进损益的其他综合收益		
1. 权益法下可转损益的其他综合收益		
2. 其他债权投资公允价值变动		
3. 金融资产重分类计入其他综合收益的金额		
4. 其他债权投资信用减值准备		
5. 现金流量套期储备		
6. 外币财务报表折算差额		
…		
六、综合收益总额		
七、每股收益：	略	略
（一）基本每股收益	略	略
（二）稀释每股收益	略	略

第四节 现金流量表

现金流量表提供企业一定会计期间内现金和现金等价物流入和流出的信息，以便于财务报表使用者了解和评价企业获取现金和现金等价物的能力，并据以预测企业未来现金流量。

现金流量表

一、现金流量表的概念

现金流量表是以现金为基础编制的财务状况变动表。

（一）现金流量及现金流量表的概念

现金是制约企业经营活动的首要因素，理解现金流量表首先应了解现金流量和现金流量表的内涵。

1.现金流量的概念

现金流量是一定会计期间企业现金流入和流出的数额。反映现金流量的指标有现金流入量、现金流出量和现金净流量。现金流入量是指一定会计期间现金流入的数量，现金流出量是指一定会计期间现金流出的数量，现金净流量则是一定会计期间现金流入量减去现金流出量后的差额。

2.现金流量表的概念

现金流量表是反映企业在一定会计期间内现金及现金等价物流入和流出状况的报表。现金流量表通过现金及现金等价物的流入和流出反映企业在一定会计期间内的经营活动、投资活动和筹资活动对现金流量产生的影响，并通过现金流量的变动情况，来揭示企业财务状况变动的原因及结果。因此，现金流量表实际上是以现金为基础编制的财务状况变动表。

现金流量表反映的是企业一定会计期间现金的流入和流出情况，而现金的流入和流出又是企业经营资金运动的一个组成部分，是企业经营资金运动的一种动态表现，故现金流量表属于动态报表。

（二）现金流量表的编制基础

现金流量表是以现金和现金等价物为基础编制的，此处的现金是指企业的库存现金以及可以随时用于支付的存款。现金等价物，是指企业持有的期限短、流动性强、易于转换为已知金额现金、价值变动风险很小的投资。具体包括以下几方面：

1.库存现金

库存现金是指企业持有的、可随时用于支付的现金限额，即与会计核算中“库存现金”科目所包括的内容一致。

2.银行存款

银行存款是指企业存放在金融企业随时可以用于支付的存款，即与会计核算中“银行存款”科目所包括的内容基本一致。但是，存放在金融企业的款项若不能随时用于支付，则不能作为现金流量表中的现金（如不能随时支取的定期存款）。需注意的是：提前通知金融企业便可支取的定期存款，则包括在现金流量表中“现金”的范围内。

3.其他货币资金

其他货币资金是指企业存放在金融企业有特定用途的资金，如外埠存款、银行汇票存款、银行本票存款、信用证保证金存款、信用卡存款等。

4.现金等价物

现金等价物是指企业持有的期限短、流动性高、易于转换为已知金额的现金、价值变动风险很小的短期投资。现金等价物虽然不是现金，但其支付能力与现金的差别不大，可视为现金。在实务中，现金等价物通常是指企业购买的在3个月或更短时间内到期或可转换为已知金额现金的短期债券。通常情况下，由于股票投资的价值变动风险较大，无论是否能随时变现，均不作为现金等价物。由于企业的经营活动特点不同，对现金等价物范围的确定也不同，企业应根据自身具体情况确定现金等价物的范围，并在会计报表附注中披露确定现金等价物的会计政策，并将这种划分标准在前后各期保持一致。

（三）现金流量表的作用

现金流量表的作用具体体现在以下几个方面：

1.帮助分析和评价企业财务状况的变动情况

现金流量表把企业的现金流量分为经营活动的现金流量、投资活动的现金流量和筹资活动的现金流量，并分别反映现金流入额、现金流出额和现金流量净额。企业所从事的经营、投资和筹资活动都影响着企业的财务状况，而这种影响又会通过现金流量的变化而表现出来。通常情况下，若现金流量表中各部分现金流量结构合理，现金流入额和流出额无重大异常波动，则表明企业的财务状况较为正常，经营周转较为顺畅。此外，现金流量表还会披露一些重要的不涉及现金收支的投资和筹资活动，这些活动虽然不影响企业目前的现金流量，但可能影响企业未来的现金流量。将现金流量表提供的信息与其他财务报表提供的信息相结合，可以分析企业当前整体财务状况，并剖析导致企业财务状况变动的原因。

2.帮助分析和评价企业的偿债能力和支付能力

企业偿还债务、支付现金股利、发放工资、购买原材料等，通常会引起实际的现金流出。企业资产负债表和利润表都是在权责发生制的基础上编制的，账面上的繁荣并不一定意味着企业有足够的现金满足支付需要。判断一家企业是否具有偿债能力和支付能力，关键就是看其是否能够产生净现金流入，从而有足够的现金进行偿债或支付。因此，在分析企业的偿债能力和支付能力时，应将资产负债表、利润表的信息与现金流量表所提供的现金流量信息结合起来，才能更全面地帮助信息使用者分析和评价企业偿债能力和支付能力。

3.帮助分析和评估企业的收益质量

由于会计收益是根据历史成本、配比原则以及谨慎性原则等一系列会计原则与程序形成的产物，极易受到人为操纵。近年来，一些公司利用创造交易等手段操纵盈余、虚增利润，或者通过其他方法进行盈余管理，既欺骗了投资者，又影响了证券市场健康、稳定发展。因此，客观、合理地评价企业的收益，正确认识企业的盈利能力十分重要。现金作为企业的“血液”，是企业生存发展的命脉，与企业经营管理的各方面息息相关。会计收益如果没有现金流量作为支撑，则无法进行实际的支付和分配，并可能会误导投资者。现金流量表根据收付实现制原则编制，可以在一定程度上弥补权责发生制下会计收益信息质量的不足，消除会计收益计算中由于采用权责发生制所带来的人为操纵和估计因素的影响。

二、现金流量表的内容

现金流量表是反映企业在一定会计期间内现金及现金等价物流入和流出状况的报表，并对现金流量进行分类反映。目前，现金流量表主要从企业的经营活动、投资活动和筹资活动三个方面来揭示现金的流入量、流出量及净流量。

（一）经营活动产生的现金流量

*经营活动，是指企业投资活动和筹资活动以外的所有交易和事项。*经营活动产生的现金流量是企业运用其所拥有或控制的经济资源从事生产经营活动所产生的现金流入和流出。就工商企业而言，经营活动主要包括：销售商品、提供劳务、经营租赁、购买商品、接受劳务、广告宣传、缴纳税款等等。由于各类企业所处的行业特点不同，对经营活动的认定存在一定的差异，在具体编制现金流量表时，应结合企业的实际情况确定其经营活动的范围。

（二）投资活动产生的现金流量

*投资活动，是指企业非流动资产的购建和不包括在现金等价物范围内的投资及其处置活动。*投资活动产生的现金流量是企业从事非流动资产的购建和不包括在现金等价物范围内的投资及其处置活动所产生的现金流入和流出。这里的非流动资产（也称长期资产）是指固定资产、在建工程、无形资产、其他资产等持有期限在1年或1个营业周期以上的资产。之所以将“包括在现金等价物范围内的投资”排除在外，是因为已经将包括在现金等价物范围内的投资视同现金了。

（三）筹资活动产生的现金流量

*筹资活动，是指导致企业资本及债务规模和构成发生变化的活动。*这里所说的资本，既包括实收资本（股本），也包括资本溢价（股本溢价）。这里所说的债务，是指企业对外举债所借入的款项。筹资活动主要包括：吸收投资、发行股票、分配利润、发行债券、向金融企业借入款项以及偿还债务等等。要注意的是，应付账款、应付票据等商业应付款的发生和偿付属于经营活动，不属于筹资活动。

三、现金流量表的结构

现金流量表的基本结构包括表头、表体和补充资料三部分。

表头包括报表名称、编制单位名称、编表时间和货币计量单位四个要素。由于现金流量表反映的是企业在某一会计期间的现金及现金等价物的流入和流出，因此编表时间应为时期数，一般为某年度。

表体是现金流量表的主体部分，采用报告式结构按照现金流量的性质，依次反映经营活动产生的现金流量、投资活动产生的现金流量和筹资活动产生的现金流量，最后汇总反映企业现金及现金等价物的净增加额。在各类经济活动产生的现金流量下，还分别按具体项目反映其现金流入、现金流出和现金流量净额。

补充资料主要包括三部分内容：一是不涉及现金收支的重大投资和筹资活动；二是将净利润调节为经营活动的现金流量；三是现金及现金等价物净增加情况。

我国一般企业现金流量表的具体格式和内容见表8-10。

表8-10　　现金流量表

编制单位：××公司　　20×9年　　单位：元

项　　目	本期金额	上期金额
一、经营活动产生的现金流量：		
销售商品、提供劳务收到的现金		
收到的税费返还		
收到其他与经营活动有关的现金		
经营活动现金流入小计		
购买商品、接受劳务支付的现金		
支付给职工以及为职工支付的现金		
支付的各项税费		
支付其他与经营活动有关的现金		
经营活动现金流出小计		
经营活动产生的现金流量净额		
二、投资活动产生的现金流量：		
收回投资收到的现金		
取得投资收益收到的现金		
处置固定资产、无形资产和其他长期资产收回的现金净额		
处置子公司及其他营业单位收到的现金净额		
收到其他与投资活动有关的现金		
投资活动现金流入小计		
购建固定资产、无形资产和其他长期资产支付的现金		
投资支付的现金		
取得子公司及其他营业单位支付的现金净额		
支付其他与投资活动有关的现金		
投资活动现金流出小计		
投资活动产生的现金流量净额		
三、筹资活动产生的现金流量：		
吸收投资收到的现金		
取得借款收到的现金		
收到其他与筹资活动有关的现金		
筹资活动现金流入小计		
偿还债务支付的现金		
分配股利、利润或偿付利息支付的现金		
支付其他与筹资活动有关的现金		
筹资活动现金流出小计		
筹资活动产生的现金流量净额		
四、汇率变动对现金及现金等价物的影响		
五、现金及现金等价物净增加额		
加：期初现金及现金等价物余额		
六、期末现金及现金等价物余额		

我国一般企业现金流量表补充资料的具体格式和内容见表8-11。

表8-11　　现金流量表补充资料

补充资料	本期金额	上期金额
1. 将净利润调节为经营活动现金流量：		
净利润		
加：资产减值准备		
固定资产折旧、油气资产折耗、生产性生物资产折旧		
无形资产摊销		
长期待摊费用摊销		
处置固定资产、无形资产和其他长期资产的损失（收益以“—”号填列）		
固定资产报废损失（收益以“—”号填列）		
公允价值变动损失（收益以“—”号填列）		
财务费用（收益以“—”号填列）		
投资损失（收益以“—”号填列）		
递延所得税资产减少（增加以“—”号填列）		
递延所得税负债增加（减少以“—”号填列）		
存货的减少（增加以“—”号填列）		
经营性应收项目的减少（增加以“—”号填列）		
经营性应付项目的增加（减少以“—”号填列）		
其他		
经营活动产生的现金流量净额		
2. 不涉及现金收支的重大投资和筹资活动：		
债务转为资本		
一年内到期的可转换公司债券		
融资租入固定资产		
3. 现金及现金等价物净变动情况：		
现金的期末余额		
减：现金的期初余额		
加：现金等价物的期末余额		
减：现金等价物的期初余额		
现金及现金等价物净增加额		

四、现金流量表的编制方法

现金流量表的编制是建立在资产负债表、利润表和有关账户信息的基础上编制的。

表8-10中的"上年金额"栏，可以直接根据上一年度现金流量表中的"本年金额"栏分项对应填列。

现金流量表的基本结构形式，由主表和补充资料两大部分构成。其主表包括：经营活动产生的现金流量、投资活动产生的现金流量、筹资活动产生的现金流量和汇率变动对现金的影响额等内容。其中经营活动产生的现金流量，代表的是收付实现制确认的损益，而利润表确认的当期损益采用的是权责发生制而非收付实现制。怎样将权责发生制确认的损益转换为收付实现制确认的损益，就有"间接法"和"直接法"两种方法可供选择，从而使得现金流量表的编制方法也相应划分为间接法和直接法两种。

思考题

1. 什么是财务会计报告？它在现代经济发展中具有什么作用？

2. 财务会计报告由哪些内容构成？现行财务会计报告有哪两种表述方式？有何区别？

3. 现行财务报表的列报基础是什么？它有哪些列报要求？

4. 什么是资产负债表？它有何重要作用？它在格式与内容结构上有何特点？其编制的基本要求有哪些？

5. 什么是利润表？它有何重要作用？它在格式与内容结构上有何特点？其编制的基本要求有哪些？

6. 什么是现金流量表？它有何重要作用？它在内容结构上有何特点？其编制的基本要求有哪些？

立德树人

会计报告与企业社会责任

会计报告不仅是企业经济活动的综合反映，更是连接企业与投资者、政府、社会公众的重要桥梁。位于东部沿海的绿源集团，作为一家致力于绿色能源开发的上市公司，其年度会计报告不仅关乎财务数据的展示，更承载着传递企业可持续发展理念和社会责任实践的重任。

202×年，绿源集团面临前所未有的挑战。一方面，全球能源转型加速，对清洁能源的需求激增；另一方面，环保标准提高，要求企业在生产过程中减少碳排放。在这样的背景下，财务总监李薇意识到，本年度的会计报告不仅仅是一组数字的堆砌，更是展现企业如何平衡经济效益与环境保护、实现可持续发展目标的关键窗口。

(1) 诚信披露，透明经营。李薇带领团队严格按照会计准则和相关法律法规编制报告，不仅全面披露财务业绩，更主动增加了环境绩效、社会责任投入等非财务信息的透明度。这种做法不仅满足了监管要求，更体现了企业对社会公众的真诚与负责，增强了外界的信任。

（2）绿色理念，责任担当。在会计报告中，绿源集团详细介绍了其在节能减排、生态恢复项目上的投资及成效，如新能源技术研发的巨额投入、清洁能源项目的成功运营等，这些内容不仅展现了企业对绿色发展的坚定承诺，也向投资者传递了一个信号——绿源集团是一家具有前瞻性和责任感的投资标的。

（3）创新驱动，价值共享。李薇在报告中特别强调了技术创新对提升企业竞争力和实现可持续发展目标的重要性。通过介绍自主研发的低碳技术、与高校合作的研发项目等，绿源集团向公众传达了其通过创新驱动发展，与社会各界共享绿色发展成果的决心。

绿源集团的这份会计报告发布后，受到了广泛好评。不仅投资者因清晰看到企业的长期发展潜力而增强了信心，更在行业内树立了绿色转型的标杆。政府部门也对该集团的环保贡献给予肯定，并在后续的政策支持和项目审批中给予优先考虑。更重要的是，这份报告激发了更多企业对社会责任和可持续发展的思考，形成了良好的行业示范效应。

研讨思路：绿源集团的案例，生动诠释了《会计学原理》中会计报告的深远意义——它不是冰冷数字的集合，而是企业价值观和社会责任的载体。通过会计报告，绿源集团不仅展示了其经济成就，更彰显了其作为社会公民的责任与担当，实现了经济效益与社会效益的双赢，为构建和谐社会、推动可持续发展贡献力量。

本章自测

第九章　会计业务循环

本章思维导图

学习目标

通过本章学习，读者可全面理解会计业务循环的内涵，熟悉会计业务循环的基本过程与基本业务要求，掌握会计业务循环所引起的资金运动及其会计处理。

引导案例

实战演练

一天下午，杜老师来到小艾的工位，开门见山地说道："小艾，我朋友刚成立了一家咨询公司，还没找到合适的会计，想找我们事务所暂时代理记账，要不你把票据拿去，看看能不能明天就把报表做出来？"

"杜老师，明天就要？"

"嗯，我刚才看了一下，他们公司刚成立一个月，业务很简单，你很快就能搞定，你正好拿它实战演练一下。"

"哦，好的。"小艾一边接过杜老师递过来的票据，一边拿出建账材料——一本总账、两本日记账、三本明细账等账簿和若干凭证，打算立即投入战斗，尽早完成任务，不辱使命。

她开始一张张单据地看，然后将其按业务即会计要素分类——所有者权益类、资产类、负债类、收入类、成本费用类、期末调账、计提附加税金和结转本期利润，再把类似的业务汇总起来，登记在一张凭证上。她发现，通过这样的分类汇总，很快就能把凭证录入搞定。

这下，小艾有了信心，她相信只要认真总结、用心对待，这次一定能自己出报表。

有了凭证，小艾开始登记账簿。她先根据凭证及其后附单据，登记业务量最大的日记账——银行存款日记账和库存现金日记账。

然后按照固定资产类别，一项项登记固定资产明细账，对于新公司来说，这类业务也不少。

接着，她开始登记费用明细账，目前主要是管理费用、财务费用。

至此，她把剩余凭证汇总起来，将其一一登记于其他科目明细账，如实收资本明细账等。

明细账搞定了，接下来就是汇总登记总账啦。她把上述明细账按科目进行金额汇总，然后逐项登记于各科目总账。

小艾喝了口水，做了个伸展动作，便又投入了工作，她觉得一鼓作气，按照报表科目一一汇总计算有关总账和明细账科目，应该很快就能出报表了，胜利在望。

【思考与讨论】

（1）什么是会计业务循环？它的基本过程包括哪些？

（2）什么是账务处理程序？

资料来源：陈艳红．小艾上班记：真账实操教你学会计［M］．3版．大连：东北财经大学出版社，2020，有改动（改编者：王玲）。

企业财务会计工作的最终成果是对外提供会计信息，而会计信息生成与报告的核心是对企业发生的经济交易或事项进行会计确认和会计计量，因此会计确认与会计计量是贯穿企业会计信息处理全过程的重要环节。在我国企业会计实务工作中，会计信息的处理和加工过程表现为根据发生的经济交易或事项填制记账凭证、登记会计账簿和编制财务报表。由于每一家企业在不同会计期间所从事的经济活动往往具有重复性，是周而复始的，因此每一家企业在不同的会计期间对其经济交易或事项的会计信息处理过程往往也是重复进行的，是周而复始的，也就是说企业的会计信息生成过程具有重复性，具有“循环”的特征。本章主要阐述会计业务循环的基本过程，并通过综合案例示范其具体操作过程。

第一节　会计业务循环过程

一、会计业务循环的含义及基本过程

（一）会计业务循环的含义

企业对外提供会计信息的主要目标是向其外部会计信息使用者提供决策有用的信息，而要实现这一主要目标就必须加强日常会计核算工作。为了确保日常会计核算工作的有序进行，企业需要建立相应的会计核算系统，这一会计核算系统的实质就是对企业日常所发生的经济交易或事项进行的确认、计量、记录和报告，并且这一过程实际上是连续不断、周而复始的。会计业务循环就是指企业将一定时期内发生的所有经济业务，依照一定步骤、方法加以记录、归类、汇总直至编制财务报表的整个过程，并在连续的会计期间里周而复始地不断循环。企业首先需要以会计确认的方式对其经济活动数据进行“过滤”，认定并接受应当由会计核算系统加以处理的原始经济数据而排除其他数据。同时，对经济交易或事项涉及的价值数量关系进行计算和衡量，确定与财务状况、经营成果和现金流量等有关的货币化数量结果。其次，对于上述经济交易或事项的确认内容和计量结果，通过账户（账簿）做出全面、完整而相互关联的记录。最后，在会计期间终了时将账户中记录的企业经济活动信息按会计信息使用者的要求进行汇总、浓缩，并主要以财务报表的方式对外提供。

会计业务循环

会计业务循环实际上就是会计信息系统的运行过程，它包括原始信息的输入、信息加工与转换、会计信息的输出。从会计方法运用的角度看，会计业务循环也就是在一个特定会计期间企业对其经济活动进行确认、计量、记录和报告的完整过程。

（二）会计业务循环的基本过程

企业会计业务循环的基本过程包括经济交易或事项的发生、分析经济交易或事项、记录经济交易或事项、期末账项调整、核对账户记录、结算账户记录、编制财务报表等。

1.经济交易或事项的发生

会计主体在发生对内、对外的经济业务时，不论是买卖、借贷或其他往来交易和事项，只要经过双方同意并议定公平价格或承诺的，即构成经济交易或事项发生。因此，经济交易或事项必须是具有经济活动内容，并可以计价结算的经济业务。企业的经济交易或事项的发生一般通过原始凭证这个载体表现出来。

2.分析经济交易或事项

经济交易或事项的相关原始信息最初反映在发票、收据、出库单、入库单等原始单据或凭证上，所以，首先应当对原始凭证所记载的经济信息进行分析，并运用会计确认标准判断和决定是否应将相关的经济交易或事项纳入会计核算系统予以反映，这就是会计上的初始确认过程。经初步认定后，还应当对于那些应该被纳入会计核算系统的交易或事项采用相应的会计计量方法进行价值计量。

分析经济交易或事项是一个对企业经济活动进行识别和判断的过程。企业所发生的经济活动是否应进入会计核算系统，对哪些会计要素产生影响，属于何种会计要素的哪一项目，应当记入什么账户，其导致的价值数量变化是多少等等，都是分析经济交易或事项时应当确定和解决的问题。对经济交易或事项进行分析和判断，是记录经济交易的前提和基础。

3.记录经济交易或事项

对经济交易或事项发生所导致的会计要素的变化结果，应当在会计账户中加以记录。会计实务中，在将经济交易或事项记入账户前需要先编制会计分录，标明经济交易或事项应当记入的账户名称、借贷方向及其金额。因此，对经济交易或事项的会计记录，包括分录记录和账户记录两个具体环节。分录记录是账户记录的基础，其提供单项经济交易或事项的详细信息；账户记录则将单项经济交易或事项信息按会计要素的具体内容（项目）进行汇总，它可以提供分类的、系统的经济活动信息。

4.期末账项调整

为了正确计算期间损益，在期末结账前，应当按照权责发生制原则对那些在平时的会计记录中未能予以反映的收入和费用进行确认，并过入相应的账户。通过这种期末账项调整，把那些应该由本期享有的收入或负担的费用计入本期的损益中，而不论其是否已经实际收付款项。期末应当调整的收入与费用项目主要包括应计未付费用、应计未收收入、预付账款摊销、递延收益摊销等。

5.核对账户记录

账户（账簿）记录资料是企业编制财务报表的直接依据。因此，为了确保财务报表提供的会计信息能够真实、可靠地反映企业的财务状况、经营成果和现金流量，企业必须在会计期末对各类账户（账簿）记录的正确性进行检查，即核对账目。核对账目的主要内容包括“账证核对”、“账账核对”和“账实核对”。若在核对过程中发现错账，企业应采用规定的错账更正方法对原有会计记录进行调整、更正，使其能够准确反映企业经济活动的真实情况。

6.结算账户记录

当账户（账簿）记录核对无误后，应对各个账户记录正式结账。结账实际上是对各个账户所记录的经济活动情况进行分类总结，为编制财务报表提供资料来源。在结账时，应当逐一计算各个账户的本期发生额及余额，包括总分类账户、明细账户等。

7.编制财务报表

当各个账户（账簿）的本期发生额及余额计算确定以后，即可根据会计信息使用者的要求对账簿记录中的各类信息进行筛选、浓缩，确定应当列入财务报表相关项目的内容与金额，编制财务报表。

二、会计业务循环的具体过程

从我国企业的实际情况看，会计业务循环的具体过程表现为：首先对经济交易或事项进行确认和计量，并根据其结果编制记账凭证（即会计分录）；然后根据记账凭证登记会计账簿（账户），期末调整有关账项并核对账目和结算各个账户的日常记录；最后根据审核无误的账簿记录编制财务报表。我国企业会计业务循环的具体过程如图9-1所示。

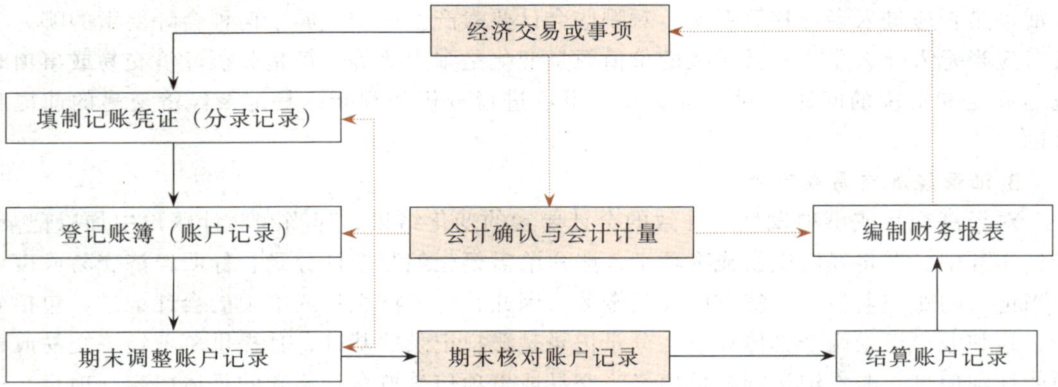

图9-1　企业会计业务循环图

第二节　综合案例

一、案例资料

（一）企业概况

财大有限责任公司成立于20×8年9月，主营A、B产品生产和销售，属于典型的制造企业。该公司按现代企业制度要求设立了股东会、董事会、监事会，具有较为完善的公司治理结构。该公司严格按照财政部《内部控制规范》要求，建立健全了内部控制制度，并确保其有效运行。该公司现任董事长为季小波先生，总经理为朱华先生。

财大有限责任公司内部设置财务部，负责企业的会计与财务管理工作，唐捷先生为该部门负责人。财务部会计工作岗位设置及分工情况如下：

（1）记账员李涛：会计师，主要负责总分类账登记、财务报表编制等工作。

（2）记账员凡萍：会计师，主要负责记账凭证编制等工作。

（3）出纳员王娟：助理会计师，主要负责库存现金、银行存款的管理以及日记账登记工作。

（4）稽核员张彩霞：会计师，主要负责账目稽查工作。

（二）账户余额资料

财大有限责任公司20×8年10月初有关账户的余额资料见表9-1。

表9-1 财大有限责任公司账户期初余额资料

总 账	借方余额	明细账	借方余额	总 账	贷方余额	明细账	贷方余额
库存现金	5 000			短期借款	4 000 000		
银行存款	1 500 000			应付账款	1 400 000	汉红公司	1 000 000
应收账款	3 000 000	天红公司	1 800 000			致仪公司	400 000
		大秦公司	1 200 000	其他应付款	85 000		
原材料	3 100 000	甲材料	1 600 000	累计折旧	300 000		
		乙材料	1 500 000	股本	7 000 000	朗星公司	4 000 000
库存商品	1 200 000	A产品	200 000			北方公司	3 000 000
		B产品	1 000 000	资本公积	400 000		
固定资产	5 000 000			盈余公积	250 000		
				未分配利润	370 000		

（三）经济交易与事项

财大有限责任公司于20×8年10月份发生下列经济交易与事项（代替原始凭证）：

（1）10月1日，接到银行通知，天红公司1 800 000元销货款已经到账。

（2）10月3日，销售给天红公司3 000件A产品，单位售价280元，货款840 000元收到并存入银行。

（3）10月5日，开出转账支票一张，金额为100 000元，向电视台支付产品广告费。

（4）10月6日，开出金额为200 000元的转账支票一张，支付所欠致仪公司的购货款。

（5）10月10日，购入乙材料10 000千克，单价10.8元/千克，货款108 000元以银行存款支付，材料已经验收入库。

（6）10月15日，收到华阳公司的投资款130万元，其占公司注册资本800万元的12.5%。

（7）10月19日，取得银行短期借款1 000 000元，该款项已存入银行。

（8）10月21日，企业生产车间发生水电费10 000元，以现金支票支付。

（9）10月23日，销售给大秦公司B产品2000件，总价2 320 000元，货款暂未收到。

（10）10月31日，计提本月银行借款利息30 000元。

（11）10月31日，计提本月固定资产折旧40 000元。其中，生产用固定资产折旧30 000元，行政管理部门用固定资产折旧10 000元。

（12）10月31日，结算本月工资费用：生产A产品工人工资120 000元，B产品工人工资80 000元，车间管理人员工资20 000元。

（13）10月31日，本月用于产品生产耗用材料200万元，其中A产品耗用120万元，B产品耗用80万元。

（14）10月31日，归集并分配本月制造费用（A、B产品按生产工人工资比例进行分配）。

（15）10月31日，本月投产A产品、B产品全部完工入库，计算结转其实际生产成本。

（16）10月31日，计算结转本月所销售A、B产品的生产成本，其中A产品20万元，B产品100万元。

（17）10月31日，结转各种收入与费用，计算本月利润。

（18）10月31日，按25%的标准计提本月应交所得税，并将其转入本年利润账户。

（19）10月31日，假定以月为单位进行利润分配。企业按税后利润的30%提取盈余公积金，按40%确认应付现金股利。

（20）将已实现净利润全部结转到“未分配利润”项目。

（21）将已分配的利润全部结转到“未分配利润”项目。

二、会计循环过程及结果

（一）财大公司10月份经济业务所引起的资金运动分析

其经济业务所引起的资金运动如图9-2所示。

（二）填制与审核记账凭证（略）

（三）登记账簿——总账、明细账和日记账（略）

（四）期末结账（略）

计算总分类账和明细分类账各账户、库存现金日记账与银行存款日记账的本期发生额及期末余额。

（五）期末核对账簿记录

经核对，期末该公司账证、账账、账实相符。其中，该公司编制的试算平衡表见表9-2。在表9-2中，各项目的“期初余额”实际上就是图9-2中相关项目的期初资金存量；“本期发生额”实际上就是相关项目本期的流量，包括流出量和流入量；“期末余额”实际上就是相关项目本期期末存量。

（六）编制资产负债表和利润表

在核对账目的基础上，财大有限责任公司编制20×8年10月的资产负债表、利润表（现金流量表略）分别见表9-3、表9-4。表9-3所反映的资产负债表实际上就是图9-2中相关项目期末资金的存量的一个汇总表；表9-4所反映的利润表实际上就是图9-2中相关损益类项目本期资金流量的一个汇总表。

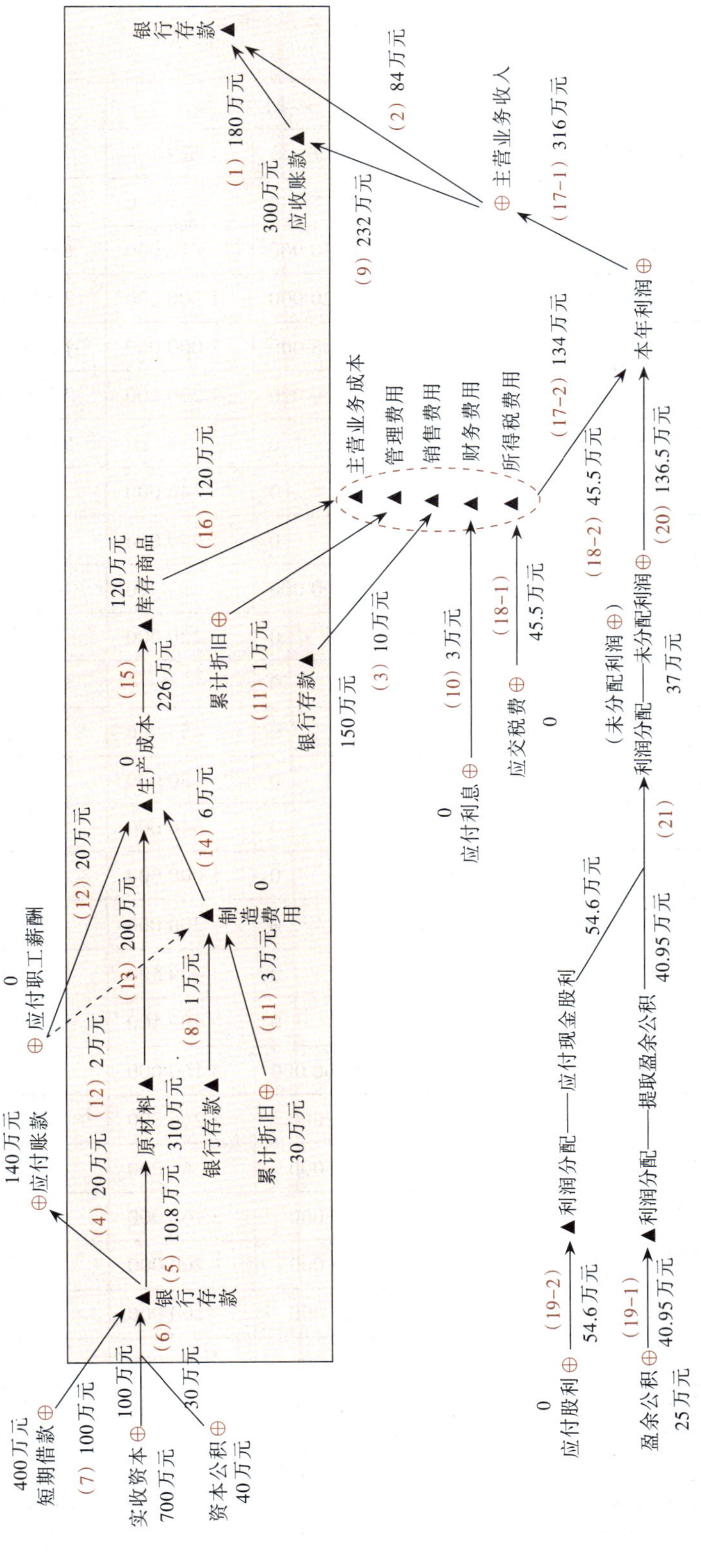

图9-2　财大公司10月份经济业务所引起的资金运动推演图

表 9-2　　财大有限责任公司试算平衡表

20×8 年 10 月　　单位：元

项目	期初余额		本期发生额		期末余额	
	借方	贷方	借方	贷方	借方	贷方
库存现金	5 000		0	0	5 000	
银行存款	1 500 000		4 940 000	418 000	6 022 000	
应收账款	3 000 000		2 320 000	1 800 000	3 520 000	
原材料	3 100 000		108 000	2 000 000	1 208 000	
库存商品	1 200 000		2 260 000	1 200 000	2 260 000	
固定资产	5 000 000		0	0	5 000 000	
累计折旧		300 000	0	40 000		340 000
短期借款		4 000 000	0	1 000 000		5 000 000
应付账款		1 400 000	200 000	0		1 200 000
应付职工薪酬		0	0	220 000		220 000
其他应付款		85 000	0	0		85 000
应交税费		0	0	455 000		455 000
应付利息		0	0	30 000		30 000
应付股利		0	0	546 000		546 000
实收资本		7 000 000	0	1 000 000		8 000 000
资本公积		400 000	0	300 000		700 000
盈余公积		250 000	0	409 500		659 500
未分配利润		370 000	0	409 500		779 500
本年利润			3 160 000	3 160 000		
生产成本	0		2 260 000	2 260 000		
制造费用			60 000	60 000		
主营业务收入			3 160 000	3 160 000		
主营业务成本			1 200 000	1 200 000		
销售费用			100 000	100 000		
管理费用			10 000	10 000		
财务费用			30 000	30 000		
所得税			455 000	455 000		
合　计	13 805 000	13 805 000	20 263 000	20 263 000	18 015 000	18 015 000

表 9–3　　资产负债表

会企 01 表

编制单位：财大公司　　20×8 年 10 月 31 日　　单位：元

资　产	期末余额	期初余额	负债和所有者权益	期末余额	期初余额
流动资产：			流动负债：		
货币资金	6 027 000		短期借款	5 000 000	
交易性金融资产	—		交易性金融负债	—	
衍生金融资产	—		衍生金融负债	—	
应收票据			应付票据		
应收账款	3 520 000		应付账款	1 200 000	
预付款项	—		预收款项	—	
其他应收款	—		合同负债	—	
存货	3 468 000		应付职工薪酬	220 000	
合同资产	—		应交税费	455 000	
持有待售资产	—		其他应付款	661 000	
一年内到期的非流动资产	—		持有待售负债	—	
其他流动资产	—		一年内到期的非流动负债	—	
流动资产合计	13 015 000		其他流动负债	—	
非流动资产：			流动负债合计	7 536 000	
债权投资	—		非流动负债：		
其他债权投资	—		长期借款	—	
长期应收款	—		应付债券	—	
长期股权投资	—		其中：优先股	—	
其他权益工具投资	—		永续债	—	
其他非流动金融资产	—		租赁负债		
投资性房地产	—		长期应付款	—	
固定资产	4 660 000		预计负债	—	

续表

资　产	期末余额	期初余额	负债和所有者权益	期末余额	期初余额
在建工程	—		递延收益	—	
生产性生物资产	—		递延所得税负债	—	
油气资产	—		其他非流动负债	—	
使用权资产			非流动负债合计	—	
无形资产	—		负债合计	7 536 000	
开发支出	—		所有者权益（或股东权益）：		
商誉	—		实收资本（或股本）	8 000 000	
长期待摊费用	—		其他权益工具	—	
递延所得税资产	—		其中：优先股	—	
其他非流动资产	—		永续债	—	
非流动资产合计	4 660 000		资本公积	700 000	
			减：库存股	—	
			其他综合收益	—	
			专项储备		
			盈余公积	659 500	
			未分配利润	779 500	
			所有者权益（或股东权益）合计	10 139 000	
资产总计	17 675 000		负债和所有者权益（或股东权益）总计	17 675 000	

表 9-4　　**利润表**

会企 02 表

编制单位：财大公司　　20×8 年 10 月　　单位：元

项　目	本期金额	上期金额
一、营业收入	3 160 000	
减：营业成本	1 200 000	
税金及附加	—	
销售费用	100 000	
管理费用	10 000	
研发费用	—	

续表

项　目	本期金额	上期金额
财务费用	30 000	
其中：利息费用	30 000	
利息收入	—	
加：其他收益	—	
投资收益（损失以“-”号填列）	—	
其中：对联营企业和合营企业的投资收益	—	
以摊余成本计量的金融资产终止确认收益（损失以“-”号填列）		
净敞口套期收益（损失以“-”号填列）		
公允价值变动收益（损失以“—”号填列）	—	
信用减值损失	—	
资产减值损失	—	
资产处置收益（损失以“—”号填列）	—	
二、营业利润（亏损以“—”号填列）	1 820 000	
加：营业外收入	—	
减：营业外支出	—	
三、利润总额（损失总额以“—”号填列）	1 820 000	
减：所得税费用	455 000	
四、净利润（净亏损以“—”号填列）	1 365 000	
（一）持续经营净利润（净亏损以“—”号填列）	—	
（二）终止经营净利润（净亏损以“—”号填列）	—	
⋮	⋮	⋮

思考题

1. 什么是会计业务循环？会计业务循环的基本过程包括哪些步骤？
2. 什么是账务处理程序？
3. 科学地组织账务处理程序有什么意义？

立德树人

会计人员“常在河边走”

有关会计人员工作态度和结果可以用如下几种方式来形容：常在河边走，不能打湿脚；常在河边走，从不打湿脚；常在河边走，不会打湿脚；常在河边走，不怕打湿脚；常在河边走，总是打湿脚。

谈谈你对上述内容的认识。

研讨思路：以“会计人员‘常在河边走’”为研讨话题，引导学生分析会计工作既要维护企业利益又要遵守国家的法律法规，明确会计人员即使“常在河边走”，也要坚持原则，坚持操守，“坚决不湿脚”。

本章自测

第十章　会计规范

本章思维导图

学习目标

通过本章学习，读者可掌握我国会计规范体系的构成；熟悉我国会计法律的特点与主要内容；熟悉会计报告规范的主要规定；了解会计核算规范的主要内容与要求，熟悉会计法、企业会计准则和其他有关法规中对会计核算的规定；了解会计监督规范的内容；了解会计工作管理规范的主要内容；熟悉《会计基础工作规范》中相关技术性规则；了解会计电算化管理制度、会计档案管理办法和会计人员管理制度等相关规范的内容与要求。

引导案例

准则与制度之争

一天早上，小艾紧赶慢赶来到事务所，发现办公室里静悄悄的，只听见杜云轩一直在打电话："用应付工资和应付福利费没错，用应付职工薪酬其实也没错，关键看你用会计准则，还是企业会计制度……"

挂上电话，抬眸看见小艾，小艾连忙礼貌地打招呼："杜老师，早。"

"小艾，早。"杜云轩回应道。

旁边的王老师打趣道："小艾，不早啦，杜老师都完成好几个咨询了。"

"都是些老生常谈的问题，也算不上咨询，准则和制度一天到晚都在打架。"杜云轩笑着接腔。

"您刚说的是……打架？"小艾问道。

"最新会计准则改了，大家不知道该用新准则，还是会计制度。"

"杜老师，我也一直搞不清楚。您能跟我说说它俩的区别吗？"

"其实会计准则与会计制度，只是业务的繁简不一样，而业务繁简直接体现在会计科目上，会计准则中的科目比小企业会计制度的科目多得多。

如果你以会计制度为准，你就用会计制度上的科目；如果你以会计准则为准，你就用会计准则上的科目。两种做法都是可以的。

另外，企业会计准则以原则为导向，企业会计制度以规则为导向。"

小艾一听又晕了。

"原则导向就是以原则为准，涉及的会计专业判断较多；规则导向就是以具体规则为准，一个经济业务有一个经济业务的具体规定。"

"哦……那我们为什么既有原则，又有规则呀？"

“这是由我们的经济形势决定的。”王老师抬起头，推了推眼镜说：“你刚从学校出来，很多以前的事情可能还不知道，我来给你讲讲这会计准则和制度到底是怎么一回事吧。

这得从改革开放的春风吹遍大江南北说起！

1985年，为了实现对外开放，国家颁布了《中华人民共和国中外合资经营企业会计制度》，1992年，将其修订为《中华人民共和国外商投资企业会计制度》；同时，为适应深化企业体制改革的需要，颁布了《股份制试点企业会计制度》，并且开始尝试与国际惯例接轨，年底又颁布了《企业会计准则》和13个分行业会计制度，这样就初步形成了会计法—会计准则—会计制度及分行业会计制度的会计规范体系。”

“那我们现在呢？”

“从2000年开始，我们又陆续颁布了《企业会计制度》《小企业会计制度》《金融企业会计制度》《小企业会计准则》，所以我们现在是以会计准则为核心，以企业会计制度与金融会计制度为内容，以小企业会计准则为主要补充，以行业核算办法为具体执行标准的框架体系。”

“这么复杂呀，那我做业务的时候该怎么选呢？”

“通常来说，一般企业要遵循《企业会计准则》和《企业会计制度》，小企业特殊，它还要遵循《小企业会计准则》。”

小艾疑惑地问道：“那我为小企业代理记账，应该参照《企业会计准则》还是《小企业会计准则》？”

“《小企业会计准则》就行。”王老师回答。

“如果是我的话，我还是会选择学习最新的《企业会计准则》。你学会了《企业会计准则》，再看《小企业会计准则》，就会觉得很简单。这样不管去大企业还是小企业，你都能从容应对，切换自如。”杜老师建议道。

小艾想了想，说道：“那我这就好好研究一下《企业会计准则》。”

【思考与讨论】

（1）我国的会计规范体系通常由哪几个部分组成？

（2）我国现行会计准则的基本结构体系是怎样的？

资料来源：陈艳红．小艾上班记：真账实操教你学会计［M］．3版．大连：东北财经大学出版社，2020，有改动（改编者：王玲）。

会计规范是人们在从事会计活动时应当遵循的约束性或指导性行为准则，是确保会计信息公允性的重要手段。我国的会计规范包括会计法律、行政法规、会计准则和会计制度、地方性会计法规及内部会计制度等。

第一节　我国会计规范体系

会计规范是指由国家权力机关或其他授权机构制定的，用来规范会计工作、调整会计关系的各种行为规则的总称。会计规范包括管理会计工作的各种法律、法令、条例、规则、章程、制度等规范性文件。目前，我国已基本形成了一套以《中华人民共和国会计法》（以下简称会计法）为中心，以国家统一的会计准则以及会计制度为基础的相对比较完整的会计规范体系。会计规范体系已成为会计实务工作和经济活动顺利进行的有力保障，对资本市场发展起到了重要的保证和促进作用。

一、会计法律

会计法律是指由全国人民代表大会及其常务委员会制定和颁布的，由国家主席签发的有关调整会计关系的规范性文件或法律规范。

我国会计规范体系

在我国，会计法律规范集中体现在会计法中。会计法是依据《中华人民共和国宪法》基本精神制定的，具有强制性，是调整我国经济生活中会计关系的法律总规范，对会计法规、会计规章的制定与实施具有普遍的指导意义，也是指导会计工作的最高准则。会计法中明确规定了其作用、适用范围、会计人员行使职权的保障措施和会计工作的管理体制等，明确规定了会计信息的内容和要求及企业会计核算、监督的原则，以及会计机构的设置、会计人员的配备和相关人员的法律责任等。

除了会计法外，还有许多其他涉及会计问题的法律，如《中华人民共和国审计法》《中华人民共和国注册会计师法》《中华人民共和国公司法》《中华人民共和国企业破产法》《中华人民共和国证券法》《中华人民共和国商业银行法》《中华人民共和国保险法》《中华人民共和国企业所得税法》等。这些法律从不同的行业和角度对会计工作进行了规范，对会计法规范的内容起着补充的作用，使会计法能更好地发挥其在会计实践中的主体作用。

二、会计行政法规

会计行政法规是我国现行会计法规体系的一个重要组成部分，它包括三个方面的内容：

第一，会计行政规章。会计行政规章是由国务院制定颁布或者由国务院有关部门拟订经国务院批准发布的由国务院总理签发的规范性文件，其法律效力仅次于会计法律，如《总会计师条例》《企业财务会计报告条例》等。

第二，会计部门规章。会计部门规章主要是由主管全国会计工作的行政部门——财政部就会计工作中某些方面的内容所制定的规范性文件，或者是财政部与国务院其他部门共同签发的相关文件，如《会计基础工作规范》《会计档案管理办法》等。

第三，会计技术规范。它侧重于会计业务管理的技术性规范，主要包括企业会计准则（含基本准则、具体会计准则、企业会计准则应用指南和企业会计准则解释等）、《企业会计制度》《金融企业会计制度》等。作为国家社会规范乃至强制性规范的重要组成部分，企业会计准则既是一种反映经济活动、确认产权关系和规范收益分配的会计技术标准，是生成和提供会计信息、实现社会资源优化配置的重要依据，也是政府干预经济活动、规范经济秩序和从事国际经济交往等的重要手段。具体会计准则是根据《企业会计准则——基本准则》的框架和原则，针对不同的具体经济业务或财务报表项目可能发生的各种确认和计量以及报告披露问题所做的处理规范，对会计实务有着直接的影响作用。但是，具体会计准则规范的重点是会计判断的过程，在会计要素的确认、计量和报告披露等方面的规定比较抽象，因此在运用具体会计准则时需要依赖会计人员的职业判断。

三、地方性会计法规和地方政府会计规章

地方性会计法规和地方政府会计规章，主要是指各省、自治区、直辖市人民代表大会和人民政府根据会计法律、会计行政法规和国家统一会计制度的规定，结合本地实际情况制定的、在各自的行政区域内实施的地方性会计规范性文件。

综上所述，目前我国已基本形成了由会计法律、会计行政法规、会计部门规章、会计技术规则及地方性会计法规和地方政府会计规章五个层次所构成的具有中国特色的会计规范体系（见表10-1）。

表10-1　　会计法规体系结构表

会计规范体系	会计法律	《中华人民共和国会计法》、《中华人民共和国公司法》以及《中华人民共和国证券法》等会计相关法律
	会计行政法规	《总会计师条例》《企业财务会计报告条例》等
	会计部门规章	《会计基础工作规范》《会计档案管理办法》等
	会计技术规则	企业会计准则（含基本准则、具体会计准则、企业会计准则应用指南和企业会计准则解释等）和《企业会计制度》等
	会计地方性法规和规章	如《湖北省会计管理基本规范》等

第二节　会计法律

会计法律是指由全国人民代表大会及其常务委员会制定和颁布的，有关调整会计关系的规范性文件或法律规范。其主要包括两种法律形式：（1）独立的会计法，即会计法；（2）在其他法律中出现的对会计工作的法律规定，如《中华人民共和国公司法》（简称公司法）和有关税收征管法等。会计法律是会计规范体系中权威性最高、最具法律效力的法律规范，是制定其他各层次会计规范的依据。

一、会计法

会计法律

会计法是调整我国经济生活中会计关系的法律总规范，是会计法律制度中层次最高的法律规范，是制定其他会计法规的依据，也是指导会计工作、规范会计行为的最高准则。1985年1月21日，第六届全国人大常委会第九次会议审议通过了会计法，标志着我国会计工作开始进入法制阶段。1993年12月29日，第八届全国人大常委会第五次会议审议通过了《全国人民代表大会常务委员会关于修改〈中华人民共和国会计法〉的决定》。1999年10月25日，第九届全国人大常委会第十二次会议审议通过了《中华人民共和国会计法（修订草案）》，10月31日全国人大常委会第十二次会议举行全体会议，表决通过了修订后的会计法，自2000年7

月1日起施行，这是我国对会计法的第二次修订。2017年11月4日，第十二届全国人大常委会第十三次会议表决通过了《关于修改〈中华人民共和国会计法〉等十一部法律的决定》，修改了“从事会计工作的人员，必须取得会计从业资格证书”等规定，并从2017年11月5日起实施。2024年6月28日，十四届全国人大常委会第十次会议表决通过了关于修改会计法的决定，此次修改进一步加强了财会监督，加大了对会计违法行为的处罚力度。现行会计法的主要内容概括如下：

（一）立法宗旨及适用范围

会计法的立法宗旨是为了规范会计行为，保证会计资料真实、完整，加强经济管理和财务管理，提高经济效益，维护社会主义市场经济秩序；无论是国家还是单位都必须严格规范会计行为，保证会计资料的真实、完整；国家机关、社会团体、公司、企业、事业单位和其他组织都必须依照该法办理会计事务。

（二）单位负责人和会计人员的基本责任

单位负责人对本单位的会计工作和会计资料的真实性、完整性负责；会计机构、会计人员均须依法进行会计核算，实行会计监督；任何单位或者个人不得以任何方式授意、指使、强令会计机构、会计人员伪造、变造会计凭证、会计账簿和其他会计资料，提供虚假财务会计报告；任何单位或者个人不得对依法履行职责、抵制违反会计法规定行为的会计人员实行打击报复。

（三）会计工作的管理体制

国务院财政部门主管全国的会计工作，县级以上地方各级人民政府财政部门管理本行政区域内的会计工作；我国实行统一的会计制度，统一的会计制度由财政部制定并公布；国务院有关部门可以依照会计法和国家统一的会计制度，制定对会计核算和会计监督有特殊要求的行业实施国家统一的会计制度的具体办法或者补充规定，报国务院财政部门审核批准；中国人民解放军总后勤部可以依照会计法和国家统一的会计制度，制定军队实施国家统一的会计制度的具体办法，报国务院财政部门备案。

（四）会计核算与会计监督

任何事项的会计核算都必须符合会计法的相关规定；各单位应当建立、健全内部会计监督制度；各单位的会计机构、会计人员对违反会计法和国家统一的会计制度规定的会计事项，有权拒绝办理或者按照职权予以纠正；财政、审计、税务、人民银行、证券监管、保险监管等部门应当依照有关法律、行政法规规定的职责，对各单位的会计资料实施监督检查；须经注册会计师进行审计的单位，应当向受委托的会计师事务所如实提供会计资料及有关情况，各单位或者个人不得以任何方式要求或者示意注册会计师及其所在的会计师事务所出具不实或者不当的审计报告；财政部门有权对会计师事务所出具的审计报告的内容、程序进行监督；依法对有关单位的会计资料实施监督检查的部门及其工作人员对在监督检查中知悉的国家秘密和商业秘密负有保密义务。

（五）会计机构和会计人员

各单位应当根据会计业务的需要设置会计机构，不具备设置条件的，可以委托中介机构代理记账；国有的或国有资产占控股地位或者占主导地位的大、中型企业必须设置总会计师，同时配备一定数量的、遵守职业道德、具有专业技术职称的会计人员；会计人员调动工作或者离职，必须与接管人员办清交接手续。

（六）法律责任

违法必究是社会主义法治的基本要求。单位、直接负责的主管人员及其他有关人员违反会计法所应承担的法律责任主要包括行政责任和刑事责任。实施行政责任的主体应当是县级以上人民政府财政部门和有关企、事业单位，行政责任的承担主体应当是单位、直接负责的主管人员和其他直接责任人员；刑事责任的承担主体应当是个人、单位、直接负责的主管人员和其他直接责任人员。

（七）附则

对会计法中使用的相关用语进行界定，并规定了会计法的实施日期。

二、其他会计相关的法律规范

除会计法之外，公司法和《中华人民共和国证券法》（以下简称证券法）等商法对企业财务行为也有具体规定。如公司法中第八章“公司财务、会计”就是专门针对公司财务会计的规定。它规定公司应当依照法律、行政法规和国务院财政部门的规定建立本公司的财务、会计制度，应当在每一会计年度终了时依照法律、行政法规和国务院财政部门的规定编制财务会计报告，并依法经会计师事务所审计。证券法中对财务会计报告信息的规定和要求，也是会计法规的重要组成部分。

第三节　会计准则

会计准则是会计人员从事会计工作必须遵循的基本原则，是会计核算工作的规范，是企业确认和计量经济交易与事项、编制财务报表以提供会计信息所应当遵循的标准和规则。它的目的在于把会计处理建立在公允、合理的基础之上，并使不同时期、不同主体之间的会计结果的比较成为可能。

一、美国的一般公认会计原则

会计准则

在公认会计准则制定和应用方面，美国是世界上制定准则较早且发展比较完善的国家之一。其第一部公认会计准则制定和颁布于1937年，发展到今天，已经过多次修订和完善，且在实践中得到了很好的验证和发展。

在美国公认会计准则颁布之前的那段时间里，美国会计没有统一的准则，各行各业都用着自己或各移民国家惯用的方法去记录所发生的交易，也不需要向别的企业或者公众披露自己的会计信息，财务报表一般是由投资人编制的，债权人一般得不到真实有效的会计信息。1929年，美国爆发了严重的经济危机。投资者损失惨重，多起商业丑闻和诈骗案被曝光，使得大家开始怀疑会计师的职业能力和职业道德操守，因而，当时的美国十分迫切地需要统一、规范的会计准则。

为了实现金融市场平稳、有秩序发展，美国政府于1933年和1934年分别颁布了证券法和证券交易法，设立了证券交易委员会（SEC）。在国会要求SEC制定会计准则的情况下，SEC又将这一重任委托给了当时的美国会计师协会（AIA），由此拉开了制定会计准则的序幕，并开创了由民间机构制定会计准则的先河。

目前，美国有3个组织在建立和完善会计准则过程中尤为重要：一个是证券交易委员会（SEC）；一个是财务会计准则委员会（FASB）；另一个是国际会计准则理事会（IASB）。证券交易委员会（SEC）是一个政府机构，拥有为公众持股公司制定会计准则和财务报告要求的法定权力。过去SEC通常采纳FASB的建议，而不是开发一套自己的会计准则。为确保新会计准则被广泛接受，FASB需要SEC的支持，因此这两个组织紧密合作制定新会计准则。

美国会计准则的发展先后经历了“会计程序委员会”（CAP）、“会计原则委员会”（APB）和“财务会计准则委员会”（FASB）3个阶段，由CAP发布的51份“会计研究公报”、APB发布的31份“会计原则委员会意见书”、FASB发布的150多份“财务会计准则”及其解释公告等，共同构成了适用于美国非政府主体的会计准则的主要内容。

二、国际会计准则与国际财务报告准则

当企业在本国以外经营时，不同国家财务报告惯例方面的差异可能造成较大的问题。如，当公司在另一个国家购买或销售产品时，会计信息如果缺乏可比性就会产生不确定性。国际会计准则理事会（IASB）起着协调不同国家会计准则的作用。IASB总部设在伦敦，由精通主要资本市场所采用的会计方法的职业精英组成。

20世纪五六十年代，跨国公司等国际经济联合体大量涌现，许多企业到他国资本市场寻求资金。为了适应国际经济一体化、促进资本的国际流动，必须制定一套国际通用的会计标准，以最大限度地消除世界各国利益相关者理解会计信息并以此做出相关决策的障碍。

1973年6月，国际会计准则委员会（IASC）成立。以“制定和公布编制财务报表应当遵守的会计准则并推动这些准则在世界范围内被接受和遵循”作为其工作目标。截至2000年，国际会计准则委员会共发布了41份“国际会计准则”（IASC）和33项“解释公告”。

2001年年初，国际会计准则委员会完成改组，国际会计准则理事会（IASB）取代了国际会计准则委员会。新的国际会计准则理事会（IASB）对部分国际会计准则做出了修订，并负责发布“国际财务报告准则（IFRS）”。国际会计准则理事会（IASB）目前正试图建立可在全世界范围内统一的会计准则，从而便于企业进行跨国商业活动。

三、我国会计准则和会计制度

中国的经济建设在曲折中前进，从最开始的计划经济，到计划商品经济，再到中国特色社会主义市场经济。随着中国经济的不断发展与变化，会计作为国民经济核算的主要工具也随之不断发展与变革。

中华人民共和国成立初期，各行各业的会计制度不统一，不仅缺乏规范的会计规则，甚至连各行各业之间都没有固定的会计做账规则，造成人们无法系统地规范各个单位的会计工作。后来，虽然财政部先后颁布了一些会计制度和规范，但没有形成完善的系统。从改革开放以后，我国对会计准则的建设工作可以分为以下三个阶段。

第一阶段是从20世纪80年代到1996年，这一阶段主要是对国外的学习、借鉴，以及国内关于制定我国的企业会计准则的讨论阶段和尝试阶段。1992年11月财政部颁布了《企业财务通则》《企业会计准则》以及13项行业会计制度和10项行业财务制度（简称“两则两制”），于1993年7月1日起开始实施。

1992年颁布的《企业会计准则》是中华人民共和国成立以来我国发布的第一份会计准则，它是借鉴西方会计准则研究制定我国会计准则的标志性成果。从内容上看，该准则就企业进行会计确认、计量和报告的基本要求和基本内容做出原则性的规定，属于基本准则。此时颁布的13项行业会计制度起到了规范各单位会计行为、指导企业会计实务工作的目的。“两则两制”的发布和实施，标志着我国会计核算模式由原来适应计划经济体制的财务会计核算模式开始转为适应社会主义市场经济体制的财务会计核算模式。

第二阶段是1997—2000年，我国证券市场得到充分发展，越来越多的企业上市。为深化改革，我国制定和发布了一系列旨在提高会计信息质量且在内容上与国际惯例保持一致的具体准则和会计制度，1997年发布了第一项具体准则《企业会计准则——关联方关系及其交易的披露》，随后又相继发布了13项具体的会计准则，突出特点就是这些准则是针对当时我国经济运行中最需要解决的突出问题而制定的，主要是借鉴了国际会计准则。1998年5月我国正式加入国际会计准则委员会（IASC）。10月，财政部会计准则委员会成立。2000年我国发布了国家统一的、打破行业和所有制界限的《企业会计制度》，适用于除金融保险和小企业以外的其他企业，自2001年起在股份有限公司范围内实施，逐步推广至其他企业。

第三阶段是2001—2007年，这一阶段发布的一系列准则，突出特点就是面对1997年准则发布后出现的粉饰财务报表的行为，制定了更为严格的标准。2003年会计准则委员会改组后，2004年发布《金融企业会计制度》、《民间非营利组织会计制度》和《小企业会计制度》（2013年被《小企业会计准则》取代）；2006年2月15日财政部正式发布《企业会计准则——基本准则》和38项具体会计准则，标志着我国的企业会计准则体系正式建立起来了，可以说这是我国会计发展史上具有里程碑意义的事件。

2014年和2017年财政部新增、修订了企业会计准则的部分项目，这些新准则与国际会计准则相关部分保持了持续趋同。到目前为止，我国的会计准则体系形成了包括1项基本准则、42项具体准则和应用指南3个层次的结构。基本准则又根据企业性质分为企业会计准则、小企业会计准则和事业单位会计准则。这些准则，成为我国会计人员从事会计工作的规则和指南。

四、我国企业会计准则的相关规定

我国企业会计准则的相关规定主要包括基本准则的规定和具体准则的规定。

（一）企业会计基本准则的规定

会计准则 2

我国《企业会计准则——基本准则》类似于国际会计准则理事会的《编报财务报表的框架》，在企业会计准则体系建设中扮演着同样重要的角色，在整个企业会计准则体系中居于统驭地位。基本准则不仅统驭着具体准则的制定，而且为会计实务中出现而具体准则尚未规范的新会计问题提供了会计处理的基本原则。

基本准则主要包括以下内容：（1）明确了我国财务会计报告的目标是向财务会计报告使用者提供决策有用的信息，并反映企业管理层受托责任的履行情况；（2）强调了企业会计确认、计量和报告应当以会计主体、持续经营、会计分期和货币计量为会计基本假设，规定企业会计确认、计量和报告应当以权责发生制为基础；（3）建立了企业会计信息质量要求体系，规定企业财务会计报告中提供的会计信息应当满足会计信息质量要求；（4）将会计要素分为资产、负债、所有者权益、收入、费用和利润六个要素，同时对各要素进行了严格的定义；（5）规定了企业在将符合确认条件的会计要素登记入账并列报于财务报表时的五种可供选择的计量属性，即历史成本、重置成本、可变现净值、现值和公允价值等，但一般应当采用历史成本计量，当采用其他计量属性计量时应当保证所确定的会计要素金额能够取得并可靠计量；（6）明确了财务会计报告的基本概念、应当包括的主要内容和所反映信息的基本要求等。

（二）具体会计准则的规定

我国现行的企业会计准则体系包括42项具体准则。2006年2月15日，财政部发布了会计准则体系，包括1项基本准则和38项具体准则。基本准则即《企业会计准则——基本准则》，38项具体准则涉及：存货、长期股权投资、投资性房地产、固定资产、生物资产、无形资产、非货币性资产交换、资产减值、职工薪酬、企业年金基金、股份支付、债务重组、或有事项、收入、建造合同、政府补助、借款费用、所得税、外币折算、企业合并、租赁、金融工具确认和计量、金融资产转移、套期保值、原保险合同、再保险合同、石油天然气开采、会计政策、会计估计变更和差错更正、资产负债表日后事项、财务报表列报、现金流量表、中期财务报告、合并财务报表、每股收益、分部报告、关联方披露、金融工具列报、首次执行企业会计准则等。

2014年新增和修订了8项具体准则，其中新增的有公允价值计量、合营安排、在其他主体中权益的披露等，修订的为长期股权投资、职工薪酬、财务报表列报、合并财务报表、金融工具列报等。这些准则的目标适用范围为上市公司和所有大中型企业。

2017年财政部修订了6项企业会计准则，分别为金融工具确认和计量、金融资产转移、套期会计（原为套期保值）、金融工具列报、政府补助、收入；并新增1项会计准则——《企业会计准则第42号——持有待售的非流动资产、处置组和终止经营》（财会〔2017〕13号）。

为了配合2017年修订准则的顺利实施，财政部于2018年发布了新金融工具准则和新收入准则的相关应用指南（以下简称“指南”），对新金融工具准则和新收入准则提供了进一步的解释，通过细化的指引和列举的实务案例来进一步指导新金融工具准则和新收入准则的实施。2018年下半年，财政部对《企业会计准则第21号——租赁》（自2019年1月1日起施行）进行了重大更新，引入了更严格的租赁资产和负债确认规则；此外，2018年财政部还发布了新的一般企业财务报表格式及金融企业财务报表格式、以及政府补助准则和持有待售准则的相关解读，并且于2019年初发布了新的合并财务报表格式。

随后几年，会计准则继续更新，2020年《企业会计准则第25号——保险合同》修订，强化了保险合同会计的精准性和经济实质反映。进入2024年，证监会会计司修订了《上市公司执行企业会计准则案例解析》，并针对《企业会计准则》进行了一系列重大调整，这些变化涵盖了会计政策的遵循、信息质量要求以及具体会计科目如收入、费用和利润的确认等多个方面。整体而言，目前的会计准则修订致力于确保企业财务报告更加真实、公允地反映其财务状况与经营成果，同时对会计从业人员的专业技能提出了更高的要求。

第四节　会计监督规范

会计监督是指依照国家有关法律、法规、规章对会计工作的监督活动，以利用正确的会计信息，对经济活动进行全面而综合的协调、控制、监督和督促，达到提高会计信息质量和经济效益的目的。会计监督可以分为单位内部监督、政府监督和社会监督。会计法等法律、行政法规、规章对单位内部监督、政府职能部门监督和社会服务机构监督都进行了相应的规定。

一、单位内部监督

会计法要求各单位应当建立、健全本单位内部会计监督制度。单位内部会计监督制度应当符合下列要求：（1）记账人员与经济业务事项的审批人员、经办人员、财物保管人员的职责权限应当明确，并相互分离、相互制约；（2）重大对外投资、资产处置、资金调度和其他重要经济业务事项的决策和执行的相互监督、相互制约程序应当明确；（3）财产清查的范围、期限和组织程序应当明确；（4）对会计资料定期进行内部审计的办法和程序应当明确。这是会计法对各单位内部建立会计监督制度进行的原则性规定。

企业内部会计监督制度是一家企业为了合理保证其经营管理合法合规、资产安全、财务会计报告及相关信息真实完整，提高经营效率和效果，防止舞弊、控制风险等目的，而在企业内部采取的一系列政策和程序。从我国会计工作的实际情况出发，建立企业内部会计监督制度应当遵循合法性、全面性、适应性和科学性等原则。

二、政府职能部门监督

会计工作的政府监督是一种外部监督，主要是指政府有关部门依据法律、行政法规和部门的职责权限，对有关单位的会计行为、会计资料所进行的监督检查。根据财政部于2001年2月20日发布的第10号令——《财政部门实施会计监督办法》中第二条规定，国务院财政部门及其派出机构和县级以上地方各级人民政府财政部门（以下统称财政部门）对国家机关、社会团体、公司、企业、事业单位和其他组织（以下统称单位）执行会计法和国家统一的会计制度的行为实施监督检查，以及对违法会计行为实施行政处罚。

会计法规定，财政部门对各单位的下列情况实施监督：（1）是否依法设置会计账簿；（2）会计凭证、会计账簿、财务会计报告和其他会计资料是否真实、完整；（3）会计核算是否符合会计法和国家统一的会计制度的规定；（4）从事会计工作的人员是否具备必要的资格条件。在对上述第（2）项所列事项实施监督，发现重大违法嫌疑时，国务院财政部门及其派出机构可以向与被监督单位有经济业务往来的单位和被监督单位开立账户的金融机构查询有关情况，有关单位和金融机构应当给予支持。

《财政部门实施会计监督办法》中明确规定了会计监督检查的内容，包括各单位设置会计账簿的情况，各单位会计凭证、会计账簿、财务会计报告和其他会计资料的真实性、完整性，各单位会计核算情况，各单位会计档案的建立、保管和销毁是否符合法律、行政法规和国家统一的会计制度的规定，各单位任用会计人员的情况和会计师事务所出具的审计报告的程序和内容等。

《财政部门实施会计监督办法》规定，财政部门实施会计监督检查的形式有：(1) 对单位遵守会计法、会计行政法规和国家统一的会计制度情况进行全面检查；(2) 对单位会计基础工作、从事会计工作的人员从业情况进行专项检查或者抽查；(3) 对有检举线索或者在财政管理工作中发现有违法嫌疑的单位进行重点检查；(4) 对经注册会计师审计的财务会计报告进行定期抽查；(5) 对会计师事务所出具的审计报告进行抽查；(6) 依法实施其他形式的会计监督检查。

会计活动是一项社会经济管理活动，其所提供的会计资料是一种社会资源，因此对会计工作的监督除了要发挥财政部门的作用外，还要发挥业务主管部门、其他政府管理部门的作用。会计法规定，财政、审计、税务、人民银行、证券监管、保险监管等部门应当依照有关法律、行政法规规定的职责，对有关单位的会计资料实施监督检查；监督检查部门对有关单位的会计资料依法实施监督检查后，应当出具检查结论；有关监督检查部门已经做出的检查结论能够满足其他监督检查部门履行本部门职责需要的，其他监督检查部门应当加以利用，避免重复查账，这体现了财政部门与其他政府管理部门在管理会计事务中的相互协作、配合的关系，是对有关部门实施监督检查的约束性规定。

实际工作中，各政府部门实施会计监督的内容各有侧重，财政部门对所有单位实施以保证会计工作秩序和会计信息真实完整为重点的全面监督检查；审计机关依据宪法和审计法律、法规，主要对各级政府的财政收支、国家的财政金融机构和企事业单位的财务收支进行审计监督和检查；税务部门依据税收征管方面的法律、法规，以保证国家税收为主要目的对有纳税义务的单位实施监督检查；人民银行和证券监管、保险监管部门依据相应的法律、行政法规的规定，对所监管的金融、证券、保险类单位以保护国家、出资人和社会公众利益为目的实施行业性的监督管理。

三、社会服务机构监督

社会服务机构监督主要是指由注册会计师及其所在的会计师事务所依法对委托单位的经济活动进行的审计和鉴证的一种监督制度。此外，新闻媒体、社会舆论、信访、申诉等检举违反会计法和国家统一的会计制度规定的行为也属于会计工作社会服务机构监督的范畴。社会服务机构监督作为一种外部监督形式，以其特有的独立性而得到法律的认可，具有很强的权威性、公正性和法定证明力。

第五节　会计工作管理规范

会计工作管理规范是指会计工作的一些基础制度，主要规定从事会计工作必须遵循的基本原则和基本规程等。

一、会计基础工作规范

会计基础工作是会计工作的基本环节，也是经济管理工作的重要基础。1984年4月24日，财政部曾发布了《会计人员工作规则》。1996年6月17日，为了加强会计基础工作以建立规范的会计工作秩序、提高会计工作水平，根据会计法的有关规定，财政部以财会字〔1996〕第19号文的形式制定发布了《会计基础工作规范》（以下简称《规范》），它的制定和实施既是做好会计工作的内在要求，也是会计法的重要配套规章。2019年3月修订后的《规范》颁布，新修订的《规范》将原来的未取得会计证的人员，不得从事会计工作的相关规定修改为企业应配备会计人员，会计人员应当具备必要的专业知识和专业技能，熟悉国家有关法律、法规、规章和国家统一会计制度，遵守职业道德。此外，新修订的《规范》取消了总账和明细账应当定期打印的相关规定。修订后的《规范》由六章共100条组成，其主要内容可分为以下四个方面。

会计监督规范和管理规范1

（一）会计机构和会计人员的规范

会计机构是各单位办理会计事务的职能部门，会计人员是从事会计工作的职员。会计机构和会计人员是会计工作的承担者，在会计工作中占主导地位，决定着会计基础工作的状态。设置会计机构并配备素质和数量与之相适应的会计人员，是开展会计工作的起点，也是最基本的会计基础工作。《规范》关于会计机构和会计人员的规范内容涉及以下八个方面：(1) 会计机构设置规范。各单位应当根据会计业务的需要设置会计机构，不具备单独设置会计机构条件的，应当在有关机构中设置专职会计人员。是否设置会计机构主要取决于本单位会计业务的需要，即是否能保证本单位会计工作的正常进行。如果一个单位既没有设置会计机构，也没有配备专职会计人员，则应当根据财政部发布的《代理记账管理办法》的要求，委托会计师事务所或者持有代理记账许可证书的其他代理记账机构进行代理记账，以使单位的会计工作有序进行而不影响单位正常的经营管理工作。(2) 会计机构负责人配备规范。设置会计机构的单位应当配备会计机构负责人；在有关机构中配备专职会计人员的应当在专职会计人员中指定会计主管人员以及会计机构负责人，并明确会计主管人员的任职资格和任免问题。(3) 会计人员配备规范。配备的会计人员应当是具备必要的专业知识和专业技能，熟悉国家有关法律、法规和财务会计制度，遵守职业道德的会计人员。会计人员应当按照国家有关规定参加会计业务的培训，各单位应当合理安排会计人员参加培训，保证会计人员每年有一定时间用于学习。至于一个单位应当配备多少名会计人员，《规范》未作明确规定，而是要求有条件的部门和单位，可以根据本部门（系统）、本单位的具体情况在实施办法中予以明确。(4) 总会计师设置规范。总会计师的设置要求为：①大中型企业事业单位、业务主管部门应当根据会计法、总会计师条例等设置总会计师，总会计师由具有会计师以上专业技术资格的人员担任；②在设置总会计师的单位，总会计师应当行使总会计师条例规定的职责、权限；③总会计师的任命（聘任）、免职（解聘）依照总会计师条例和有关法律的规定办理，即国有大、中型企业、事业单位和业务主管部门总会计师由本单位主要行政领导人提名，政府主管部门任命或者聘任，免职或者解聘程序与任命或者聘任程序相同；④事业单位和业务主管部门的总会计师依照干部管理权限任命或者聘任，免职或者解聘程序与任命或者聘任程序相同；⑤城乡集体所有制企业事业单位总会计师的任免，参照总会计师条例的有关规定进行；⑥其他单位总会计师的任免，按照有关法律规定进行。（5）会计工作岗位设置规范。会计工作岗位设置要求为：①会计工作岗位可以一人一岗、一人多岗或者一岗多人，但应当符合内部牵制制度的要求，出纳人员不得兼管稽核、会计档案保管和收入、费用、债权债务账目的登记工作；②会计人员的工作岗位应当有计划地进行轮换，以促进会计人员全面熟悉业务，不断提高业务素质；③会计工作岗位的设置由各单位根据会计业务需要确定，主要有会计机构负责人或者会计主管人员、出纳、财产物资核算、工资核算、成本费用核算、财务成果核算、资金核算、往来结算、总账报表、稽核和档案管理等。开展会计电算化和管理会计的单位，可以根据需要设置相应工作岗位，也可以与其他工作岗位相结合。（6）会计人员回避制度。国家机关、国有企业、事业单位任用会计人员应当实行回避制度。单位领导人的直系亲属不得担任本单位的会计机构负责人、会计主管人员；会计机构负责人、会计主管人员的直系亲属不得在本单位会计机构中负责出纳工作。（7）会计人员职业道德。主要包括敬业爱岗、熟悉法规、依法办事、客观公正、搞好服务、保守秘密等。（8）会计工作交接。会计人员工作调动或者因故离职时必须将本人所经管的会计工作全部移交给接替人员，没有办清交接手续的不得调动或者离职。

（二）会计核算的基本规范

会计核算是会计的基本职能之一，在会计基础工作中具有非常重要的地位。《规范》从第三十六条至第七十一条对会计核算基础管理问题做出了具体规定，其主要包括以下几个方面的内容：

1. 会计核算的一般要求

会计核算相关内容具体规范了各单位会计核算的内容和会计核算的基本要求。

（1）各单位应当按照《中华人民共和国会计法》和国家统一会计制度的规定建立会计账册，进行会计核算，及时提供合法、真实、准确、完整的会计信息。

（2）发生的经济业务，各单位应当及时办理会计手续、进行会计核算。

（3）会计核算应当以实际发生的经济业务为依据，按照规定的会计处理方法进行，保证会计指标的口径一致、相互可比和会计处理方法的前后各期相一致。

（4）会计年度自公历1月1日起至12月31日止。

（5）会计核算以人民币为记账本位币。

（6）根据国家统一会计制度的要求，在不影响会计核算要求、会计报表指标汇总和对外统一会计报表的前提下，各单位可以根据实际情况自行设置和使用会计科目。

（7）会计凭证、会计账簿、会计报表和其他会计资料的内容和要求必须符合国家统一会计制度的规定，不得伪造、变造会计凭证和会计账簿，不得设置账外账，不得报送虚假会计报表。

（8）对外报送的会计报表格式由财政部统一规定。

（9）实行会计电算化的单位，对使用的会计软件及其生成的会计凭证、会计账簿、会计报表和其他会计资料的要求，应当符合财政部关于会计电算化的有关规定。

（10）会计凭证、会计账簿、会计报表和其他会计资料，应当建立档案，妥善保管。会计档案建档要求、保管期限、销毁办法等依据《会计档案管理办法》的规定进行。

2.填制会计凭证

会计核算相关内容对原始凭证、记账凭证和会计凭证的字迹与保管提出了明确而具体的要求。

各单位发生的经济事项必须取得或者填制原始凭证，并及时送交会计机构。原始凭证不得涂改、挖补。发现原始凭证有错误的，应当由开出单位重开或者更正，更正处应当加盖开出单位的公章。会计机构、会计人员要根据审核无误的原始凭证填制记账凭证。如果在填制记账凭证时发生错误，则应当重新填制。记账凭证填制完经济业务事项后，如有空行，则应当自金额栏最后一组金额数字下的空行处至合计数上的空行处划线注销。填制会计凭证时，字迹必须清晰、工整。会计机构、会计人员要妥善保管会计凭证。

3.登记会计账簿

对会计账簿的设置、会计账簿的启用、会计账簿的登记、账簿记录的错误更正、对账和结账做出了明确规定。

会计监督规范和管理规范2

应当按照国家统一会计制度的规定和会计业务的需要设置会计账簿。会计账簿包括总账、明细账、日记账和其他辅助性账簿。库存现金日记账和银行存款日记账必须采用订本式账簿。不得用银行对账单或者其他方法代替日记账。实行会计电算化的单位，用计算机打印的会计账簿必须连续编号，经审核无误后装订成册，并由记账人员和会计机构负责人、会计主管人员签字或者盖章。启用会计账簿时，应当在账簿封面上写明单位名称和账簿名称，在账簿扉页上应当附启用表。记账人员或者会计机构负责人、会计主管人员调动工作时，应当注明交接日期、接办人员或者监交人员姓名，并由交接双方人员签名或者盖章。会计人员应当根据审核无误的会计凭证登记会计账簿。实行会计电算化的单位，总账和明细账应当定期打印。账簿记录发生错误，不准涂改、挖补、刮擦或者用药水消除字迹，不准重新抄写。应当定期对会计账簿记录的有关数字与库存实物、货币资金、有价证券、往来单位或者个人等进行相互核对，保证账证相符、账账相符、账实相符。对账工作每年至少进行一次。各单位应当按照规定定期结账。

4.编制财务会计报告

《规范》要求必须严格财务会计报告的编制程序和质量要求。

各单位按照国家统一会计制度的规定，定期编制财务报告。财务报告包括会计报表及其说明。会计报表包括会计报表主表、会计报表附表、会计报表附注。对外报送的财务报告应当根据国家统一会计制度规定的格式和要求编制。会计报表应当根据登记完整、核对无误的会计账簿记录和其他有关资料编制，做到数字真实、计算准确、内容完整、说明清楚。如果发现对外报送的财务报告有错误，应当及时办理更正手续。除更正本单位留存的财务报告外，应同时通知接受财务报告的单位更正。错误较多的报告应当重新编报。

（三）会计监督的基本规范

《规范》规定各单位的会计机构、会计人员对本单位的经济活动进行会计监督，其主要内容有：（1）会计监督的依据。依据法律、法规、规章、制度进行会计监督，具体依据包括五个方面，即国家财经法律、法规、规章；会计法律、法规和国家统一会计制度；各省、自治区、直辖市财政厅（局）和国务院业务主管部门制定的具体实施办法或者补充规定；

各单位制定的单位内部会计管理制度；各单位内部的预算、财务计划、经济计划、业务计划等。（2）原始凭证的审核和监督。对原始凭证的审核和监督，主要应当抓住两个环节，一是原始凭证的真实性、合法性；二是原始凭证的准确性和完整性。（3）会计账簿的监督。对伪造、变造、故意毁灭会计账簿或者账外设账行为，应当制止和纠正；制止和纠正无效的，应当向上级主管单位报告，请求做出处理。（4）实物、款项的监督。应当对实物、款项进行监督，督促建立并严格执行财产清查制度；发现账簿记录与实物、款项不符时，应当按照国家有关规定进行处理；超出会计机构、会计人员职权范围的，应当立即向本单位领导报告，请求查明原因并做出处理。（5）财务报告的监督。对指使、强令编造、篡改财务报告的行为，应当制止和纠正；制止和纠正无效的，应当向上级主管单位报告，请求处理。这主要是针对实际工作中会计报表造假等问题所做出的规定。（6）财务收支的监督。对审批手续不全的财务收支，应当退回，要求补充、更正；对违反规定不纳入单位统一会计核算的财务收支，应当制止和纠正；对违反国家统一的财政、财务、会计制度规定的财务收支，不予办理；对认为是违反国家统一的财政、财务、会计制度规定的财务收支，应当制止和纠正。制止和纠正无效的，应当向单位领导人提出书面意见请求处理，单位领导人应当在接到书面意见起十日内做出书面决定，并对决定承担责任；对违反国家统一的财政、财务、会计制度规定的财务收支，不予制止和纠正，又不向单位领导人提出书面意见的，也应当承担责任；对严重违反国家利益和社会公众利益的财务收支，应当向主管单位或者财政、审计、税务机关报告。（7）其他经济活动的监督。对违反单位内部会计管理制度，以及单位制定的预算、财务计划、经济计划、业务计划等的经济活动要实行监督。（8）配合搞好国家监督和社会监督。各单位必须依照法律和国家有关规定接受财政、审计、税务机关等的监督，如实提供会计凭证、会计账簿、会计报表和其他会计资料以及有关情况，不得拒绝、隐匿、谎报；按照法律规定应当委托注册会计师进行审计的单位，应当委托注册会计师进行审计，并配合注册会计师的工作，如实提供会计凭证、会计账簿、会计报表和其他会计资料以及有关情况，不得拒绝、隐匿、谎报，不得示意注册会计师出具不当的审计报告。

（四）建立内部会计管理制度的基本规范

建立健全单位内部会计管理制度，是贯彻执行会计法律、法规、规章、制度，保证单位会计工作有序进行的重要措施，也是加强会计基础工作的重要手段。实践证明，建立并严格执行单位内部会计管理制度的，其会计基础工作就比较扎实，会计工作在经济管理中就能有效发挥作用。

制定内部会计管理制度应当遵循一定的原则，以保证内部会计管理制度科学合理，切实可行。这些原则包括：应当执行法律、法规和国家统一的财务会计制度；应当体现本单位的生产经营、业务管理的特点和要求；应当全面规范本单位的各项会计工作，建立健全会计基础工作，保证会计工作的有序进行；应当科学、合理，便于操作和执行；应当定期检查执行情况；应当根据管理需要和执行中的问题不断完善。

《规范》从强化会计管理和各单位的实际情况出发，示范性地提出了应当建立的12项内部会计管理制度，即内部会计管理体系、会计人员岗位责任制度、账务处理程序制度、内部牵制制度、稽核制度、原始记录管理制度、定额管理制度、计量验收制度、财产清查制度、财务收支审批制度、成本核算制度和财务会计分析制度等，同时还对各项内部会计管理制度应当包括的主要内容提出了原则性指导意见。应当强调的是，各单位建立哪些内容的会计管理制度，主要取决于单位内部的经营管理需要，不同类型的单位对内部会计管理制度可以有不同的选择，如行政单位往往不需要建立成本核算制度等。

二、会计信息化工作规范

为推动企业会计信息化，节约社会资源，提高会计软件和相关服务质量，规范信息化环境下的会计工作，根据《中华人民共和国会计法》《财政部关于全面推进我国会计信息化工作的指导意见》，财政部制定了《企业会计信息化工作规范》，于2014年1月6日开始施行。

《企业会计信息化工作规范》界定了会计软件、会计信息化和会计信息系统的概念，在会计软件、数据接口、基础数据的采集，以及企业会计信息实施等方面提供了标准，是我国现行的指导企业信息化工作的纲领性文件。

《企业会计信息化工作规范》共分五章四十九条，其中总则界定了该规范中所使用的名词；第二章为会计软件和服务，规范了会计软件产品和供应商的行为；第三章是关于企业会计信息化工作的规范和标准；第四章是财政部门对会计软件及供应商的监督和检查；第五章附则，规定了实施的时间和范围。

《企业会计信息化工作规范》顺应了信息化时代的要求，摆脱了“模拟手工”的电算化思维，在很多方面突破了过去的规定和现行的做法。同时，工作规范把会计信息化放在企业整体经营管理环境中，重视会计与其他业务活动的有机联系，强调会计信息化带来的工作流程和模式的革新，以及信息化与制度环境的互动，这对于信息化时代企业的转型有着非凡的意义。

三、会计档案管理办法

1984年6月1日，财政部和国家档案局发布了《会计档案管理办法》，以加强单位会计档案管理、促进会计工作为国家经济建设服务。随着我国社会主义市场经济的发展，经济和会计工作中的新情况、新问题不断出现，1998年8月21日，财政部和国家档案局在总结原《会计档案管理办法》实施情况并充分调查研究的基础上，依据会计法和《中华人民共和国档案法》的有关规定，修订并重新颁发了自1999年1月1日起施行的《会计档案管理办法》，2015年12月11日公布修订后的《会计档案管理办法》，于2016年1月1日起施行。

（一）会计档案及其范围

会计档案是指会计凭证、会计账簿和财务报告等会计核算专业材料，是记录和反映企业经济业务的重要史料和证据。会计档案具体包括会计凭证类的原始凭证、记账凭证、汇总凭证和其他会计凭证，会计账簿类的总账、明细账、日记账、固定资产卡片、辅助账簿和其他会计账簿，财务报告类的月度、季度、年度财务报告和其他财务报告，其他类的银行存款余额调节表、银行对账单和其他应当保存的会计核算专业资料、会计档案移交清册、会计档案保管清册及会计档案销毁清册等。

（二）会计档案的整理

每一会计年度终了，企业会计机构负责对会计资料进行整理立卷。整理时应对会计资料按一定的标准进行分类，然后装订成册，并按统一的次序排放。一般情况下，会计凭证每月装订一次，装订好的凭证按年分月妥善保管归档；各种会计账簿年度结账后，除跨年使用的账簿外，其他账簿应按时整理立卷；会计报表编制完成及时报送后，留存的报表应按月装订成册，小企业可按季装订成册。单位内部形成的属于归档范围的电子会计资料可仅以电子形式保存，形成电子会计档案，可以利用计算机、网络通信等信息技术手段管理会计档案。

（三）会计档案的保管

当年形成的会计档案，在会计年度终了后可暂由会计机构保管1年，期满之后应当由会计机构编制移交清册，移交本单位档案机构统一保管；未设立档案机构的，应当在会计机构内部指定专人保管。出纳人员不得兼管会计档案。纸质会计档案移交时应当保持原卷的封装。电子会计档案移交时应当将电子会计档案及其元数据一并移交，且文件格式应当符合国家档案管理的有关规定。

会计档案的保管期限分为永久、定期两类。定期保管期限一般分为10年和30年。会计档案的保管期限，从会计年度终了后的第一天算起。各种会计档案的保管期限参见表10-2。

表10-2　企业和其他组织会计档案保管期限表

序号	档案名称	保管期限	备注
一	会计凭证		
1	原始凭证	30年	
2	记账凭证	30年	
二	会计账簿		
3	总账	30年	
4	明细账	30年	
5	日记账	30年	
6	固定资产卡片		固定资产报废清理后保管5年
7	其他辅助性账簿	30年	
三	财务会计报告		
8	月度、季度、半年度财务会计报告	10年	
9	年度财务会计报告	永久	
四	其他会计资料		
10	银行存款余额调节表	10年	
11	银行对账单	10年	
12	纳税申报表	10年	
13	会计档案移交清册	30年	
14	会计档案保管清册	永久	
15	会计档案销毁清册	永久	
16	会计档案鉴定意见书	永久	

（四）会计档案的借阅

会计档案为本单位提供和使用，原则上不得借出，有特殊需要外借时须经上级主管单位或单位领导、会计主管人员批准。

外部人员借阅会计档案时，应持单位正式介绍信，经会计主管人员或单位负责人批准后，方可办理借阅手续；单位内部人员借阅会计档案时，经会计主管人员或单位负责人批准后，方可办理借阅手续。

借阅会计档案的人员不得在案卷中乱画、标记、拆散原卷册，也不得涂改、抽换、携带外出或复制原件。有特殊需要时，须经领导批准后方能携带外出或复制原件。

（五）会计档案的销毁

对于保管期满的会计档案需要销毁时，应按照以下程序销毁：由本单位档案机构会同会计机构提出销毁意见，编制会计档案销毁清册，列明销毁会计档案的名称、卷号、册数、起止年度和档案编号、应保管期限、已保管期限、销毁时间等内容；单位负责人在会计档案销毁清册上签署意见；销毁会计档案时，应当由档案机构和会计机构共同派员监销，国家机关销毁会计档案时应当由同级财政部门、审计部门派员参加监销，财政部门销毁会计档案时应当由同级审计部门派员参加监销，监销人在销毁会计档案前应当按照会计档案销毁清册所列内容清点核对所要销毁的会计档案；销毁后，相关人员应当在会计档案销毁清册上签名盖章，并将监销情况报告本单位负责人。

保管期满但未结清的债权债务原始凭证和涉及其他未了事项的原始凭证，不得销毁，应当单独抽出立卷，保管到未了事项完结时为止。单独抽出立卷的会计档案，应当在会计档案销毁清册和会计档案保管清册中列明。项目正在建设期间的建设单位，其保管期满的会计档案不得销毁。

思考题

1. 我国的会计规范体系通常由哪几个主要部分构成？其各自大体上包括哪些主要内容？

2. 根据会计法的规定，企业进行会计核算不得有哪些行为？

3. 我国现行会计准则的基本结构体系是怎样的？

4. 财政部发的《会计基础工作规范》有什么意义？其制定和实施《会计基础工作规范》的必要性体现在哪些方面？

5. 我国现行会计电算化管理有哪些主要规定与基本要求？

6. 我国现行会计档案包括哪些主要内容？各种会计档案的保管期限分别是多少年？会计档案销毁的程序是什么？

立德树人

总理的教诲：不做假账

诚信为本、操守为重、遵循准则、不做假账

——朱镕基（2001年10月29日视察北京国家会计学院题词）

研讨思路：以朱镕基同志为北京国家会计学院题词“诚信为本、操守为重、遵守准则、不做假账”为研讨话题，分析会计人员所应该遵守的会计职业道德；树立不忘总理嘱咐，争做有理想、有情怀、有职业操守的会计人。

本章自测

主要参考文献

［1］唐国平．会计学原理［M］．4版．北京：中国财政经济出版社，2020.

［2］孙铮．基础会计［M］．3版．上海：上海财经大学出版社，2007.

［3］许家林，龚翔，朱廷辉．会计学原理［M］．北京：科学出版社，2010.

［4］阎德玉．会计学原理［M］．武汉：湖北科学技术出版社，2013.

［5］葛家澍，林志军．现代西方会计理论［M］．厦门：厦门大学出版社，2001.

［6］中华人民共和国财政部．企业会计准则［M］．北京：经济科学出版社，2006.

［7］全国人民代表大会常务委员会．中华人民共和国会计法［EB/OL］．（2017-11-28）．http://www.npc.gov.cn/zgrdw/npc/xinwen/2017-11/28/content_2032722.htm.

［8］中华人民共和国财政部．会计基础工作规范［EB/OL］．（2022-04-19）．https://jdjc.mof.gov.cn/fgzd/202204/t20220419_3803834.htm.

［9］中华人民共和国财政部，中华人民共和国国家档案局．会计档案管理办法［EB/OL］．（2015-12-11）．https://jdjc.mof.gov.cn/fgzd/202204/t20220408_3801693.htm.

［10］财大的施会计个人空间：https://space. bilibili. com/644135036? spm_id_from=333.1007.0.0.

业财合一 · 流程管控

业财合一·流程管控系列教材

《会计学原理》（第三版）	施先旺　龚　翔　主编	2024年7月出版
《会计学原理习题与解析》（第二版）	施先旺　刘美华　主编	2022年1月出版
《中级财务会计》（第三版）	施先旺　季　华　主编	2024年8月出版
《中级财务会计习题与解析》（第二版）	施先旺　张　健　主编	2022年6月出版
《高级财务会计》（第二版）	施先旺　马荣贵　主编	2023年6月出版
《高级财务会计习题与解析》	施先旺　李盈超　主编	2020年7月出版
《政府会计》	施先旺　周　磊　主编	2023年12月出版

《会计学》	拟出版
《会计学习题与解析》	拟出版
《会计与税法差异分析》	拟出版
《会计与税法差异分析习题与解析》	拟出版
《会计》（CPA考试辅导教材）	拟出版
《会计习题与解析》（CPA考试辅导教材）	拟出版
《会计》（注册税务师考试辅导教材）	拟出版
《会计习题与解析》（注册税务师考试辅导教材）	拟出版